21 世纪高等院校教材・地理信息系统教学丛书

旅游管理信息系统

周春林　梁　中　袁　丁等　编著

科学出版社
北　京

内 容 简 介

旅游管理信息系统是旅游管理、地理信息系统等相关专业学生必修或选修的课程之一。本书立足于国家网络基础设施建设、社会信息化环境的发展变化，全面介绍了旅游信息化条件下，旅游管理信息系统的开发技术、应用现状和发展趋势等内容，对旅游企业、旅游目的地、旅游资源、旅游规划、旅游电子商务和旅游电子政务等管理信息系统的需求分析、系统设计与实现进行了详细阐述，并结合具体应用给出了这些管理信息系统的实例。

本书可供旅游管理、地理信息系统、信息管理与信息系统、电子商务、计算机科学等专业的本专科学生作为教材或教学参考用书，也可作为旅游从业人员的岗位培训与继续教育用书。

图书在版编目(CIP)数据

旅游管理信息系统/周春林等编著.—北京：科学出版社，2006

(21 世纪高等院校教材 · 地理信息系统教学丛书)

ISBN 978-7-03-016784-2

Ⅰ. 旅… Ⅱ. 周… Ⅲ. 旅游业-管理信息系统-高等学校-教材 Ⅳ. F590.6

中国版本图书馆 CIP 数据核字(2006)第 003206 号

责任编辑：杨 红 李久进 / 责任校对：陈玉凤

责任印制：徐晓晨 / 封面设计：高海英

科学出版社出版

北京东黄城根北街 16 号

邮政编码：100717

http://www.sciencep.com

北京建宏印刷有限公司 印刷

科学出版社发行 各地新华书店经销

*

2006 年 5 月第 一 版 开本：B5(720×1000)

2019 年11月第五次印刷 印张：24 1/2

字数：457 000

定价：69.00 元

《地理信息系统教学丛书》编委会

序

南京师范大学地理科学学院发起并组织编写地理信息系统专业系列教材，奋斗三载，先后问世，这是我国第一套全面阐述地理信息系统理论、方法、技术和应用的教科书。对于地理学科的现代化，信息科学新型人才的培训，对于落实科教兴国战略，深化教学改革来说，都是值得庆贺的。

据中国科学院地学部调查(2002)，全国综合性大学共有150个地理学科机构，在地学领域中居首位，而地理信息系统专业脱颖而出，发展最快。21世纪之初，已设置地理信息系统专业的学校有70多个，仅江苏省内就有12个。这是经济发展、社会进步的客观需求。面对全社会数字化的浪潮，"数字地球"、数字化城市、省区与流域，百舸争流。地理信息系统作为人口、资源与环境问题的公共平台，作为国家推动信息化、实现现代化的重要组成部分，正在与电子政务、电子商务信息系统相融合，愈来愈显示出其跨行业、多功能的优势，不断开拓新的应用领域。一些涉及地理分布现象的数据采集、时空分析，涉及城市或区域规划、管理与决策的过程，都喜欢用上地理信息系统这种新的技术手段，来提高办公自动化的水平，提高企业科学管理的效率和透明度，加强面对国际市场的开放力度和竞争能力。近20年来，全国范围从事地理信息系统的事业、企业单位，迅猛增长，已超过400个，而且方兴未艾，与时俱进。

中国科学院地学部地学教育研究组在咨询报告(2002)中指出："随着社会和科技的发展，地学的内涵、性质和社会功能也在变化。这在最近20年中尤为明显：遥感、信息技术和各种实时观测、分析技术的发展，使地球科学进入了覆盖全球、穿越圈层，即地球系统科学的新阶段，从局部现象的描述，推进到行星范围的推理探索，获得了全球性和系统性的信息。"这就是说，从学科的本质及其自身发展的规律来看，地理信息系统不仅仅是技术，而且是科学，是发展地球系统科学不可缺少的部分。

地理信息系统之所以一枝独秀，并非偶然！主要是由于它本身具备着多样化的社会功能。社会信息化的主要内容包括三个方面：一是信息基础设施的建设，地理信息系统正是地图测绘的数字化产品，同时又是兼收并容遥感、定位系统的缓冲区，起着调节网络信息流的作用；二是产业结构调整，地理信息系统起着润滑剂的作用，以信息流调控物流、能流和人流，以信息化促进现代化；三是信息服务，地理信息系统是电子政务、电子商务信息系统不可分割的组成部分。在航天事业、电信网络和电脑技术日新月异的21世纪，地理信息系统如虎添翼，广泛地渗透到各行各业之中，提供无微不至的信息服务。

地理信息系统教材，前人多以综论形式出版。例如，英文教材先后有 D. R. Taylor(1991)，J. C. Autenucci et al.(1991)，M. D. I. Goodchild(1991)，M. M. Fisher(1993)，Murai Shuji(1996)，D. Rhind(2000)；中文教材先后有黄杏元、汤勤(1989)，边馥苓(1996)，陈述彭、鲁学军、周成虎(1999)，龚健雅(1999)，邬伦(1999)，间国年、吴平生、周晓波(1999)，李德仁、关泽群(2000)，马蔼乃(2000)，王家耀(2001)等。这些教材对地理信息系统的科学与哲学性质，及其与邻近学科的相互关系，均有精辟论述。地理信息系统应用专论方面，城市：曹桂发等(1991)，宋小冬、叶嘉安(1995)，宫鹏(1996)，陈述彭(1999)，张新长等(2001)；林业：李芝喜、孙俊平(2000)；农业：王人潮(1999)。这些专论密切结合相关行业，具有中国特色。现在，间国年教授等主持编写的地理信息系统专业系列教材，是在前人的工作基础上，博采众家之所长，继往开来，推陈出新，拓展为系列教材。基础是扎实的，时机是成熟的。

这套系列教材的编写，紧密结合地理信息系统专业的课程设置。在理论方面，又推出了一部新作，从哲学的高度来探讨地理信息系统中的虚拟时空。系列教材的重点侧重于方法、技术。总结了数据集成、知识发现的最新进展；率先推出数据共享、虚拟环境与网络三部分，反映地理信息系统的生长点。在应用方面，主要是结合作者们近年参与建设项目的实践，加以总结和提高，是来自生产第一线的“新知”。目前已涉及土地与水资源管理、城市规划、环境保护以及设备设施管理与房产管理等，今后随着应用领域的拓展，还会有旅游、物流等地理信息系统教材相继问世。

同学们可以根据课程设置计划，循序渐进，在理论方面广泛涉猎，解放思想，开阔眼界。在方法、技术方面，配合辅导教材和实习大纲，刻苦钻研，掌握关键技术，学以致用。在应用方面结合个人志趣、专长与就业需求，选修其中一二门，理清不同行业的应用特点，举一反三。系列教材是面向整个专业的，并不要求每位同学都把全部教材囫囵吞咽下去，食而不化。编写系列教材，正是为同学们提供了更加宽阔的学习园地、更加宽松的学习环境。祝同学们健康成长，时刻准备着，与时俱进，开拓创新，为祖国信息化和现代化多做贡献。

中国科学院院士

陈述彭

2003 新年

前　言

当今世界，旅游已经成为人们生活的重要组成部分。作为“朝阳产业”的旅游业是一门综合性的行业，它离不开民航、铁路、交通等产业的协作配合，离不开计划、财政、金融等部门的有力支持，离不开商业、餐饮、娱乐等方面的配套服务，其涉及面广，辐射力强，与多个行业高度关联。旅游业又具有很高的信息需求，旅游之前、旅游过程中以及旅游之后都需要集聚大量旅游信息，才能完成整个旅游活动。旅游服务可以看作一个系列服务的流程，旅游市场的供应方，包括旅游组织、旅游目的地、旅行社、旅游公司、民航、饭店、银行、购物中心等需要提供关于旅游商品和服务的信息；中介机构需要根据来自不同消费需求信息，聚合、组装旅游产品，从而根据旅游消费者的偏爱向其提供个性化的产品及服务；旅游者通过获取、分析和比较旅游供给方提供的有关旅游目的地和设施相关信息，最后做出旅游决策。因此，不论是旅游供应方向旅游消费者提供有关于商品和服务的信息，还是计划出游者借助信息进行旅行决策，都需要旅游信息共享平台——旅游管理信息系统，它将给多样性的用户提供及时、准确、完整、详细的信息。

传统的旅游管理信息系统局限于景区、饭店、旅行社、交通等旅游企业和旅游局等部门内部业务的运行和管理。随着通信、网络等信息技术的快速发展，旅游管理信息系统已经不再局限于旅游企业和旅游管理部门内部的应用，基于网络的旅游目的地营销、旅游电子商务、旅游电子政务等成为现代旅游管理信息系统发展的新方向。

旅游信息、旅游信息化和旅游管理信息系统等概念正受到旅游者、旅游管理者、旅游经营者和旅游研究者越来越多的关注，辨析这些基本概念、廓清其内涵、理清它们之间的相互关系，对推进旅游信息化进程、深化旅游管理信息系统研究有重要的理论意义和现实意义。本教材顺应旅游管理信息化的潮流，以及地理信息系统专业、旅游管理专业教学的需要，试图对上述概念进行梳理，并对旅游管理信息系统的结构、功能、设计和应用尝试做全面的归纳和总结。

本书的第 1 章介绍旅游管理信息系统的相关概念、分类和开发方法等，构建了全书的写作框架；第 2 章为旅游管理信息系统的技术基础；第 3 章至第 10 章分别介绍了不同领域现代旅游管理信息系统的建设和具体应用。其中，第 3 章至第 6 章围绕旅游的食、住、行、游、购、娱等要素分别介绍了饭店、旅行社、旅游交通和旅游目的地管理信息系统，第 7 章和第 8 章介绍了旅游资源和旅游规划管理信息系统，第 9 章和第 10 章介绍了基于网络的旅游电子商务和旅游电子政务系统，它们代表了现阶段旅游管理信息系统发展的新方向。

本书是集体智慧的结晶。周春林负责本书的总体设计，周春林和周其楼负责第 1 章和第 8 章，梁中、周春林、袁林旺负责第 2 章和第 5 章，周其楼和周春林负责第 3 章，周春林和李荣负责第 4 章和第 9 章，袁丁和周春林负责第 6 章和第 10 章，李荣和周春林负责第 7 章。最后，由周春林、梁中、袁林旺对全书进行统稿。闾国年教授认真审定了全书并提出许多宝贵的修改意见。尤海宁、丁扬、郑慧翎、巴佳慧、王霄、刘浩、裴厚敏等师生也为本书的编写做出了贡献，在此一并表示感谢。

本书既是作者多年教学和科研工作体会的总结，也是国内外相关领域研究成果的总结。在本书编写过程中我们参考了大量书刊和网上共享资料，并试图在参考文献中将其全部列出，但难免有所疏漏，在此要感谢这些资料的作者。同时，本书的写作还得到南京师范大学教务处、江苏省旅游局、南京中国国际旅行社江苏海外旅游公司、西湖软件、金棕榈软件、灵图软件等单位的帮助和支持，在此一并表示感谢。

作为旅游管理信息化探索过程中的产物，本书一定存在不少错漏之处，敬请各位专家和读者批评指正。

作　者

2005 年

目　　录

第1章　旅游管理信息系统概述

信息产业和旅游业的结合，被誉为“朝阳产业的结合”。在信息化进程中，与其他行业一样，旅游业普遍开始重视应用信息技术提高行业的管理效率和运营水平。旅游、旅游业、旅游管理对信息和信息技术的内在需求是旅游管理信息系统产生和发展的内在动力。

1.1　旅游信息与旅游信息化

世界上的一切事物，都在以它们的特征向外界显示各种信息，借以表现自身的存在和运动。信息是关于客观事物特征的反映，是客观存在的一切事物通过物质载体所发送的消息、情报、指令、信号中所包含的一切可传递和交换的知识内容。信息具有事实性、价值性、存储性、传递性、共享性、时效性、可开发性和不完全性等特征。信息被称为人类的“再生资源”，对繁荣经济、创新知识、传播文化、制定决策起着重要的作用。

1.1.1　旅游信息

1. 旅游信息及其特点

旅游信息是旅游资源、旅游活动和旅游经济现象等客观事物的反映，是旅游企业在业务运营以及旅游管理部门在旅游业务管理过程中采集并经加工处理后对旅游运行、发展、决策产生影响的各种数据、消息和情报的总称。

旅游信息范围较广，是社会信息和自然信息的集合。旅游信息大致可分为旅游目的地信息、旅游企业服务信息、旅游政府监管信息、旅游者个人信息、旅游产品信息等类型。在表现形式上，除了文字、表格、图表外，还有图形图像，如导游图、行政图、旅游交通图、景点分布图、风景图像、遥感影像等。

旅游信息除了具备一般信息的特点外，还具有以下一些自身的特点：

(1) 社会性。旅游涉及与食、住、行、游、购、娱等六大要素相关的众多领域，其信息类型多，来源广而复杂。

(2) 时效性。旅游信息具有很强的时效性，其价值随时间的改变而改变。滞后或过时的旅游信息将影响旅游业的正常与可持续发展。

(3) 非对称性。由于旅游产品和旅游经营管理的地域差异，使得目的地与客源地之间、供求双方之间拥有旅游信息的状态不对称。

(4) 可开发性。旅游信息是一种可开发的宝贵资源,是经过加工并对生产经营活动产生影响的数据,是劳动创造的一种资源。存储与传递信息的目的是为了开发信息资源,促进旅游业健康、快速发展。

2. 旅游信息需求

旅游信息需求非常广泛。旅游之前和旅游之中以及旅游之后都需要集聚大量旅游信息,才能完成整个旅游活动;旅游业是一个综合性的产业,它的运转依赖于信息的提供和流通;对信息进行有效管理,是优化旅游发展环境,推动旅游企业的改革,促进旅游管理,协调旅游发展的必由之路。

1) *旅游活动对信息的需求*

国际上普遍接受的旅游定义是 1942 年由瑞士学者汉沃克尔和克拉普夫提出的。他们认为旅游是非定居者的旅行和暂时居留而引起的一种现象及关系的总和。这些人不会因此永久居留,并且大部分都不从事赚钱活动。

我国学者保继刚教授等认为,旅游是闲暇时间所从事的游憩活动的一部分,它是在一定的社会经济条件下产生的一种社会经济现象,是人类物质文化生活的一个部分。旅游的一个显著特点是要离开居住或工作的地方,短暂地到一个目的地进行活动。同时,旅游目的地要提供各种旅游接待设施以满足其需要。

从地理学的观点来看,旅游由 3 个主要的成分组成,即旅游客源地、旅游目的地和联系客源地与目的地之间的旅游通道,它们之间关系如图 1.1 所示。

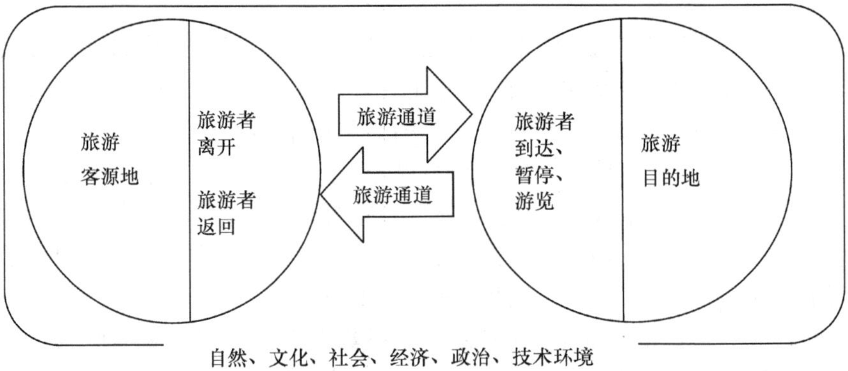

图 1.1 旅游的概念(保继刚等,2001)

从上述定义看出,旅游产品具有产地消费性、事前决策性和不可移动性,也不可以被消费者预先试用、观察并检验质量,因此旅游产品在销售时是无法展示的,而只可以在远离消费地点被预先销售。因此，游客到旅游目的地之前，需要对旅游地的自然文化环境、旅游资源、旅游设施及服务有所了解，以减少不确定因素，从而提高旅游的质量。弥补这两者之间的矛盾是靠无形的信息传递来解决的。所以，信息搜集、加工、传递和利用在旅游中占据着重要的地位(图 1.2)。

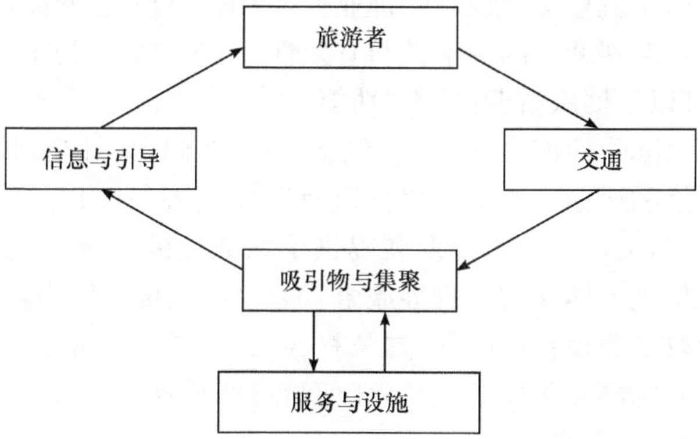

图 1.2　旅游功能系统

2) 旅游业对信息的需求

用系统的观点分析旅游业，可以将旅游业看作一个向旅游者提供服务的一系列部门构成的系统，而这个系统并不是一般意义上的行业或产业。将这些部门联系在一起的是向旅游者提供产品过程中形成的价值链，多个部门的协同作用使旅游业在旅游者眼中成为一个复杂的价值系统。基于现代信息技术建构的旅游信息管理平台、沟通平台、交易平台、支付平台等，将极大地改善过去旅游业中信息多层分流及信息流断裂的状况。

A. 旅游业是信息密集型和信息依托型产业

旅游业务依赖于互动的信息流，信息是旅游业内部各环节联结的纽带。旅游住宿、汽车出租、航空预订等都需要旅游中间商来提供相关服务的可获得性、价格、质量、位置、便利性等方面的信息；旅游业的动态性进一步增加了旅游业对信息传递、加工、更新的日常性、持续性需求。旅游业日趋复杂，旅游者日趋成熟，旅游需求日趋多样，客观上使得旅游信息的提供越来越重要，也越来越困难。因此，不管是对旅游管理部门还是旅游企业，有效地获取信息以辅助科学决策都显得特别重要。旅游业运行对信息具有很强的依赖性。

B. 信息化将完善现代旅游业的市场经济个性

现代旅游业具有天然的市场经济个性。从旅游的性质来看，是一种自愿自发消费活动，无法依靠指令性计划强制进行。同时，由于现代旅游业综合性很强，需要政府部门的干预以保持行业内外的协调发展。这就要求旅游行业从客源市场出发，针对市场需求开发旅游资源，设计出适销对路的旅游产品并推向市场。以信息技术和信息为核心的旅游管理信息系统能为旅游市场的发展提供通畅的旅游信息网络和优质的旅游信息服务，以满足科学决策的要求和游客的信息消费需求，并在体制转轨时根据信息流程重新设计管理业务，协调各种管理职能，从而增强旅游经济的基础性调节和宏观调控的灵活性与有效性，完善旅游业的市场经济个性。

C. 信息化可以拓展旅游业国际化功能

旅游业具有国际化功能，它是需求在外，供给在内，集外交、经济、文化属性于一体的产业。通信和运输手段的现代化以及世界经济一体化的发展，改变了人们出国旅游的时空感，为国际旅游的发展提供了保证。世界各国旅游业越来越相互依赖，紧密联系，呈现一体化的无国界旅游状态。信息技术作为生产力中最活跃的因素日益渗透和改变着现代旅游业，并从社会文化、技术力量、旅游市场结构等诸方面加速了旅游业的国际化发展趋势，任何游离于旅游业信息化发展道路之外的国家和企业都将陷于“信息孤岛”的状态。

3) 旅游管理对信息的需求

A. 旅游企业管理

知识经济时代对运用现代信息技术进行旅游企业业务和知识管理提出更高的要求。所谓旅游企业的知识管理，是指建立在旅游业良好的信息化、网络化基础之上，对旅游企业生产和经营所依赖的知识及其收集、组织、创新、扩散、使用和开发等一系列过程进行的管理，是为旅游企业实现显性知识和隐性知识共享寻找新途径，运用集体的智慧提高企业应变和创新能力的管理形态。知识和信息已经成为旅游企业经营管理和发展的重要资源。旅游企业需要紧紧地依靠信息，对未来做出科学的分析和预测，从而正确地指导决策、经营和管理。

B. 旅游行业管理

旅游行业的规范管理是旅游业发展的基本保证，而规范管理则需要以信息渠道畅通与共享为前提。实现旅游行业规范化管理的重要途径就是旅游行业管理的信息化，消除信息条块分割、信息孤岛、信息不对称，实现信息资源共享，提高旅游信息资源的开发利用效率，增强旅游全行业抵御风险能力，保持旅游业的可持续发展。

C. 旅游行政管理

旅游行政管理包括计划、组织、协调、监督、决策和服务等。旅游行政管理机构应及时为旅游企业提供客源市场、专业人才、资源开发、国际旅游动态和未来发展变化的信息和咨询。旅游企业、单位和个人通过这些信息做出正确的经营管理决策，避免重大问题的失误，促进旅游经营的科学化、信息化和现代化。旅游行政管理对信息和信息技术有很强的依赖性，信息可以帮助旅游行政管理者对旅游市场、旅游资源等进行分析和预测，从而有针对性地制定相关政策，采取相应措施，在信息技术的支持下，实现对旅游业的宏观管理。

旅游信息需求对旅游活动顺利进行、旅游业健康快速发展和旅游规范高效管理具有重要的意义，是旅游信息化的内在基础。以优质利用旅游信息、提高旅游管理水平和服务质量为目标的旅游管理信息系统的建设和应用是旅游业进一步发展的必然要求。

1.1.2　旅游信息化

1. 信息化

信息是旅游业的基础，信息化是旅游业发展的强大推动力。信息化是指人们的信息活动的规模不断增长以至在国民经济中占主导地位的过程。信息化是生产力的重大变革，以计算机和通信技术为代表的现代信息技术是信息化生产力的重要组成部分，推广应用现代信息技术是推动信息化工作的主要内容之一。信息活动的主体是人而不是机器，技术、组织管理和人是信息化生产力的 3 个重要因素，也是推进信息化的 3 项关键资源。

2. 旅游信息化

旅游信息化是指通过对信息技术的运用来改进传统的旅游生产、分配和消费机制，以信息化的发展来优化旅游经济的运作，加快旅游经济增长，最终推动旅游产业全面发展的过程。其实质是在信息技术的支持下，整合各类旅游信息资源，把景区(点)、饭店、旅行社、交通、节庆活动等旅游信息，通过技术手段采集、编辑、处理转换成用文字、数字、图形、图像、声音、动画等来表示它们的内容和特征，充分发挥各类旅游信息资源的效用，改善旅游活动的质量，提高旅游操作、管理的水平，使之成为旅游业发展的动力，成为优化旅游生产经营活动和推动旅游产业发展的重要手段。

目前，我国旅游信息化的重点表现在旅游网站建设、旅游信息系统建设、旅游电子商务的发展、旅游企业和管理部门内部办公自动化等方面。

3. 旅游信息化的意义

在旅游市场流通领域活动的不是商品，而是有关旅游产品的信息传递引起的旅游者的流动。旅游业的信息密集化和全球一体化发展趋势决定了旅游业信息化发展的必然性。旅游信息化可以完善现代旅游业的市场经济个性，为旅游市场机制的完善创造良好的信息环境；旅游信息化可以拓展旅游业国际化功能，从社会文化、技术力量、旅游市场结构等诸方面加速旅游业的国际化发展趋势；旅游信息化成为支持旅游业可持续发展的重要力量，信息技术的发展和广泛运用给旅游业带来了新的发展机遇；旅游信息化是实现旅游经营管理现代化的重要途径，使旅游管理手段、思维和方式都发生了革命性的变化。

1.2 旅游管理信息系统概述

现代管理的核心是决策，决策过程应包括发现机会或问题、明确目标、探索方案、预测与评价、抉择等阶段。信息的收集、加工、传输与利用贯穿着各阶段的工作过程。决策的基础是信息，决策形成过程也就是信息的收集、加工、分析和利用以及形成新的信息的过程。信息活动是管理活动的支柱，信息处理的能力和水平是管理者和管理机构的管理水平最重要的标志之一。

一个企业或组织可由管理决策系统、管理信息系统和作业系统 3 个子系统构成。管理决策系统借助于管理信息系统获得各级管理决策必需的信息，又通过管理信息系统对作业系统进行控制，实施决策。

1.2.1 管理信息系统

1. 基本概念

从管理信息系统的建立、功能等方面来分析，管理信息系统可以定义为用系统思想建立起来的，以电子计算机为基本信息处理手段，以现代通信设备为基本传输工具，并能为管理决策提供信息服务的人机系统。

就技术而言，管理信息系统是一个具有高度复杂性、多元性和综合性的人机系统，它全面使用现代计算机技术、网络通信技术、数据库技术以及管理科学、运筹学、统计学和各种最优化技术，为经营管理和决策服务。

由此看来，管理信息系统是一个由人、计算机等组成的能进行管理信息收集、传递、存储、加工、维护和使用的系统。管理信息系统能实测企业的各种运行情况，利用过去的数据预测未来，从全局出发辅助企业进行决策，利用信息控制企业的行为，帮助企业实现其规划目标。

2. 基本组成与功能结构

管理信息系统可以按照管理职能分成相互关联的若干子系统，如市场销售子系统、生产子系统、后勤子系统、人事子系统、财务子系统、信息管理子系统、高层管理子系统等。

管理信息系统的物理组成包括：计算机硬件系统、计算机软件系统、数据及其存储介质、通信系统、非计算机系统的信息收集、处理设备、规章制度和工作人员。

管理信息系统的功能结构由信息收集、信息存储、问题处理、信息输出等组成。

1.2.2　旅游管理信息系统

旅游管理信息系统是管理信息系统在旅游管理领域中的具体应用。它是一个以人为主导，利用计算机硬件、软件、网络通信设备以及其他办公设备，进行旅游信息的收集、传输、加工、储存、更新和维护，以旅游企事业战略竞优、提高效益和效率为目的，支持旅游企事业高层决策、中层控制、基层运作的集成化的人机系统。

随着信息技术的发展及其在旅游业中应用的深化，旅游管理信息系统功能日渐完善，应用范围逐步扩大。旅游管理信息系统不仅面向管理者，还面向旅游者，面向全行业，并与社会其他部门联系日益紧密。

1. 旅游管理信息系统的功能

1）数据处理功能

旅游管理信息系统能够把各种形式的原始数据进行分类、整理和保存，以供信息使用者查询，同时旅游管理信息系统能够进行各种统计和综合工作，及时提供各种统一格式的信息。

2）预测功能

旅游管理信息系统通过对相关数据的商业智能分析，为旅游决策者提供科学的决策支持。

3）计划功能

旅游管理信息系统能合理地计划和安排每个职能部门的计划流程，按照不同的使用者层次，提供不同要求和深度的报告，便于管理者参考使用。

4）决策优化功能

旅游管理信息系统利用数学方法，采用各种数学模型，得出解决问题的最优解、次优解或满意解，为旅游决策者提供辅助决策，以利于旅游企业、单位和个人合理地利用人、财、物和信息资源。

5）控制功能

信息系统对每个工作岗位和整体计划的执行情况进行监测、检查，检查计划与执行情况的差异，根据偏差的数值分析发生偏差的原因，采用适当的方法加以纠正，以达到预期的执行目标。

2. 旅游管理信息系统的结构

1）旅游管理信息系统的组织结构

旅游管理信息系统有三种组织形式：国家旅游管理信息系统、地方旅游管理信息系统、区域联网旅游管理信息系统。

在国家旅游管理信息系统中的数据库包括全国的旅游企业、旅游组织和旅游设施的信息，并允许各级旅游信息中心进入数据库。国家旅游管理信息系统要求资金和管理来自国家层次，并且国家旅游管理部门能够调控各地的旅游信息中心，使所有参加的区域获得全国各地的旅游管理信息。该系统具有集中性，便于与其他行业、其他类型的信息系统相连接。但是这种类型的旅游管理信息系统要保持系统数据的准确性和动态性需付出相当的努力。

当系统开发主体和开发资金来自于地方，地方旅游管理部门自主程度较高时，可建立地方旅游管理信息系统。地方旅游管理信息系统由于与当地业界的沟通较好，相对比较容易保持数据库信息的及时性和准确性，系统建设、运营和维护的成本也会大大降低。

另一种形式的旅游管理信息系统是区域联网旅游管理信息系统，即各地方旅游管理部门将自己的数据库与其他地方的旅游管理信息系统联网，该系统通常是地方旅游管理信息系统的延续和发展。建立区域联网旅游管理信息系统，实现区域间的互联和网上信息共享，有利于区域旅游合作，促进旅游共同发展。实现区域联网系统的关键是软硬件的标准化和各地的合作态度。此外，这种系统与其他行业、其他类型系统连接的复杂性明显增大。

无论是哪类组织结构的系统，都可以在网络旅游管理信息系统平台支持下，建立各类旅游管理信息系统。图 1.3 表示了目前旅游管理信息系统的平台结构。

2）旅游管理信息系统逻辑结构

旅游管理信息系统逻辑结构如图 1.4 所示。

(1) 信息支持层：建立包括风景旅游资源信息、基础地理信息（如区域地理、环境、社会经济文化信息）、旅游规划信息、旅游市场信息、旅游业运行管理统计等信息、地图等图件信息在内的各种数据库，记录关于旅游地的旅游资源、旅游企业、旅游规划、旅游电子商务、旅游电子政务等信息；

(2) 管理支持层：完成对上述数据库的查询、编辑修改、添加、删除、统计、输出等功能；

(3) 决策支持层：建立模型库，在旅游资源评价模型、旅游开发条件评价模型、景区容量模型、旅游需求预测模型、旅游经济效益分析模型、地理信息系统(GIS)

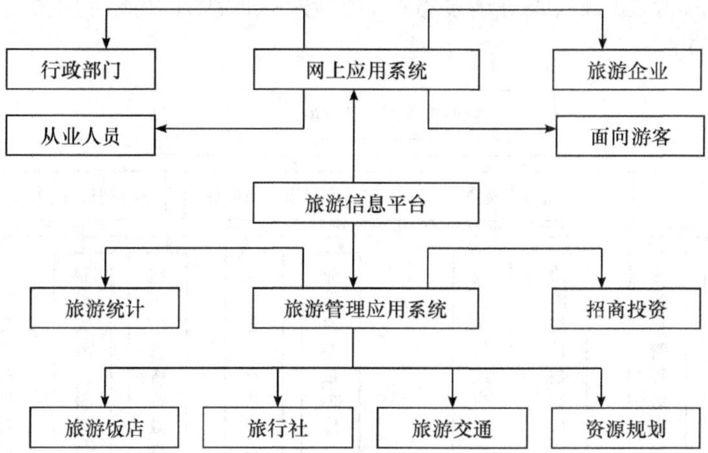

图1.3 旅游管理信息系统平台

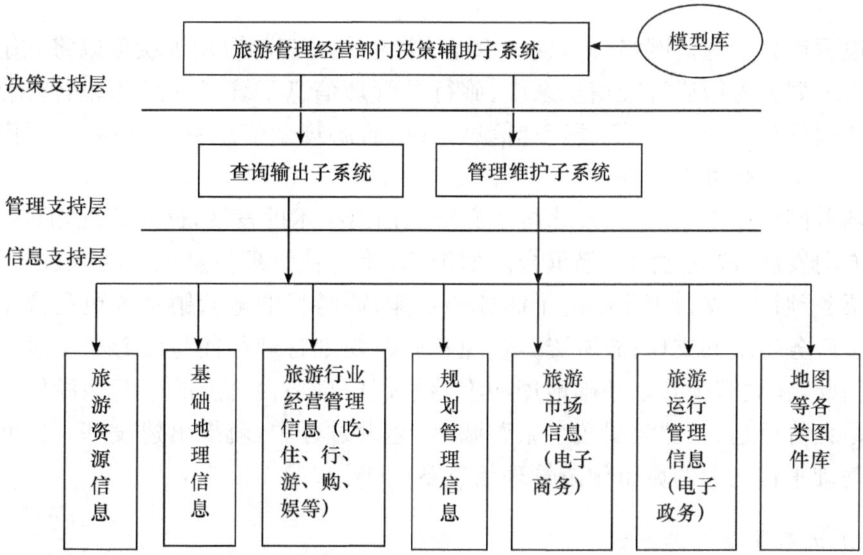

图1.4 旅游管理信息系统逻辑结构(刘颂等,2000)

空间分析模型等的支持下,辅助旅游管理部门分析决策。

3. 旅游管理信息系统的类型

旅游管理信息系统突破了传统的饭店、旅行社、交通等应用范畴,已开始应用于景区、旅游地等,应用范围越来越广。如杭州市的旅游综合数据库不仅涵盖了旅游业的食、住、行、游、购、娱等诸多方面，还涉及旅游统计和旅游预报等政务管理子系统(图 1.5)。

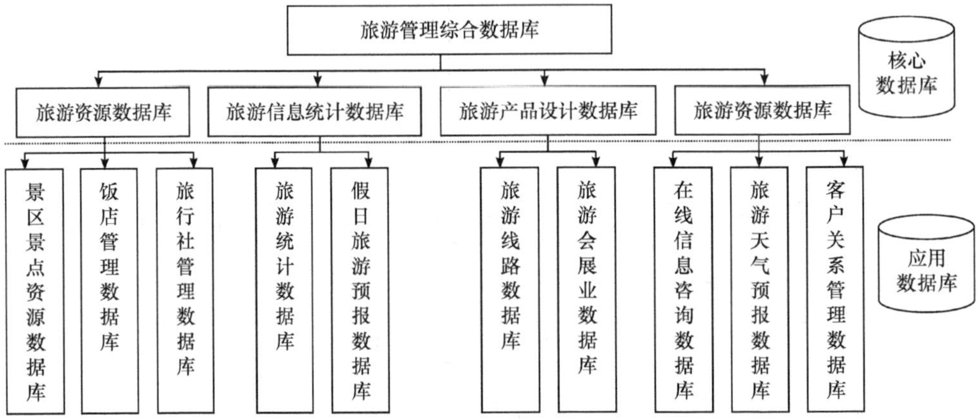

图 1.5 旅游综合数据库系统框架(陈硕等，2005)

根据计算机通信网络等信息技术在旅游业各部门的应用现状可以将旅游管理信息系统划分为饭店管理信息系统、旅行社管理信息系统、旅游目的地营销系统、旅游交通信息系统、旅游资源管理信息系统、旅游规划信息系统、旅游电子商务系统和旅游电子政务系统等。

随着网络技术、分布式计算技术和空间信息技术的发展，这些系统均日益向网络化方向发展，彼此之间日趋重合。如饭店、旅行社管理信息系统融入在线饭店、网上票务预订与支付等旅游电子商务的功能；旅游目的地营销系统更是离不开旅游电子商务系统的支撑；旅游资源管理和旅游规划管理往往与旅游电子政务相关联。因此，建立基于共享基础地理和旅游管理信息平台之上的部门旅游管理信息系统是大势所趋。在"无锡数字旅游城市"建设过程中，就提出建设基于空间数据共享基础平台之上的城市旅游管理信息系统(图 1.6)。

1) 饭店管理信息系统

饭店管理信息系统是广泛应用和相对成熟的旅游管理信息系统。它实现了饭店客房预订、排房、结账、查询等业务的计算机管理。其前台子系统一般包括预订、接待、分房、结账、审核、查询、电子门锁、电视等声光电控制等；后台子系统包括财务管理、办公自动化、客户档案库管理、资产管理等。

我国饭店管理信息系统开发应用已取得初步成效。四星级以上饭店与部分三星级饭店建有内部网络，三星级以下的星级饭店均配有计算机。计算机管理主要运用于饭店前后台业务如预订、查询、财务、销售统计、稽核、人事、文字处理等方

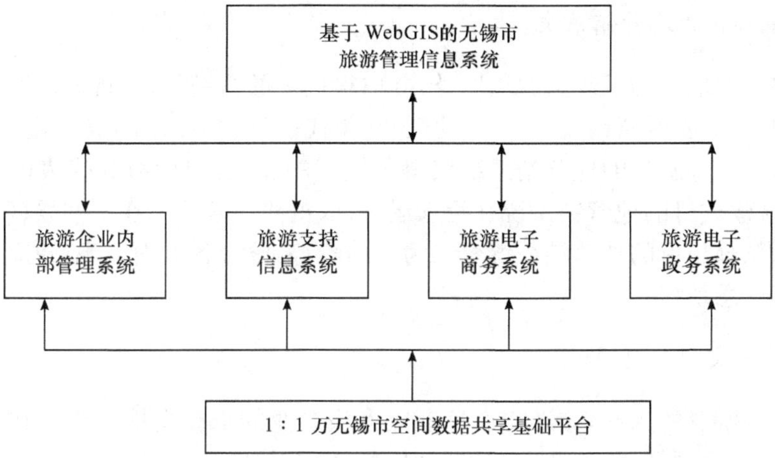

图 1.6　基于共享基础平台的城市旅游管理信息系统总体结构

面，同时也运用在商务中心、商务客房、会议服务、视频点播等服务和电话、电梯的程控管理等方面。一些饭店集团在成员饭店内部局域网的技术基础上，与集团总部实现了信息和资源共享，并将市场推广、预订业务整合到总部网站或系统上。

2) 旅行社管理信息系统

旅行社管理信息系统一般包含旅游线路、外联销售、陪同管理、对外结算、财务管理和办公自动化等子系统。旅行社管理信息系统包含一个相当大的资源信息库，存储经营所需的客源信息及旅游沿线的交通、住宿、游览等信息，它一般都要与交通售票系统关联在一起。

我国有条件的旅行社已建立起基于网络的内部计算机管理信息系统，部分旅行社整合相关资源，组建电子商务公司，利用旅游电子商务系统宣传公司形象，推介旅游线路、旅游景点、旅游相关产品，销售旅游产品，提供网上预订服务等。

3) 景区管理信息系统

随着旅游业的蓬勃发展，大部分 AAAA 级、AAA 级景点都建立了自己的网页，通过因特网开展信息发布和宣传促销活动。一些景点还设置了触摸屏信息查询系统，系统通过拨号的方式与旅游局网络信息中心连接。还有部分旅游景区建立智能化管理信息系统，作为旅游景区的基础设施。它既是内部管理的操作平台，又是对外服务的联系窗口，提高了旅游景区的管理水平和服务档次，进一步促进旅游资源的开发和可持续利用。

4) 旅游目的地营销系统

旅游目的地营销系统起源于国外，并取得良好的营销效益，现已逐渐成为一种替代性的、新的旅游营销模式。20 世纪 90 年代初期，国家旅游局决定实施“金旅工程”后，我国旅游目的地营销系统获得了快速的发展，以南海为代表的一批旅游城市，相继建成目的地营销系统并投入运行，取得明显效果。在一些景区有将景区管理信息系统与目的地营销系统合二为一的趋势，整合各方面资源，建立目的地营销与管理信息系统。

5) 旅游交通信息系统

随着旅游业的兴起，旅游交通日渐成为旅游业的重要支撑部门。在信息化浪潮中，旅游交通规划、管理调度和服务保障等领域与信息、网络技术的结合越来越紧密，并正在向智能交通系统及其产业化方向发展。航空预订、车船客运、旅游城市等目的地旅游交通服务系统已经相继建成，国际上普遍认为建立在交通信息化基础之上的智能交通系统产业，将是 21 世纪最有影响的巨大产业之一。

6) 旅游资源管理信息系统

广义的旅游资源信息是旅游者产生旅游需求和实现旅游消费的起点，也是旅游经营者和旅游管理者从事旅游经营、规划和管理的对象，包括与旅游六大要素相关的各类资源的信息。狭义的旅游资源信息是指符合国家旅游资源分类标准、已经开发或尚未开发但具有潜在旅游价值的自然、人文景观的信息，也是本书所讨论的旅游资源信息。随着计算机技术和网络技术的发展，传统的资源信息采集、管理、分析和表现手段已经不能满足旅游资源经营管理的需要，人们开始使用计算机系统管理和评价旅游资源。旅游资源管理信息系统建设为旅游资源的调查、更新、管理和可持续利用提供了技术保证和辅助决策平台。

7) 旅游规划信息系统

旅游规划是旅游发展的前期工作，随着旅游业的飞速发展和竞争加剧，实施有效旅游规划的重要性已经被人们广泛认识。然而，目前旅游规划存在观念陈旧、技术手段落后等问题，导致了旅游规划的主观性、局限性、片面性和滞后性，迫切需要一种新的理念和方式，解决传统操作上的弊端，使规划科学化、规范化。旅游规划信息系统的建设可以帮助解决当前旅游规划中所存在的这些问题，提高了旅游规划的系统性、科学性和可操作性，使得旅游规划更加合理、高效。

8）旅游电子商务系统

旅游电子商务系统是指以旅游企业为主导的，应用 Internet 技术和网上支付结算，实现网上交易，拓展市场，调整企业同消费者、企业同企业、企业内部关系，并实现内部电子化管理的商业体系。它以互联网为依托，消费者直接参与，并涉及企业运作的各个层面（产品设计、市场营销、企业管理、客户管理、资源管理、供应链管理）。网络技术和支付手段的不断发展使得旅游电子商务系统发展如火如荼。

9）旅游电子政务系统

旅游电子政务系统是基于管理信息系统和网络设施，突破时空限制，建立的内部办公系统和对外服务系统的总称。旅游电子政务系统的建立，实现了旅游行政部门内部办公自动化，协调了旅游管理部门与旅游企业、旅游管理者、旅游经营者、旅游从业人员和旅游者之间的关系，提高了旅游行政管理的工作效率和服务能力。

1.2.3　旅游管理信息系统的开发

旅游管理信息系统开发过程和开发方法与一般管理信息系统大致相同，可根据个体系统的具体情况选择不同的开发方法。

1. 旅游管理信息系统开发阶段

按计算机软件工程的要求，在软件生命周期的每一个阶段都规定明确的任务。旅游管理信息系统依其开发和应用流程通常将一个生命周期划分为 6 个阶段（图 1.7）。

1）系统调查阶段

系统调查阶段需要了解使用者对软件系统的使用要求和现实的环境，熟悉现有信息处理的数据处理流程和数据处理方法，从技术、经济和社会等多方面研究并论证旅游管理信息系统项目的可行性，编写出系统调查报告和可行性研究报告，制定出初步的系统开发计划书。

2）系统分析阶段

系统分析阶段要研究现有手工信息处理过程，并对其去粗取精，把握现有手工信息处理的本质要素，改善其中的不合理部分，增添使用者所要求的计算机信息处理系统的新的功能。该阶段以计算机环境为基础，确定出新的计算机信息处理系统的功能界面，建立新系统的逻辑模型，编制出能够反映新系统功能特点和运行环

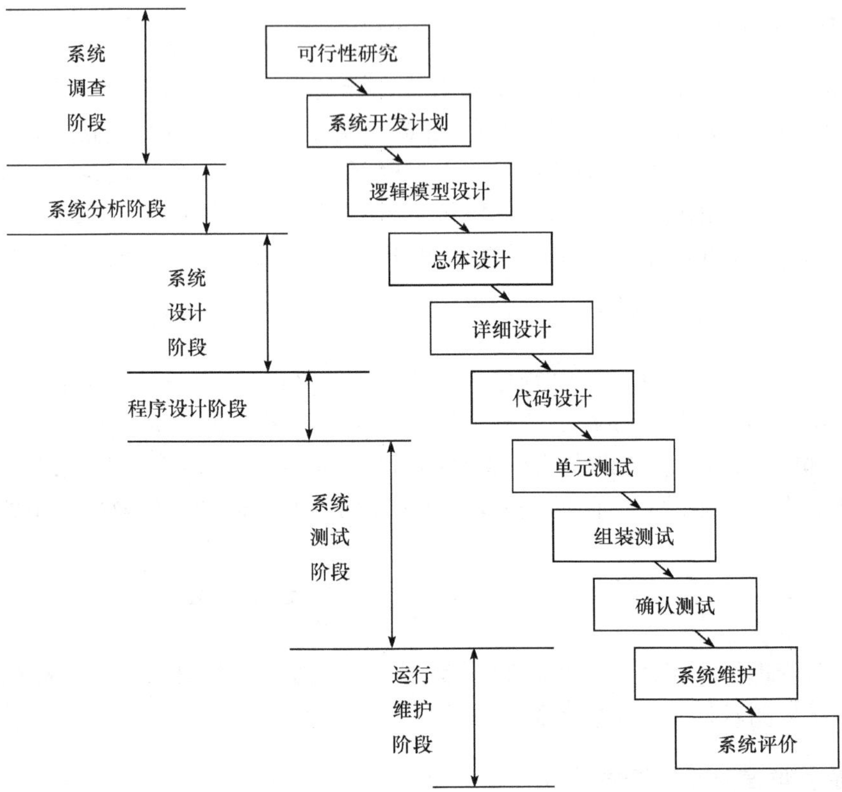

图 1.7　管理信息系统开发的 6 个阶段

境及测试确认标准的旅游管理信息系统的需求说明书。

3）系统设计阶段

系统设计阶段包括计算机软件的总体设计和详细设计。总体设计是在系统需求说明书的基础上，建立起包括系统的模块结构和数据结构在内的计算机软件系统的结构，并定义出各个模块所要实现的功能和相互之间的接口关系。详细设计是对总体设计所划分的各个模块的进一步设计，详细设计要详细介绍每一模块所具有的功能和实现模块功能的程序，定义程序的实现方法和程序内部的数据结构等。

4）程序设计阶段

程序设计阶段是按照软件详细设计说明书的要求，为每个模块编写计算机可以运行的源程序代码，并对单个程序进行测试。由于程序设计过程将书面的资料转化成了计算机可以运行的指令代码，在计算机上实现了系统的功能，因此这一阶段又称为"程序实现阶段"。

5）系统测试阶段

系统测试包括单元测试、组装测试和确认测试。单元测试验证单个模块的正确性；组装测试是将单个模块装配起来，测试模块连接在一起后的正确性；确认测试是验证系统在功能和性能上是否达到系统需求说明书中的要求。

6）运行维护阶段

运行维护阶段对投入运行后的计算机软件系统进行修改，以改正在设计编程阶段产生而在系统测试阶段未能发现的问题，使计算机软件系统能够依据外界环境的变化而做出相应的变化。通过对旅游管理信息软件在运行期间的维护，扩充其功能，改善其性能。

为了完成以上各阶段的任务，从软件工程的角度规定各阶段工作所必须遵循的规范。需要注意的是，系统开发的各个阶段并不是绝对按顺序单向进行的，也经常会出现反复。另外，各阶段之间的界限也不是泾渭分明的。

2. 系统开发方法

研究和重视开发方法可以使旅游管理信息系统正确反映管理需要，满足用户需求，提高软件开发速度和生产效率，合理组织和充分利用人力、物力和财力等资源，降低开发成本。常见的开发方法有结构化系统开发方法、原型法和面向对象方法等。

1）结构化系统开发方法

结构化系统开发方法又称结构化生命周期法，是系统分析员、软件工程师、程序员以及最终用户按照用户至上的原则，自顶向下分析与设计和自底向上逐步实施的建立计算机信息系统的一个过程，是组织、管理和控制信息系统开发过程的一种基本框架（图 1.8）。

A. 结构化系统开发的阶段与任务

系统规划阶段：该阶段的范围是整个业务系统，目的是从整个业务的角度出发确定系统的优先级。

系统分析阶段：主要包括可行性分析和需求分析。其范围是列入开发计划的单个信息系统开发项目。目的是分析业务上存在的问题，定义业务需求。

系统设计阶段：系统设计的目的是设计一个以计算机和网络为基础的技术解决方案以满足用户的业务需求。总体设计的主要任务是构造软件的总体结构；详

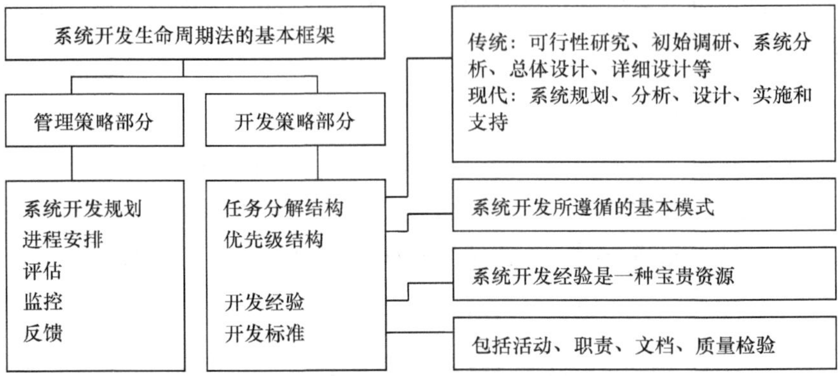

图 1.8　结构化系统开发方法

细设计包括人机界面设计、数据库设计、程序设计。

系统实施阶段：系统实施的目的是组装信息系统技术部件，并最终使信息系统投入运行，如用户手册等。包括的活动有编程、测试、用户培训、新旧系统之间的切换等。

系统运行与维护阶段：目的是对系统进行维护，使之能正常地运作。

B. 结构化系统开发方法的原则

用户的积极参与：用户积极参与信息系统的开发的全过程，是信息系统开发能否成功的一个关键的、绝对必要的因素。

严格按划分的阶段和活动进行系统开发：运用系统处理方法，将系统开发的全过程采取“分而治之”的策略，将整个系统的开发过程分为一系列“阶段”，然后再将阶段分为一系列的“活动”，将活动划分为更小的、更易于管理和控制的“作业”。

设立检查点：在系统开发的每一个阶段均设立检查点，来评估所开发系统的可行性，避免由于系统开发的失败造成更大的损失。

文档的标准化：文档标准化是进行良好通信的基础，是提高软件可重用性的有效手段。

C. 结构化系统开发方法的优点

阶段的顺序性和依赖性：前一个阶段的完成是后一个阶段工作的前提和依据，而后一阶段的完成往往又使前一阶段的成果在实现过程中得到了体现。

从抽象到具体，逐步求精：从时间的进程来看，整个系统的开发过程是一个从抽象到具体的逐层实现的过程，每一阶段的工作，都体现出自顶向下、逐步求精的结构化技术特点。

逻辑设计与物理设计分开：即首先进行系统分析，然后进行系统设计，从而大大提高了系统的正确性、可靠性和可维护性。

质量保证措施完备：对每一个阶段的工作任务完成情况进行审查，对于出现的错误或问题，如果没有及时加以解决，不允许转入下一工作阶段，也就是对本阶段工作成果进行评定，使错误较难传递到下一阶段。错误纠正得越早，所造成的损失就越少。

D. 结构化系统开发方法的缺点

它是一种预先定义需求的方法。基本前提是必须能够在早期就冻结用户的需求，只适应于可以在早期阶段就完全确定用户需求的项目。然而在实际中要做到这一点往往是不现实的，用户很难准确地陈述其需求。其次，未能很好地解决系统分析到系统设计之间的过渡，即如何使物理模型如实反映出逻辑模型的要求。此外，该方法文档的编写工作量极大，随着开发工作的进行，这些文档需要及时更新。

因此，结构化系统开发方法适用于一些组织相对稳定、业务处理过程规范、需求明确且在一定时期内不会发生大的变化的大型复杂系统的开发。

2）原型法

运用结构化系统开发方法的前提条件是要求用户在项目开始初期就非常明确地陈述其需求，需求陈述出现错误，信息系统开发将会出现严重偏差，因此，这种方法不允许失败。事实上这种要求又难以做到，人们设想有一种方法能够迅速发现需求错误。这就是，自 20 世纪 80 年代中期以来，逐步被大家广为接受的原型法。

原型法是在系统开发初期，凭借系统开发人员对用户需求的了解和系统主要功能的要求，在强有力的软件环境支持下，迅速构造出系统的初始原型，然后与用户一起不断对原型进行修改、完善，直到满足用户需求。

A. 原型法的开发过程

原型法开发首先进行可行性研究，确定系统的基本要求；其次建造系统初始原型，利用原型提炼用户需求；然后修改系统原型，反复进行修改、评审，直到用户满意。

B. 原型法的优点

原型法对系统需求的认识取得突破，确保用户的要求得到较好的满足，改进了用户和系统开发人员的交流方式；开发的系统更加贴近实际，提高了用户的满意程度；降低了系统开发风险，一定程度上减少了开发费用。

C. 原型法的缺点

原型法对开发工具、对用户的管理水平要求高；反复修改系统原型，使开发过程管理困难，如果合作不好，盲目地进行修改，会导致系统开发进程拖延。此外，原型法在解决复杂系统和大型系统时显得困难。

因此，原型法适用于小型、简单、处理过程比较明确、没有大量运算和逻辑处理过程的系统。

3）面向对象方法

以上两种开发方法，只是单纯地反映管理功能的结构状况，或者只是侧重反映事物的信息特征和信息流程，是被动迎合实际问题需要的做法。面向对象的方法把数据和过程包装成为对象，以对象为基础对系统进行分析与设计，为认识事物提供了一种全新的思路和办法，是一种综合性的开发方法（图 1.9）。

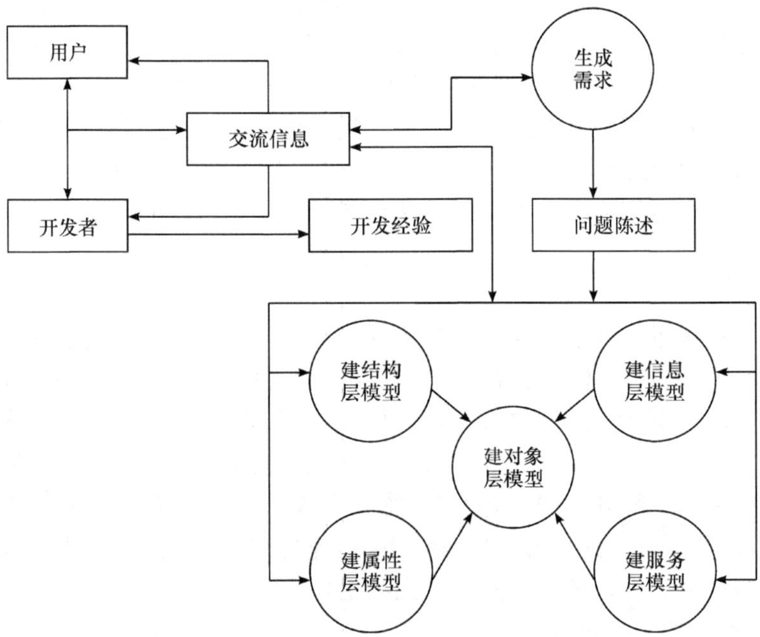

图 1.9　面向对象系统开发方法

A. 面向对象方法开发过程

系统调查和需求分析：对系统将要面临的具体管理问题以及用户对系统开发的需求进行调查研究，即先弄清要干什么的问题。

分析问题的性质和求解问题：在繁杂的问题域中抽象地识别出系统相关的对象以及其行为、结构、属性、方法等，即面向对象的分析。

整理问题：对分析的结果作进一步的抽象、归类、整理，并最终以范式的形式将它们确定下来，即面向对象的设计。

程序实现：用面向对象的程序设计语言将上一步整理的范式直接映射（即直接用程序设计语言来取代）为应用软件，即面向对象的程序。

B. 面向对象方法的优点

人类认识客观世界有两个基本过程：一个是从特殊到一般的归纳过程，另一个是从一般到特殊的演绎过程。面向对象方法直接反映了人们对客观世界的认知模式。从应用设计到解决问题的方案更加抽象化而且具有极强的对应性。把数据和操作封装到对象之中,设计中产生各式各样的部件,然后由部件组成框架,以至于整个程序。应用程序具有较好的重用性、易改进、易维护和易扩充,是目前比较流行的开发方法,适用面很广。

C. 面向对象方法的缺点

面向对象开发方法的有关原理和技术初具雏形,相关理论还需完善;处理基于复杂数据(如空间数据、多媒体数据)的管理信息系统、复杂人机交互界面的设计开发和基于海量数据的分布式应用系统等问题时仍存在不足。

1.3 旅游管理信息系统的发展

第二次世界大战之后,国际航空业、饭店业和旅行社市场经历了几次大的信息技术应用变革,旅游管理信息系统不断更新,应用范围不断扩大,系统功能不断扩展,应用程度不断深入。

1.3.1 旅游管理信息系统的发展历史

旅游管理信息系统的发展可以溯源到第二次世界大战后以电子信息技术为代表的第三次工业革命。电子信息技术泛指用于获取、处理、分析、储存、恢复、分解信息的所有相关技术,如电子计算机、电视、电话、传真、数据库、管理信息系统、网络、卫星、无线通信等。近几十年来对旅游企业和旅游产业影响重大的网络系统主要有:①内部网(Intranet),指企业内部管理决策信息系统和部门间信息交换系统,只有本企业内部人员才能进入和使用,如单位饭店管理系统(Property Management System, PMS);②外部网(Extranet),指企业与同行或商业合作伙伴间的行业联网系统,非行业或商业伙伴企业不能进入,如全球分销系统(Global Distribution System, GDS),以及旅游目的地营销管理系统(Destination Management/Marketing System, DMS);③互联网(Internet),所有个人和企业只要具备电脑和相应的软件都可以进入的全球性多媒体网络系统,如旅游电子商务系统。随着电子信息技术的发展,全球经济日趋一体化,旅游管理信息系统,尤其是经营管理系统得到了长足发展。

1. 机票预订系统与全球分销系统

20 世纪 50 年代,航空公司将计算机引入机票预订系统。1953 年,美国航空公司(AA)与国际商用机器公司(IBM)合作开发出了世界上第一个电脑机票预订系统，此后美国航空公司牺牲了增加一倍运力的机会，投资 4000 万美元建立了第一个机票预订平台——半自动商务研究平台（SABRE），大大简化了航空业复杂的机票预订过程，提高了预订效率。

20 世纪 70 年代计算机和电信价格的下降以及 1978 年美国航空业自由化进程都极大地促进了电脑预订系统（Computer Reservations System，CRS）的发展，除 SABRE 外，70 年代末 80 年代初美国涌现出大量类似的以航空公司为依托的电脑预订系统（表 1.1），其中较著名的有联合航空公司的阿波罗（Apollo）系统，环球航空公司的 PARS 系统，大陆航空公司的“系统一”（System One），达美航空公司的 DATASⅡ系统。欧洲发展较慢，直到 1987 年，在美国电脑预订系统的强大竞争压力下才相继出现了两个电脑预订系统：伽利略（Galileo）和阿马丢斯（Amadeus），其中前者是由英国航空公司、瑞士航空公司、荷兰皇家航空公司和意大利航空公司基于阿波罗系统软件联合建立的；后者是由法国航空公司、西班牙伊比利亚航空公司、德国汉莎航空公司和北欧萨斯航空公司基于“系统一”软件联合建立的。两个系统真正开始运行的时间分别是 1990 年和 1992 年。

表 1.1　全球分销系统的发展

年份	GDS 应用
1976	三家北美航空公司开始提供他们的预订系统——阿波罗（联合航空公司）、SABRE（美国航空公司）和 PARS（环球航空公司），美国旅游代理商等终端可以访问系统
1981	东方航空公司建成单机直接访问系统（System One Direct Access）
1982	德尔塔航空公司实施 DATAS Ⅱ项目
1987	欧洲建立伽利略（Galileo）和阿马丢斯（Amadeus）预订系统、亚洲建立阿巴克斯（Abacus）预订系统提供给旅游代理机构
1988	日本航空公司成立 Axess
1989	System One 由非航空企业 EDS 承包收购
1990	PARS 和 DATAS Ⅱ合并成 Worldspan。全日航空公司和阿马丢斯预订系统建立 Infini 预订系统
1993	伽利略和阿波罗预订系统合并成 Galileo International
1994	System One 与阿马丢斯预订系统合并

各大电脑预订系统都是相对独立的信息数据处理中心，昼夜不间断地处理全球各地的各种旅行预订交易；各大电脑预订系统公司为小型航空公司、旅行代理商、旅行服务商、大型商务公司等提供数据信息和预订交易平台，从每笔预订交易中收取费用。到了 20 世纪 70～80 年代，电脑预订系统迅速得到旅行代理商广泛认可和使用，1989 年以后，美国所有旅行代理商均具备 GDS 终端。

为了支撑高额投入和扩大市场，以航空公司为背景的电脑预订系统公司拓展了机票预订以外的业务，并利用其强大的数据库和过剩的技术空间向其他旅游部门提供服务，不断扩大地域影响范围，并逐步发展成为旅游全行业的GDS。饭店CRS首先加盟，汽车租赁公司和旅行服务商也相继加盟。随着加盟的旅游产品越来越丰富，GDS的数据库日益强大，其描述功能越来越详细，如早期旅行代理人只能从GDS终端上看到饭店的房间、床位和价格等几个有限信息，现在可以详细地看到饭店提供的各种设施的介绍（包括早餐、餐饮、康体设施等）。GDS终端上提供的服务也越来越多，可预订机票、饭店及其他各种住宿设施、租车、包价旅游团、游船票、火车票、观光车票、戏院票等。需要指出的是，旅行社（代理商及服务商）虽然对信息技术使用较为广泛，但其产品介入较晚，旅游服务商的包价线路进入GDS的时间比饭店和汽车租赁公司都晚。

20世纪90年代，全球分销系统出现了集中和兼并的趋势，最终形成了4个主要的大型系统，分别是：SABRE、Worldspan、Galileo International、Amadeus/System One。4大系统包揽了全球所有的GDS预订业务，并各有侧重，如SABRE是北美最大的GDS，在北美的业务占整个地区总业务量的36%，而Amadeus/System One是欧洲最大的GDS，其业务占整个欧洲的51%。

当然，信息技术在航空业的应用远不限于预订系统，还包括行李处理系统、机舱内部数字化设施、航空公司航班管理系统、机场管理系统、机场地面通信系统，以及登机系统（如指纹识别登机系统）等。但所有这些都不及GDS对整个旅游行业的深远影响。

2. 饭店预订系统

为了解决各饭店繁重的预订文件处理工作，美国的一些连锁饭店成立了中央预订办公室（CRO）专门负责处理联号饭店的预订，同一集团的所有饭店宣传册上都只印有中央预订办公室的免费预订电话，而中央预订办公室实际上成为一个呼叫中心（Call Center）。CRO的出现有效地减轻了各饭店的预订压力，同时可以及时了解和合理调配集团下属各饭店的入住情况，如CRO发现某一饭店已订满会自动将预订转到附近的其他饭店。

电脑系统的介入取代了CRO的电话交换中心功能。1965年，假日集团首家推出了HOLIDEX电脑预订系统。20世纪70年代初，威斯汀（Westin）饭店集团也开发出饭店版Apollo（美联航机票电脑预订系统），称为Westron，并在该集团下属的饭店推广该系统的授权服务。不久，其他饭店集团也纷纷建立了电脑预订系统。

最初的CRS显示的数据信息过于简单，不足以说明饭店复杂的设施和功能，经过不断的完善，现在的CRS功能已大大加强了。但CRO和CRS在运行中还存在房间分配问题。饭店集团下属的每个单位饭店都会预留一部分客房给集团的中央预订系统,因此在单位饭店的电脑管理系统中会显示这部分预留的客房已被预订出去了,从而造成部分不应有的客房空置。为了解决这一问题,各饭店集团开发了集团 CRS 和各饭店的 PMS 的预订系统互换和时时更新,即一间客房在 CRS 预订的同时,饭店 PMS 也同时显示该房间被预订,反之亦然,因此不论客户先在哪一个系统预订,另一个系统会同时得到同样的信息。电脑预订系统的应用不仅提高了饭店预订业务效率,也极大地方便了旅行代理商,并有效地压缩了预订成本。

从航空公司起源的 GDS 具有功能强大和旅行代理商终端普及率高的优势,因此,越来越多的饭店 CRS 与 GDS 联网,并由此派生出两类专业公司:接口转换公司(Switching Company)和饭店代表公司(Hotel Representative Company)。接口转换公司的诞生是由于部分饭店集团的 CRS 所用的编程语言与 GDS 不兼容,因此需要通过编码转换程序才能与 GDS 相连,接口转换公司就从事这种编码转换处理业务;饭店代表公司主要是为了满足中小饭店加入 GDS 的需求。要加入 GDS 系统,饭店内部首先必须具备 CRS,但建立这种系统的成本较高,中小饭店往往较难加入 GDS。而旅行代理商或旅游服务商希望中小饭店加入 GDS,解决这个问题的办法一是中小饭店与大饭店在 CRS 方面进行联合,另一个就是利用专业公司作为自己的代表,这样旅行代理商就能在 GDS 与中小饭店合作,中小饭店在不必耗费大量资金建立自己的中央预订系统的前提下可以享受 CRS 带来的好处。

3. 其他在线服务系统

旅游产品的异地消费性使得其利用互联网具有独特优势,各种旅游产品供应商纷纷在互联网上打出自己的网站,造成全球旅游网站的数量迅速膨胀。旅游网站主要可以分为两大类:一类是提供各种单一产品的网站,如饭店网、航空网、旅行社网、租车网、游船网等,主要提供在线预订服务;另一类是旅游综合性网站,提供各类旅游信息和各种单一或组合产品的预订服务,包括许多 GDS 已经或即将介入这种旅游综合性网站,部分或全部地向互联网开放。

互联网的出现,特别是在线预订的出现使得旅游消费者和目的地系列产品之间又增加了一种新的媒介,它因简便、快捷、价格低廉而开始威胁到原有的传统媒介。利用传统媒介的旅游者会首先找到旅行代理商咨询并提出要求,旅行代理商或向旅游服务商预订旅游包价产品,或通过 GDS 进行预订,或直接接洽目的地的各类产品供应商(航空公司、饭店、当地旅游服务商等)预订旅游者旅行所需的各类食、住、行、游产品或服务,而互联网的出现使得旅游消费者可以绕过所有的中间环节,通过互联网直接向目的地的各类产品供应商进行预订,而且预订的成本大大地降低。

1.3.2　旅游管理信息系统发展过程中存在的问题

实践证明，旅游管理信息系统提高了旅游业的效率，增强了旅游企业的实力，但在其发展过程中依然存在不少问题需要解决。

1. 技术缺陷

目前，我国旅游业信息系统建设还没有达到系统性和整体性的要求，对信息技术的利用还处于较低层次。旅游资源信息的采集、管理手段落后，迫切需要用新技术、新手段来代替手工方式，提高旅游信息采集和管理的效率及准确性。绝大多数旅游管理信息系统都是采用外包服务方式进行建设，系统建成后，技术支持、应用系统完善、信息更新维护等跟不上，系统运行效率降低，系统生命周期较短。

2. 功能缺陷

系统缺乏有吸引力、操作简便、直观动态的图形界面，表现形式单一，不符合人们的思维习惯，不利于旅游管理人员、旅游决策者以及旅游者的方便、高效使用。统计分析、辅助决策和网上支付与结算等功能还不够完善。当今的旅游市场日趋细分，散客市场份额越来越大，游客的自主性不断增强，提供便捷的旅游服务是大势所趋，现有的旅游管理信息系统还不能适应旅游市场需求个性化、旅游管理智能化和旅游决策信息化的发展趋势。

3. 定位缺陷

旅游管理信息系统局限于操作和管理，作为旅游企业和行业良性运作的平台和旅游业务、企业管理的基础，缺少战略层面上的思考，没有能够将旅游管理信息系统的开发与应用作为企业业务流程重组和行业调整的一个契机。

4. 研究缺陷

一方面是旅游管理信息系统基础理论和应用研究缺乏，旅游管理信息系统的内涵、外延及基本构架体系尚不清晰，旅游信息资源的开发规模和力度很小；另一方面是缺乏主持旅游管理信息系统工作的专业人才，独立自主地构建、维护本企业和部门旅游管理信息系统的能力还很薄弱，对系统运营中出现问题及应对策略的研究没有给予充分的重视。

5. 制度缺陷

相关法律建设的空白和滞后使得旅游信息市场障碍重重，旅游电子商务等基于网络的旅游营销和管理活动得不到法律的有效保证。各类旅游管理信息系统之间缺乏资源共享机制，有效的旅游信息基础平台或共享平台尚未建立起来，低水平的应用系统重复建设，各自为政，信息不畅，无法从根本上提高整个行业的工作效率。

当然，这些问题是旅游业不断成熟、信息行业高速发展和旅游基础信息技术应用现状之间矛盾的体现，解决这些问题一方面依赖全社会和旅游行业相关制度、政策、机制的建立、健全与完善，另一方面更要把握好信息技术在旅游业中应用方向，提高全行业信息技术的应用能力，自觉加强旅游信息化、旅游业自身发展和旅游行政管理规律的研究。

思考题

1. 为什么说旅游业较其他行业更容易和信息产业相结合？
2. 信息化可以度量吗？表征区域旅游信息化发展水平的指标有哪些？
3. 旅游管理信息系统研究的主要内容是什么？
4. 分析结构化系统开发方法与原型法的特点，说明各自适用的范围。
5. 选择适当的开发方法，尝试构建一个旅游管理信息系统的概念模型。
6. 简述应用 GIS 技术开发旅游管理信息系统的意义和作用。
7. Internet 给旅游管理信息系统的应用带来哪些变化？
8. 查阅相关文献，分析旅游管理信息系统发展的历史。

第2章 旅游管理信息系统技术基础

2.1 数据组织

在旅游管理信息系统中，数据以一定的形式存放在各种存储介质上，数据的组织形式有的复杂，有的简单。采用什么样的数据组织形式是按不同的要求而定的。最常采用的数据组织形式有文件和数据库。文件组织和数据库组织的共同基础是数据结构。

2.1.1 数据组织的基本概念

1. 数据文件的构成

数据组织的基本单位是数据项，它是文件中可使用的最小单位。每个数据项由若干个字符构成。数据项都有一个名称，它代表一个事物的某一方面的属性，对应着的数据名称都有一个值，称为数据项的名与值。例如，某个数据项表示的是一个景点的名称，则数据项的名称为“景点名称”，数据项的值为名字，如“中山陵”。

若干数据项构成一个记录。记录是文件中可存取的最小单位。记录分物理记录和逻辑记录。物理记录是记载在物理存储介质上的一组数据。逻辑记录由一组逻辑上有联系的数据项构成，例如，一个学生记录由姓名、学号、院系、班级等数据项构成，它是数据处理的基本单位。一般一个物理记录包含若干个逻辑记录，有时一个逻辑记录也可包含几个物理记录。

为了识别一个记录，通常选用记录中的一个或若干个数据项作为键，其中唯一能识别记录的键称为主键，其余的键称为副键。按文件使用的目的不同，主键和副键可以分别使用，也可以结合使用。如在景点记录中，主键可以是景点编号，副键可以是景点名称、所在城市等。

为了某一特定目的而形成的同类记录称为集合构成文件（又称数据文件），例如，所有的景点记录构成景点数据文件，所有的宾客记录构成客户数据文件等。每个文件都有用来识别的文件名。

2. 数据的层次结构

在数据组织体系中，数据库为较高层次的数据组织体系。简单地说，数据库就是系统中所有文件的总和。但实际上，数据库的含义蕴含了对相关文件的重新组织，以便最大限度地减少文件间的数据重复，同时增强文件间的相互联系。字符、数据项、记录、文件、数据库构成了数据组织的层次结构，它们之间的关系如图 2.1 所示。

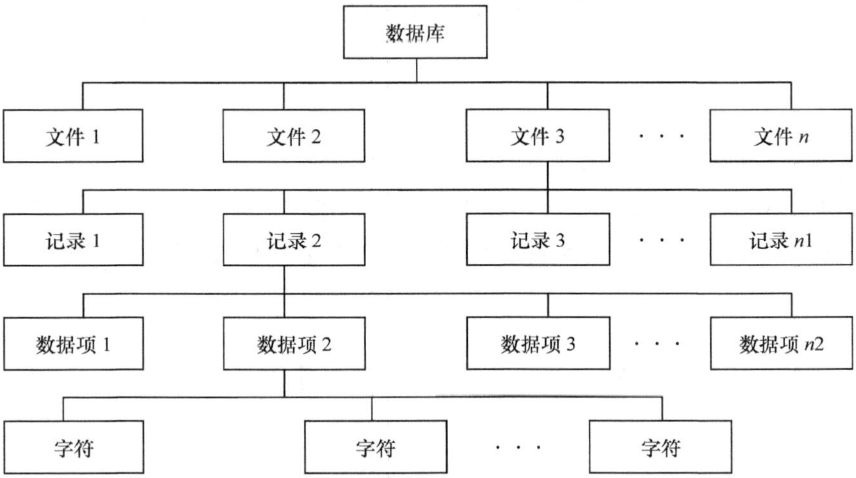

图 2.1 数据的层次结构

2.1.2 数据的收集

在旅游管理信息系统中，为了得到可靠的信息，首先要从数据的收集做起。数据的收集必须注意以下两个方面：

1. 数据本身的正确性

旅游管理信息系统需要对大量数据进行处理，以提供决策信息。如果收集的数据都不正确，则很难设想其提供的信息是正确的。因此，收集数据时，鉴别真伪，保证其正确性和可靠性是管理信息系统的第一个重要问题。对于用计算机处理的管理信息系统，由于失去了人的鉴别作用，保证输入数据的正确性显得尤为重要。

2. 数据收集的时间性

要使旅游管理信息系统及时提供所需的决策信息，一个主要的问题就是收集数据的时机和时间长短。在使用计算机处理的旅游管理信息系统中，数据处理的时间很短，如果数据的收集时间太长，就会把计算机在微秒间进行的成千上万次运算的高速度都淹埋掉了，严重的甚至会贻误决策的时间。旅游管理信息系统中，对反馈信息时间的要求，即所谓响应速度，往往决定了数据收集系统的形式，是采取人工收集，还是采取脱机或是联机的形式。在旅游管理信息系统的设计中，设计一个有效的数据收集系统是十分必要的。

数据来源有两种：一种来源于已建立的资料源，例如，从饭店现有的档案文件、账册、各种类型的票据中获得；另一种是从实际系统中获得。因此，根据数据获得的途径不同，对数据的收集可分为两类：一类称为来源性收集，即从已有的资料中获取；另一类称为根源性收集，即从实际系统中取得。

来源性收集数据，首先必须对来源的正确性、可信度加以充分了解，以保证引用资料的正确性。已有的资料源，往往是经过别人处理过的，或多或少地包含着处理者的主观因素，因而可能影响资料的正确性。同时，在人工处理的过程中经过多次转抄、修改，相同的数据在各种资料源（如账册、票据、档案）中出现的值可能不一致，因此在来源性收集时，选择资料来源十分重要。此外，还要注意对原有人工报表体系进行合理化研究，根据企业管理的要求和信息处理的要求两方面进行分析，必要时要重新设计。例如，在饭店中，往往出现相同的数据在各部门使用不同的数据名称，即语义差异，或者同种票据或统计表格，在各个部门的流通形式、填写的内容、格式都不尽相同，这就给数据收集带来许多不便，并增加了出错的机会。因此，必须对原手工系统进行整理，制定标准信息流程，明确规定和制度，保证其畅通，同时要统一格式、统一填写方法，增加必要的核对、校验功能。

根源性收集数据，即用仪器直接收集资料，不经过人的测量、记载、整理而直接输入计算机加以处理。例如，为了得到某个游客当前的实时地理位置时，可以为该游客配备全球定位系统（GPS）。当游客位置发生变化时，GPS能够自动获得游客当前的地理位置，同时通过一定的发射、传输和接收机制，把获得的地理位置数据自动输入到计算机中去。这样直接获得所需数据的收集方式，称为根源性收集。对于根源性收集数据，必须注意仪器的精确度、使用方法、技术和时间性等。不适当的使用方法，即使再精确的仪器也难获得准确的资料。在根源性收集数据时，我们可以利用各种仪器，如光学的、电磁式的、机械式的等，仪器的选择应该根据具体条件灵活掌握。

收集数据时，一般应该尽可能减少人工参与，以便提高操作速度和降低出错率。

用人工收集数据的系统称为人工收集系统。采用仪器进行收集数据的系统，根据数据处理的要求，可以采取脱机方式，也可以采用联机方式。一般来说，旅游企业的数据是在旅游企业的各个部门内随时随地产生的，所以旅游管理信息系统一般采用由若干个分散的数据收集点组成的自动化联机数据收集方式。人工的数据收集系统虽然可以节省设备和投资，但它的数据收集时间长、出错率高，从系统的观点看，系统的其他优越性，如快速、高效、正确度高等，反而丧失了。

2.1.3　数据的逻辑结构与物理结构

在以计算机为基础的旅游管理信息系统中，从旅游企业各处收集来的大量数据之间，有一种内部的联系，即具有一定的结构。例如流动资金，它是资金平衡表中的一项，而它本身又是由储备资金、生产资金、成品资金等若干数据项组成。计算机中应采用什么结构形式来存放这么大量的数据，才能反映出数据的内部联系，并使占用存储空间最少，成本最低，存取、操作效率最高，这是数据组织要考虑的核心技术。

1. 数据结构

数据结构是计算机信息处理中的一个重要概念。通常将数据元素之间的联系形式和关系称为数据结构。这种结构关系不涉及数据元素的具体内容，只表示它们之间的连接关系。数据结构又可分为数据的物理结构和数据的逻辑结构。数据的物理结构又称数据的存储结构，是指数据元素在计算机存储器中的表示及其配置。而数据的逻辑结构是指数据元素之间的逻辑关系，它是数据在用户或程序员面前呈现的方式，是用户对数据的表示方式和存取方式。数据的逻辑结构如链表、树、网等。而向量(一组邻接的存储单元)等则为存储结构。对于给定的逻辑结构，需要寻找一种恰当的与其对应的存储结构以便在计算机中实现。通常称这种对应关系为映象。

2. 指针与链

在数据结构中，经常遇到的概念就是结点、指针与链。

表征某一数据结构特点以及连接方式的基本单位称为这个结构的结点。在一个结点上可以存放一个字母、一个数字，也可以存放一个记录。一个结点本身通常有几个域，每个域存储与这个结点有关的信息，结点中的域按其性质可以分为两类，一类是存储结点本身信息的域，称为信息域；另一类是用来存储这一结点与其他结点的连接信息(存储地址)的域，称为地址域或链环域。这些域中所存储的地址称为指针。而若干带指针的结点组成的信息集合，则称为链。一个典型的结点结构如图 2.2 所示。

左指针	信息内容	右指针

图 2.2　结点结构

在一个结点的信息域中，可以存放一个至若干个信息，而指针域也可以由多个指针组成，以满足不同数据结构的需要。下面以一张职工登记表为例说明。对于每个职工的登记项有四项：工作证号、姓名、年龄，以及与下一职工有关信息的存储地址（表 2.1）。对这样一个数据结构，结点信息域由 3 个域组成，即工作证号、姓名和年龄，指针域只有一个，即下一个工作证号的地址。图 2.3 是这种结点的示意图。通常把指针指向的下一个结点叫做后继结点，反之，与本结点紧接的前一个结点叫做前趋结点。对最后的一个结点常把“∧”号填在它的指针域中，表示整个链到此结束。实际上，“∧”只是一个结束符号，也可采用任何一个不会与真实地址相混淆的记号来表示。

表 2.1　职工登记表

物理存储地址	工作证号(NO.)	姓名(NAME)	年龄(YEAR)	下一个记录的地址(LINK)
210	0152	马一民	40	440
323	3462	陈立	29	∧
430	1332	王健	35	323
440	0161	刘小英	19	470
470	0785	李有序	23	430

NO.	NAME	YEAR	LINK

图 2.3　结点示意图

如果把上述结点画成用指针相连的有序链，则在逻辑上更像一条链（图 2.4）。图中用 H 表示链的起始结点的地址，或称链头。

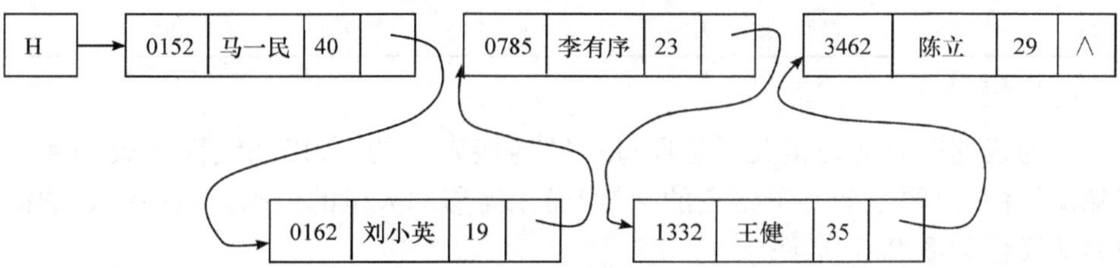

图 2.4　链的逻辑结构

用指针引出另一个结点的方法是表示复杂结构的关键手段，它在数据结构中是一个非常重要的概念。从图 2.3 可以看出，每一个结点只有一个连接指针，指向它的后继结点称为单向链。当一个结点指针有多个时，根据指向下一个结点的位置与个数的不同，就可以构造较复杂的结构，如双向链、循环链、树、网络等。

利用指针可以把数据的逻辑结构和存储结构完全分开，数据项在物理存储区可以任意存放，而在逻辑上可以利用指针把它们联系起来。

3. 数据的逻辑结构

数据的逻辑结构是数据在程序员及用户面前的呈现方式，是数据元素之间相互联系的抽象关系。数据的逻辑结构在旅游管理信息系统中常用：链表、树、网络等形式。

1）链表

链表结构中每个结点都设有链指针，指示下一个结点的存储位置，结点本身可以存放在一组任意的存储单元中，这些存储单元可以是连续的，也可以是分散的。链表结构根据链指针的设置情况，可以分为线性链表、循环链表等。

(1) 线性链表：又称单向链，链表中的结点只设一个指针指向它的后继结点。表 2.2 就是一个线性链表的例子。

表 2.2 线性链表示例

序号	客房号	登记人	客房类型	入住时间(年-月-日)	以客房号为序的指针
001	3415	金盛	单间	2005-6-1	003
002	2314①	马玛吉	标间	2005-6-2	001
003	1123	毛芳芳	双人间	2005-5-29	004
004	1152	田恪	标间	2005-4-30	006
005	8143	朱丹丹	单间	2005-5-17	∧
006	8256	朱媛媛	标间	2005-6-2	007
007	1788	刘敏	双人间	2005-5-28	005

注：① 为链头。

因为线性链表的逻辑关系是通过指针连接表示的，所以在线性链表的插入和删除操作中，只要改变一下结点的指针，而无需移动大量的数据。线性链表的插入和删除操作如图 2.5 所示。

(2) 循环链表：上述线性链表在沿链搜索时，只能按一个方向去查询，且每搜索一个结点，必须从链头开始。为了改变这种情况，可把链中最后一个结点的指针指向起始结点，这样就构成一个环，称为循环链表，如图 2.6 所示。在循环链表上查询可以以环中的任意一个结点作为标识，或在链中选某个结点标注一特殊符号。

2）树

在企业中，许多数据之间存在一种分层次的结构，如产品结构，每种产品分成若干部件，每个部件又分成若干组件或零件。又如，工厂的各种机床设备、工具、材料的分类，大类中区分中类，中类中又区分小类。再如，在图 2.7 所示饭店房间资

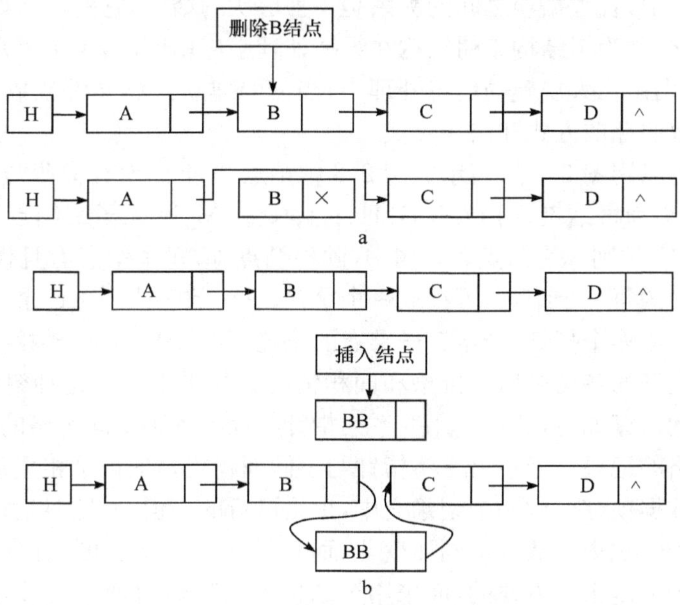

图 2.5　线性链表的操作

a. 链表中删除操作示意；b. 链表中插入操作示意

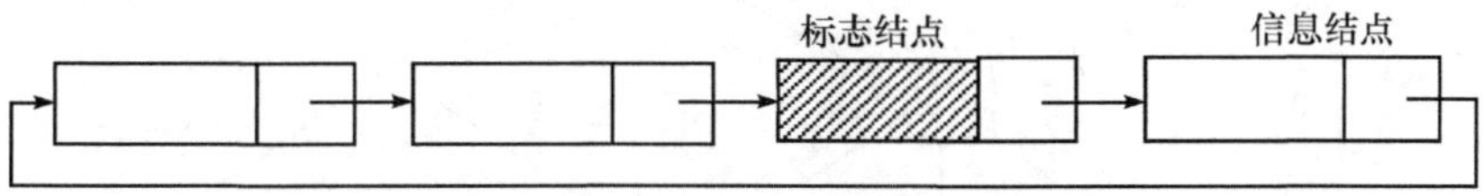

图 2.6　循环链表及其标志点

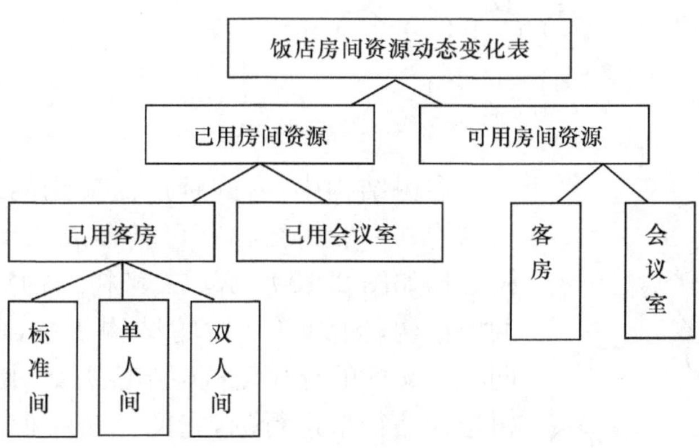

图 2.7　树结构

源动态变化表中，各数据项之间的关系是一种层次的结构，它的形状如同一棵倒长的树，这种结构称为树结构。树结构在数据处理中应用广泛，也是最常用的一种非线性结构，特别是在大规模的信息处理中，当需要建立大型文件或数据库时，树结构能提供有效的存取方式和快速查找。

树结构可以用图 2.8 来表示。图 2.8 中结点 A 上面没有父辈结点(即没有指向它的结点)称为根结点，而 D、F、G、H、I、J、K、L、M、N 无子辈结点，故称为终止结点或叶；B、C、E 则称为结点。在树中，除根结点外，每个结点有且仅有一个父辈结点。在树中的每一个结点，可存放一个字符、一个数字或一条记录。在每个结点中可设置一个或多个指针，指示其子结点的位置。图 2.9 为一个树结构的实例，它反映了不同类型的各类客房的价格和面积情况。如果不采用这种树结构，问题也是可以解决的。譬如说，我们利用一系列指针与反映各种不同价格的记录相联系，而每一种价格的记录又通过另一些指针与不同面积规格的记录相联系。用这种方法来把全部数据项综合到一个记录之中，也是可行的。但是，这时记录的长度将随价格标准数和面积规格数的不同而变化，而且记录的长度也可能拉得很长。显然这在数据处理上是很不方便的，而采用树结构可以巧妙地把总记录分成多个较小的固定长度的记录。

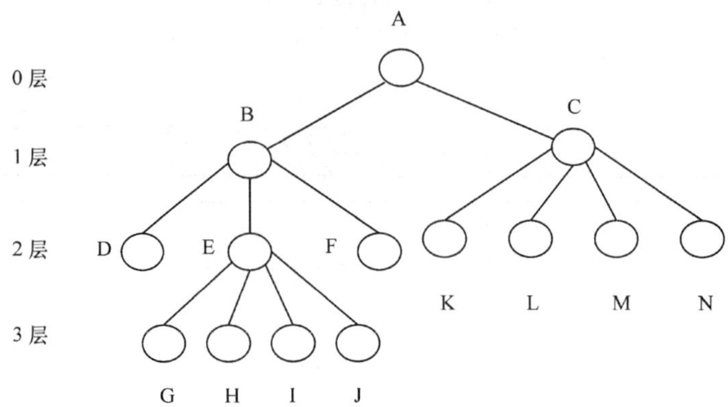

图 2.8　一般树结构

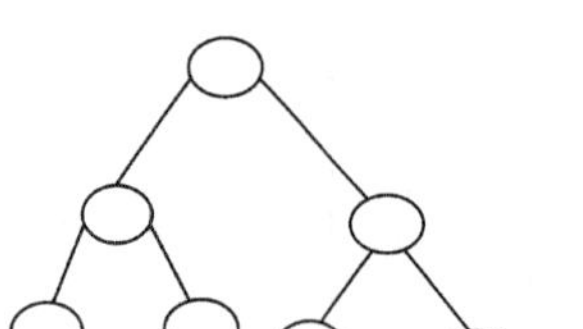

图 2.10　二叉树结构

在树结构中，有一种广泛应用的结构，称为二叉树结构。一般树结构都可转换成二叉树结构。二叉树结构如图 2.10 所示。二叉树结构只有两个枝以下的树结构，因为二叉树的结构规整，所以存储方便。同时二叉树的查找是从根结点开始，沿左子树或右子树选择路径来进行的，它的算法类似于折半查找，查找速度较快，且简单。因此，二叉树结构在数据处理中是重要的结构之一。

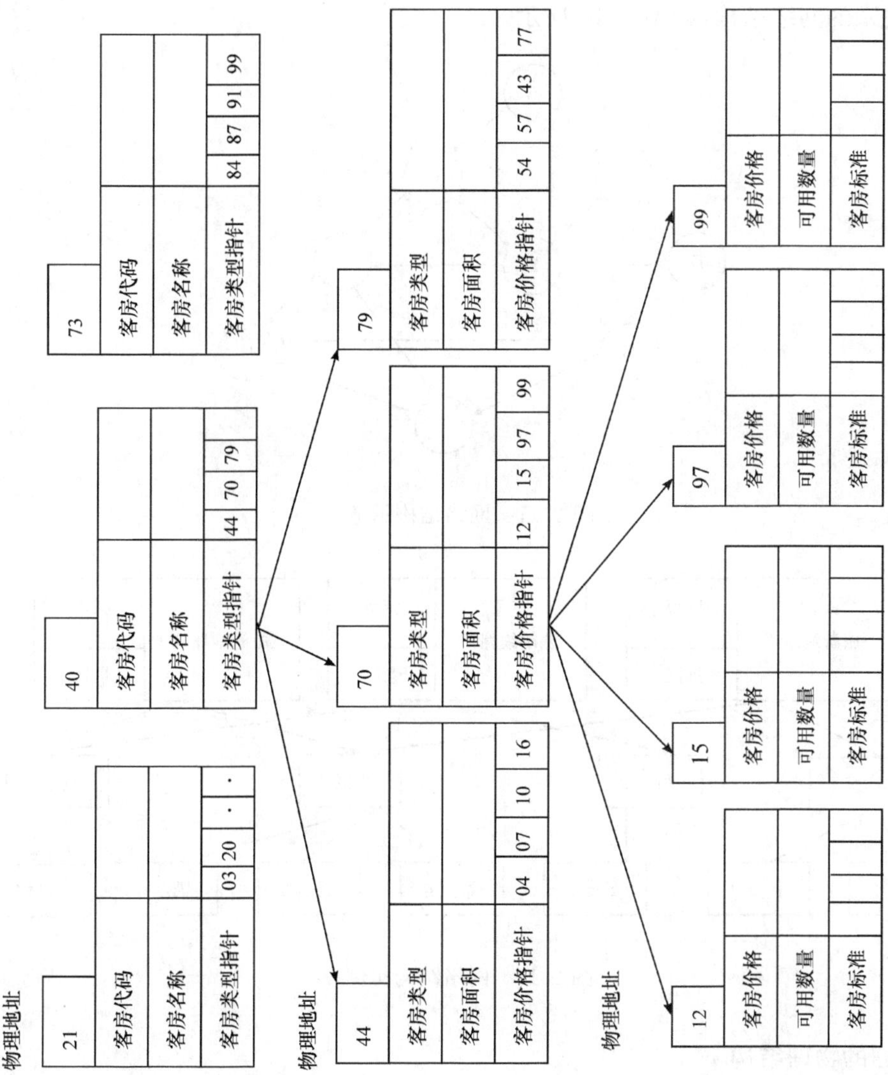
物理地址
21
客房代码
客房名称
客房类型指针
03 20 · ·
40
客房代码
客房名称
客房类型指针
44 70 79
73
客房代码
客房名称
客房类型指针
84 87 91 99
物理地址
44
客房类型
客房面积
客房价格指针
04 07 10 16
70
客房类型
客房面积
客房价格指针
12 15 97 99
79
客房类型
客房面积
客房价格指针
54 57 43 77
物理地址
12
客房价格
可用数量
客房标准
15
客房价格
可用数量
客房标准
97
客房价格
可用数量
客房标准
99
客房价格
可用数量
客房标准

图 2.9　树结构实例

3）网络

图 2.11 是网络的一般示意图。在网络中结点之间的联系是任意的，网络结构常常用来表示复杂的结构，它往往能更真实地反映企业中数据之间的联系。例如，为了根据旅游线路查找其所通过的城市和包含的景点，则有反映旅游线路与景点之间关系的网络结构，如图 2.12 所示。

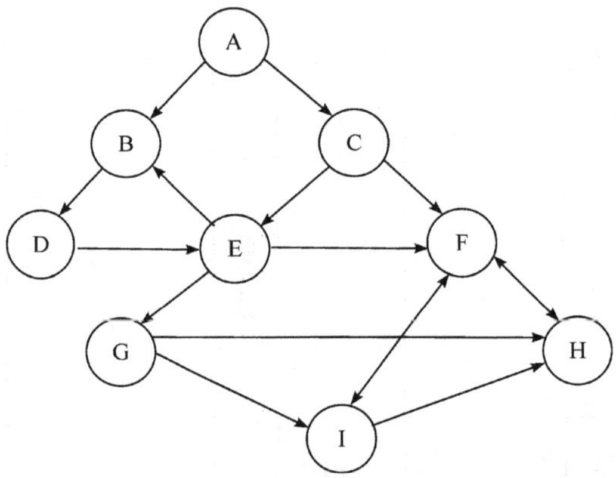

图 2.11　网络结构示意

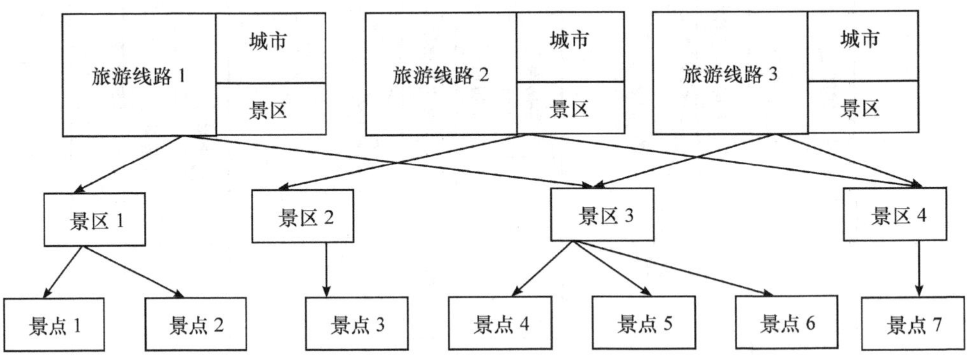

图 2.12　网络结构实例

4. 数据的物理结构

数据的物理结构是数据在存储器上的位置和配置。选择物理结构时，一般要考虑如何节约存储空间，使数据的冗余度尽量小；同时还要考虑数据处理的性质，是随机的还是顺序的，数据的存取是单一的还是成批的，处理时间上的要求，数据将来的扩展性如何等。在一般情况下，用户使用计算机时，不必考虑数据的物理结构，因为计算机的操作系统已经提供了较优的物理存储方式。只有当认为操作系统提供的存储方式不足或需要设计数据库时，才需要认真考虑。通常计算机操作系统提供的物理存储方式有以下两种。

（1）顺序存储结构：采用顺序存储结构时，数据文件中的记录按其来到的先后次序存放在物理介质上。这样的存储结构虽能节约空间，但是当数据发生变动时，给修改增加了困难。

（2）随机存储结构：随机存储结构适用在随机存储器上，实现随机存储结构常用的是链接方法。

2.1.4　数据文件的组织方式

数据文件的组织方式是指数据记录以某种数据结构在外存设备上的组织方式。计算机的操作系统在实现了对程序进行管理的基础上，进而提供了文件管理系统（简称文件系统）来实现文件的组织功能。文件组织方式主要有以下几种：

1. 顺序文件

顺序文件刚建立时，记录按其来到的先后次序排列，其物理顺序和逻辑顺序并不完全一致，这种顺序文件称为串行文件。文件的记录按照关键字大小依次重新排列所得到的文件叫做顺序文件。因此，排好序的顺序文件是物理顺序和逻辑顺序一致的文件。对于每个记录，按键的顺序赋予一个序数，序数为 i 的记录，其物理顺序亦为 i。

存放在顺序介质上的顺序文件，只能按顺序扫描法进行查找，即依次逐个查找，要检索第 i 个记录，必须先检索第 $i-1$ 个记录。

存在随机存储介质上的顺序文件可以按顺序扫描法存取，也可用按分块查找法或折半查找法进行存取。

2. 索引文件

带有索引表的数据文件称为索引文件。增加索引表是为了加快检索记录的速度，索引表的索引项应当按顺序排列，而数据文件本身则可以按顺序排列，也可以不按顺序排列。

按索引文件组织方式组织文件时，文件包括索引区和数据区。索引表建立在索引区，数据文件建立在数据区。索引表本身也是一个文件，其中列有每个记录的关键字和相应的物理存储地址，这两项合称为索引项。索引表是由系统程序自动生成的，在为数据文件输入数据的同时建立索引表，表中的索引项按记录输入的先后顺序排列，待全部记录输入后，软件就对索引表排序。最后的索引表是按关键字的升序或降序排列的关键字与地址的对照表。索引表在排序前按记录的物理顺序，排序后则按照记录的关键字的逻辑顺序，而将原索引表抹去。例如，对应于图 2.13a的数据文件，输入过程中建立的索引表如图 2.13b 所示，图 2.13c 是经过排序后的索引表。

物理记录号	房间号	房间类型	楼层
1001	8038	标准间	8
1003	4016	标准间	4
1005	2012	双人间	2
1008	3081	单人间	3
1010	4022	标准间	4
1012	3024	双人间	3
1013	5084	标准间	5
1016	6088	单人间	6

a

关键字	物理记录号
8038	1001
4016	1003
2012	1005
3081	1008
4022	1010
3024	1012
5084	1013
6088	1016

b

关键字	物理记录号
2012	1005
3024	1012
3081	1008
4016	1003
4022	1010
5084	1013
6088	1016
8038	1001

c

图 2.13　索引文件的建立过程

a. 索引文件；b. 排序前的数据表；c. 排序后的数据表

索引文件组织方式可以保证地址的唯一性，而不产生重号。访问记录时，只要从索引表找到地址，就可得到所需记录，其存取动作也比较简单。索引表本身需要占有一定的存储空间。

3. 直接存取文件

直接存取文件组织可用以下两种方法实现。

1）直接地址法

程序员或数据库管理员可以直接把存放某一记录的地址作为该记录的键号。当搜索某个记录时，只要知道了该记录的鉴别键，就可以获得该记录存放的地址。

直接地址法的优点是存取动作简单，用户使用方便，不会产生重号。缺点是把记录的存储地址作为键号，不易记忆。

2）相对键法

相对键文件组织中，记录的实际地址必须利用一个已做成标准过程存放在计算机中的算法。在进行数据存取时，可调用此过程对记录的鉴别键进行计算，求出相应记录的地址。

相对键法的优点是：搜索记录时只要通过一个简单的计算公式，即可求得记录的实际地址，因而搜索时间短，处理速度快。缺点是：若在这个连续的键里有空号，计算机存储器就留有空位，造成存储器的浪费；它需要占用一个连续的地址块，不能充分利用计算机存储器中的许多分散的比较小的地址块。当然，可以通过计算机软件把这些分散的地址块集中起来，但这需要占用一定时间，影响机器的使用，尤其是机器的存储器临近饱和时，这种处理的时间长，机器的使用效率降低。

2.2　数据库技术

在旅游管理信息系统中，要对大量的数据进行处理，首先就要弄清现实世界中事物及事物间的联系是怎样的，然后再逐步分析、变换，得到系统可以处理的形式。对客观世界的认识是一个逐步的过程，可以分为现实世界、信息世界和数据世界 3 个层次。

现实世界是指客观存在的事物及其相互联系。信息世界是指客观存在的现实世界在人们头脑中的反映。人们对客观世界经过一定的认识之后，进入到信息世界形成关于客观事物及其相互联系的信息模型。在信息模型中，客观对象用实体表示，而客观对象的性质用属性表示。对信息世界中的有关信息经过加工、编码、格式化等具体处理，便进入了数据世界。数据世界中的数据既能代表和体现信息模型，同时又向机器世界前进了一步，便于用计算机来进行处理。

2.2.1　信 息 模 型

信息模型的主要要素是实体，任何客观存在的事物均可以是实体。实体可以是人，可以是物，也可以是概念性的东西。实体分为个体和实体集两个层次，个体是指相互区别的、特定的单个实体，实体集是同类个体的集合。

信息模型中的另一个要素是属性，属性是实体或者事物的某一方面的性质或特性。属性由属性名和属性值来描述。属性名表示实体性质的类型，属性值描述特定实体的具体性质。特定的实体是由若干具体属性值排列起来进行描述的。实体集中各个实体具有同名属性。我们把属性名的组合称为实体型。

实体与属性的区分是相对的，在某个问题中可以看作是实体的事物，在另一个问题中可能作为属性。例如，考察旅游交通工具的性能时，汽车、火车、游轮、飞机等都是以交通工具名称这一属性的值出现的。而汽车本身又可作为一个实体来考察它的各种属性。

信息模型中还有另一个重要要素是联系，联系是指客观存在的事物之间的相互联系，通常是指实体集与实体集之间的关系。

建立信息模型的方法通常采用实体-关系方法（Entity-Relationship Approach，E-R）。该方法的主要目的是描述实体之间的联系，应用此法建立的信息模型称为 E-R 模型。

2.2.2 数据模型

1. 数据模型的组成

一个数据模型实质上是一组向用户提供的规则，这组规则规定了数据是如何组织的，其结构怎样以及相应地允许进行哪些操作。数据模型至少应包含数据结构、数据操作和数据的约束条件这三部分。

1）数据结构

指一组规定的用于构造数据库的基本数据结构类型。这是数据模型中最基本的部分，它规定如何把基本数据项组织成更大的数据单位，并通过这种结构来表达数据项之间的关系。

由于数据模型是现实世界与机器世界的中介，因此，它的基本数据结构类型应是简单且易于理解的。同时，这种基本数据结构类型还应有很强的表达能力，可以有效地表达数据之间各种复杂的关系。

数据结构是所研究的对象类型的集合。这些对象是数据库的组成成分，它们包括两类，一类是与数据类型、内容、性质有关的对象；另一类是与数据之间联系有关的对象。数据结构是刻画一个数据模型性质最重要的方面。因此在数据库系统中，人们通常按其数据结构的类型来命名数据模型。数据结构是对系统静态特性的描述。

2）数据操作

指对数据库中各种对象的实例允许执行的操作或者推导规则的集合，包括操作及有关的操作规则。这些操作能实现对上述数据结构按任意方式组合起来所得数据库的任何部分进行检索、推导和修改等。

3）数据的约束条件

指一组完整性约束规则。它用于给出不破坏数据库完整性、数据相容性等数据关系的限定。为了避免对数据执行某些操作时破坏数据的正常关系，常将那些有普遍性的问题归纳起来，形成了一组通用的约束规则，只允许在满足该组规则的条件下对数据库进行插入、删除、更新等操作，以保证数据的正确、有效和相容。

一般情况下，数据模型与信息模型存在如下的对应关系：实体—记录、实体型—记录型、实体集—文件、个体—特定记录、属性—数据项、属性名—数据项型、属性值—数据项值。

2. 常见数据模型

1）层次模型

层次模型（Hierarchical Model）用树结构来表示各类实体以及实体间的联系，树中有且仅有一个节点无双亲节点，这个节点即为根节点，根节点以外的其他节点有且仅有一个双亲节点。

层次模型的基本特点是，任何一个给定的记录值只有按其路径查看时，才能显示出它的全部意义，没有一个子女记录值能够脱离双亲记录值而独立存在。

层次模型是一个典型的树状结构。在层次模型中，每个节点表示一个记录类型，记录之间的联系用节点之间的有向边表示，这种联系是父子之间的一对多的联系，使得层次数据库系统只能处理一对多和一对一的实体联系。

2）网状模型

满足下列条件的数据模型称为网状模型（Network Model）：

(1) 可以有一个以上的记录型节点无双亲节点；

(2) 至少有一个节点有多于一个的双亲节点。

层次模型中子女节点与双亲节点的联系是唯一的，而在网状模型中这种联系可以不唯一，还允许两个记录间有两种以上的联系。因此，要为每个联系命名，并指出与该联系有关的双亲记录和子女记录。

在现实生活中，事物之间普遍存在的是具有网状结构的信息联系，所以这种模型具有广泛的适用性。网状数据模型的优点在于能够直接地描述现实世界，并且存取效率高。缺点是结构比较复杂，而且随着应用环境的扩大，这种复杂性会进一步加剧。

层次模型和网状模型都是成功的数据模型。但是，它们有一个共同的缺点，即用户在处理数据库中的数据时必须很清楚数据之间的层次（或网状）联系，实现较困难。当用户的需求发生变化，就可能修改数据模型结构，严重时危及整个系统。

3）关系模型

关系模型(Relational Model)将数据的逻辑结构归纳为满足一定条件的二维表的形式，其结构有以下七类。

(1) 关系：一个关系对应通常所说的一张表；

(2) 元组：表中的一行即为一个元组或一条记录；

(3) 属性：表中的一列即为一个属性，给每一个属性起一个名称即为属性名；

(4) 主码：表中的某个属性组，它可以唯一确定一个元组或一条记录；

(5) 域：属性的取值范围；

(6) 分量：元组中的一个属性值；

(7) 关系模式：对关系的描述，一般表示为关系名(属性 1，属性 2，…，属性 n)。

关系模型的最大特点是描述的一致性，即无论对实体集还是实体集之间的联系，均可以用二维表关系来描述。关系模型要求关系必须是规范化的。其中最基本的要求是，关系的每一个分量必须是一个不可再分的数据项。

关系数据模型的优点是：它建立在严格的数学基础上，无论实体还是实体间的联系都用关系表示，而且关系模型的存取路径对用户透明，具有更高的数据独立性、更好的安全保密性，也简化了程序员的工作和数据库开发建立的工作。

关系数据模型的主要缺点是：由于存取路径对于用户透明，查询效率往往不如非关系数据模型，因此要对用户的查询请求进行优化，增加了数据库管理系统的开发难度。

2.2.3 数据库结构

从本质上来讲，数据库是存储介质上的相关数据的集合。这些数据是高度组织化的，能够反映客观世界复杂的信息结构，同时便于处理和使用。

从数据库最终用户角度看，数据库系统的结构分为集中式结构、分布式结构、客户/服务器结构和并行结构。这是数据库系统外部的体系结构。

从数据库管理系统角度看，为了便于设计、使用和管理，提高数据与应用程序之间的独立性，采用分层的方法，将数据库的结构划分为 4 个层次，即全局逻辑层、局部逻辑层、存储层和物理层，前三者也称为模式、外模式和内模式。

1. 模式

模式也称概念模式、全局逻辑层，是数据库中全体数据的逻辑结构和特征的描述，是所有用户的公共数据视图。

模式实际上是数据库数据在逻辑级上的视图。一个数据库只有一个模式。定义模式时不仅要定义数据的逻辑结构，而且要定义数据之间的联系，定义与数据有关的安全性、完整性要求。

这种模式对应的数据库是概念级的数据库，它是数据库管理员（DBA）看到的数据库，所以也叫 DBA 视图。建立概念级数据库的目的是把所有用户子模式有机的结合在一起，形成一个逻辑整体，统一处理所有用户的要求，便于对数据进行统一控制和管理。

2. 外模式

外模式也称子模式、用户模式、局部逻辑层，它是数据库用户能够看见并获准使用的局部数据的逻辑结构和特征的描述，是数据库用户的数据视图，是与某一应用程序有关的数据的逻辑表示。

外模式通常是模式的子集，一个数据库可以有多个子模式。子模式间允许重叠，还允许模式与子模式间有若干变化，如数据名称、次序等改变。

对应于外模式的数据库称为用户级数据库，应用程序只和外模式打交道。每个用户及其应用程序只使用一个外模式，多个用户或应用程序可以共享同一个外模式。因此，外模式是保证数据库安全性的一个有力措施，因为每个用户只能看见和访问所对应的外模式中的数据，数据库中的数据是不可见的。

3. 内模式

内模式也称存储模式、存储层，一个数据库只有一个内模式。它是数据物理结构和存储方式的描述，是系统程序员视图，是数据在数据库内部的表示方式。

通常由数据库管理工作小组（DBAWG）对数据库存储级描述提出规范化要求，将数据库划分为域（Area），域又划分为页（Page）的组织形式，并且域和页的概念不依赖于物理存储设备。内模式在数据库存储级对存储记录和索引进行描述，模式中定义的一个概念记录可以对应存储模式中几个不同类型的存储记录。

当数据的内模式发生变化时，可以通过内模式-模式间的映像，使模式保持不变，从而用户的应用程序不变，这就保证了另一层次的独立性，称为物理独立性。数据库存储模式的改变，不会影响应用程序的结果，仅影响应用程序操作数据库的效率。

对于一个数据库来说，实际上存在的只是存储层数据库，其他层次只不过是对存储层的不同程度和不同角度的抽象。用户层数据库是用户与数据库的接口，用户根据子模式来操作处理数据，通过子模式-模式映射与概念层数据库联系起来，然后通过模式-内模式映射与存储层的数据库联系起来。

(1) 外模式-模式映射。一个模式可以有任意多个外模式，对于其中的每一个外模式，数据库系统都有一个外模式-模式映射。该映射定义了该外模式与模式之间的对应关系。当模式改变时，由数据库管理员对各个外模式-模式映射作相应的改变，而外模式本身保持不变。这样应用程序也就不必修改，从而保证了数据与程序的逻辑独立性。

(2) 模式-内模式映射。数据库中只有一个模式，也只有一个内模式，模式-内模式映射是唯一的。该映射定义了数据库全局逻辑结构与存储结构之间的对应关系。当数据库的存储结构改变了，由数据库管理员对模式-内模式映射做相应改变，可以使模式保持不变，从而应用程序不必修改，保证了数据与程序的物理独立性。

这两层映射保证了数据库系统中的数据能够具有较高的逻辑独立性和物理独立性。数据库管理系统完成这三层间的转换，并通过操作系统把用户对数据库的操作最终转化到存储层上去执行。

2.2.4 数据库的新发展

数据库技术是计算机软件领域的一个重要分支，经过30多年的发展，数据库系统已从第一代网状、层次数据库系统发展到第二代关系数据库系统和第三代以面向对象为主要特征的数据库系统。数据库技术与网络通信技术、面向对象技术、并行计算技术、多媒体技术、人工智能技术互相渗透，互相结合成为当前数据库技术的主流。

第三代数据库系统保持了第二代数据库系统的非过程化数据存取方式和数据独立性；除提供传统的数据管理服务外，还支持对象管理和知识管理；具有良好的开放性，支持数据库语言标准，支持标准网络协议，具有良好的可移植性、可连接性、可扩展性和互操作性。

1. 面向对象数据库系统

面向对象数据库系统(Object Oriented Database System，OODBS)，是指支持面向对象特性的数据库系统。它综合了面向对象的程序设计技术和数据库管理技术，提供了面向对象的建模方法、编程语言和数据库语言。其基本思想是将数据及操作这些数据的程序代码封装在一个对象中，相似结构的对象形成类。为生成面向对象的数据库，可以在数据库语言中加入面向对象的概念；也可以通过引入持久性和聚集的概念来扩充现有的面向对象的语言以处理数据库。利用对象的封装、继承等特性,实现对对象的管理。

与传统的数据库相比,支持对象特性的 OODBS 具有许多优点:具有面向对象方法的建模能力和灵活性,包含更多的数据语义信息,对复杂数据对象的表达能力更强等。这些优点大大提高了系统的开发速度,方便了系统的维护,因而受到了广泛的欢迎。但是,面向对象数据库还只是一种新兴的技术,它的数据模型缺乏数学理论基础,它的语言缺乏形式化基础,因此有待进一步深入研究。但可以肯定,它是一项具有重大理论意义和应用前景的数据库技术,是新一代数据库系统的核心概念和技术基础。

2. 并行数据库技术

近年来,计算机体系结构逐渐从单处理器向多处理器结构发展。随着应用领域数据库规模的急剧膨胀,数据库服务器对大型数据库各种复杂查询响应时间和联机事务处理(OLTP)吞吐量的要求顾此失彼。数据库应用的发展对数据库的性能和可用性提出了更高的要求。因此将传统的数据库管理技术与并行处理技术结合的并行数据库技术(Parallel Database)已越来越为人们所重视,成为当前数据库领域最热门的研究课题之一。

数据库技术与并行处理(Parallel Processing)技术结合,充分利用硬件平台的并行性,采用多进程多线索结构,从而提高数据库系统对事务快速响应的能力。并行数据库技术通过将一个数据库任务分割成多个子任务的方法,由多个处理机协同完成对数据库的分布管理和并行查询,从而极大地提高了事务处理能力,并且通过数据分布可以实现数据的并行 I/O 操作,达到高性能、高可用性和高扩充性的目标。

3. 分布式数据库系统

随着计算机网络技术的发展,人们可以把分散在全球各处的数据库系统通过网络通信技术连接起来,在集中式数据库技术成熟的基础上,形成了分布式数据库系统(Distributed Database System)。分布式数据库是一个数据集,逻辑上它们属于同一系统,而物理上它们分散在用计算机网络连接的多个场地上,并统一由一个分布式数据库管理系统管理,用户感觉不到数据的分布,看到的似乎是一个全局数据模式的集中式数据库。可以说,分布式数据库系统是数据库技术和网络技术相互渗透有机结合的结果。

分布式数据库系统由多台计算机组成,每台计算机上配有各自的本地数据库,各计算机之间由通信网络连接。在这种系统中,大多数处理任务由本地计算机访问本地数据库来完成,对于少量本地计算机不能单独胜任的处理任务,则通过数据通信网络与其他计算机相联系,并获得其他数据库中的数据。

与集中式数据库比较,分布式数据库具有体系结构灵活性大、系统可靠性高、可用性好、可扩充性好等优点,适用于为面向地理上分散,而管理上又需要不同程度集中管理的企、事业单位提供数据管理。Sybase 公司的 Replication Server 产品是一种典型的分布式数据库系统,具有分布式体系结构,支持场地自治和全局应用,实现了分布透明性。

分布式数据库系统虽然有利于改善性能,但如果数据库设计不好,分布不合理,连接操作过多时,会降低系统的性能。因此,对分布式数据进行有效的管理和方便的访问是分布式数据库技术应当解决的问题。随着数据库技术的发展,分布式数据库系统也在向面向对象系统、知识库系统方面发展。

4. 多媒体数据库

多媒体是指多种媒体,如数字、文本、图形、图像和声音的有机集成,而不是简单的组合。多媒体技术是计算机技术、影像技术和通信技术相结合的产物。多媒体数据具有类型复杂、信息量大、实时性、分布性和交互性等特点。随着 Internet 的发展 ,人们越来越依赖于从网上获取多媒体信息作为自己的数据源。因此,出现了将多媒体技术与数据库技术有机结合而形成的多媒体数据库(Multimedia Database)管理系统。

5. 主动数据库

主动数据库(Active Database)是相对于传统数据库的被动性而言的,它除提供传统的被动服务功能外,还让数据库主动进行服务。主动数据库通常采用的方法是在传统数据库系统中嵌入 ECA(即事件-条件-动作)规则,在某一事件发生时引发数据库管理系统去检测数据库的当前状态,看是否满足设定的条件,若条件满足,便触发规定动作的执行。

主动数据库技术的研究开始于 20 世纪 70 年代中期,被应用于许多领域中,如计算机集成制造系统、管理信息系统、办公室自动化系统中常常希望数据库系统在紧急情况下能根据数据库的当前状态,主动适时地做出反应,执行某些操作,向用户提供有关信息。

6. 联机分析处理

联机分析处理(On Line Analytical Processing,OLAP)不但是一种交互式的决策辅助方法,同时也是一种面向数据分析的方法,是对关系数据库的一种改进。它具有灵活的动态数据分析功能、直观的数据操作和可视化的分析结果表示等突出优点,从而使用户对基于大量数据的复杂分析变得轻松而高效。

目前 OLAP 工具可分为两大类，一类是基于多维数据库的，一类是基于关系数据库的。两者相同之处是基本数据源仍是数据库和数据仓库，是基于关系数据模型的，向用户呈现的也都是多维数据视图。不同之处是，前者把分析所需的数据从数据仓库中抽取出来，物理地组织成多维数据库，后者则利用关系表来模拟多维数据，并不物理地生成多维数据库。

7. 数据挖掘

数据挖掘(Data Mining)是从大型数据库或数据仓库中发现并提取隐藏在内的信息的一种新技术。数据挖掘过程一般由 4 个主要阶段组成：数据准备(Data Preparation)、挖掘(Mining)、表述(Presentation)和评价(Assess)。知识的发现可以描述为这 4 个阶段的反复过程。

数据挖掘技术涉及数据库、人工智能、机器学习、统计分析等多种技术，它使决策支持系统(DSS)跨入了一个新阶段。传统的 DSS 系统通常是在某个假设的前提下通过数据查询和分析来验证或否定这个假设，而数据挖掘技术则能够自动分析数据，进行归纳性推理，从中发掘出潜在的模式，或产生联想，建立新的业务模型，帮助决策者调整市场策略，找到正确的决策。

8. 数据仓库

数据仓库(Data Warehouse)是指面向主题的、集成的、稳定的、不同时间的数据集合，用以支持经营管理中的决策制定过程。由此可见，数据仓库是将原始的操作数据进行各种处理并转换成综合信息，并提供功能强大的分析工具对这些信息进行多方位的分析，以帮助企业领导做出更符合业务发展规律的决策。因此，在很多场合，决策支持系统也成了数据仓库的代名词。建立数据仓库的目的，是把企业内部数据和外部数据进行有效集成，为企业的各层决策、分析人员使用。企业内部数据是指通过业务系统收集到的数据，这些数据可能分布在不同的硬件、数据库、网络环境中，为不同的业务部门服务。

数据仓库的构架大致分为三部分：第一部分是不同的数据来源；第二部分是通过对不同数据源的转换/装载形成的一个新的数据库；第三部分则是基于第二部分的数据库所提供的决策支持功能联机分析处理。

创建数据仓库的主要目标是：使各种各样的数据源的数据对于那些急需的人——官员、经理、分析家易于访问，以帮助他们做出符合发展规律的决策。为实现这一目标，为用户服务的前端工具必须能被有效地集成到新的数据分析环境中去，这就构成了数据仓库系统。

数据仓库系统以数据仓库为基础，通过查询工具和分析工具完成对信息的提取，满足用户的各种需求。它是多种技术的综合体，由数据仓库、数据仓库管理系统、数据仓库工具三个部分组成。在整个系统中。数据仓库居于核心地位，是信息挖掘的基础；数据仓库管理系统负责整个系统的运行，是整个系统的引擎；而数据仓库工具则是整个系统发挥作用的关键，只有通过高效的工具进行分析和挖掘，数据仓库才能真正发挥出“数据宝库”的作用。

2.3 计算机网络及相关技术

2.3.1 计算机网络技术

1. 基本概念

目前主流的计算机网络的定义是指通过数据通信系统把地理上分散的计算机有机地连起来，以达到数据通信和资源共享目的的系统。数据通信是计算机网络的主要目的。共享的资源通常包括硬件资源、软件资源、数据资源，其中共享数据资源是计算机网络最重要的目的。

当代计算机网络以网络的远程大规模互联为主要特点，它是由美国的一个分组交换计算机网 ARPANET 发展和演化而来。

今天，以因特网为代表的计算机网络得到了飞速的发展，已从最初的教育科研网络逐步发展成为商业网络，并已成为仅次于全球电话网的世界第二大网络，它采用了专门的通信控制处理机、分层网络协议，实现了以分组交换为基础的全球信息资源共享体系。

2. 基本组成

随着计算机网络技术的发展，特别是计算机网络发展进入到第三阶段。一般认为，计算机网络应当具有 3 个主要组成部分：

(1) 能向用户提供服务的若干主机；

(2) 由一些专用的通信处理机（即通信子网中的结点交换机）和连接这些结点的通信链路所组成的通信子网；

(3) 为主机与主机、主机与通信子网或通信子网中各个结点之间通信而建立的一系列协议，即通信双方事先约定的、共同遵守的一组规则。

3. 常见分类

计算机网络有不同的分类方法。按距离分类，可以分为广域网、局域网、城域网、接入网。按通信介质分类，可以分为有线网和无线网。按传播方式分类，可以分为点对点方式和广播式。按传输速度分类，可以分为低速、中速、高速。按使用范围分为公用网和专用网。按照网络控制方式分为集中式和分布式。按照网络拓扑结构可以分为星形结构、树结构、总线形结构、环形结构等。

2.3.2　数据通信技术

1. 基本概念

早期的数据通信与现代的计算机通信显然是有区别的。但随着技术的发展，数据通信的含义也在发生变化。因此，可以认为计算机通信与数据通信是可混用的名词，美国著名期刊 *Data Communications* 所刊登的文章现在几乎全部都是计算机网络领域内的文章，在许多情况下，数据通信网往往指的就是计算机网络的分组交换网。

数据通信技术的主要任务是作为计算机网络的基础，将计算机与通信技术相结合，完成编码数据的传输、转换存储和处理。常用的通信技术有电路交换、报文交换、分组交换和混合交换。

数据通信的基本通信模型由信源、发送器、传输系统、接受器和信宿组成。信源是产生数据的设备；发送器的作用在于将信源设备产生的原始数据进行变换和编码后送入某种形式的传输系统进行传输；传输系统用于连接信源和信宿的传输线路；接收器从传输系统接收信号并将其转换成信宿设备能够处理的形式；信宿是从接收器上取得传入数据的设备。

2. 通信协议

为了使网络中计算机之间能正确地传输信息，必须在有关信息传输顺序、信息格式和信息内容等方面有一组约定或规则，这组约定或规则即是网络协议。

TCP/IP 协议是以传输控制协议（TCP）和网络互联协议（IP）为代表的协议集，是最重要的一组网络协议。它是 1978～1979 年由美国国防部高级研究计划局（DARP）开发的，用于异构网络的通信协议，它已被广泛地应用于解决计算机网络的互联问题。

TCP/IP 协议可提供任意互联的网络间的通信，几乎所有的网络操作系统都支持 TCP/IP 协议，是目前广泛使用的 Internet 的基础，已成为事实上的工业标准。

2.3.3　分布式计算技术

1. 客户/服务器模式

客户/服务器(C/S)模式是经典的分布式计算模式，为信息处理提供了一个高效、经济而又应用灵活的网络计算体系结构。

C/S 应用系统模式体现为“请求/响应”。客户提出请求，服务器给予响应，执行相应的服务，把执行结果送回给客户机，由它进一步处理后再提交给用户。在 C/S 模式中，客户机和服务器是一个逻辑概念。客户机是指最终用户的应用程序，它主要完成请求和表现数据的工作，是用户操作计算机的人机界面，例如，管理用户接口、采集数据、格式化数据库和报告请求等。服务器为客户机程序提出的请求提供服务，这些服务包括数据查询和更新、打印服务等。C/S 模式将应用功能分割成两个部分，分配到网络上，一些应用功能由客户机程序实现，另一些应用功能由服务器程序完成，从而达到资源的最佳利用。

C/S 这种逻辑上的分离，有利于对系统功能进行模块划分和扩充。客户端应用程序的开发集中于数据的显示和分析，而服务器应用程序的开发则集中于数据的管理。这样，客户机和服务器平台相对独立，系统便于维护。

在 C/S 模式中，服务器并发处理多个客户机的操作。在一个 C/S 应用中，客户端应用程序是针对一个小的、特定的数据集、如一个表的行来进行操作的，仅对某一条记录进行封锁，而不是像文件服务器那样针对整个文件进行封锁，这样既保证了数据的一致性和完整性，又能保证系统的并发性。

2. 浏览器/服务器模式

随着 Internet 的快速发展，企业纷纷开始采用 Internet 技术来构建企业的内部网或者企业联盟的外联网，即 Intranet/Extranet。于是，一种新兴的分布式计算模式——浏览器/服务器(B/S)模式应运而生。本质上，B/S 模式也是一种 C/S 模式，它是一种由传统的二级 C/S 模式发展而来的三级 C/S 模式，并结合 Web 应用而成的。

在基于 Internet 的三层 B/S 计算模式中，应用模型被清晰地划分为表示层、业务逻辑层和数据服务层。

B/S 结构简化了客户机的工作，主要负责显示数据和用户交互的表示逻辑。客户机上只需安装简单配置的客户端软件，即所谓的瘦客户。在客户端，不需要专门开发用户界面，只需通过浏览器与分布在网络上的 Web 服务器进行交互。

事务处理和数据存储等业务逻辑由位于中间层的应用服务器完成。中间层由多台服务器组成，通常分为 Web 服务器、应用服务器和其他服务器设施组成，其主要功能如下：

(1) Web 服务器。是客户端与应用服务器的接口，有推、拉两种工作模式。拉模式是接收浏览器的客户请求，由 Web 服务器对请求的参数解释、重组为请求信息后，传送给应用服务器，并将处理返回的结果送至浏览器。推模式是客户预设感兴趣的若干服务内容，服务器将主动地将相关信息传给客户，以增强信息发布的及时性。

(2) 应用服务器。负责真正实现业务逻辑服务和对数据库访问等工作。接收从 Web 服务器发送的消息，根据服务要求与其他管理和服务设施交换，实现资源的存取和返回应答等功能。可利用多进程/线程、动态负载平衡、对象管理、目录服务、事务服务等特性，提高数据访问性能和响应速度。

数据服务层由数据库系统和已有系统组成，负责管理应用系统的信息资源，根据应用服务器的请求进行资源操作，并将操作结果返回应用服务器。

三层 B/S 结构具有标准化、开放性、分布式等许多优势，对传统的管理信息系统的体系结构产生了巨大的影响，主要体现在以下几方面：

(1) 客户端用户使用单一的浏览器软件，特别适合非计算机人员使用，也避免了客户端应用程序版本控制和更新的困难；

(2) 业务逻辑集中放置在服务器上，由所有的用户共享，使系统的维护工作方便和集中；

(3) 采用了事实上工业标准的协议和技术标准，具有良好的扩展性和开放性；

(4) 客户不再直接访问数据库，安全管理可以基于组件来授权，而不是授权给用户，从而提高了安全性；

(5) 应用程序组件可以共享与数据库的连接，数据库服务器不必为每个活动用户保持一个连接，从而降低了数据库服务器的负担；

(6) 开发人员可以在业务逻辑层利用常用开发工具开发可重用组件，而不是编写存储过程，而且这些组件可镜像到多台机器上同时运行，从而减轻用户的负载；

(7) 充分利用 Internet 技术，将分布在全球各地的资源和信息联系起来；

(8) 把办公事务和决策事务有机地结合起来，从而促进了企业或者企业联盟中内部信息的广泛交流。

2.4　旅游信息共享技术

旅游业是一门综合性的行业，其关联度高，涉及面广，辐射力强。旅游业的发展，离不开民航、铁路等交通产业的协作配合，离不开计划、财政、金融等部门的有力支持，离不开商业、餐饮、娱乐等方面的配套服务。旅游业又是信息密集型产业，旅游服务可看作一个服务系列的流程，信息的应用是大量、密集的。旅游市场的供应方(旅游组织、旅游目的地、旅行社、旅游公司、民航、饭店、银行、购物中心等)需要提供关于旅游商品和服务的信息。中介机构需要根据来自不同消费需求的信息，聚合、组装旅游产品，从而根据消费者的偏爱向消费者提供个性化的产品及服务。同时，计划出游者通过获取、分析和比较旅游供给方提供的有关旅游目的地和设施相关信息，最后做出旅游决策。不论旅游供应方向旅游消费者提供有关于商品和服务的信息，还是计划出游者借助信息进行旅行决策，信息的完整性、及时性和互交流性都是至关重要的，这就要求能有一个旅游信息共享的平台，给多样性的用户提供准确的、完整的、详细的信息。

2.4.1 旅游信息共享的现状

1. 旅游信息共享仍是基于属性的共享

现有的旅游管理信息系统多数停留在电子信息处理阶段，即把旅游信息当作属性信息来描述，只有位置介绍、联系电话、景点图片等内容，而没有信息的空间特征和时间变化的特征。旅游区是面状要素，旅游景点及设施是点状要素，而连接各点间的交通和景区线路则是线状要素。如何将这些旅游要素，包括它们的空间位置、形状及分布特征和与之有关的社会、经济等专题信息（属性数据）以及这些信息之间的联系等，进行获取、组织存储、检索分析，并在管理、规划与决策中应用？以地理信息系统为代表的空间信息技术可以为旅游信息和基础地理信息的共享提供技术支撑。

2. 基于某个站点的专有网络信息的局限性

随着互联网用户的快速增长，大部分旅游信息提供商（旅游目的地、旅游经营商、旅游相关组织等）都建立了自己的网站，向旅客提供各自的旅游信息和产品以及产品交易。政府旅游网站公布的信息较为全面公正，具有权威性，同时还辅以行业规范、管理职能。旅游专题门户网站，如新浪、搜狐、中文雅虎等，涉及的旅游信息一般局限于城市简介、风景和线路推荐、当地风情以及旅游文学等自然、人文景观介绍。商业旅游网站，如 e 龙、携程旅游网等，侧重于提供吃、住、行、游、购、娱六要素信息，并提供网上预订等功能。

但这些专有网络有其共同的局限性，一是采用超文本标置语言设计（HTML 技术）的静态网页缺乏交互性、可扩展、可伸缩性的机能，无法整合地理空间信息和旅游信息。二是局限于旅游资源等内容的介绍，缺少横跨平台、协同工作的能力，即不能在不同种类的旅游管理信息系统之间进行信息的访问和交换，因此并没有实现真正意义上的旅游信息的共享。如果采用可扩展标记语言（XML），以及 XML 在 GIS 领域的扩展地理标记语言（GML）来传递旅游信息，不仅跨越了平台（XML、GML 具有天然的与平台无关性），还跨越了空间（Internet/Intranet 的推广），更跨越了设备（XML 的数据与表现形式分离可以成为不同终端交换信息的载体）。可以预见，XML 将在旅游基础地理信息共享中扮演重要角色。

2.4.2　旅游信息共享的意义

1. 有利于旅游管理部门进行管理决策

旅游信息的共享平台在信息传播、分发方面的功能尤其适合于地方性的或者区域性的旅游行政管理部门。这些部门的主要任务是为实现区域的经济繁荣而发展旅游业和旅游市场。在旅游信息没有实现共享的情况下，基础资料和数据仍处于分散状态，使得数据得不到充分的利用，这就增加了旅游管理部门的重复调查工作，这不仅造成了资金的浪费，而且数据的可信度、完整性、权威性得不到保证。通过旅游信息共享平台的开发利用，可以为旅游管理部门提供全面、准确、及时的发布信息的工具，为城市的建设和旅游业发展提供更多的市场宣传手段和商业机会。

2. 有利于旅游企业之间实现“共赢”

在全球经济趋向一体化的情况下，企业之间可以通过共享信息资源，把握消费动态，从而创造整体市场竞争优势。一般情况下，单个旅游企业无法承担巨大的市场调研、信息搜寻费用。而一旦建立起旅游信息的共享平台，企业相互之间就可以提供有关的消费需求、技术咨询、融资和物质资源等信息，可以超越了地理上的障碍，使距离和物质障碍对企业发展影响减小。旅游信息共享平台是一种比市场稳定、比等级组织灵活的新组织形式，它是一个开放的系统，向各种信息源开放。在某种程度上，加入共享平台的企业可以得到资源和信息的互补，这有助于旅游企业之间相互积累共享信息，从而在国内外竞争中形成一个“利益共同体”。

3. 有利于旅游企业与旅游者间实现“双赢”

从旅游企业的角度来看，旅游信息共享平台提供给企业一个平台，使企业可以以较低成本通过共享平台进行多种形式的调查活动；在共享平台上发布信息，费用较低，效率较高；共享平台“互动式”运作方式使传播者和接受者之间的关系发生了根本的转变，双向互动的信息交流缩短了旅游供给者和消费者之间的距离，信息受众准确，避免了许多无用信息的传递。

从旅游消费者来看，通过旅游信息共享平台可以获得更多可供决策的信息。传统的旅游信息获取方式中，由于信息不对称使旅游者在选择旅游产品、了解旅游目的地情况时信息有限，旅游者不得不花费更多的时间、精力向旅游代理商寻求信息。而在旅游信息共享过程中，旅游者可以花费较少的时间和较低的成本获得尽可能充足的信息，能够较全面地了解旅游目的地、旅游企业以及他们的产品、价格和信誉，为自己的最终决策提供可靠依据。同时，旅游用户也可以通过共享平台把自己的需求信息和反馈信息及时传达给旅游经营者，促进双方信息的互动，使其各得其利。

2.4.3 旅游信息共享的标准

旅游信息编码标准可参照国内外相关标准，并根据旅游业自身的特点来制定。对旅游信息进行编码是建立旅游信息共享平台的基础，只有遵循统一的信息分类与编码标准，才能实现旅游信息共享。

1. 编码原则

在进行旅游信息编码时，应遵循以下5个基本原则。

(1) 唯一性：一个数据只有一个唯一的代码，这是保证代码具有标识功能的前提。

(2) 系统性：根据旅游信息之间的差别与联系，将各类旅游信息按照一定的顺序予以系统化，形成一个合理的科学分类体系，使每一类信息都有其确定的分类位置。只有这样，才能对众多的旅游信息进行科学管理，才能更便于用户查询和检索。

(3) 可扩展性：旅游信息编码体系的建立应满足本学科不断发展的需要。这就要求在编码体系中留出一些适当的空位，以便保证在增加新的数据时，能在原有系统的基础上予以扩充，而不至于打乱已建立的分类体系。

(4) 简短性：在不影响代码系统的容量和可扩展性的前提下，尽量使码字最少、码长最短，以减少差错率和冗余。

(5) 含义性：代码应最大限度地反映编码对象的属性或特征。

2. 编码体系

综合考虑上述编码原则，对各类旅游信息进行归纳、分析、比较的基础上，初步确立旅游信息分类编码体系采用四级分类体系（表2.3）。其中，一级分类有5个。第四级是最基本的分类单元，也是数据库组织的最基本的单元，但并不是所有的一级分类都有相应的二级、三级分类，应视具体情况而定。旅游信息数据编码采用5位数表示，这5位数仅表示一个具体的信息类，至于具体区分每个类实体，则视情况而定，可以人工标识，也可以由系统自行给出。

表 2.3　旅游基础地理信息编码体系

一级分类编码	二级分类编码	三级分类编码	四级分类编码
1 基础旅游信息	11 旅游资源的组成 12 旅游资源的分布 13 景点能容纳的最大游客数 14 在全年各时段的游客数量的统计 15 可供选择的旅游线路	111 地文景观 112 水域风光 113 生物景观 114 遗址遗迹 115 建筑与设施 116 旅游商品 …… 121 ……	11101 综合自然旅游地 11102 沉积与构造 11103 地质地貌过程形迹 ……
2 基础旅游服务信息	21 行政机关 22 旅行社 23 宾馆饭店 24 交通 25 邮电 26 银行 27 医疗	211 涉外政府机构 …… …… 241 车站 242 机场 243 售票处 …… 271 急救站 272 医院 ……	
3 当地基本情况信息	31 人口 32 面积 33 经济发展状况 34 第一、二、三产业的基本状况 35 民族民俗等		
4 基础图形信息	41 地形图 42 交通图 43 行政图 44 景点的分布图 45 可供选择的旅游线路图		
5 Web 数据库	51		

2.4.4　旅游信息共享的技术

1. 基于 XML 的旅游信息共享

应用 XML 技术解决旅游信息共享的可行性主要体现在以下几方面：

(1) XML 允许开发与特定的旅游领域有关的标记语言。这就使得各个用户可以自由交换数据和信息，而不用担心接收端是否具有特定的软件来接收数据；对于在浏览器上分发数据，也不用提供复杂的插件。

(2) XML文档数据具有自描述性。XML数据使用的是非常简单的数据格式。可以用100%的ASCII文本来书写，可描述性很强。文件即使丢失了一些信息，用户也可以使用别的信息，而不会使原有的数据变成“废品”。

(3) 应用间数据交换。由于XML是非专有的并易于阅读和编写，这就使得在不同的应用间交换数据成为现实，而不用限定和依靠于对特定软件的理解。

(4) XML提供结构化和集成的数据。XML对数据的管理是结构化的，这与数据库很相似。它不仅可以结构化数据，而且可以指定元素间的联系。

总之，XML和HTML、脚本、COM等一起为灵活的三层WEB应用软件的开发提供了所需的技术。XML可很容易地将不同来源的结构化数据结合在一起；XML可以描述不同应用软件中的数据；XML文档对象模型允许用脚本或其他编程语言处理数据，计算不需回到服务器；通过XML，以组件组织数据和文档，可实现粒状更新；XML采用一个开放的基于文本的格式，可用HTTP传送，无需改造现有网络。进一步表明利用XML实现旅游信息共享的可行性及优势。

2. 基于GIS的旅游信息共享平台

地理信息系统是以地理空间数据为基础，采用地理模型分析方法，把图形管理和地理空间数据管理有机地结合起来。对各种地理空间信息进行收集、存储、分析和可视化表达，为地理研究和地理决策提供信息服务的技术系统。

旅游基础地理信息系统共享平台框架设计依据“层服务模型思想”，利用分层原理，根据信息表达类型、应用范围、使用层面的不同，将旅游地理信息系统(Tourism Geographic Information System，TGIS)共享平台的数据和应用资源划分为不同的层次(图2.14)。通过层次划分，每一层实现一种相对独立的功能，从而将庞大的共享平台分解为若干个逻辑平台，这些平台的定义将降低TGIS共享平台的复杂度，为共享平台的设计和建设提供清晰的接口，降低共享平台认识和建设的难度；其次，它能很好地实现不同应用系统之间的数据和功能互操作，超越信息屏障，实现真正意义上的信息共享。同时，可将网格(Grid)技术运用到平台之中，延伸和拓展旅游基础地理信息系统的共享功能，使之真正成为一种大众使用的全面共享型信息工具。

(1) 网络服务平台：处于TGIS平台的最底层，它是共享平台运行的基础。网络服务的设计中要注重数据的安全性，能针对外部用户和行业用户的非法访问或操作做出相应的处理；同时，要保证具有大数据量、处理复杂空间分布的TGIS数据的传输与处理；其次，设计必须遵循开放性原则，使用标准技术，方便于与其他行业的平台进行交互。

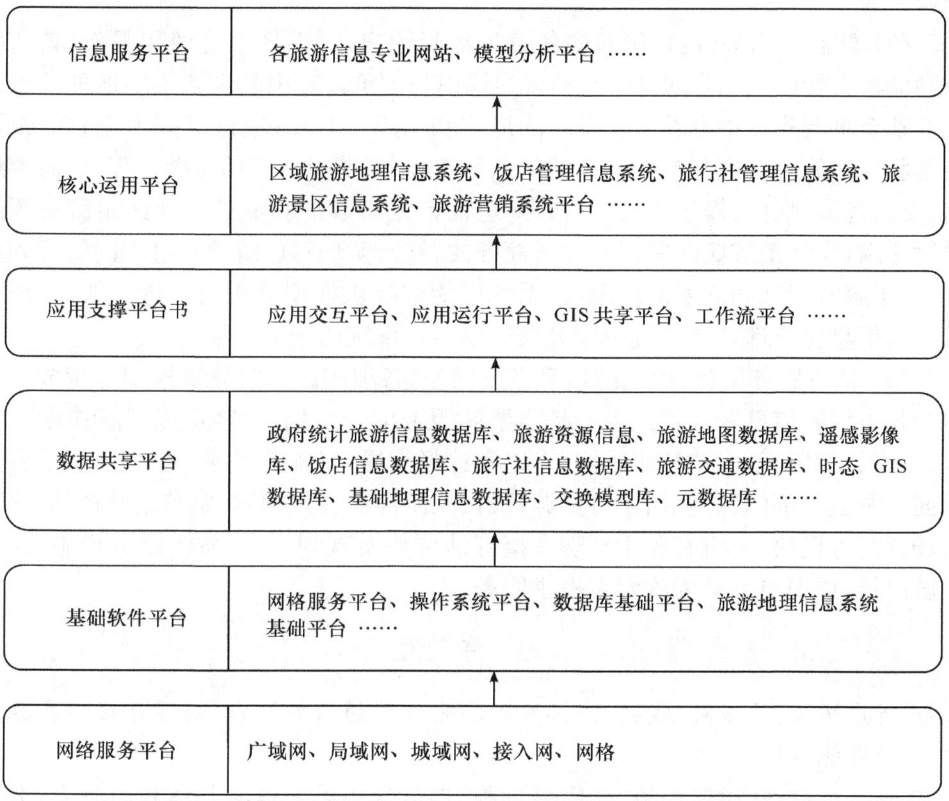

图 2.14　基于网格的旅游基础地理信息共享平台框架

(2) 基础软件平台：依托网络平台，直接关系着旅游基础地理信息系统共享平台的效率、规模、可伸缩性和可扩展性。主要包括网格服务平台、操作系统平台、数据库基础平台、旅游地理信息系统基础平台等。

(3) 数据共享平台：使多样、异质数据源的旅游信息数据、GIS 数据与单一的、半结构化数据仓库数据整合。该平台采用 XML 和 GML 作为网络设计语言和数据交换标准，以使它具有整合不同数据格式的能力，具有协同工作能力，从而实现旅游信息网站数据共享。数据共享平台中的数据主要分为空间数据和属性数据两大类，先通过数据分层、图块管理、属性编码和空间索引设计，建立空间数据库。然后根据流程图的分析、建立概念数据库模式，并将其转化为逻辑数据库模式，建立属性数据库。最后选择正确的关联方式，建立空间数据库和属性数据库的对应关系。

(4) 应用支撑平台：包括应用交互平台、运行平台、GIS 共享平台、工作流平台。通过该平台，可以快速录入、查询、修改、提交信息，实现不同部门之间的信息交换。

(5) 核心应用平台:直接面向各管理部门用户,用于日常管理和服务,其功能及性能将直接影响用户对TGIS平台的认识与评价。其中的区域旅游地理信息系统在整个平台建设中有着极其重要的地位和作用。TGIS应该是一个完整的包括旅游服务与旅游管理和辅助决策的信息系统,不仅能对游客的旅游过程(如旅游线路、交通咨询、吃住、娱乐等)进行指导,进而借助游客的影响扩大地区旅游资源的辐射范围,而且系统应能实现与电子商务的融合,实现对旅游预约过程的管理和控制;对于旅游管理和规划部门来说,系统应能够提供模型分析与评价功能,实现对景区的信息化管理,实时掌握动态信息,以实现系统的辅助决策功能。

(6) 信息服务平台:由旅游信息专业网站、各类旅游专门分析模型等构成。其中的各类旅游信息专业网站主要是为游客服务的,通过它游客可以了解旅游区概况、未来旅游区天气、选择旅游线路,以便选择交通、安排游程等。模型分析平台是面向旅游管理部门的,包括旅游资源评价、旅游环境容量预测、旅游效益评估、旅游市场预测等模块,它将有利于管理者搞好地区旅游规划,完善旅游服务设施,制定旅游决策,以便更好地为旅游者提供服务。

思 考 题

1. 辨析广域网、局域网、城域网、接入网和无线网的基本概念,畅谈无线网在旅游中的可能应用。
2. 比较星形结构、树形结构、总线形结构、环形结构等网络拓扑结构的特点,分析小型旅行社企业内部应该采用何种网络拓扑结构?
3. 比较C/S模式与B/S模式异同,分析哪一种模式更适于旅游管理信息系统的研发和应用?
4. 什么是数据模型?结合具体旅游行业的数据特征,分别构建旅游数据的层次模型、网状模型和关系模型。
5. 什么是数据挖掘技术?查阅相关文献,分析数据挖掘技术在旅游信息处理方面有哪些具体应用?
6. 查找当前旅游业中旅游信息不能共享的典型案例3~4则,并分析其原因。
7. 分析信息不对称给旅游业带来的影响。
8. GIS技术在区域旅游信息共享中可以发挥哪些作用?

第3章　饭店管理信息系统

随着饭店行业规模的日益扩大，饭店的经营管理面临着越来越高的要求，如远程客房预订、信息查询、快速登记、网上信息发布等，要求饭店不仅要有很强的服务管理能力，也要有很强的信息管理能力。同时，中国加入世界贸易组织（WTO）给饭店业带来了许多新的挑战和机遇，饭店应用信息技术是应对国际饭店业竞争的重要手段。建立适应时代要求的饭店管理信息系统已成为必然。

3.1　饭店管理信息系统概述

饭店是指功能要素和企业要素达到标准的、能够接待旅居宾客及其他宾客并为他们提供住宿、饮食、购物、娱乐及其他服务的综合性服务行业。饭店作为旅游业重要服务设施之一，与旅行社、旅游交通一起被称为旅游业的三大支柱。根据饭店市场及宾客特点，可将饭店分为商务型饭店、度假型饭店、会议型饭店和汽车饭店等。

3.1.1　饭店的基本职能

1. 决策计划职能

决策计划职能是指确定饭店的经营目标和规定实现目标的途径方法的管理活动，它包含制定计划前对市场状况和企业状况的了解，确定目标、制定计划，在具体业务过程中执行计划等一系列活动。决策计划职能发生在其他职能之前，是饭店管理中最重要的职能。

2. 组织接待职能

饭店具有一定的组织结构和管理体制，其组织与运行机制包括管理机构的设置、各管理层次的职能权限、人员的分工协作及其相互关系等，以保证合理地组织和调配饭店的人力、财力、物力，形成接待能力，开展接待业务。

3. 指挥职能

饭店经营者或管理者凭借权力和权威，代表决策计划管理者的意志，发出指令，使之付诸行动。从指挥的过程来讲，决策计划以及管理者所面对的实际情况以信息的形式作用于管理者，管理者通过判断、分析，将它加工成有用信息，然后以指令的形式传达到指挥对象，如相关各部门的员工，并要求照此行动，从而高质量完成饭店的接待任务。

4. 协调职能

饭店协调职能是管理人员通过对不同业务之间的调整联络等活动，使各部分业务活动互相衔接和谐一致，以达到饭店的经营目标。协调职能是以饭店的决策目标为基本出发点，协调活动可以发生在不同部门或不同业务之间，也可以发生在上下级之间。围绕消费者的预订客房、入住饭店、店内消费、离店出行等环节，使饭店内各部门业务活动互相配合、互相衔接、互相制约。

5. 控制职能

控制职能是管理人员根据市场信息和饭店内部信息，按决策目标和标准对饭店经营活动进行监督、调节、检查、分析，避免偏差，以达到预期目的的管理活动。控制的基本要求是使饭店实际的经营活动能和决策计划相一致。控制职能既在经营过程中发挥作用，也在经营过程结束以后发挥作用。

3.1.2 饭店管理信息系统的优势

饭店管理信息系统（Hotel Management Information System，HMIS）是计算机管理信息系统在饭店企业中的具体应用，是利用计算机技术和通信技术对饭店信息进行管理的人机结合的综合控制系统。饭店管理信息系统主要用于饭店各级领导和管理人员对饭店经营活动、重大管理事件，以及日常事务活动的辅助管理与决策。

HMIS的使用极大地提高了饭店信息数据处理的及时性、精确性和正确性，与传统的饭店管理相比具有明显的优势。

1. 提高饭店前台经营管理的工作效率与管理水平，提高饭店效益

前台以对客人服务为中心，从客人预订、入住、查询、消费、入账到结账离店，HMIS使接待服务响应快，核算管理差错少，手续简便。为客人提供更优的服务，为饭店创造更多的利润。

2. 系统功能强，响应速度快，避免了“跑账”现象

饭店前台系统是一个实时管理系统，它要求响应速度快。过去手工管理节奏很慢，跑账现象很多，严重地影响了饭店的效益。计算机网络系统应用于饭店管理后，客人在饭店各营业点的消费账单，及时通过网络传输到财务处，避免了“跑账”现象，也提高了饭店的效益。

3. 系统高度自动化，及时提供详细、准确的经营管理信息

系统能够快速、准确、详细地提供各类经营活动的信息。只要运行报表输出功能模块，几分钟内即可打印出各部门的每日现金收入情况、客房出租率、平均房价、客房状态和预订客源等各种分析报表。每天上午上班前即可将昨天的营业情况及各种分析预测报表分送到总经理及董事会，使饭店领导层能及时掌握情况，进行科学的决策。

4. 提高信息利用率，减少信息处理的工作量

为强化饭店管理，必然要增加监督、控制、预测、核对、通报等工作。随着信息流的加大，用于信息处理的人力、财力和物力需要不断增加。HMIS以其优越的信息共享和处理能力，既可以提高信息的利用率，满足饭店不断加强管理的需要，又减少了原有人工信息处理的工作量。

5. 降低饭店的劳务成本

通常，HMIS并不能直接减少服务人员，但它减少了饭店对高层管理人员量的需求和许多岗位员工上岗前的培训量，降低了饭店的劳务成本，对开业时间不长或新扩建升级的饭店作用就更明显。

6. 确保管理体系的可靠性，减少员工流动的不良影响

饭店业员工流动性大，甚至有高级管理层或某个部门集体性的辞职，给饭店造成大量损失。管理成熟的饭店都要正式形成自己的管理模式，即要确保有一个稳定的管理体系。HMIS在饭店的管理体系中发挥着强有力的制约稳定作用，可以明显地减少员工及各层管理人员的流动对饭店管理运作的不良影响。

3.1.3 饭店管理信息系统的应用

计算机在饭店业中的应用是从20世纪70年代开始发展起来的。资料表明，1971年世界上使用计算机的饭店只有4家，1981年为300家，而目前世界上的大型饭店基本上都已经建立了计算机管理系统，中型饭店中也有相当一部分在使用，即使是那些建设较早的小型旅馆，也在逐步采用计算机管理系统。国际假日饭店每天有超过43.7万间的客房通过HOLIDEX系统被预订。该预订系统每天要传送300万条信息和30%～33%的环球订房服务，比其他所有饭店集团处理数据的总和还多 3/4。目前，HOLIDEX 预订系统的性能进一步扩大，增加了 LANMARK 饭店管理系统和 HIRO 预订优化系统。其中，HIRO 系统帮助饭店确定每天最佳价格及预订量以创造每天的最高收入。

国内的饭店管理信息系统最早是在 20 世纪 80 年代初发展起来的，到 90 年代初期已经形成几个比较成熟的软件系统。一些由外方管理或中外合作经营的大型涉外星级饭店较多地采用国外流行的全西文或汉化移植的中西文对照的饭店管理信息系统，如 HIS、EECO、NCR、Logister 等系统。一些中小型涉外星级饭店较多地采用国内软件公司开发的饭店管理信息系统，如西湖、清华、华誉、中通、南天等软件公司开发的饭店管理信息系统。

3.2　饭店的业务分析

3.2.1　饭店的组织结构

饭店组织的具体形式多种多样，不同类型的饭店各有特点，本节提供的是一个简化的饭店组织结构(图 3.1)。

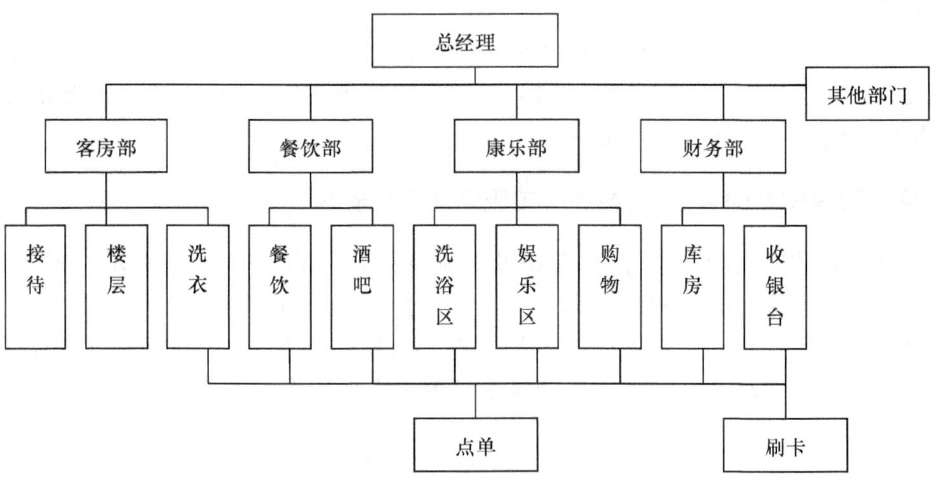

图 3.1　简化的饭店组织结构

3.2.2　饭店业务分析

饭店业务主要分为前台与后台两个部分，其中直接面向客人的服务部门称为前台部门，包括为客人提供预订、接待、查询、住房、餐饮、娱乐等服务的部门。饭店前台各业务部门提供的服务是相互联系的整体，因为一般来讲，客人在饭店里要经历预订住房、登记入住、店内消费、结算费用、结账离店 5 个部分，相应地，提供这些服务的饭店部门必须密切合作，保证信息的畅通，展现给客人一个完整、和谐的饭店面貌。

不与客人直接接触的部门统称为后台部门。这些部门的主要职责就是为保证前台各部门向客人提供满意的服务，实施人力、物力、财力、设备、设施的保障和协调工作。饭店后台各部门的业务相对独立，但都与前台某一个部门或者多个部门的业务密切相关，因此，后台部门业务是否正常运转，很大程度上决定着前台为客人提供直接服务的各部门的业务开展。所以，饭店后台的管理必须遵循相应的规范，为前台服务提供可靠的支持和保证。

饭店总体业务以财务为核心，开展预订接待等相关服务。总体业务流程如图 3.2所示。

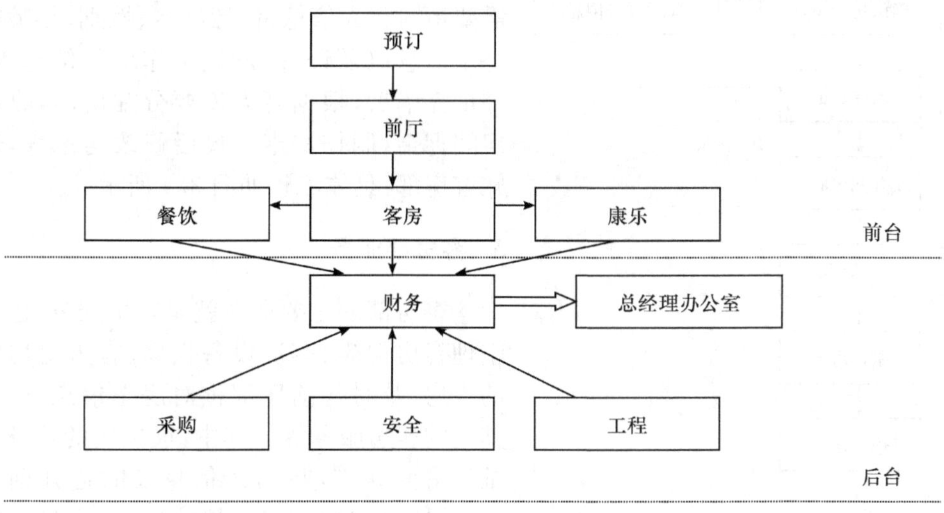

图 3.2　饭店业务流程示意图

1. 预订业务

饭店接受预订时首先要确认客人的预订信息，包括预订入住时间、房型，以及一些特殊要求，查阅已有预订信息和房态表，确定能否满足预订要求，预收定金。根据相应的预订期限，不同的饭店对确认预订有不同的时间要求，要求宾客在规定的时间内发出预订确认信息，根据确认信息，饭店可以对此次预订进行预分房，修改房态表，具体流程如图 3.3 所示。

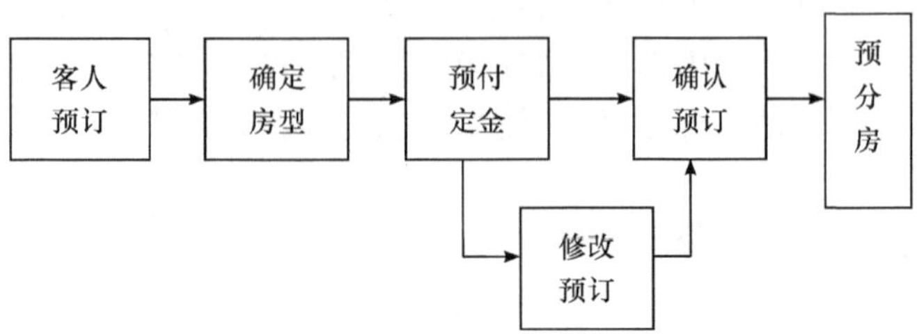

图 3.3　预订业务流程图

2. 前厅接待业务

前厅人员在接待客人入住时，首先要确认客人是否有预订，如果已预订，调出预订信息，进行入住登记。如果没有预订，需要填写客人信息，包括姓名、性别、年龄等基本信息以及证件号码、工作单位信息等。登记完毕后，根据客人需要分配房间，收取房间押金，制作房卡。最后修改房态表，通知客房部，具体流程如图 3.4 所示。

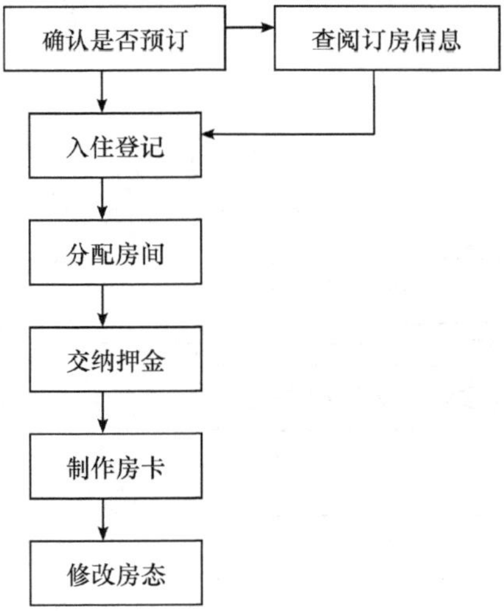

图 3.4　前厅接待业务流程图

3. 客房部业务

客房部的主要业务就是客房服务，包括整理客房卫生、客房设备报修、客人退房时的查房、及时与前厅部核对房态信息，以及其他的客房服务等。其中，最主要的业务是维护房间状态，将房态信息及时通知前厅部，并接收前厅部门的接待信息，安排客人入住。

4. 收银/记账业务

饭店的收银/记账业务包括各个部门的收银，如餐饮收银/记账、康乐收银/记账等，也包括饭店总台结账收银。为方便和鼓励客人在饭店内消费，饭店一般允许客人凭房卡记账消费，或允许与饭店签有长期协议的单位在饭店记账消费。当客人要求签单时，收银员应首先核对客人信息，包括姓名、房号，检查该客人是否曾有欠账记录或者在黑名单中，如果是，则不能允许客人签单付账。然后检查本次消费是否在客人记录中所规定的费用信用限额之内。最后确认客人的优惠条件，如折扣等，核对完毕后。请客人签字，保存签名的消费账单作为费用记录，到退房时一并结账。对于有协议单位的客人，应由主管人员核对客人的协议，情况相符方能允许记账消费，具体流程如图 3.5 所示。

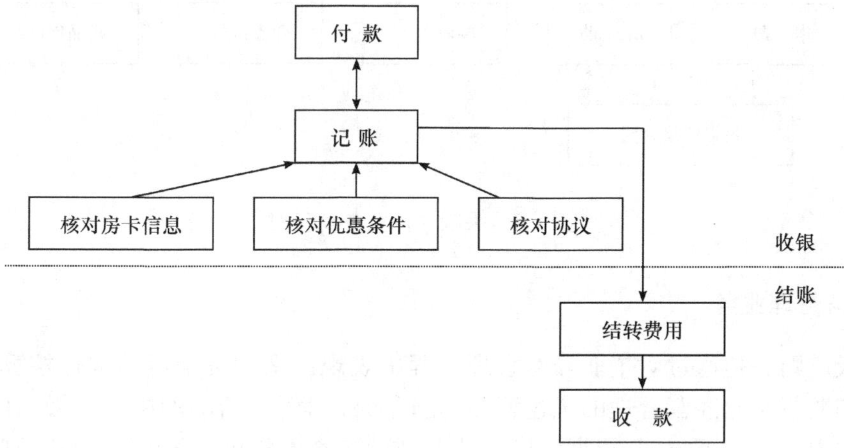

图 3.5　收银记账业务流程图

5. 销售业务

饭店的销售业务主要由销售部门完成，主要职责是促销饭店产品，维护客户关系，积极开拓新市场，发展新客户。另外还负责协调各营业部门接待团体客人或 VIP 客人。从业务处理的角度看，饭店的销售业务主要是对外联系，签订与客户的协议文件，基本业务流程如图 3.6 所示。

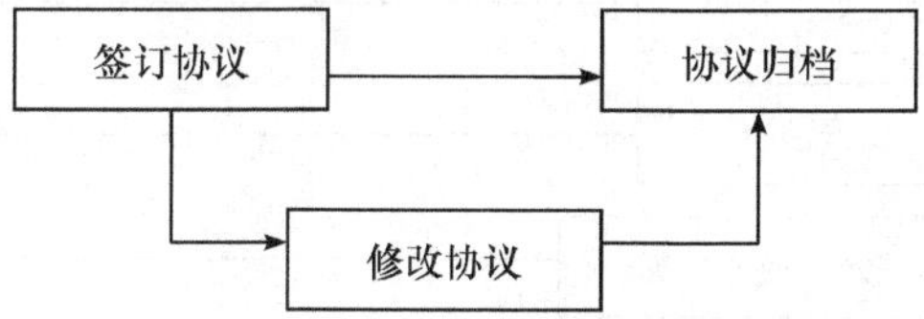

图 3.6　销售业务流程图

6. 采购仓储业务

采购仓储业务主要分为两个部分，首先是根据各个部门的申购单集中或者分散采购物资，其次是仓库保管业务，负责物资的验收入库、储存、发放等。这两个部分在业务上分属两个不同的部门主管，但从业务流程上看是密切相关的。一般过程是：首先由物资使用部门填写申购单，由采购部门根据经批准的申购单采购。采购完毕后验收物资入库,由仓库保管人员和采购员共同验收,必要时可以请物品使用部门参与验收。当使用部门需要使用这些物品时,填写领料单到仓库申领,具体流程如图 3.7 所示。

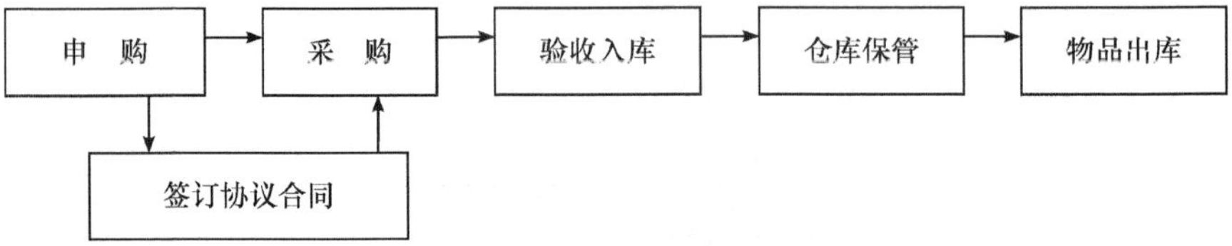

图 3.7　采购仓储业务流程图

7. 财务管理业务

饭店财务是通过对企业经营管理过程中表现出来的资金运动进行核算,全面反映和监督企业经营管理的全过程,它是饭店经营管理活动的中心。饭店的财务管理主要包括以下方面:根据饭店的业务开设账务体系和建立账簿,全面反映饭店所有的经济业务;根据国家相关政策法规和财务会计管理制度,审核各种原始凭证;将原始凭证反映的经济业务分门别类,编制相应的记账凭证,作为进入账户体系的依据;根据记账凭证登记账簿,针对饭店业务对账务做相应的调整;每到月末、年末,编制财务报表。具体业务流程如图 3.8 所示。

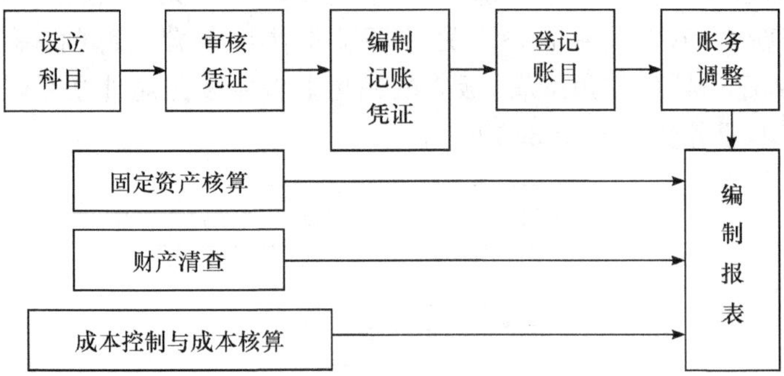

图 3.8　财务管理业务流程图

8. 人力资源管理业务

人力资源管理是饭店管理的重要组成部分,员工的素质决定了饭店服务的质量,也反映了饭店的档次和管理水平。人力资源管理的职能包括:员工的招聘、使用、管理和开发;饭店人员编制的设置,成本控制;制定员工的薪酬、劳动保护和福利保险制度并监督执行;负责对各级、各类员工的培训、考核、奖惩、任免、调配等工作，同时对员工的劳动合同、档案资料进行有效的管理，具体流程如图3.9所示。

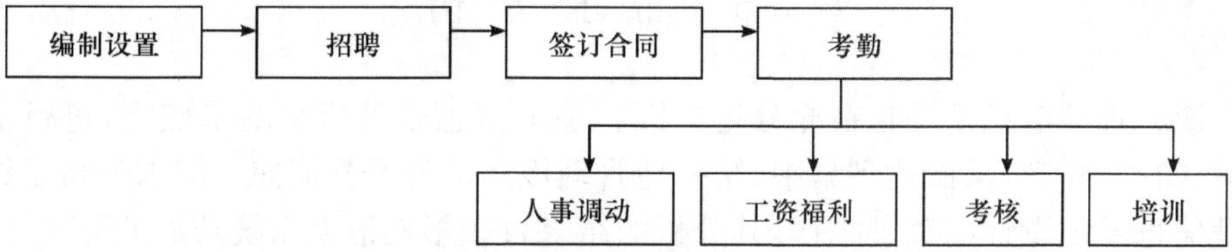

图3.9 人力资源管理业务流程图

9. 夜间稽核业务

饭店是24h对客人服务的。为了能够正确反映饭店的经营情况，必须要有一个阶段点作为参照基点，对前面的业务进行总结，这便是夜间稽核业务的主要职能。夜间稽核工作主要有3个部分：一是过账，确保准确地将所有客人和团体的费用过入相应的账户中；二是核对饭店当天发生的各项费用及单据；最后是总结当天的各项营业收入和更新数据，具体流程如图3.10所示。

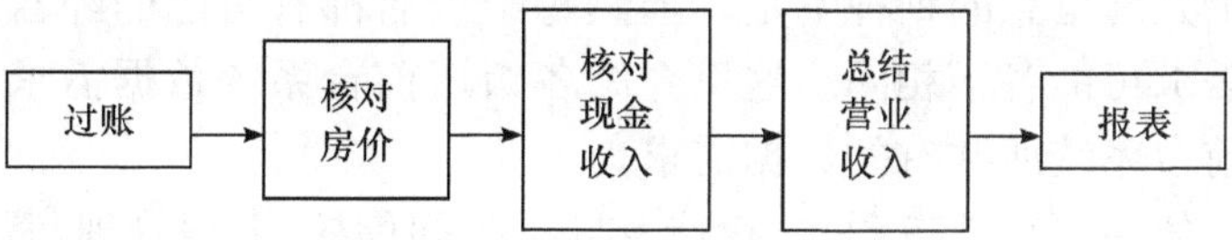

图3.10 夜间稽核业务流程图

10. 工程部管理业务

工程部主要负责饭店设备的申购、日常管理和维护、维修等，同时兼管饭店的能源资源的管理，具体业务流程如图3.11所示。

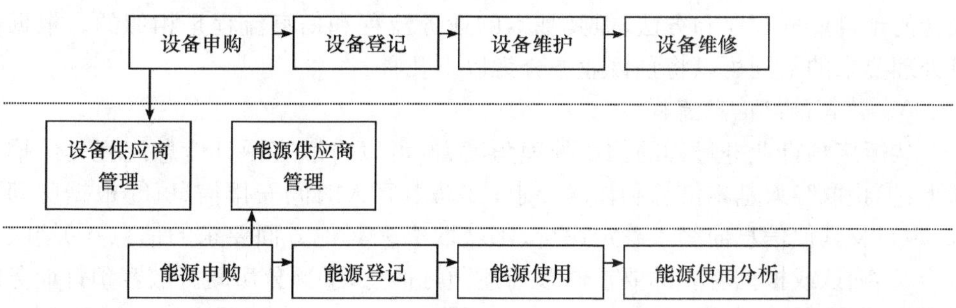

图3.11 工程部管理业务流程图

3.3 需求分析

饭店管理信息系统是在充分把握饭店手工信息处理流程的基础上，进行信息采集、归类、整理，从而达到集中、统一地管理饭店信息及其流向。需求分析是饭店管理信息系统设计的关键工作，其分析的结果直接影响信息系统功能的完善性、可靠性和整体效率。设计人员必须同饭店管理人员密切配合，共同探讨系统的功能需求，使设计的系统既能满足饭店的实际使用，又具有一定的先进性和可扩充性。

3.3.1 数据需求分析

1. 前台系统数据需求分析

前台是直接面向客人服务的，其服务质量好坏、效率高低，直接关系着客人的感受，同时还承担着接受客人的信息反馈，把握目标市场等职责。因此，前台系统具有信息流程复杂、信息处理实时性强等特点。计算机系统介入饭店前台管理，有效克服了手工处理信息的种种不足。当然每个饭店都有自己的经营特色，其前台系统的数据需求可能各不相同。这里介绍各饭店前台系统数据需求的共性部分，即每个饭店前台系统所共有的数据需求。

前台系统的主要功能有预订、接待、结账、夜间稽核、客房管理、餐饮管理、程控电话管理以及查询服务等。不同的功能模块有不同的数据需求。

1) 预订功能的数据需求

预订是客人与饭店之间的第一步接触，也是饭店销售其服务的第一个过程，提供快速、准确的客房信息并尽可能全面地获取客人的消费需求信息是其基本要求。针对不同类型的客人，饭店提供不同的预订业务处理方式。虽然每家饭店都有其独特的预订业务程序和方法，但其基本的业务流程和信息流程是相似的。根据信息处理要求的不同可以将预订业务分为以下几种：

A. 散客预订信息流程

从饭店预订业务过程的信息处理角度看，可以将散客预订信息流程具体描述如下：①获取客人基本信息和住房要求；②获取客人时间安排信息；③根据房间要求、时间及其他信息向客人确定房价；④获取客人其他方面要求的信息；⑤接收预订金；⑥确认或根据客人的要求修改前述预订信息；⑦预分房间。散客预订业务的数据流程如图 3.12 所示。

细化后的散客预订数据流程如图 3.13 所示。

在图 3.13 中有 3 个数据存储：D1 用于存储所有与饭店签订住房协议的单位

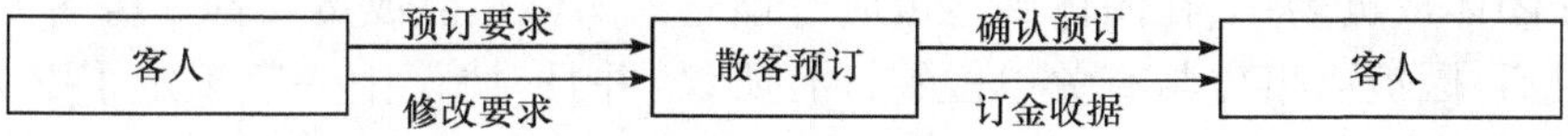

图 3.12　散客预订数据流程图

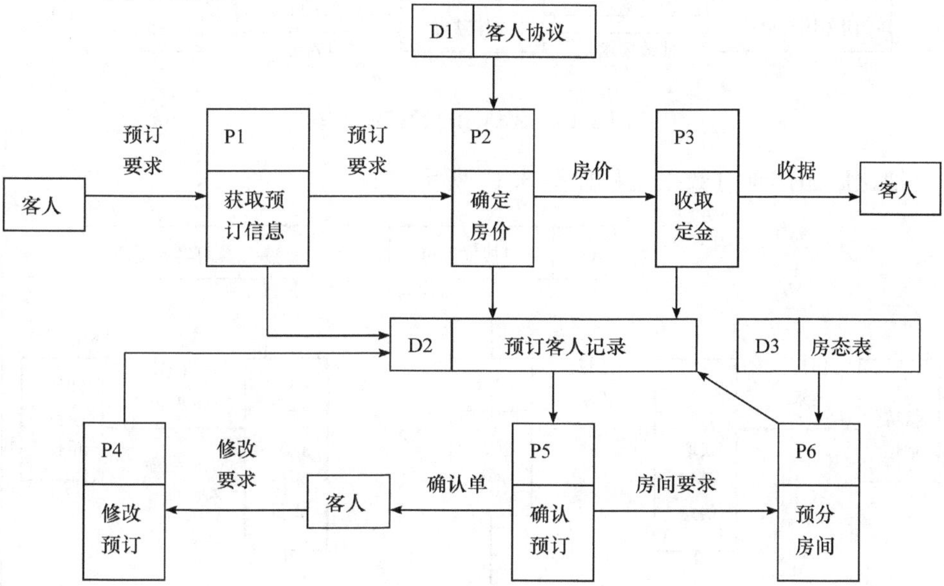

图 3.13　散客预订数据流程分解图

和个人信息及协议房价，包括单位和个人的名称、通信地址、联系方式、信用情况、不同房间类型的协议房价、餐饮价格的折扣等；D2 用于存储所有的零散客人预订信息，这些信息是通过 P1 所获取的；D3 保存着饭店所有房间的信息，包括房号、房间类型、标准价格、状态等。

B. 团体预订信息流程

团体客人的预订方式同散客的预订方式一样，但服务过程稍有区别：①获取团体基本信息和住房要求；②获取团体时间安排信息；③根据协议确定房价；④获取团体其他方面要求的信息；⑤确认或根据团体的要求修改前述预订信息；⑥获取团体成员名单；⑦预分房间。

与零散客人预订业务主要的不同点是：

首先，饭店接受团体客人预订要求之前，往往预先与组团单位、接团单位或会议机构签订有房价协议，因此，在接受团体预订时，一般只需查阅协议即可确定房价。

其次，饭店为向团体提供良好的服务，一般需要组团单位、接团单位或会议机构提交团体成员名单，在团体到达饭店时预先为团体全体成员安排好房间。

最后，因饭店事先与有关单位签订有协议，并且，协议中一般规定了财务结算的要求，在接受团体客人时，饭店可以不收取预订金。

团体预订业务的数据流程如图 3.14 所示。

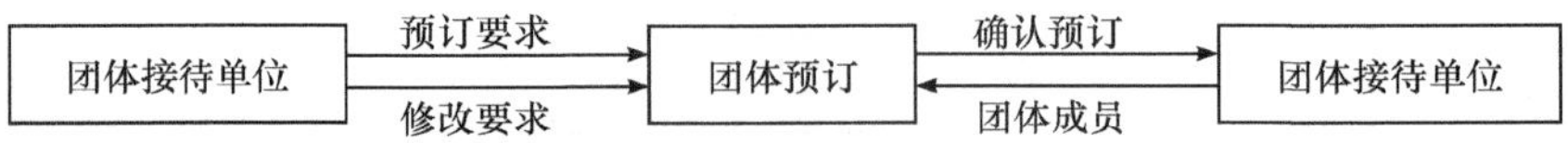

图 3.14　团体预订数据流程图

细化后团体预订数据流程如图 3.15 所示。

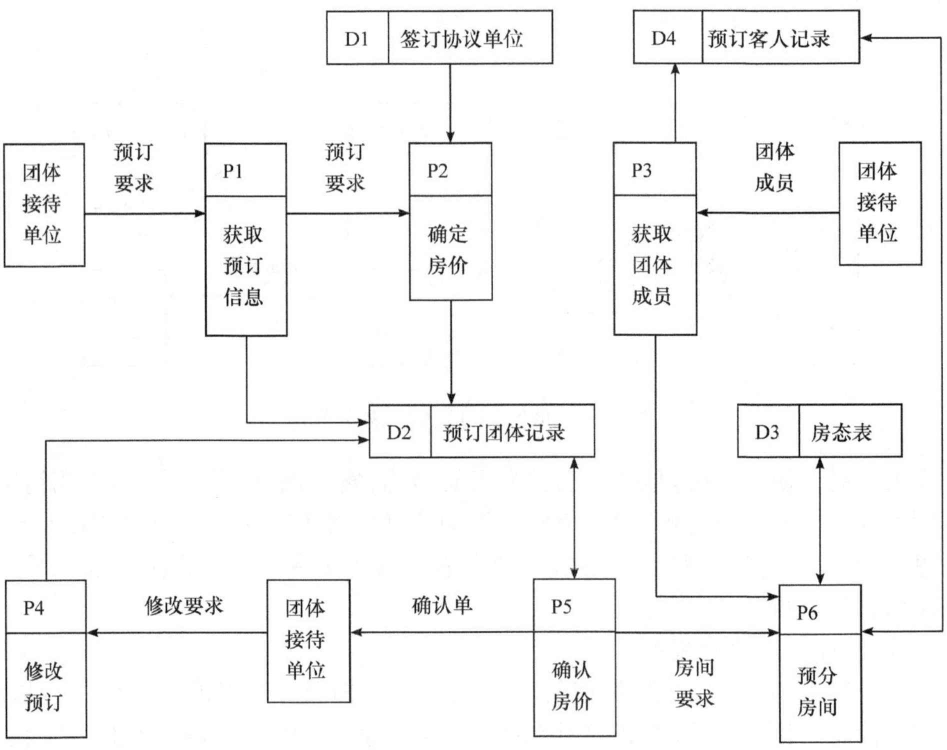

图 3.15　团体预订数据流程分解图

数据存储 D1 保存与饭店签有协议的单位的信息及其协议的主要内容；D2 中保存团体订单的有关信息，这些信息由 P1 获取；D3 中的房态表同零散客人预订；D4 中保存所有团体的所有成员的信息，参见零散客人的预订信息。

2）接待功能的数据需求

接待业务是饭店通过总台向客人销售客房及其他综合服务的重要环节，向客人提供快速、准确、热情的服务决定着饭店潜在的客人能否成为实际的客人。总台接待的客人可以分为两大类：零散客人和团体。零散客人又分为有预订客人和无预订客人，团体同样分为有预订团体和无预订团体。其中，接待零散客人和团体的业务差别较大。

A. 散客接待的信息流程

接待零散客人的业务过程为：①确定客人是否有预订；②查阅订房资料；③请客人填写登记表，如客人已有预订，只需让其签名确认；④检查客人登记卡，核对证件；⑤确认房价、房间、离店日期及付款方式；⑥分配房间并收取住房押金；⑦准备房间钥匙，通知开启房间电话；⑧通知客房部准备房间；⑨为客人开设住店期间的消费账号；⑩整理客人的入住登记资料。

从信息处理的角度看，接待客人的过程主要是为了使饭店和客人获取三方面的信息：①饭店获取有关客人的基本信息；②客人和饭店获取房间分配信息和房间价格数据；③确定客人预计离店的日期。接待有预订客人和无预订客人的业务过程仅仅在上述过程的前几步有所区别，大部分的业务过程是一样的，在此未作严格区分。

接待零散客人业务的数据流程如图 3.16 所示。

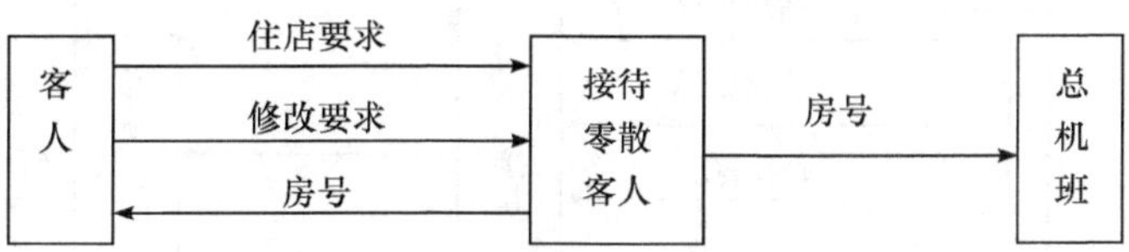

图 3.16　散客接待数据流程图

同理，可以将图 3.16 细化分解为图 3.17。

B. 团体接待的信息流程

接待团体的业务过程为：①询问团体的预订文件号；②查阅、核实团体订房资料；③确认是否有房间更改的情况，若有，则按饭店的规定更改房间安排情况；④分配房间，分发房间钥匙，通知开启房间电话；⑤通知客房部准备房间；⑥为团体开设住店期间的消费账号；⑦登记团体成员信息并为所有成员开设住店期间的消费账号；⑧整理客人的入住登记资料。

接待团体的过程关键是要搞清楚该团体所需房间的数量和类型、准确分配客房以及明确团体离店日期。对于团体来说，一般都是先有预订的，无预订的团体很少见，而且一般的饭店在接待无预订的团体时，往往当作无预订的零散客人对待。

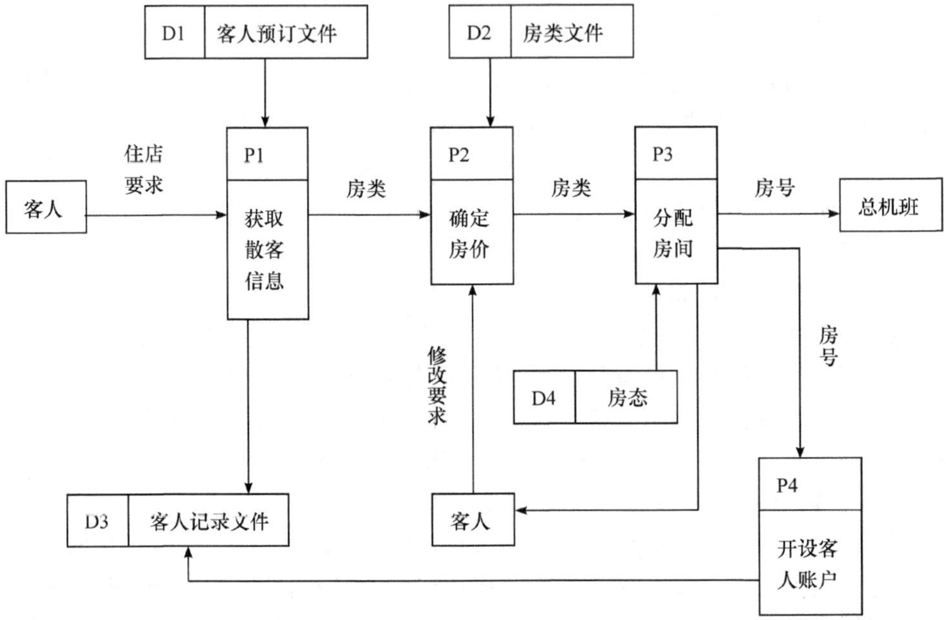

图 3.17　散客接待数据流程分解图

接待团体业务的数据流程如图 3.18 所示。

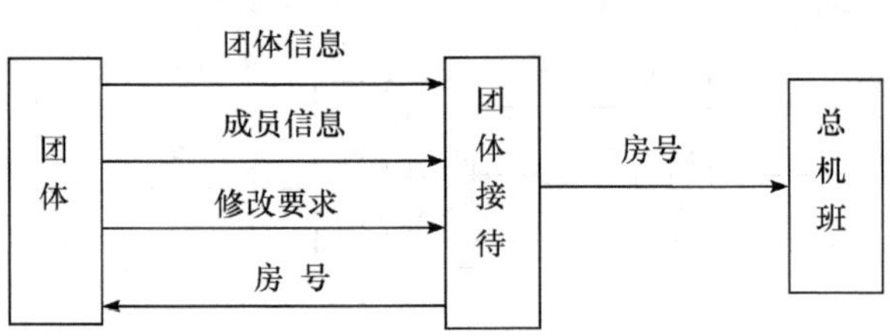

图 3.18　团体接待数据流程图

相应地，团体接待数据流程可细化分解为图 3.19。

3）结账功能的数据需求

饭店一般客人消费的收费、结账业务的数据流程如图 3.20 所示。饭店的一般客人是指住店零散客人、非住店客人两大类。图 3.20 中的业务流程分为各营业点收款和总台结账。

P4 用于饭店各营业部门的收款业务，客人消费后，如用餐、娱乐等，由各收款员根据客人情况查阅客人记录文件，将客人的消费项目及金额计入相应账户的消费文件中，或直接收取消费款，记入消费文件。

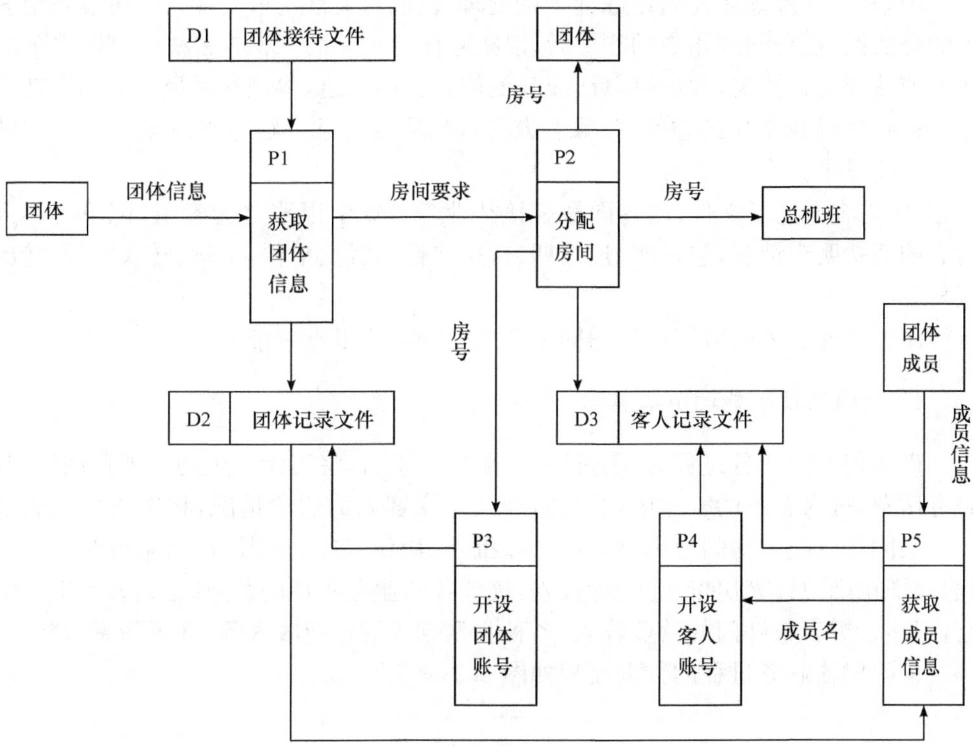

图 3.19　团体接待数据流程分解图

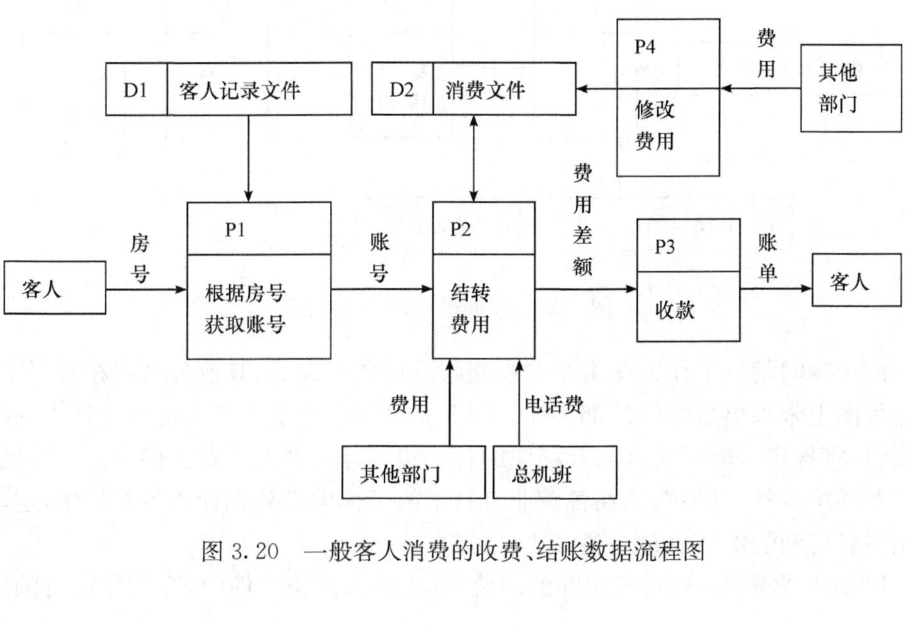

图 3.20　一般客人消费的收费、结账数据流程图

P1、P2、P3反映了总台结账业务的处理过程。P1首先根据客人的房号确定客人的合法性，在查阅到相应的账号后，以账号作为唯一的标识；P2统计该账号下的所有消费及付款情况，并通过电话或其他信息流通渠道，将该账号最新的消费转入账户；由P3计算费用的差额，收取客人消费款项或将某一账号下的某一些费用转入另一账号中。

D1为客人记录文件，内容同散客接待业务；D2中以账号为索引，记录了客人所有的消费明细情况，包括账号、日期、费用项目、数量、单价、金额、转入账号、转出账号等。

团体结账业务的数据流程图同图3.20相似，这里不再细述。

4）夜间稽核功能的数据需求

夜间稽核的业务过程为：①过账，以账号为索引，将当天发生的各项费用，尤其是电话费，过入有关的账户中；②核对当天入住客人的房价情况，将客人登记表的每一条同所分配的房间号码、房价、折扣批条、协议签字、优惠卡、加床价等一一对比，保证正确地计算房价；③统计报告，统计各营业点实现的营业收入、各收款员的营业收入、饭店各部门的营业收入、各种收款方式的营业收入等，并更新系统数据。

夜间稽核业务过程的数据流程如图3.21所示。

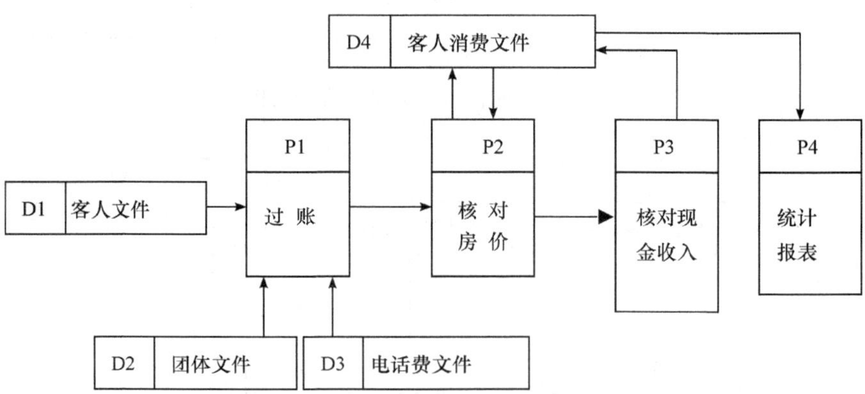

图3.21　夜间稽核数据流程图

由于夜间稽核工作完全由总台夜间收款员独立完成，其业务过程相对封闭，故该流程图上未画出系统的外部实体。图3.21中P1分别以客人记录文件中的账号为索引，将各账号所对应客人或团体的各项费用计入客人消费文件中。一般地，除电话费和房费外，其他费用在各营业点日常的工作中已分别计入各账户中，这里主要是将各房间的电话费过入各账户。

P2是根据账号，核对各房间的房价，计入客人消费文件中，客人住店时的房价一般是根据标准价或协议价计算的。但在某些情况下，饭店的一些管理人员可能会给客人一定的房价优惠，不同级别的管理人员享有不同比例的折扣权限。为防止饭店员工的不正当操作，稽核人员应仔细核查折扣的合法性。夜间稽核还有一项很重要的工作就是核对团体资料，核对旅行社的订房资料与饭店的开房资料是否一致。

P3 是统计各种报表和更新数据以供管理决策用。包括明日预计离店客人表、明日预计到达客人表、全部客人费用平衡表、全部团队费用平衡表，将已结账客人记录调整到客人历史文件等。

2. 后台系统数据需求分析

饭店后台系统，主要以财务处理（总账、应收账、应付账、银行现金日记账）为中心，附以采购、库存、商场、固定资产、人事工资等模块。在计算机化管理后，财务处理只需要将会计凭证输入计算机并审核过账后，就可以随时取得账务处理结果资料和报表，中间过程全部由计算机自动完成。从根本上改变了财务工作枯燥、烦琐的状况，大大减轻了财务人员的劳动强度，并使他们的工作重点从大量的核算转到对账务的审计上。

后台系统的具体数据需求包括：账务处理、固定资产管理、采购管理、库存管理、商场管理和人事工资管理等。

1) 人力资源管理的数据需求

随着现代人生活水平和消费水平的提高，人们对提供高档次服务的饭店提出了更高的要求，由于服务产品的特殊性，使得饭店向客人提供各种服务的质量在很大程度上取决于提供服务的员工的基本素质、工作态度、专业技能水平等。为饭店前台各部门提供训练有素的、合格的服务人员和管理人员，成为经营饭店企业的重要的职能之一，这也是饭店人力资源管理部门的主要职能。饭店人力资源管理的数据流程如图 3.22所示。

图 3.22 中 P1、P2 用于处理员工招聘、解聘业务。P1 由新聘用的员工填写聘用表，或由解聘的员工填写解聘表，经人力资源部主管批准后，进入 P2 记录并建立员工档案。员工在饭店期间基本情况的变动，也要经过 P1 和 P2 的处理。P3 和 P4 用于处理员工工作期间参加各种培训的情况。P3 处理员工参加培训前的申报和批准情况以及培训后的结果考核情况和资格认证情况，经考核后的培训资料通过 P4 的确认记入员工培训记录文件，供以后的查询统计之用。P5 和 P6 用于处理人力资源部日常工作期间对全体员工的考勤情况。对于使用不联网的打卡等设备的饭店，每到月末由人力资源部派专人统计全体员工的打卡情况（工作出勤情况），然后，经 P6 将全体员工的考勤情况记录在案。P7 是在月底计算全体员工的工资。

由人力资源部人员根据标准工资文件记录、考勤记录文件和奖惩记录文件的内容，计算应发给各员工的工资数，将计算结果的一份存档保存，另一份交财务部，由财务部根据人力资源部提交的工资表向员工发放工资。P8 和 P9 是处理和记录饭店对员工的奖惩情况。P10 的统计报表一般具备两种功能：一是根据特定的条件检索员工情况，如饭店需要在本企业员工中提拔出能够胜任工作的餐饮部副经理，要求具有在餐饮部各工作岗位工作的经历、经过专业技能和管理知识的培训且经多年考核具备一定的组织能力等条件，那么人力资源部就要根据这些特定的条件从全体员工中进行挑选；二是要能够根据需要对企业的员工队伍进行统计，便于管理者衡量本企业的人力资源状况，如提供按专业统计的企业人员构成表、按学历水平统计的人员构成表等。

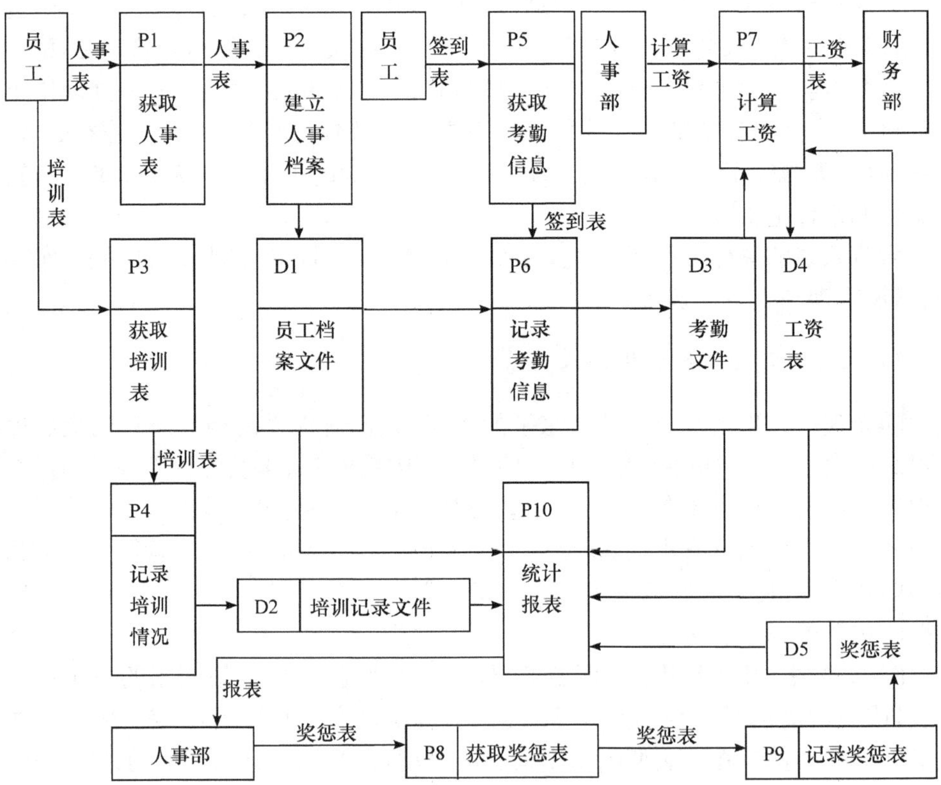

图 3.22　人事培训业务数据流程图

D1 保存员工的工作档案，由两部分信息组成，一是员工的基本信息，有工号、姓名、性别、出生年月、民族、身份证号、家庭住址、联系电话、最后学历、最后毕业学校、所学专业、配偶姓名、配偶工作单位等；二是履历信息，有身份证号、曾经工作单位、起始时间、结束时间、工资标准等，这些履历信息与员工基本信息是多对一的关系，即每一位员工的基本信息记录，在该员工曾经在多家单位工作的情况下，对应着多条履历信息的记录。D2 用于保存员工的培训记录，内容有员工身份证号、培训内容、培训单位、起始时间、结束时间、资格认证等。D3 中保存有员工工作期间的考勤信息，内容有员工身份证号、日期、进门时间、出门时间、请假原因等。D4 中保存有全体员工的标准工资，内容有员工身份证号、职务、标准工资、标准附加工资等。D5 中存有对全体员工的奖惩记录，内容有员工身份证号、日期、奖惩内容、奖惩原因等。

2) 物资采购管理的数据需求

饭店的物资供应系统一般分属两个不同的部门管理：一是采购部，负责根据各种物资使用部门的要求，在市场上按质、按量采购所需的物资，并将所采购的物品完好地运回饭店，对于进口物品，还应负责报关、保险等业务；二是仓库保管部门，负责验收、存储、发放各种物资，并提供保管不同物品的环境条件。这两个部门在管理上相对独立，但在物资供应业务上却是密切相关的，必须充分合作并保持十分畅通的信息渠道，才可能保证饭店的物资供应。物资供应业务的数据流程如图 3.23 所示。

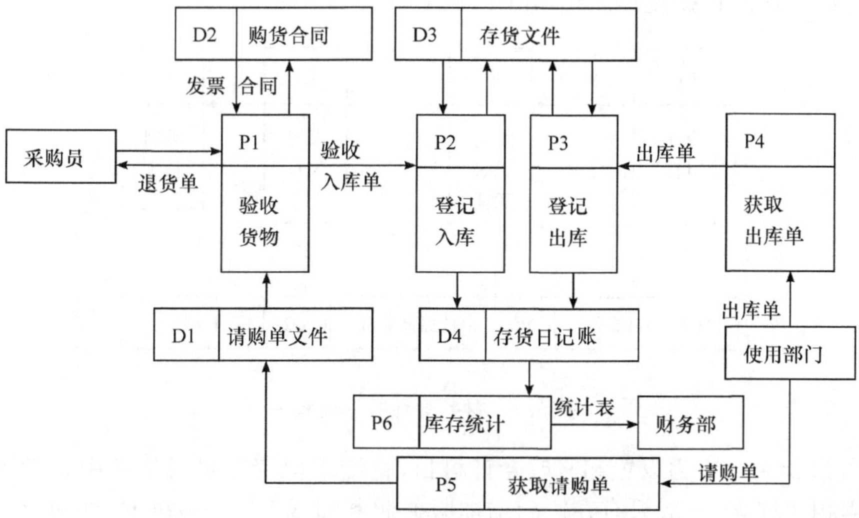

图 3.23　物资供应数据流程图

图 3.23 中 P1 为验收货物，根据购货合同和请购单中的条款对所购物品的数量和质量进行检验，若达不到合同要求，仓库管理人员可拒绝接受该批物品。P2 是根据验收通过的物品清单定制入库单，登记入库。P3 是由仓库保管员发放物品

并登记领料单，同时要检查该种物品的库存量是否达到安全存货量的下限，如果不足该下限，应及时通知领料部门填报物品请购单。P4 为获取使用部门的领料单。P5 是根据使用部门填报的请购单，登记备案，并同时安排人员外出采购。P6 是用于满足管理需要的统计业务。饭店高层管理人员为制定有关决策，可能需要了解饭店各种物品的存货情况和保管情况、财务部门为安排企业的营运资金需要了解库存物品的动态出入库情况和存货物品的资金占用情况等，这些都需要主管仓库资金运作的财务人员和仓库管理员对仓库物品的动态情况和存量情况进行统计。

D1 保存有全部的请购单，主要内容包括物品名称、规格型号、请购数量、质量要求、建议生产单位、建议单价、其他要求、请购部门等。D2 为购货合同文件，内容有合同乙方(供应商)、物品名称、规格型号、数量、单价、交货日期、交货地点、质量要求、违约处罚等条款。D3 为存货文件，内容有物品编号、物品名称、规格型号、存货地点、存货数量、最高存货量、最低安全存货量等。物品的出入库动态情况在 D4 中反映，内容包括物品编号、入库数量、单价、出库数量、单价、日期、经办人等。

3) 财务会计管理的数据需求

饭店财务会计是通过对企业经营管理过程中表现出来的资金运动进行核算，全面反映和监督企业经营管理的全过程。由于饭店的财务会计工作相对独立，可以将会计工作的数据流程简化，如图 3.24 所示。

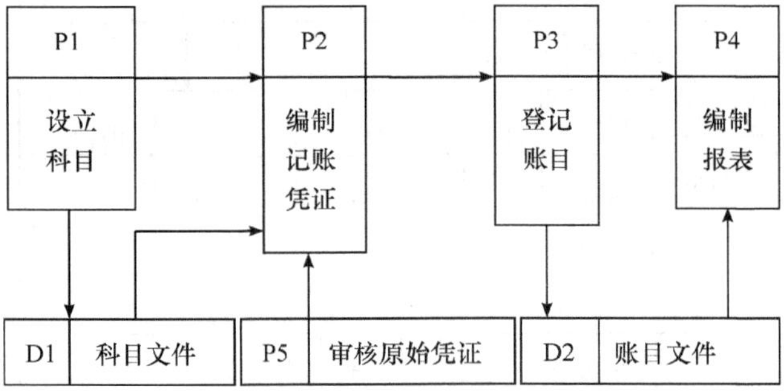

图 3.24 财务会计数据流程图

图 3.24 中 P1 为设置和修改会计科目，将结果保存在科目文件中。设置科目的过程相对独立，一般只有在饭店增加服务业务和减少服务业务时，才对会计科目进行修改。P5 为审核原始凭证。P2 为根据原始凭证和饭店开设的会计科目编制记账凭证。一般地，审核原始凭证和编制记账凭证属于需要人的判断能力的过程，由会计人员手工操作。P3 登记账目，将记账凭证以标准的形式记录到账户体系中。P4 在需要的时候，根据要求提交会计报表。会计报表主要有三种：资产负债表、利润表和财务状况变动表，其格式及编制办法在财务制度中会规定，这里不再

细述。饭店也可以根据需要编制其他类型的财务报表,如利润附加表、现金流量表、财务预算表等。

D1中保存有饭店开设的所有科目情况,如科目编号、科目名称、科目类型、科目状态等,其中,科目编号还要反映科目的级别。D2中保存有饭店的全部账务细节情况,如日期、记账凭证编号、科目号、借方金额、贷方金额、摘要等。

3.3.2 功能需求分析

1. 预订功能需求

预订功能主要包括接待散客预订、团队预订、预分房、建立预订报表、客人信息操作等(图3.25)。预订操作首先要查询房类信息,确认是否能够满足预订,然后录入宾客信息,包括宾客姓名、性别、国籍等基本信息和预订房间类型、房价、付款方式等信息。宾客信息录入完毕后修改房间预留信息表,添加房间预留信息。预订功能还包括预订信息的查询、修改、删除等操作。

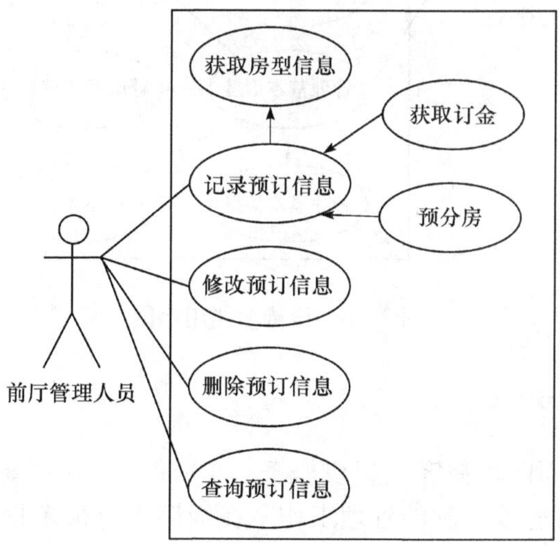

图3.25 预订功能用例图

2. 接待功能需求

接待功能的目标就是以最快的速度办理手续、为客人开房、接待客人入住(图3.26)。接待功能需求具体有:散客登记,团队登记,客人应收、应付账主单的建立、修改和删除,直拨电话控制与计费,旅行社和协议公司等介绍单位的有关信息的输入和处理,房类清单、可用房表、当前排房表的显示和打印,客人留言、记事、备注的输入、修改、显示、打印和传送,职员留言,修改房态,处理客人的各种优惠

(长包房、协议单位、贵宾卡、领导签字等),住店人员信息报公安局户籍接口,VIP客人管理,客史档案,黑名单,交通、购物等信息查询和编辑,各种接待报表处理和打印。

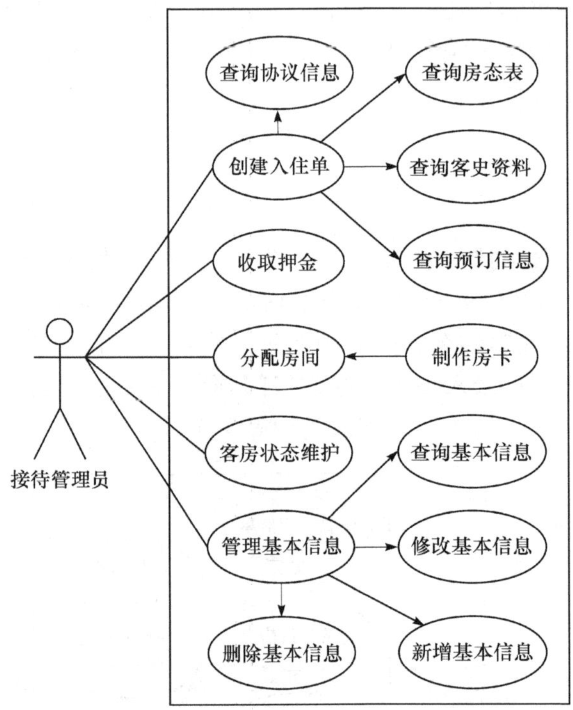

图 3.26　接待功能用例图

3. 收银结账功能需求

前台结账直接面向入住客人提供服务(图 3.27)。其主要功能是处理客人账务,有些饭店还进行应收账款的管理工作。在饭店中有很多收银点,虽然不同地点有不同的收银项目,但其功能大致相同。一般包括:收银项目的设置,不同付款方式的收取费用(现金结账、记账、记应收账等)及折扣等,统计收银员个人、班次业务情况,汇总营业报表等。

4. 夜间稽核功能需求

在饭店前台管理系统中,夜间稽核的地位也相当重要,它和预订、接待、账务一起组成基本的饭店前台电脑管理系统。它是控制饭店经营的一个核心部分,具体功能包括交接班处理、账务处理、过房租、夜间处理、数据备份、日营业报表、夜间稽

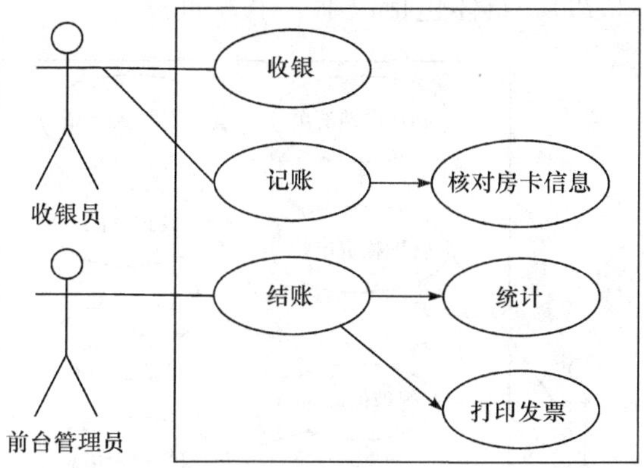

图 3.27　收银结账功能用例图

核报表打印等(图 3.28)。主要是过账和报表制作两个部分,总结饭店的营业收入,制作财务报表。

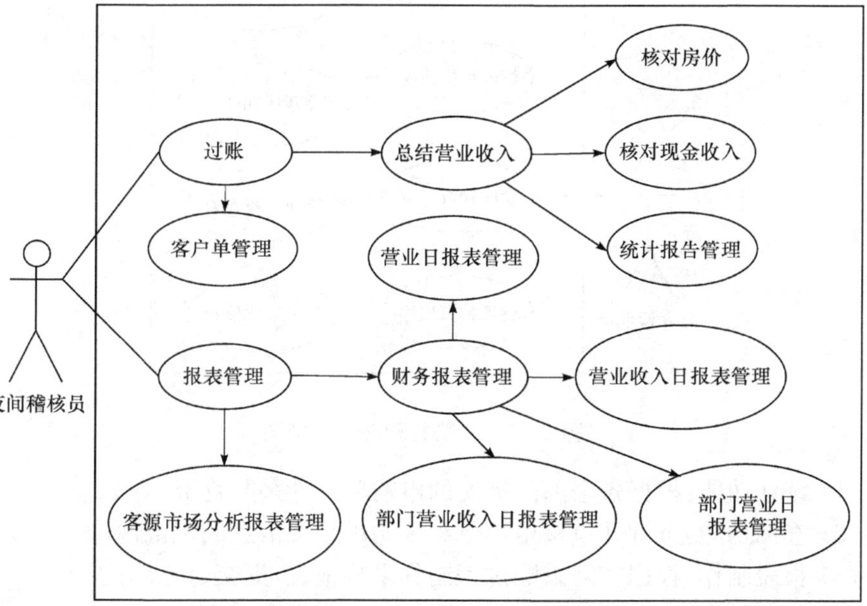

图 3.28　夜间稽核功能用例图

5. 采购管理功能需求

采购管理功能包括采购和仓库管理两个部分,需求主要包括建立基本参数、采购文件管理、申购单管理、申购单查询功能、采购单查询功能、报表功能、供应商管理、仓库管理等(图 3.29)。具体包括以下 5 个方面。

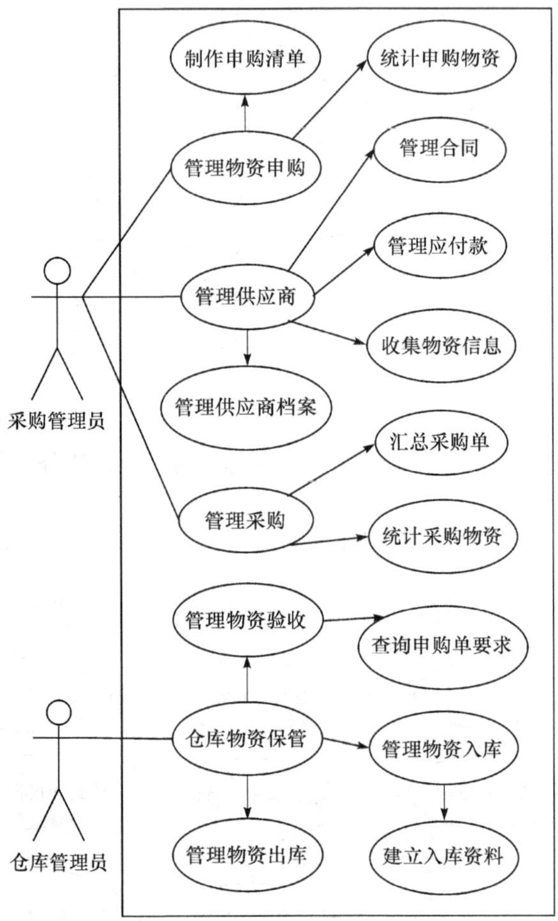

图 3.29　采购管理功能用例图

(1) 统计功能:根据各个部门提交的申购单统计采购物资;

(2) 查询功能:查询并审核申购单和采购单相关信息的规范性;

(3) 报表制作:根据实际采购过程制作采购报表,提交财务部;

(4) 管理供应商:包括供应商基本资料管理和供应商合同管理;

(5) 管理物资出入库:根据采购单、领用单等审核物资信息。

6. 财务管理功能需求

财务管理是饭店管理信息系统的重要功能(图 3.30),主要包括以下 4 个方面。

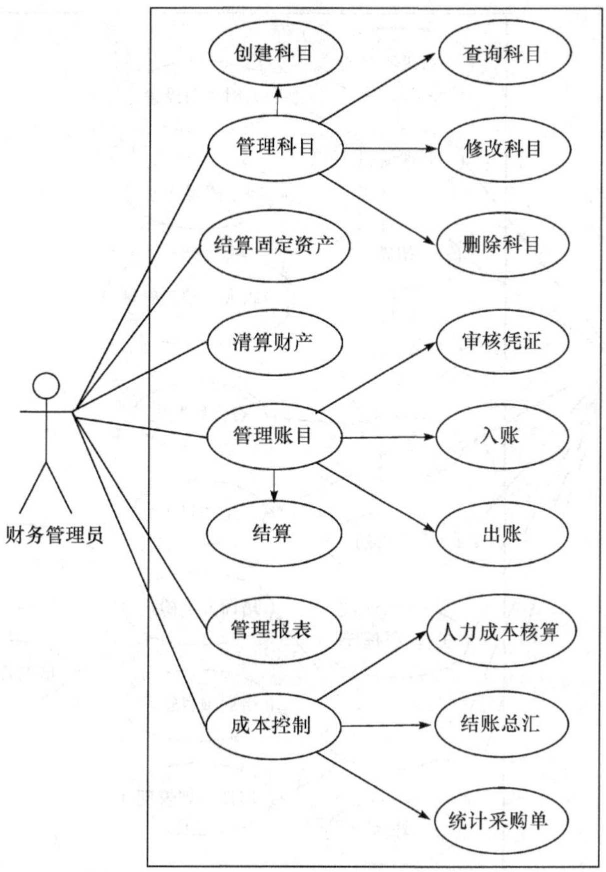

图 3.30　财务管理功能用例图

(1) 科目、账目的管理:根据饭店业务需求开设相应的科目,建立账目,全面、综合反映饭店的业务发生情况;

(2) 成本控制与核算:严格按照会计准则中的配比原则核算饭店的成本,将饭店日常开销正确地分配到相应的营业部门、营业项目和管理业务中;

(3) 固定资产核算:计算固定资产的折旧率,管理固定资产的档案;

(4) 报表管理:对各个部门提交的营业报表、财务报表等进行审核并归档。

7. 人力资源管理功能需求

人力资源管理实现对饭店人力资源的招聘、使用、培训和考核的管理,具体包括人力资源编制的管理,员工招聘的管理,员工考勤、员工工资福利、培训考核的管理,以及人事调动管理等(图 3.31)。

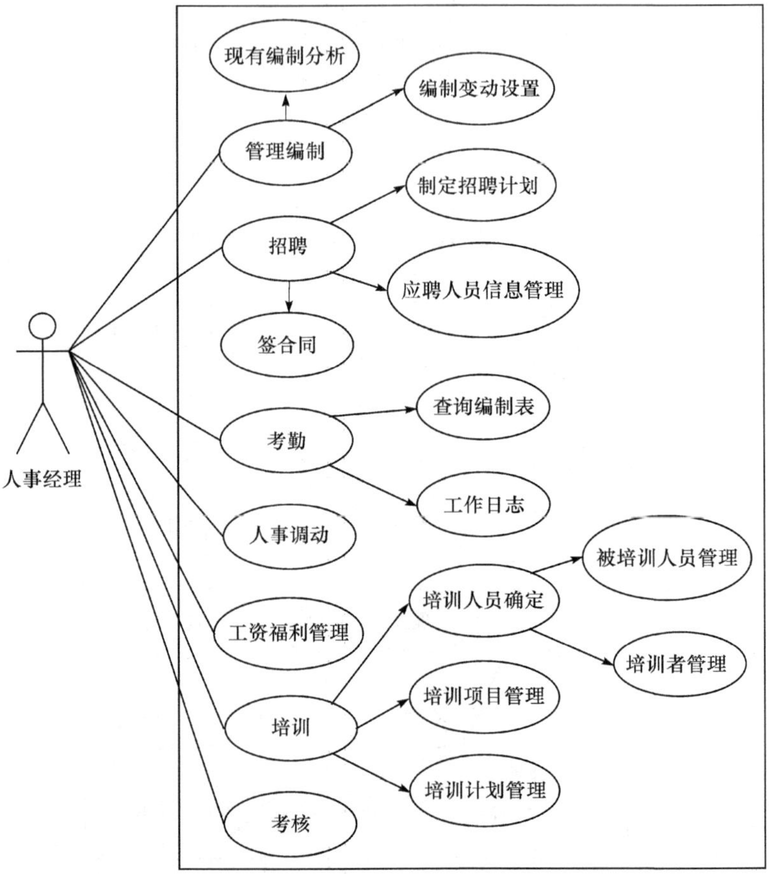

图 3.31　人力资源管理功能用例图

8. 系统维护功能需求

系统维护是计算机管理信息系统最重要的功能之一，它并不是具体的业务管理功能，而是为软件系统的正常运行服务的，是系统功能是否完备的重要标志。该项功能涉及软件系统的整体情况，一般不向普通的系统使用者开放，而是由指定的专门系统操作员使用。系统维护的功能一般包括：初始化、参数设置、权限管理、数据管理以及代码管理等(图 3.32)。

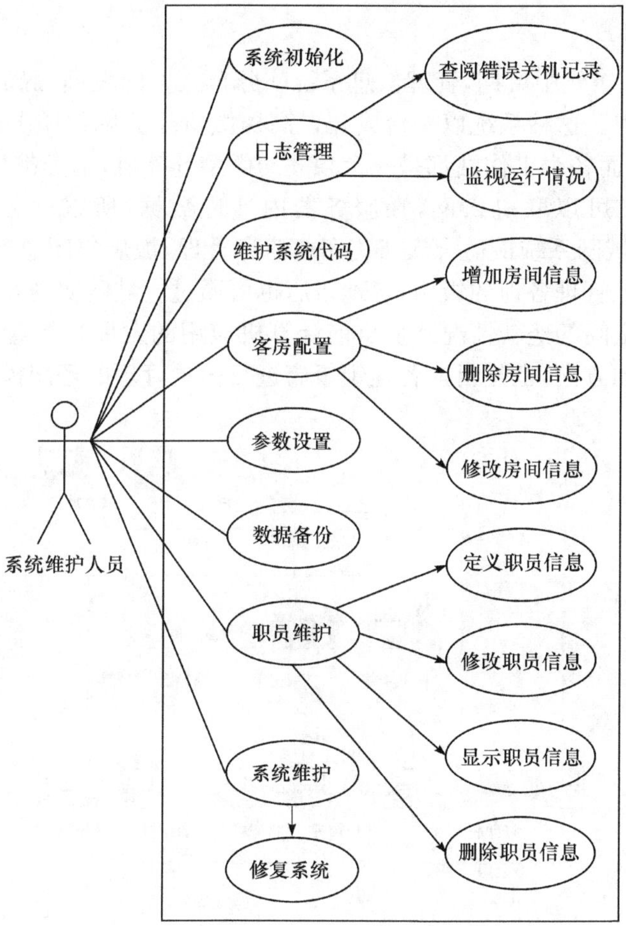

图 3.32　系统维护功能用例图

3.4　饭店管理信息系统设计

3.4.1　系统结构设计

饭店管理信息系统的结构反映了系统整体与各个部分之间的关系，也反映了整个饭店管理信息系统的数据处理方式与数据传输方式，决定了系统的主要性能。饭店管理信息系统由硬件和软件两部分组成。

1. 硬件结构

20 世纪 80 年代中后期，管理信息系统朝分布式方向发展，局域网系统是这种结构的典型体现。这种系统以一台或几台高档微机作为网络服务器，通过网络连接各个工作站，而各个工作站都是一台独立的微型计算机，本身都具有数据处理的能力，需要时又可以联机入网，在服务器内处理数据，所以称分布式处理结构(图 3.33)。广域网系统最适合饭店集团的信息管理，饭店集团总部可以通过广域网络系统有效地管理各地的饭店，各地饭店也可通过广域网实现互传信息数据，及时了解各饭店之间的经营情况。从目前计算机应用的发展趋势看，广域网系统结构是今后发展的方向，也是目前各连锁饭店进行信息管理的理想模式。

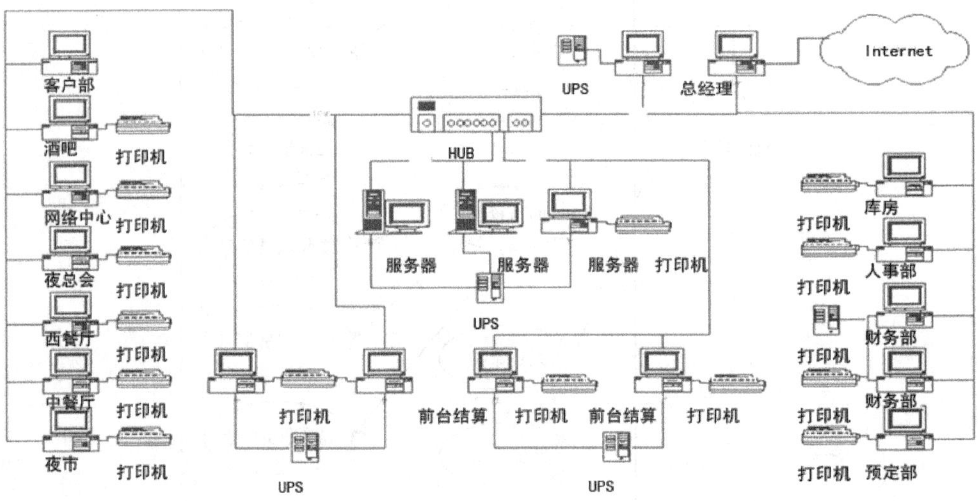

图 3.33　基于网络的饭店管理系统的硬件结构示意图

2. 软件结构

软件结构是指饭店管理信息系统的功能结构，这种功能结构是根据管理的层次和要求的功能导出并划分的。对于饭店来说，是根据饭店的管理层次以及为了完成饭店业务数据处理要求而定义的功能模块(或子系统)。在饭店业务管理中，系统功能可分前台和后台两大部分，图 3.34 是饭店管理信息系统软件功能模块结构示意图。

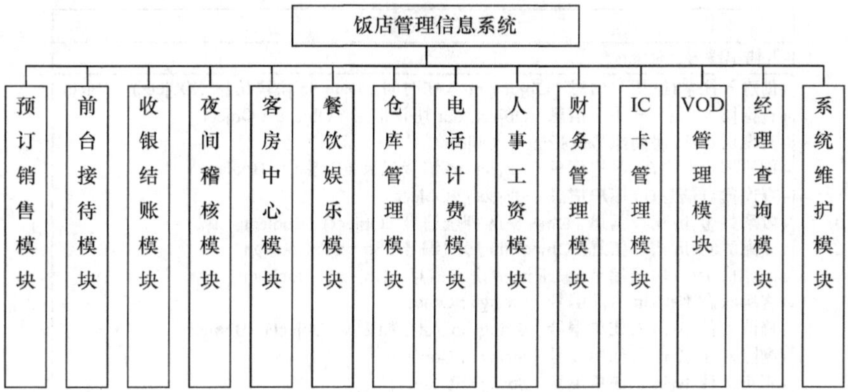

图 3.34　饭店管理信息系统软件功能模块结构

3.4.2　数据库与类设计

1. 类设计

类设计可以为代码设计提供更加详尽的依据，为程序员编写程序提供直接的指导。这里以三层结构的系统开发模式为例，进行类的设计。图 3.35 是客房预订业务类，图 3.36 是入住登记业务类。入住登记业务类包含的操作有创建入住单、查询协议信息、查询房态等，同时，New()操作保证该类可以进行动态添加操作。

预订业务
+创建预订单(in 用户信息 : Object, in 预订时间 : Date, in 预订信息 : Object) : Object +查询房态(in 房间编号 : String) : Object +收取订金(in 预订信息 : Object, in 订金信息 : Object) : Boolean +预分房间(in 房间编号 : String) : Boolean +客房状态维护(in 房间编号 : String, in 房间状态 : String) : Boolean +修改预订单(in 预订单编号 : String, in 预订单信息 : Object) : Boolean +删除预订单(in 预订单编号 : String) : Boolean +查询预订单(in 预订单编号 : String) : Object +确认预订(in 定单编号 : String) : Boolean +New()

图 3.35　客房预订业务类

一些操作在实际应用时应当受到约束，编写规则类主要是为了进行完整性检查和合法性检查等。图 3.37 是客房预订规则类。

最后是数据存取类和客户存取类(图 3.38 和图 3.39)，该类封装了数据库的操作，在编码时直接调用即可。

入住登记业务
-入住单编号 : String
+创建入住单(in 用户信息 : Object, in 入住时间 : Date, in 协议信息 : Object) : Object +查询协议信息(in 用户信息 : Object, out 协议信息 : Object) : Object +查询房态(in 房间编号 : String) : Object +创建客史资料(in 客户信息 : Object, in 消费记录 : Object) : Boolean +查询预订信息(in 用户信息 : Object) : Object +收取押金(in 用户信息 : Object, in 押金信息 : Object) : Boolean +分配房间(in 用户信息 : Object, in 房间编号 : String) : Boolean +制作房卡(in 房间编号 : String, in 房卡信息 : Object) : Boolean +客房状态维护(in 房间编号 : String) : Object +修改入住单(in 入住单编号 : String, in 入住单信息 : Object) : Boolean +删除入住单(in 入住单编号 : String) : Boolean +查询入住单(in 入住单编号 : String) : Object +New()

图 3.36　入住登记业务类

预订单规则
-订单
+完整性检查() : Boolean +new(in 订单) +订单审批规则() : String +订单确认(in 订单编号 : String, in 确认标志 : String, in 说明 : Object) : Boolean

图 3.37　客房预订规则类

数据存取
-#数据库
+事务开始() : Boolean +事务完成() : Boolean +事务回卷() : Boolean +new() +执行操作(in 数据库连接 : Object, in 操作类型 : Object, in 操作 : String, in 参数 : Object) : Integer +读取数据(in 数据库连接 : Object, in 操作类型 : Object, in 操作命令 : String, in 参数 : Object) : Object

图 3.38　数据存取类

客户存取
+插入(in 客户 : Object) : Boolean +读取(in 条件 : String, out 客户 : Object) : Boolean +更新(in 客户 : Object) : Boolean +删除(in 客户编号 : String) : Boolean +new()

图 3.39　客户存取类

2. 数据库设计

数据库的设计是系统设计的核心,数据库设计是否合理决定了系统运作的效率和正确性。这里给出的是饭店管理信息系统的部分库表结构。图 3.40 为前厅接待数据库,图 3.41 为仓库管理业务数据库,图 3.42 为结账业务数据库,图 3.43 为采购业务数据库。

入住单	
PK	入住单编号
	入住时间
	离开时间
	总人数
	房间总数
FK1	客户编号
	客户名称
	客户类别
	预订人
	预订时间
	总房价
	房价总费用
	预订接待员
	开通其他服务
	成员入住类型
	账号

订单	
PK	订单编号
FK1	客户编号
	预订方式
	来源
	协议编号
	到达时间
	离开时间
	人数
	特要
	建立时间
	账号
	电话
	房间数

订单明细	
PK	订单明细号
FK1	房间编号
	人数
	加床
	定价
	房价
	姓名
	证件号码
	证件类别
	到达时间
	离开时间
	特要

房间	
PK	房间编号
	房间名称
	房间楼层
	房间状态
	房间类型
	电话号码
	备注

查房记录	
PK	查房记录号
	房间类型
	具体原因
	申请人
	申请时间
	查房人
	查房结果
	完成时间
	是否变动状态

散客	
PK	客户编号
	客户姓名
	性别
	国籍
	VIP
	保密
	电话
	单位
	称谓
	证件号码
	证件类别
	出生年月
	民族
	职业
	籍贯
	住址
	喜好
	备注
	照片

客人历史消费记录	
PK	客户编号
	单据编号
	消费时间
	消费天数
	客房消费
	餐饮消费
	娱乐消费
	其他消费
	总消费额
	抵达日期
	离开日期
	房价

房态维护详细单	
PK	房态维护详细单编号
	起始时间
	结束时间
	原状态
	新状态
	原因

入住详单	
PK	入住详单编号
	入住单编号
	房间编号
	人数
	加床
	定价
	方案
	房价
	姓名
	证件类别
	证件号码
	抵达时间
	离开时间
	单位
	开通电话类型
	其他费用
	特要

图 3.40　前厅接待数据库

商品	
PK	商品编号
	商品名称 供应商编号 商品类型 商品规格 商品型号 商品产地

入库明细单	
PK	入库明细单编号
	物品名称 物品数量 物品类型 物品总价 物品单价
FK1	入库单编号

库存物品	
PK,FK1	库存物品编号
	物品类型 库存物品数量 购买价格 入库时间 库存地点 保质期 供应商编号

出库明细单	
PK	出库明细单编号
	物品名称 物品数量 物品类型 物品单价 物品总价
FK1	出库单编号

出库单	
PK	出库单编号
	出库时间 物品总价 操作人 邻取人 库存地点

入库单	
PK	入库单编号
	入库时间 采购时间 物品类型 所属部门 库存地点 入库物品总价 采购单编号

图 3.41 仓库管理业务数据库

结账明细	
PK	结账明细单编号
	结账单编号 费用 费用目的 费用单价 费用类型 费用数量 实收费用 收款人

团队信息	
PK	团队编号
	团队名称 国籍 抵达时间 离开时间 人数 领队 团队类别 团队来源

结账	
PK	结账单编号
	结账单全额 结账时间 结账人 实收金额 结账类型 收款人

结账对象明细	
PK,FK1	结账单编号
PK	结账人编号
	结账人类型 结账人

图 3.42 结账业务数据库

采购单	
PK	采购单编号
FK1	申购单编号
	采购人 采购时间 采购类型 采购事由 申购总价 购进总价

采购单明细	
PK	采购明细单编号
	物品编号 物品名称 物品数量 物品单价 物品总价 物品类型
FK2	供应商编号
	供应商名称
FK1	采购单编号

供应商	
PK	供应商编号
	供应商名称 地址 联系方式 国别 联系人 供应商类型

申购单明细	
PK	申购单明细编号
FK1	申购单编号
	物品编号 物品名称 物品数量 物品单价 物品总价 物品类型 申购单编号

申购单	
PK	申购单编号
	申购部门 申购时间 申购事由 购买时间 申购人 申购类型 申购总价

图 3.43 采购业务数据库

3.4.3 系统功能设计

饭店管理信息系统的总体功能模块结构如图 3.34 所示，包括预订销售、前台接待、收银结账、夜间稽核、客房中心、餐饮娱乐、仓库管理、电话计费、人事工资、财务管理、IC 卡管理、VOD 管理、经理查询、系统维护等功能模块。

1. 预订销售

客房的预订销售对客房进行预订管理、分房，对客情进行预测管理，进行房类明细分析及房间销售预测。主要功能设计如下。

(1) 预订：可根据客史信息迅速作出处理，加快预订录入速度，预订时自动检查黑名单，及时作出相应警示处理；

(2) 预订单变更修改：根据用户的权限，有权限的使用者可更改预订单；

(3) 预订确认和取消：进一步确认预订，防止出现无效预订；

(4) 应到未到处理：处理应到未到的预订；

(5) 未确认预订单处理；

(6) 预订方式分类统计：统计不同预订方式、预订来源，从而为饭店提供业务支持；

(7) 宴会工作、会议工作、用餐/娱乐安排：主要是记录宴会、会议、用餐/娱乐安排等情况；

(8) 个人、单位及旅行社预订报表：主要包括预订到达报表、一周订房报表、预订控制表、协议公司月报表、预订统计报表；

(9) 客情预测表：根据现在和过去的客人情况预测未来一个星期的客人情况；

(10) 房态预报表：即时查询饭店房间的预订情况；

(11) 可用房查询：随时实时动态查询可用房情况。

2. 前台接待

前台接待主要是对散客、团体、预订客人进行入住登记处理、制卡，团体入住的分房，费用处理，提供各种前台报表。其功能模块如图 3.44 所示，具体功能设计如下。

(1) 散客入住：散客直接入住、散客信息修改及查询、散客续住；

(2) 预订客人入住：对已经确认的预订单作快速入住登记；

(3) 团体入住开房：团体入住、分房、费用管理；

(4) 制卡；

(5) 换房处理、续住处理；

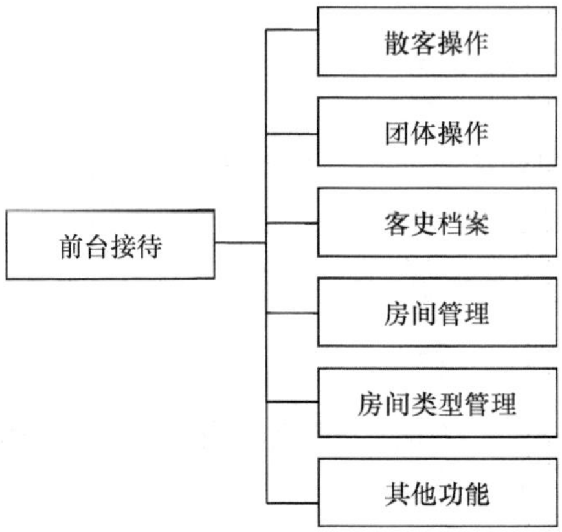

图 3.44　前台接待功能模块

(6) 加床处理；

(7) 折扣调整处理；

(8) 特殊处理：散客转团体、团体转散客、团员退房；

(9) 现住客人查询：可按账号、姓名、到店日期、离店日期、房号、团队账号、国籍，分别对在店客人信息进行查询；

(10) 历史客人查询；

(11) 房账、客账转账处理；

(12) 报表查询：抵住离定制报表、客房营业定制报表、客源定制报表、客人定制报表。

3. 收银结账

收银结账功能模块如图 3.45 所示，具体功能设计如下。

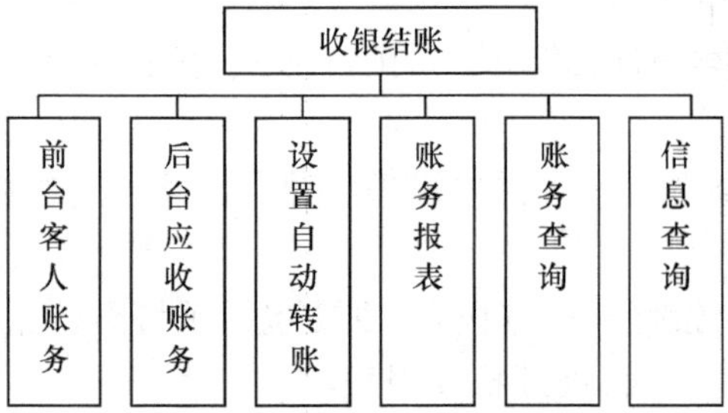

图 3.45　收银结账功能模块

(1) 账单处理：对客账或房账进行处理，单项账单的查询、结账；

(2) 收款处理：付款、金额转账、押金处理等；

(3) 结账处理：单项结算、退房离店结算、团体结算、挂账、账号冻结等处理；

(4) 团体业务处理：可设定的团体支付说明，自动结账，分清团体总账和团员账；

(5) 账务调整：对已审过的账务进行更改，并注明原因；

(6) 账单查询，打印；

(7) 特殊账号处理：可对宾馆设置的特殊账号客人账务单独处理；

(8) 交班：提供详细的报表以便查询当班营业员交班前后的营业额；

(9) 月结：整理数据库的数据，提高数据库的效率，把已结账单变成历史账单；

(10) 基本资料（自定义）：包括客房基本资料、客人类别、饭店消费类别、结账类别、用户权限定义、数据备份与恢复等；

(11) 报表查询和打印：包括客人催款报表、已结账单查询、历史账单查询、收银历史明细、已结账单重开、消费项目核对、签约客户查询、客情预测表、收银员报表、收款员明细、收银开单情况表、当班按金表、收银员离店营业报表、现住按金汇总表、客房营业汇总日报、已结账单费用汇总表、离店客人账单明细、离店日营业报表、客房营业明细日报、交接班财务报表、每日夜间报表、营业客账报表、饭店收入汇总表等。

4. 夜间稽核

(1) 房租核数过账：对账单及付款进行审核，自动过租；

(2) 交班；

(3) 提供各部门营业收入日报表、住客催款报表、当班收款报表、当班消费报表等。

5. 客房中心

(1) 可用房查询：实时按房号、房间类型进行可用房查询；

(2) 客房维护：客房新增、调价、状态更改；

(3) 房态图：动态刷新房态图；

(4) 工程部：客房维修记录、登记、报表、实时房态更新；

(5) 客房物品维护：耗用物品、固定资产录入、维护；

(6) 客人房间遗失物品、索赔登记；

(7) 房态统计：可以统计最新的客房营业信息，包括客房统计数据和客人统计数据，提供统计数据显示、打印、查询等功能；

(8) 提供客房统计报表、维修房报表、在住散客报表、在住团队报表、长包房报表、在住贵宾报表、明日离店客人报表等。

6. 餐饮娱乐

餐饮娱乐实现点单、落单、收银一体化，其主要功能如图 3.46 所示。

(1) 开单：支持分类列表选择及快速代码输入；

(2) 改单：支持查询历史单及修改；

(3) 支持前台挂账，实现客人多处，多次消费，一次性结账处理；

(4) 支持多种收款方式：现金、支票和各种信用卡；

(5) 服务费计算，优惠计算，加收计算；

(6) 最低消费处理；

(7) 可进行计时及到时提醒；

(8) 结账及报表；
(9) 账务查询；
(10) 报表处理。

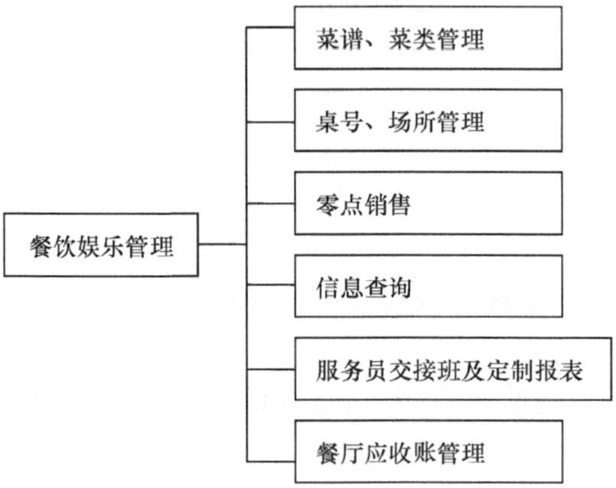

图 3.46　餐饮娱乐功能模块

7. 仓库管理

(1) 基本资料；
(2) 入库；
(3) 领料出库；
(4) 调拨出库；
(5) 库存盘点:提供供应商信息管理、供应商比价管理、积压及不足物资管理、仓库分类报表、盘点结存报表,以适应饭店总仓、酒吧、厨房、楼层等复杂的多仓库管理；
(6) 报表:出库表、入库表、库存表、供应商价格对比图等。

8. 电话计费

(1) 参数定义:根据交换机类型进行参数设置；
(2) 电话费率:设置本地、手机、国内、国际、上网等电话的基本费率,设置服务费,附加费等；
(3) 计费优惠设置:对优惠价时段、优惠比例进行灵活设置；
(4) 统计报表:按部门、区域、时段、分机、房号等进行话费统计分析。

9. 人事工资管理

(1) 人事档案建立；

(2) 人事档案查询；
(3) 职务调动；
(4) 员工培训；
(5) 工资项目定义；
(6) 工资发放；
(7) 工资报表。

10. 财务管理系统

(1) 客房收入类总日报表、离店客人汇总报表、离店客人明细报表；
(2) 营收分析报表；
(3) 夜间报表；
(4) 餐厅收银日营业报表、分类营业报表、营业品种排行报表；
(5) 人员类型统计分析报表；
(6) 交班及上交金额报表等；
(7) 固定资产台账、固定资产管理等。

11. IC卡管理(一卡通、会员管理)

(1) IC卡定义；
(2) IC卡作废处理；
(3) 清退卡款；
(4) 持卡维护等；
(5) 定义会员消费，查询会员的会籍档案、消费情况。

12. VOD视频点播

(1) 高档客房VOD视频点播：点播MTV、DVD电影、小品、游戏或酒水、服务生等娱乐性内容；
(2) KTV包房VOD视频点播；
(3) 点播数据更新；
(4) 点播系统设置。

13. 经理查询

支持对宾馆每个营业点的收入营业情况进行实时的详细查询。对宾馆每日、每月、每年营业收入及累计数进行分析、查询。

(1) 在住客户资料查询，客源分析查询；
(2) 折扣码分析查询；

(3) 历史资料查询;
(4) 特殊档案查询;
(5) 国籍分析查询;
(6) 实时房态查询,房价表显示查询,客房出租查询与分析;
(7) 合同协议查询;
(8) 客房营业收入与分析查询(图表分析);
(9) 部门营业收入与分析查询(图表分析);
(10) 部门编制查询、各部门工资资料查询;
(11) 客情预测表、接待分析表、客人预订表;
(12) 客户意见查询。

14. 系统维护

(1) 操作人员及密码,权限维护;
(2) 打折物品设置,操作员打折下限设置;
(3) 西餐厅、桑拿收银点消费项目及客房编号维护;
(4) 系统数据紧急修复、备份、初始化;
(5) 各种报表定义,数据输出格式定义;
(6) 系统设置:资产类别,部门编码,资产来源,操作员,权限,初始化等。

3.5 饭店管理信息系统的实现

本节以西软饭店管理信息系统为例(图 3.47),摘要介绍前台预订接待、前台收银、房务中心、商务中心、公共销售、客史管理等模块。

3.5.1 预 订 接 待

前台预订接待分为散客预订和团体预订,同时还涉及房间类型(房类)和房间状态(房态)等相关信息(图 3.48)。

1. 散客预订

在散客工作窗口输入客人预订的基本信息(图 3.49),对于已经预订的散客,在入住时,可以直接显示预订散客的相关信息,确认房类、房号和付款方式后即可入住(图 3.50),同时还可以查询预订的档案信息等(图 3.51)。

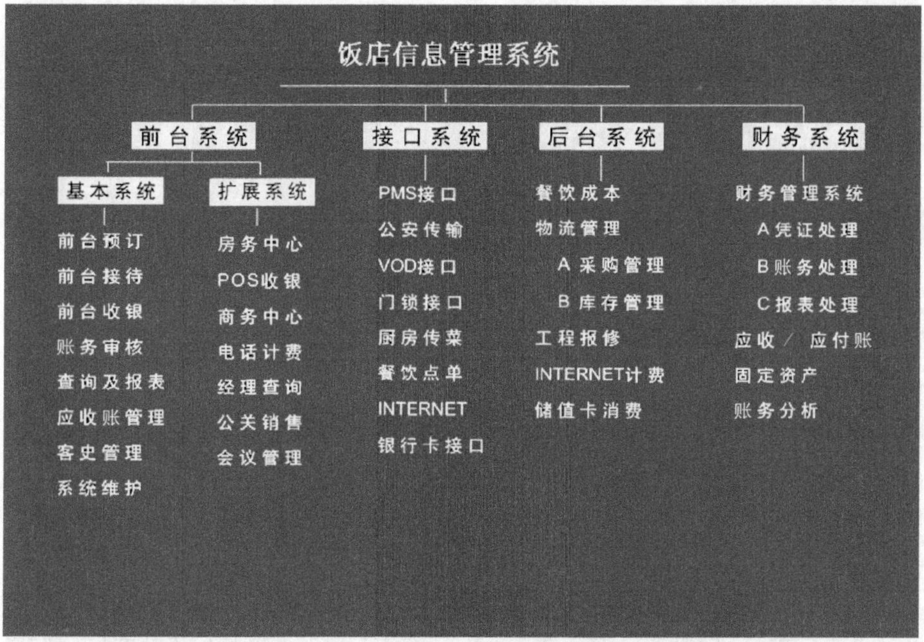

图 3.47　西软饭店管理信息系统结构

图 3.48　散客预订功能界面

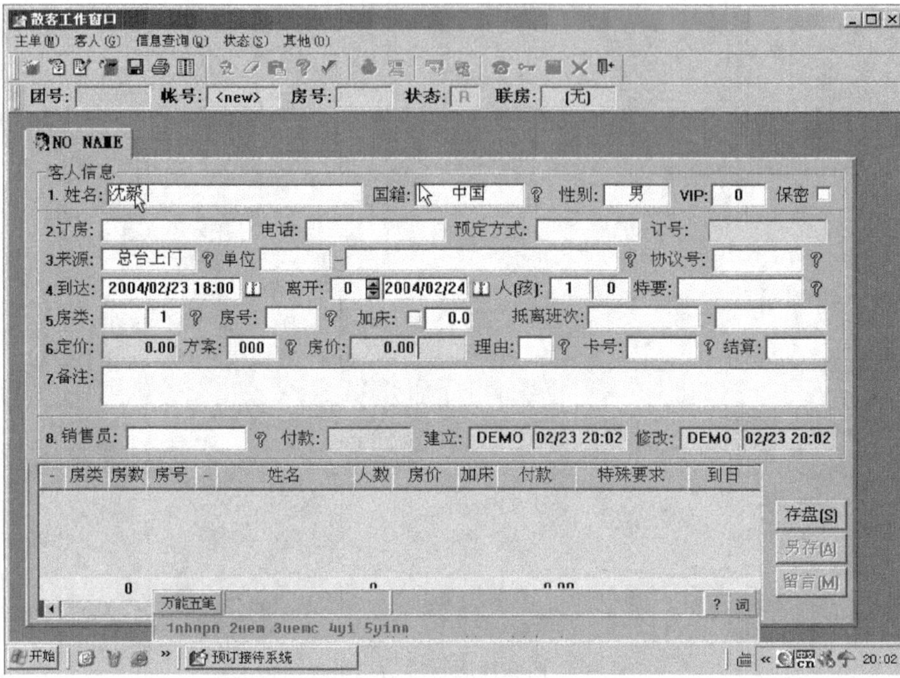

图 3.49 新建散客预订界面

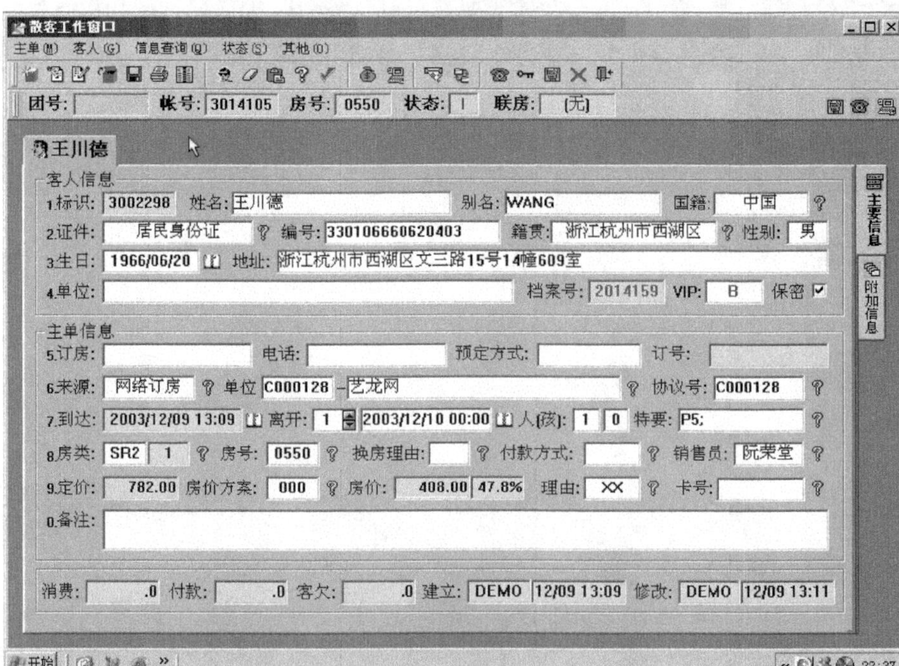

图 3.50 散客接待登记界面

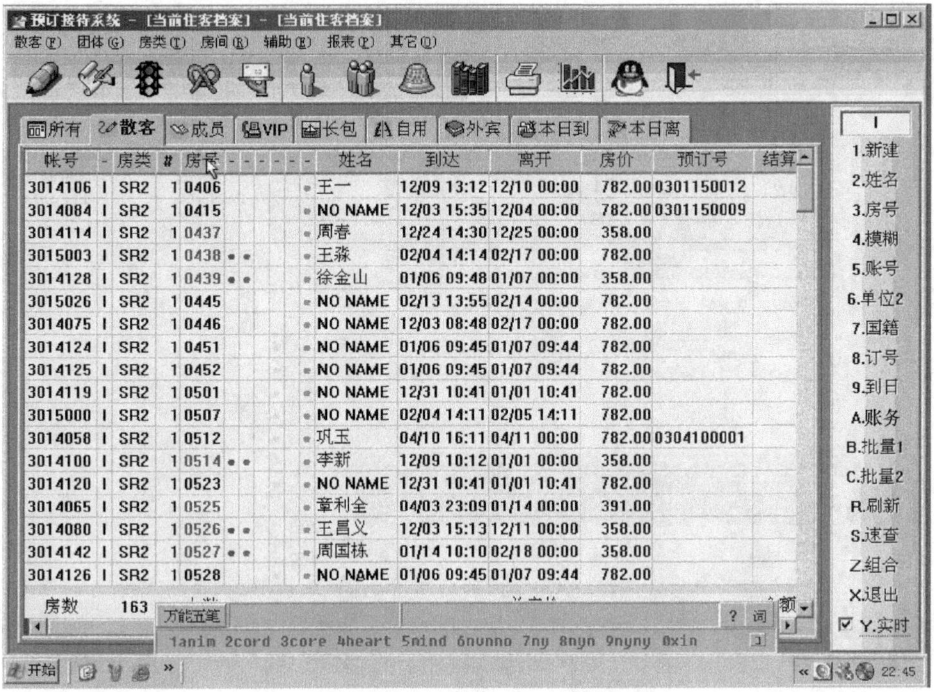

图 3.51　当前住客档案列表

2. 团体预订

提供了团体预订登记，可以登记团队、预订人及预留房等信息（图 3.52）；可以对团体成员的基本信息进行批量登记与编辑（图 3.53）；还可统计近期团体（会议）预订等相关信息（图 3.54）。

3. 房类管理

提供各类房预留、分配、安排明细表（图 3.55），可按房类或指定项目进行统计、显示和打印（图 3.56 和图 3.57）。

4. 房间状态

房态管理（图 3.58）主要用于显示实时房态，可以按楼层、房类和客人类别统计、显示和打印房态表，为预订、登记、留言、联房等提供相关信息（图 3.59 和图 3.60）。

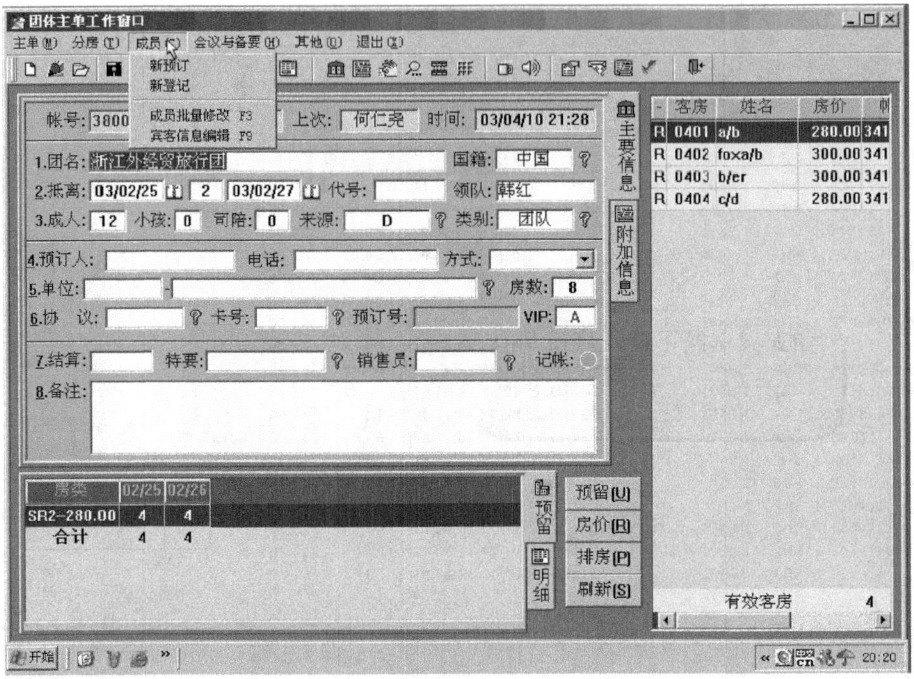

图 3.52　团体预订登记

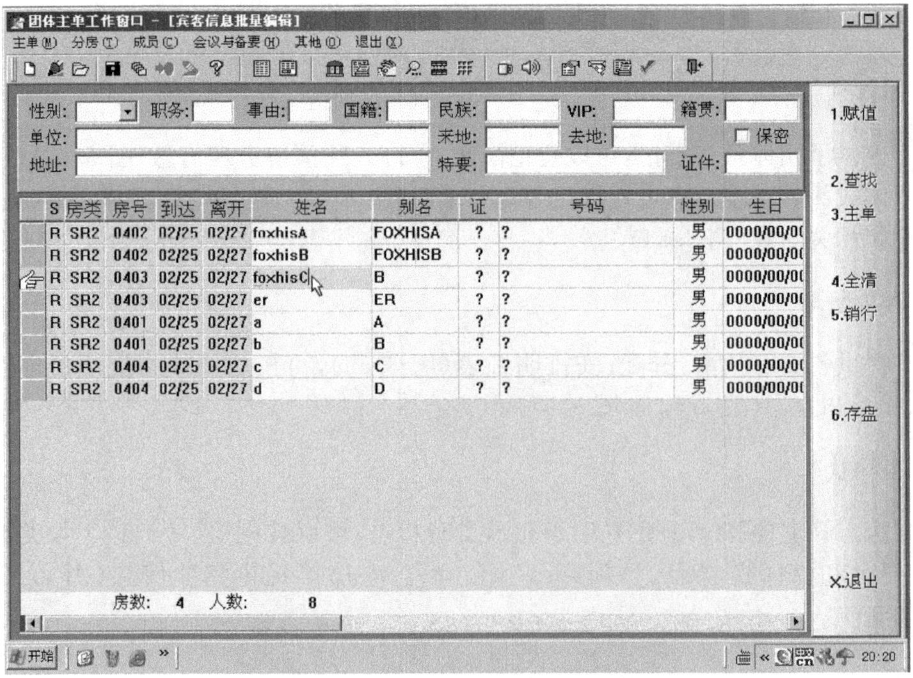

图 3.53　团体成员信息批量编辑

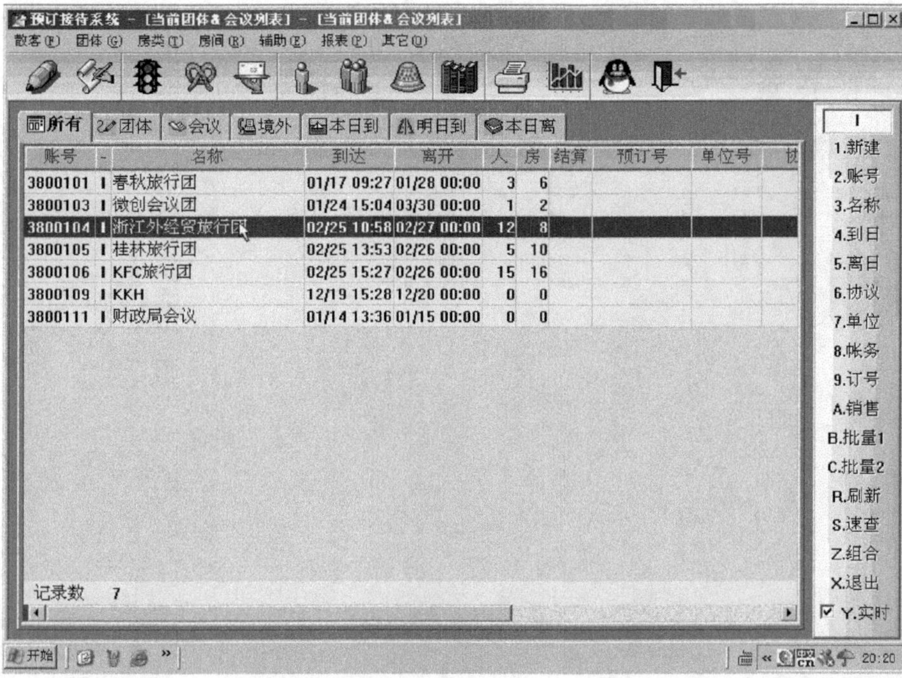

图 3.54　当前团体(会议)预订列表

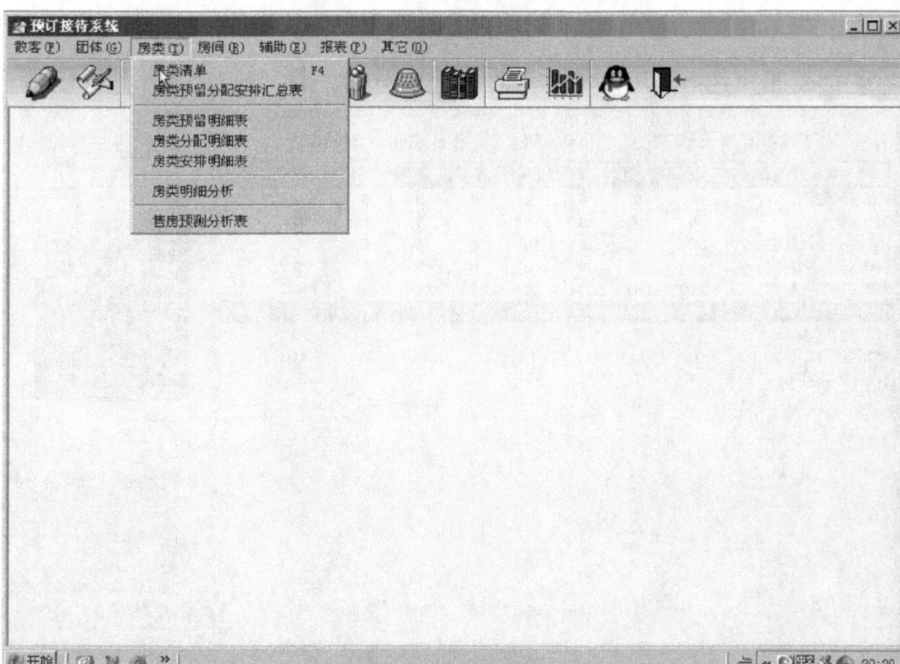

图 3.55　房类管理模块菜单

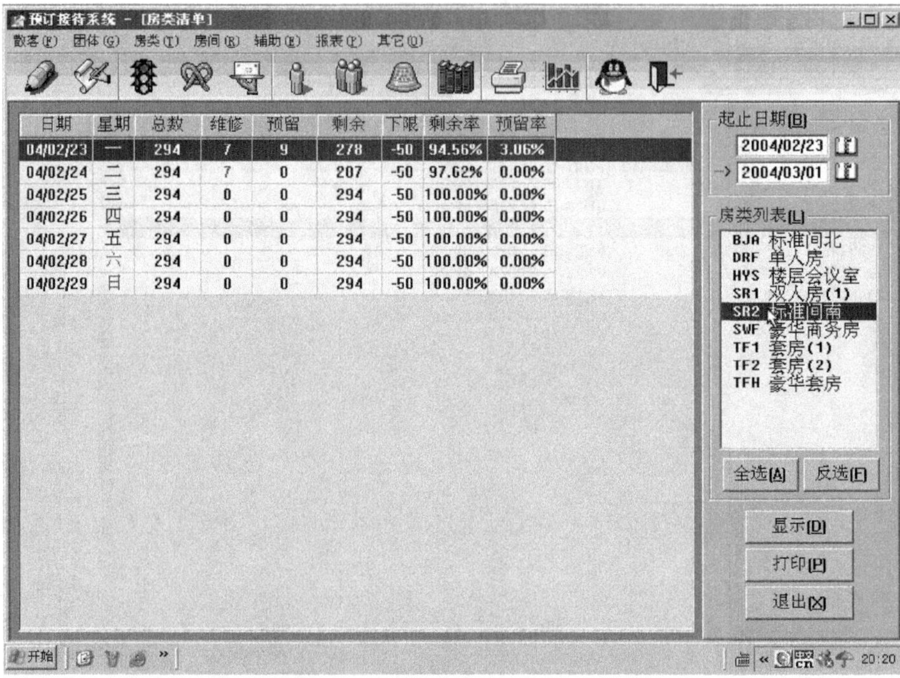

图 3.56　某时段内客房预订房类(标准间南)清单

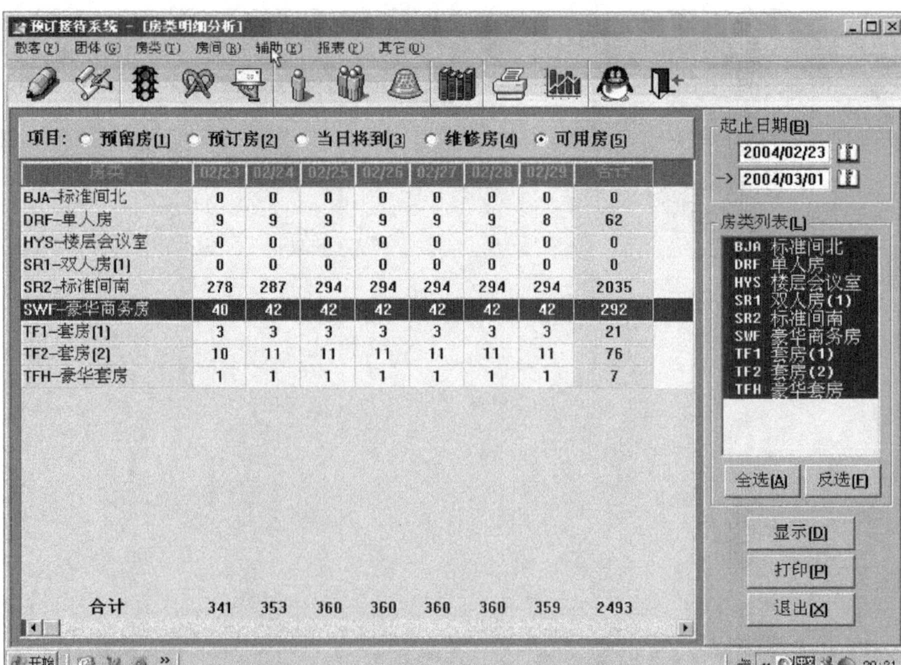

图 3.57　某时段内各类客房预订明细分析

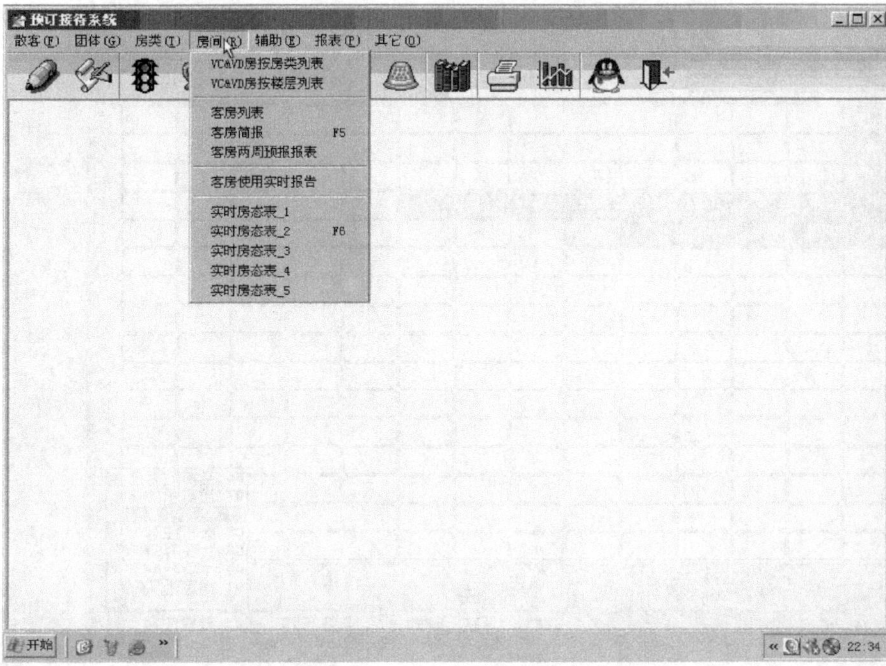

图 3.58　房态管理模块菜单

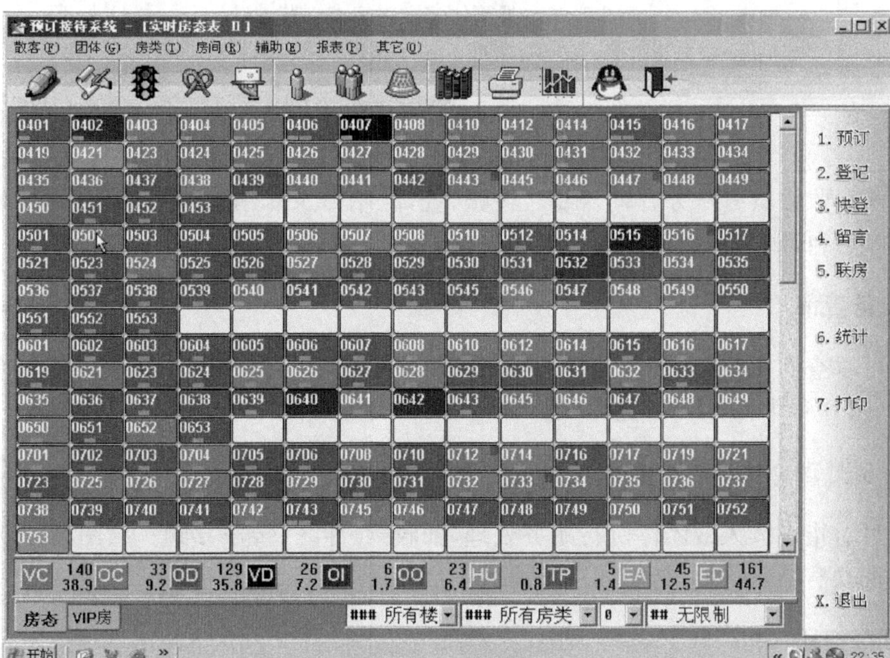

图 3.59　实时房态一览

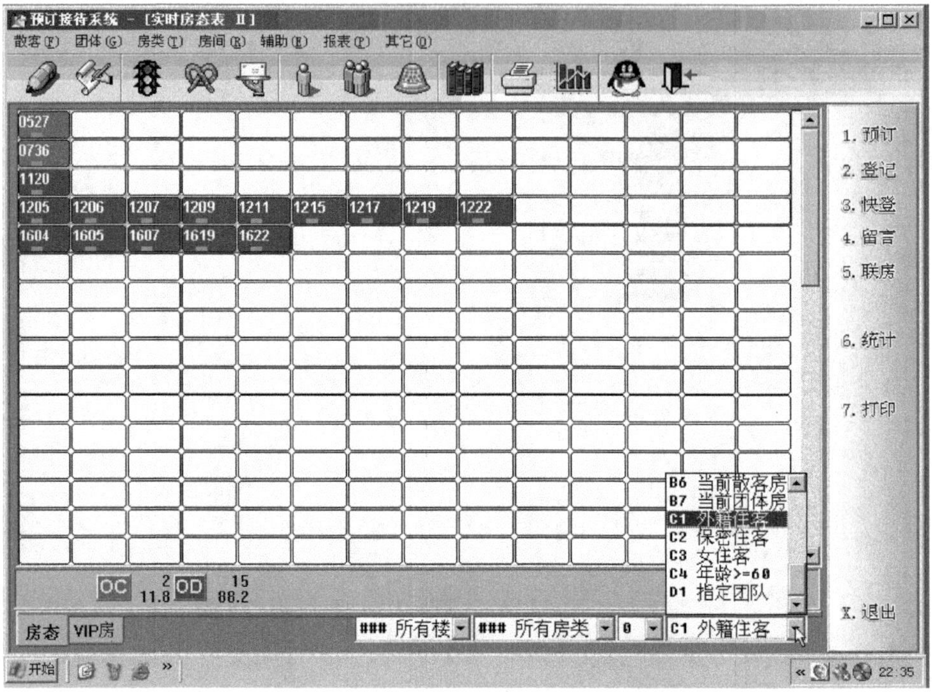

图 3.60　外籍住客实时房态一览

3.5.2　前 台 收 银

前台收银具有账务查询、跟踪、转账、统计、结账及账单打印等功能，还能处理公付账、自付账和联房结账等。

1. 账务查询

可以查询指定客人入住期间的所有账目(图 3.61)，并对其指定账目进行单据查询(图 3.62)、费用构成查询(图 3.63)。

2. 账务处理

可对指定客人或团体进行账务处理，如收款、冲账、转账、结账等(图 3.64)，还可实现联房结账、部分结账和结账退房等功能(图 3.65)。

3. 账目打印

提供了基于明细账单、分类汇总账单、其他账单和发票的打印等功能(图 3.66)。

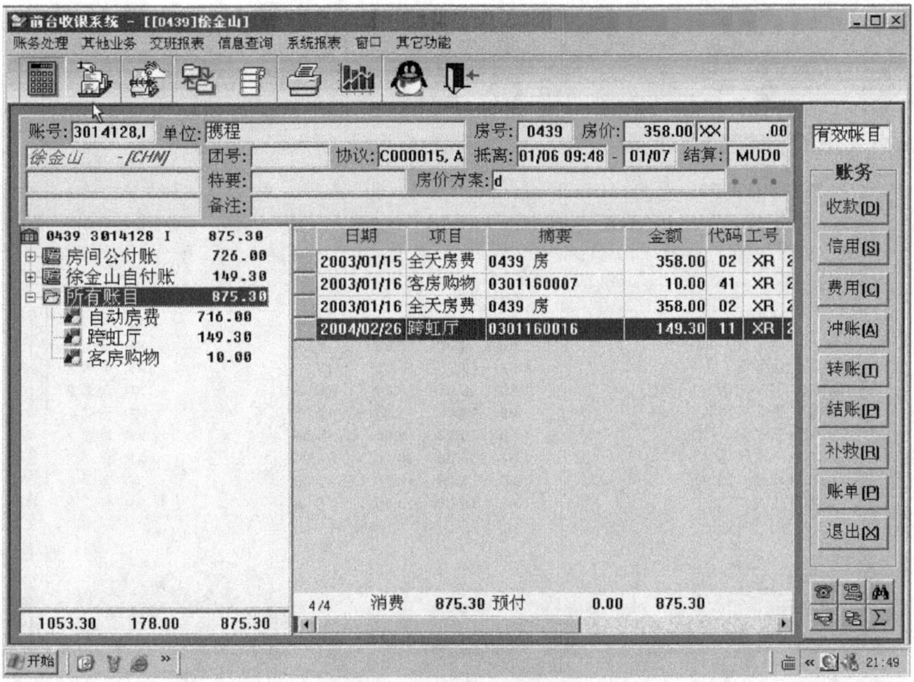

图 3.61　个人账目查询

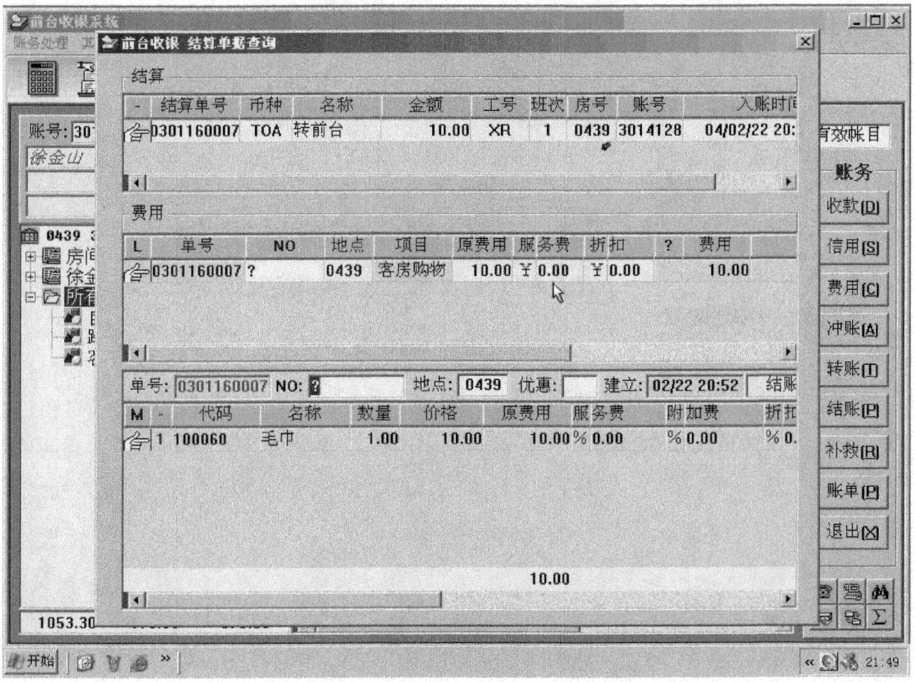

图 3.62　客房购物结算单据查询

图 3.63 餐饮菜单查询

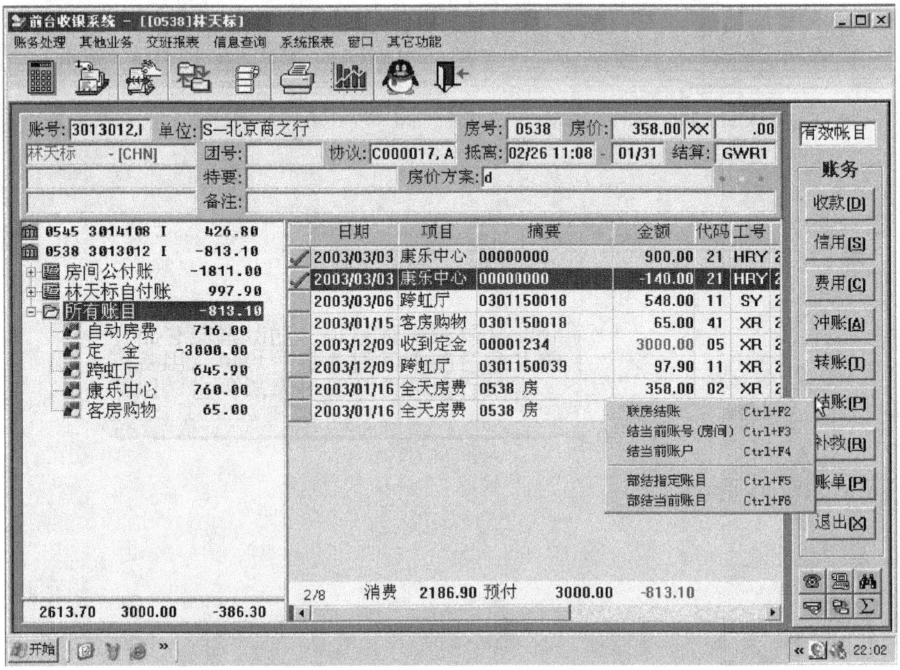

图 3.64 多种方式结账

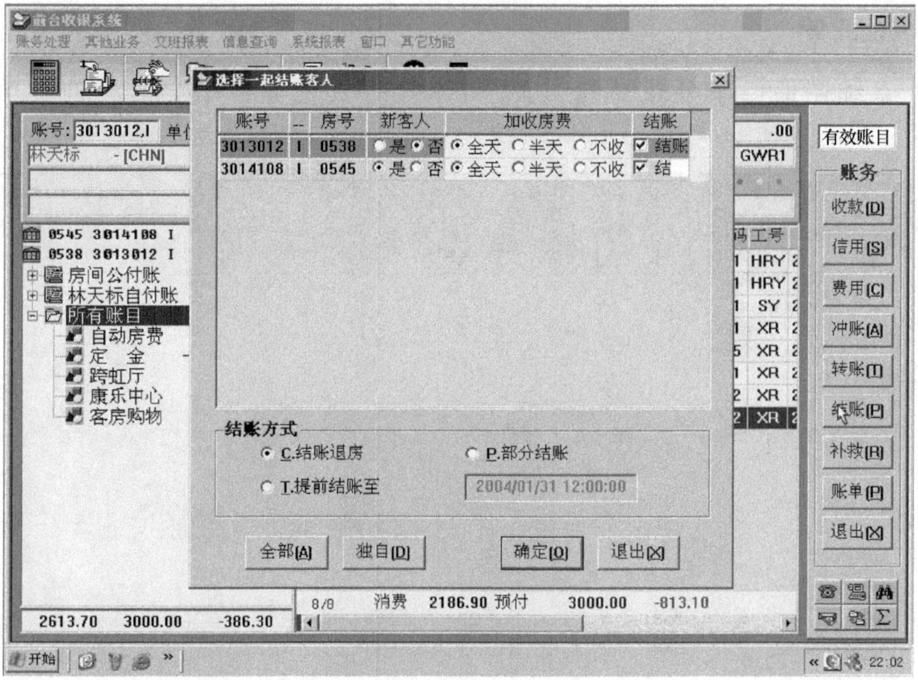

图 3.65 联房结账

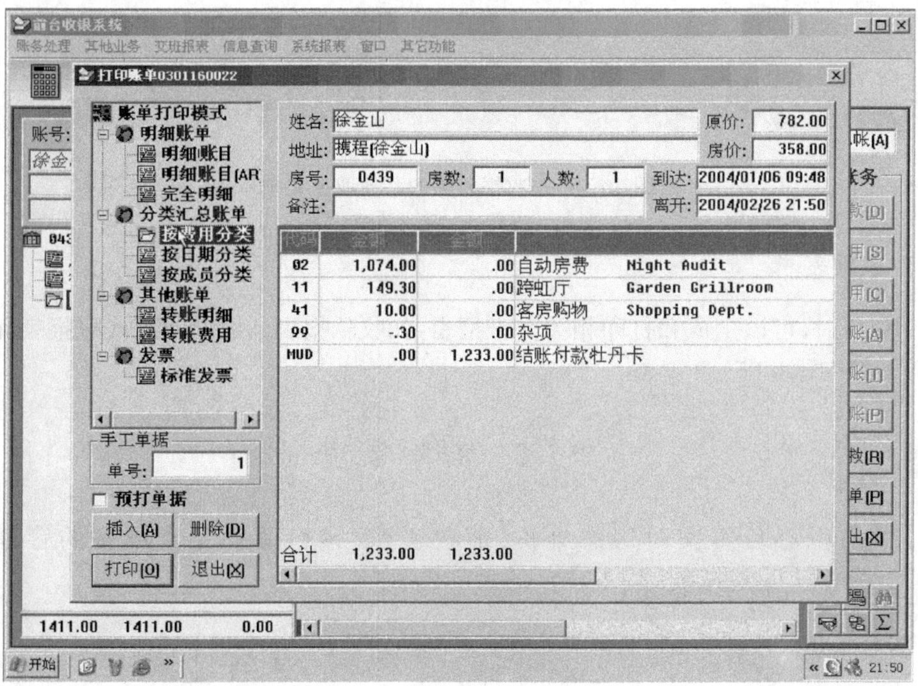

图 3.66 账单打印模式

4. 其他业务

系统还提供了外币兑换、历史流水账等其他业务历史的查询等功能(图 3.67)。

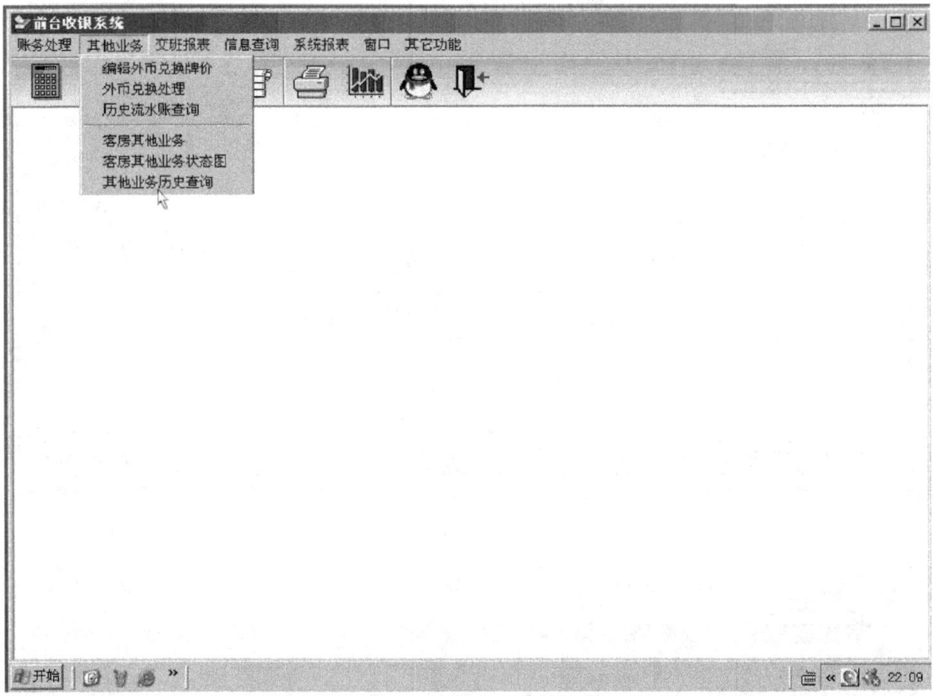

图 3.67　与收银相关的其他业务菜单

5. 交班报表

交班时,可以生成和打印相关交班报表,如收款报表、收款明细、入账报表和入账明细等(图 3.68)。

3.5.3　客 房 管 理

客房中心负责实时房态维护、消费入账、客房消耗品和设备的管理等(图 3.69)。

1. 房态维护

客房状态分为干净房、脏房、维护房、临时房等类型,能够实时显示客房的状态

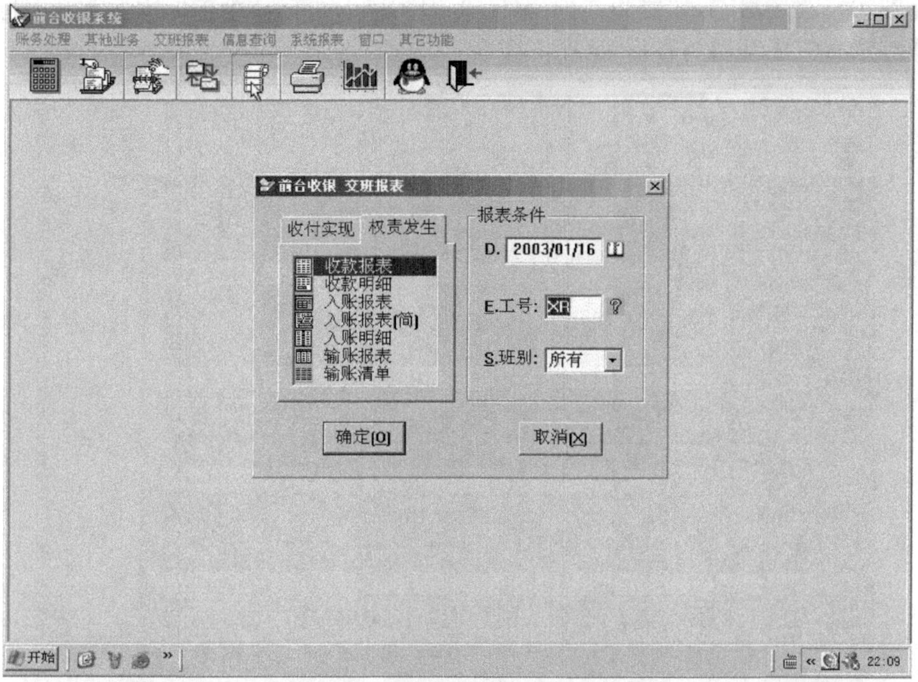

图 3.68　收银各类交班报表生成

图 3.69　房态管理模块菜单

(图 3.70);改变房态,如置为维护房(图 3.71),同时可标注维护原因及起止时间等(图 3.72);完成开房与查房等(图 3.73)。

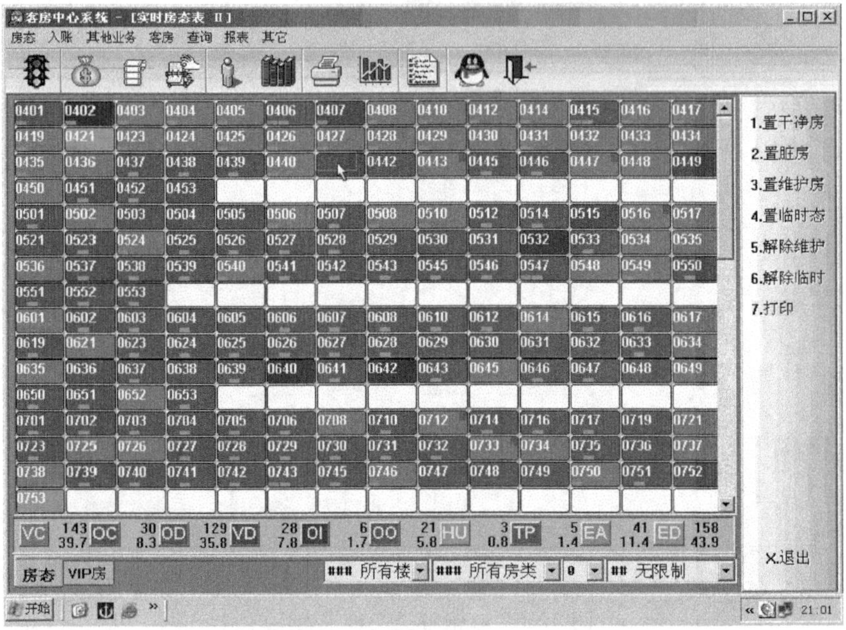

图 3.70　实时房态一览

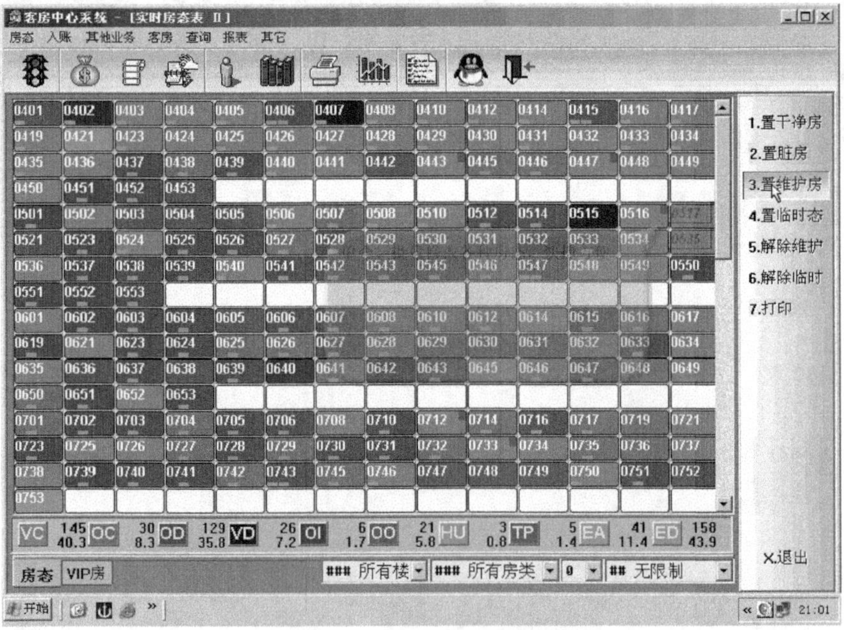

图 3.71　房态置为维护房

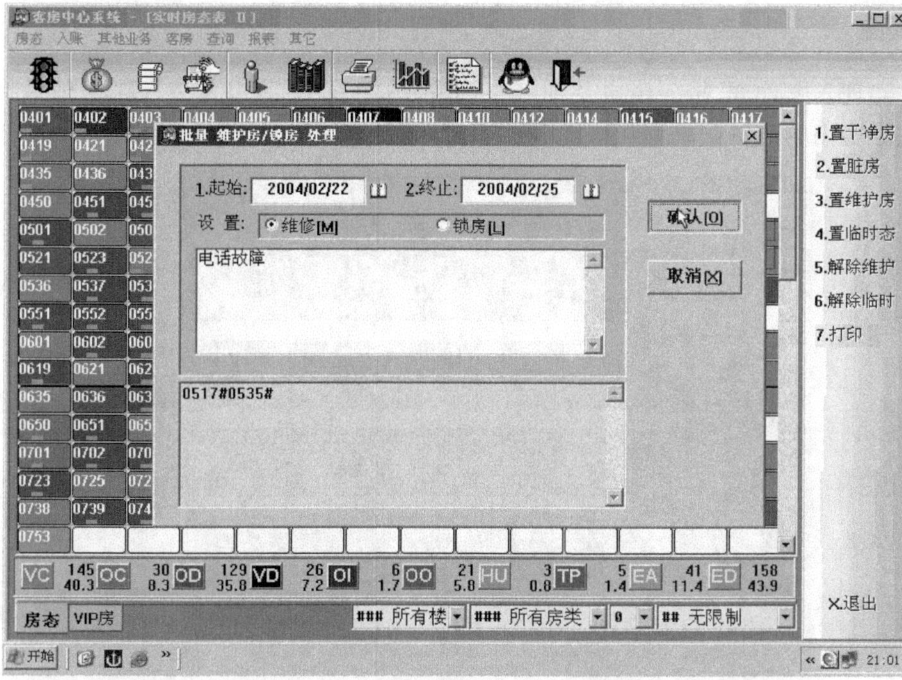

图 3.72　维护房设置及维护信息填写

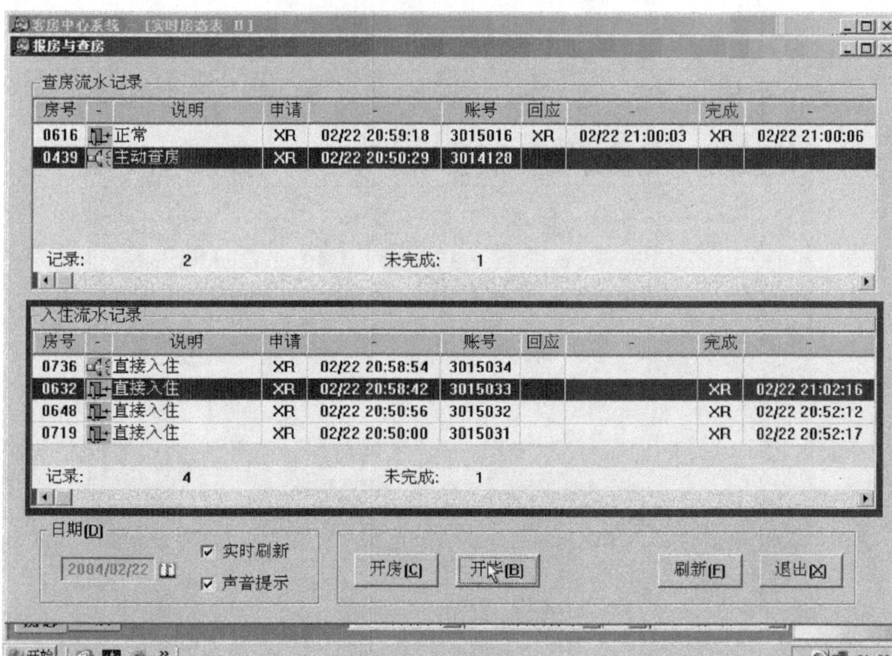

图 3.73　报房与查房

2. 入账

实现入账处理、报表生成及细账查询等功能(图 3.74),其中入账处理是将客人在客房内的消费记录到相应的账号中去,结账或退房时统一结算(图 3.75)。

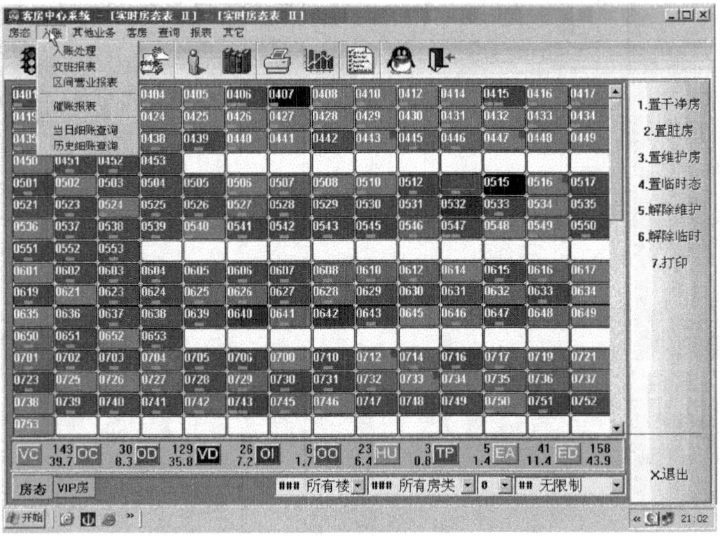

图 3.74　客房入账功能菜单

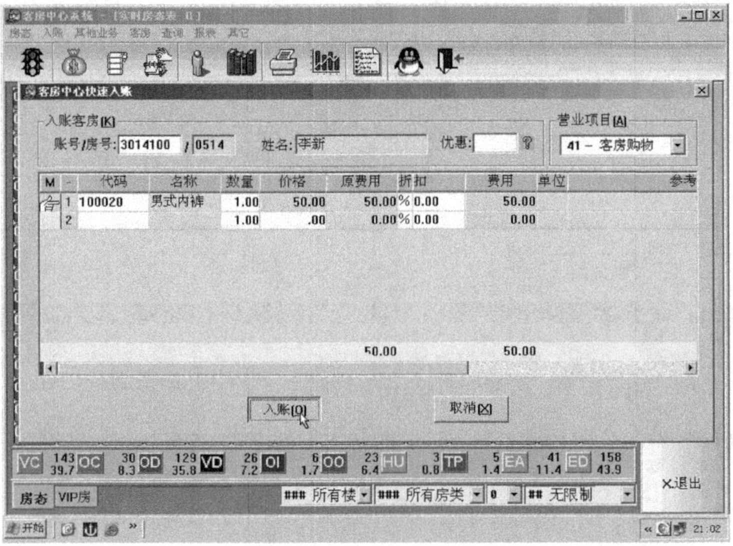

图 3.75　客房消费入账

3. 其他业务

完成客房管理的辅助工作(图 3.76),可实时统计失物(图 3.77)、清洁工作量等(图 3.78)。

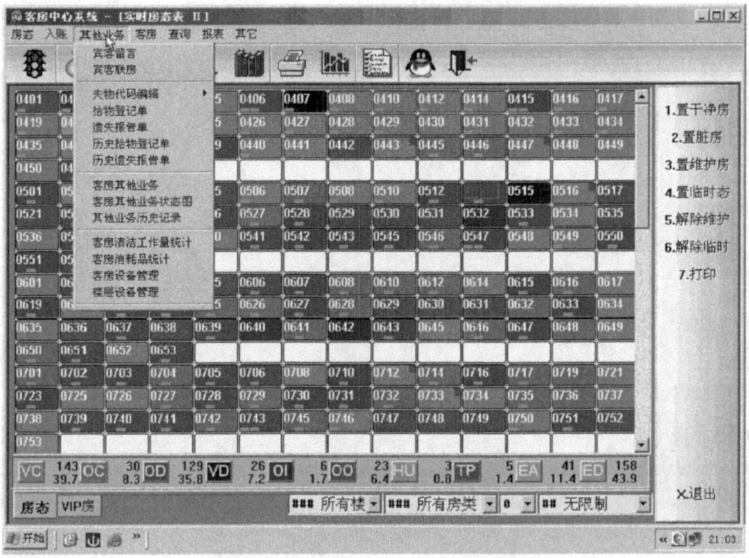

图 3.76 客房中心其他业务菜单

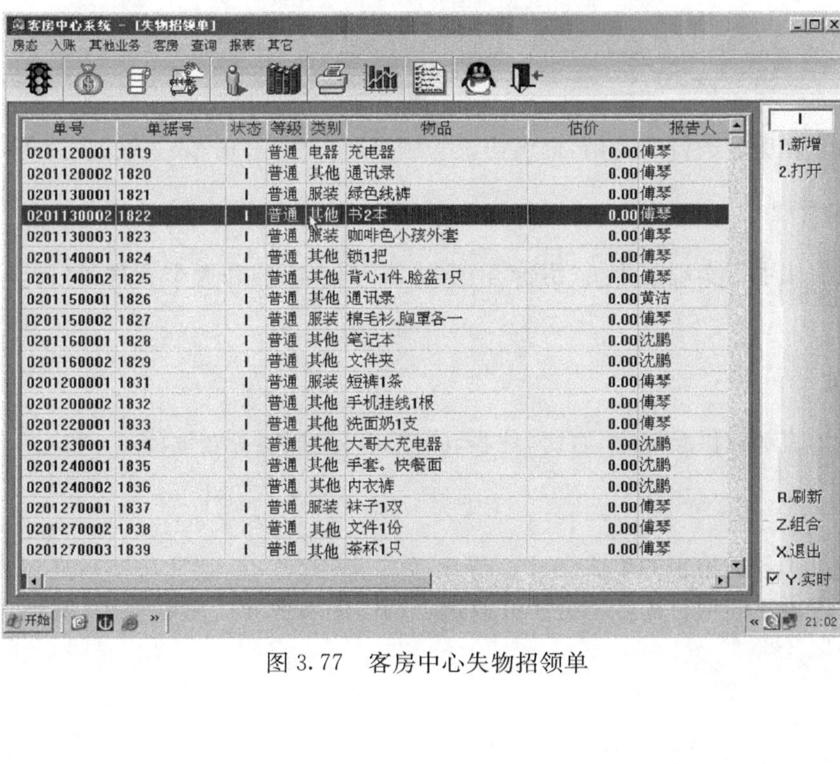

图 3.77 客房中心失物招领单

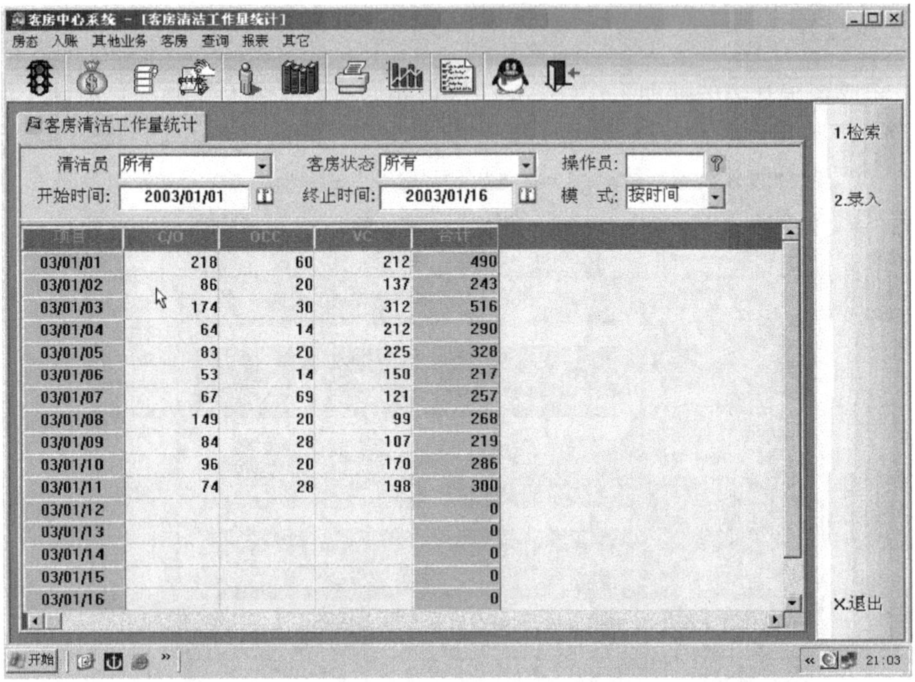

图 3.78 客房清洁工作量统计

3.5.4 公关销售

围绕客房等进行的营销，提供协议管理、预订、房类、房态、查询、统计等功能。

1. 协议管理

该模块主要实现销售员、房价、消费协议、单位客户和佣金管理等(图 3.79 至图 3.82)。

2. 查询

为销售部提供会议室、客房、住客、团体和客史档案等查询(图 3.83)。

3. 报表

提供了各类报表的生成、修改、导出等功能(图 3.84 至图 3.86)，还可以实现指定时段内不同项目的经营分析并以适当的图例表现分析结果(图 3.87)。

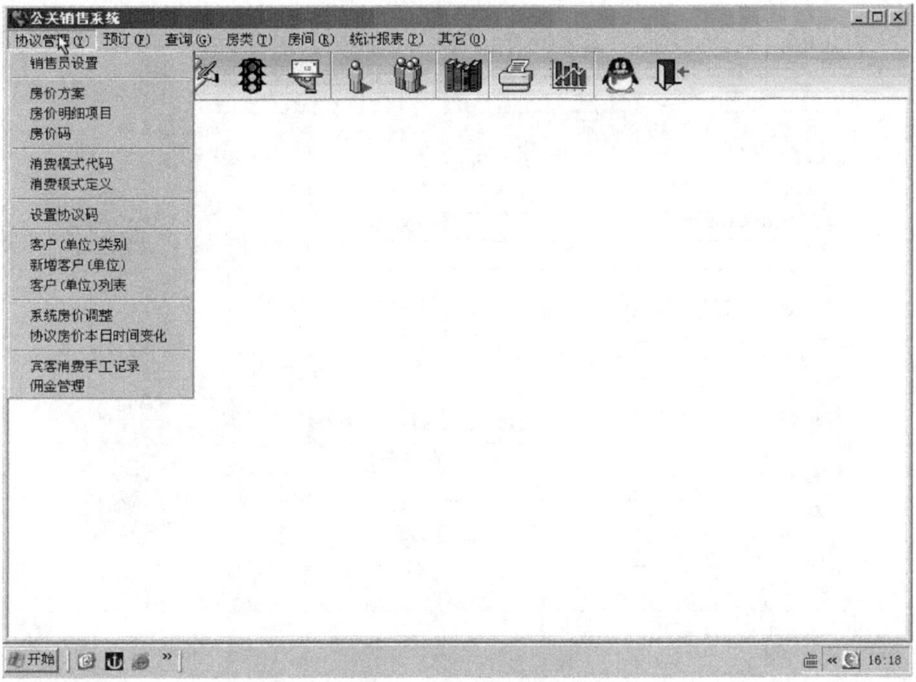

图 3.79　协议管理菜单

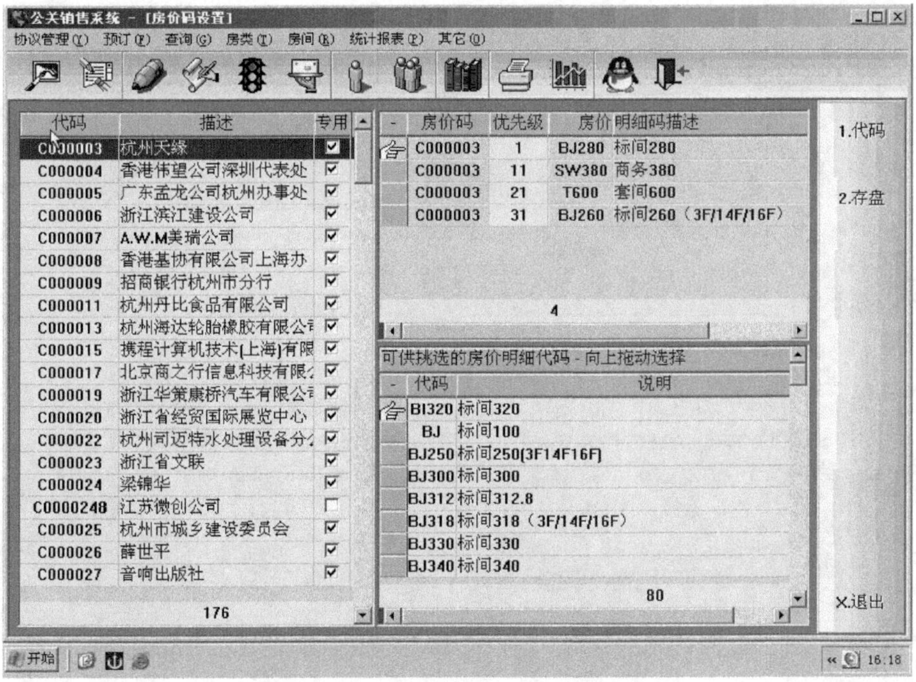

图 3.80　协议管理中的房价码设置

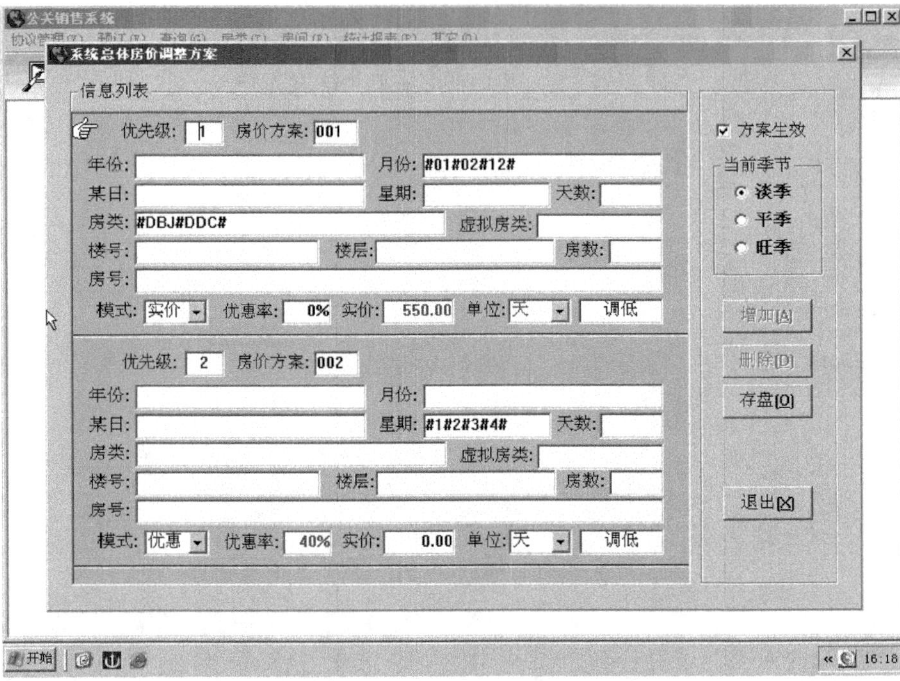

图 3.81　协议房价方案调整

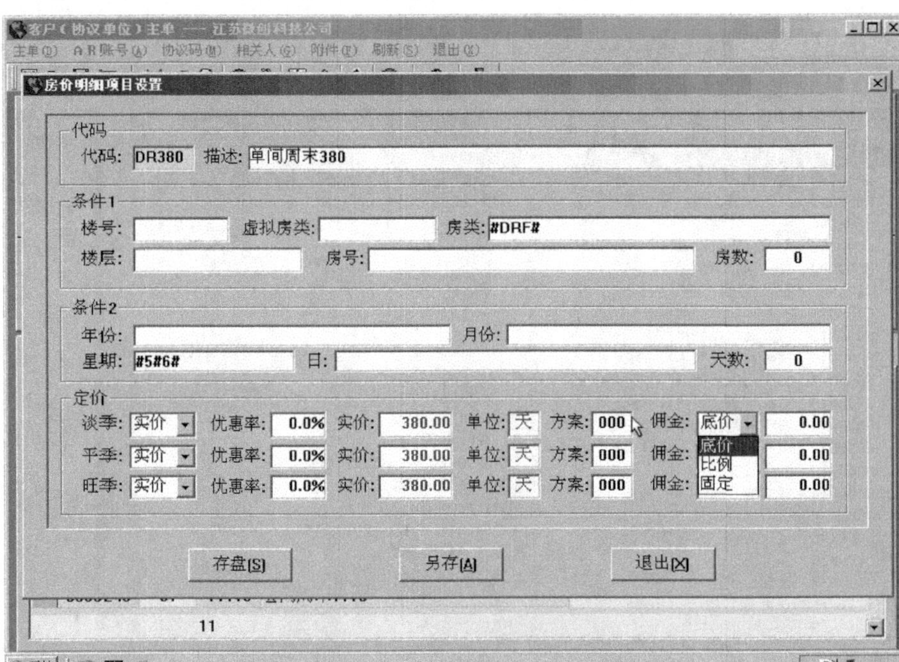

图 3.82　协议房价明细项目设置

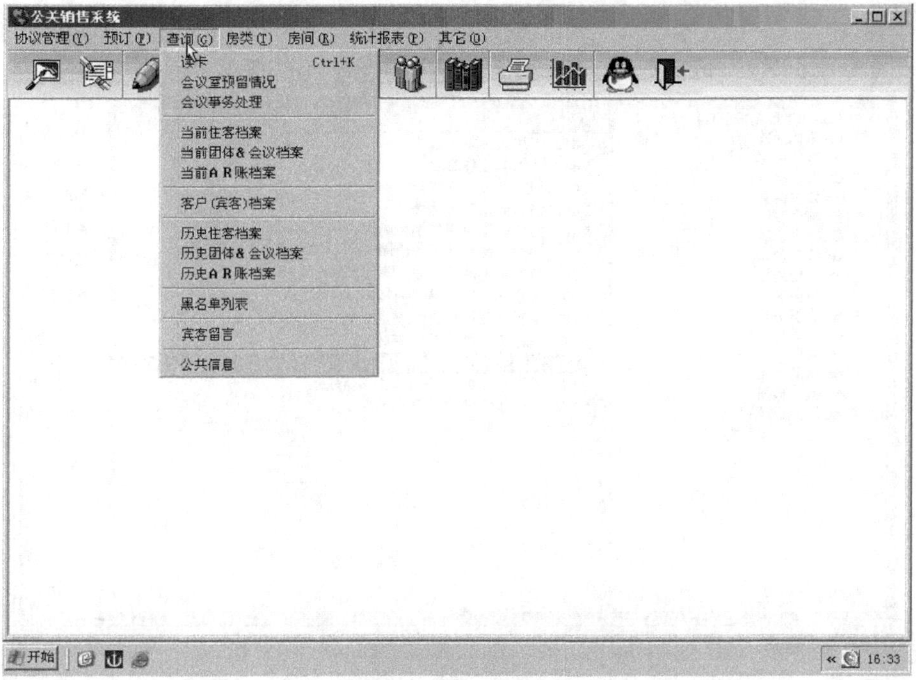

图 3.83　公关销售查询菜单

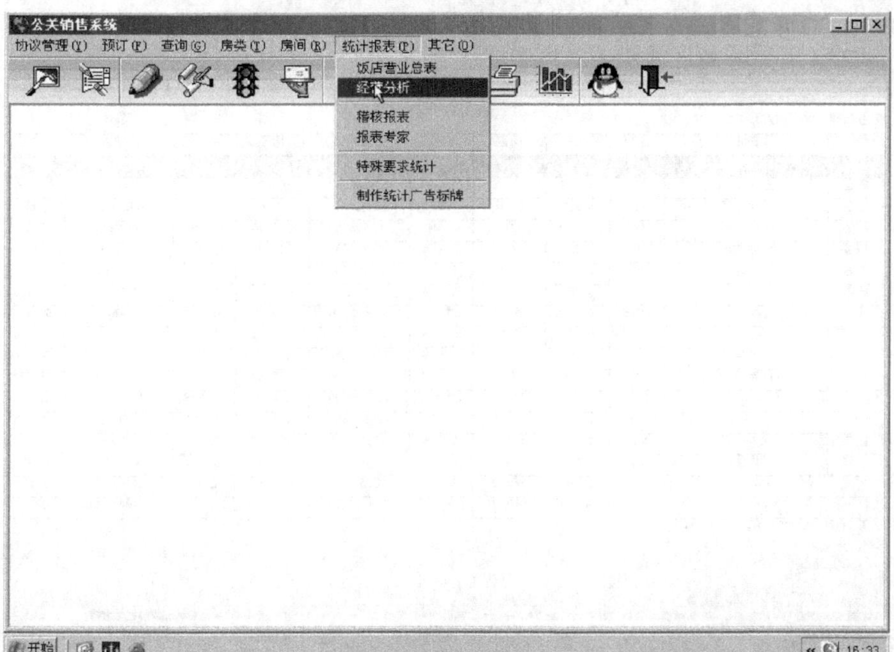

图 3.84　公关营销统计菜单

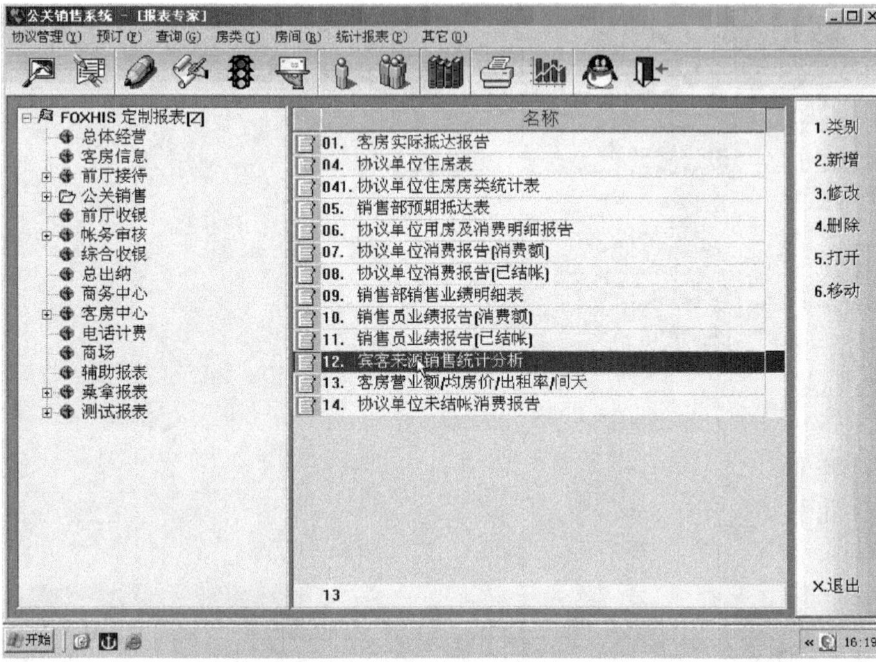

图 3.85　公关销售各类报表一览

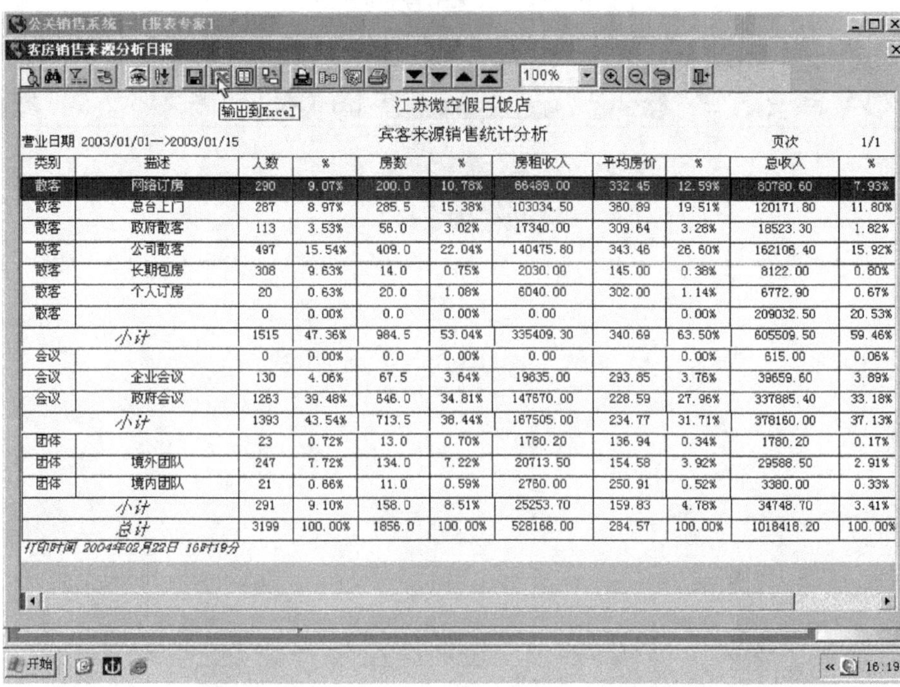

江苏微空假日饭店

宾客来源销售统计分析

营业日期 2003/01/01—>2003/01/15　　　页次 1/1

类别	描述	人数	%	房数	%	房租收入	平均房价	%	总收入	%
散客	网络订房	290	9.07%	200.0	10.78%	66489.00	332.45	12.59%	80780.60	7.93%
散客	总台上门	287	8.97%	285.5	15.38%	103034.50	360.89	19.51%	120171.80	11.80%
散客	政府散客	113	3.53%	56.0	3.02%	17340.00	309.64	3.28%	18523.30	1.82%
散客	公司散客	497	15.54%	409.0	22.04%	140475.80	343.46	26.60%	162106.40	15.92%
散客	长期包房	308	9.63%	14.0	0.75%	2030.00	145.00	0.38%	8122.00	0.80%
散客	个人订房	20	0.63%	20.0	1.08%	6040.00	302.00	1.14%	6772.90	0.67%
散客		0	0.00%	0.0	0.00%	0.00		0.00%	209032.50	20.53%
	小计	1515	47.36%	984.5	53.04%	335409.30	340.69	63.50%	605509.50	59.46%
会议		0	0.00%	0.0	0.00%	0.00		0.00%	615.00	0.06%
会议	企业会议	130	4.06%	67.5	3.64%	19835.00	293.85	3.76%	39659.60	3.89%
会议	政府会议	1263	39.48%	646.0	34.81%	147670.00	228.59	27.96%	337885.40	33.18%
	小计	1393	43.54%	713.5	38.44%	167505.00	234.77	31.71%	378160.00	37.13%
团体		23	0.72%	13.0	0.70%	1780.20	136.94	0.34%	1780.20	0.17%
团体	境外团队	247	7.72%	134.0	7.22%	20713.50	154.58	3.92%	29588.50	2.91%
团体	境内团队	21	0.66%	11.0	0.59%	2760.00	250.91	0.52%	3380.00	0.33%
	小计	291	9.10%	158.0	8.51%	25253.70	159.83	4.78%	34748.70	3.41%
	总计	3199	100.00%	1856.0	100.00%	528168.00	284.57	100.00%	1018418.20	100.00%

打印时间 2004年02月22日 16时19分

图 3.86　某一时段内饭店宾客来源销售统计分析

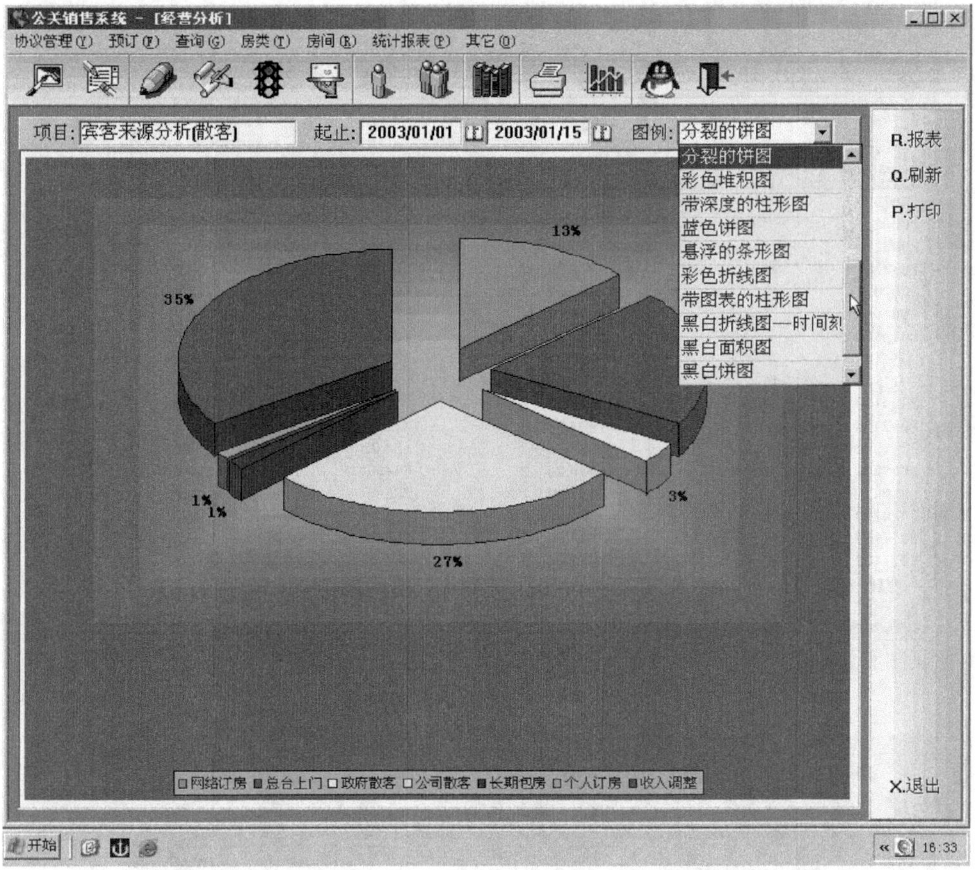

图 3.87　某一时段内宾客入住统计图示

3.5.5　客 史 管 理

维护和更新入住客户的消费信息，提供客户基本信息、协议、历次消费记录的查询等(图 3.88 至图 3.90)。

3.5.6　商 务 中 心

为入住宾客提供电话、传真、复印、打印及相关信息的查询等服务(图 3.91 至图 3.94)。

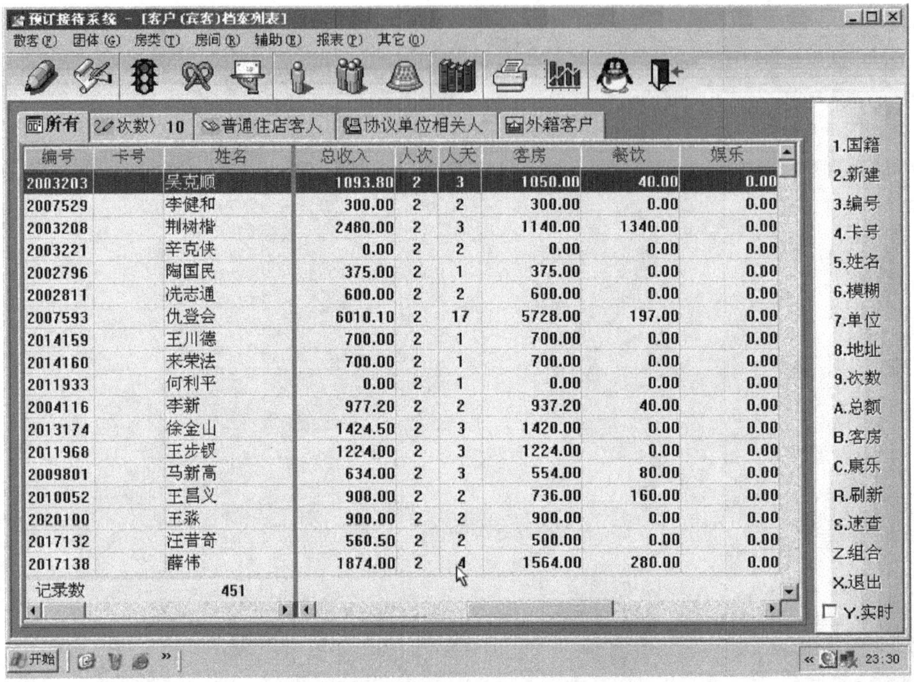

图 3.88　部分客史信息列表

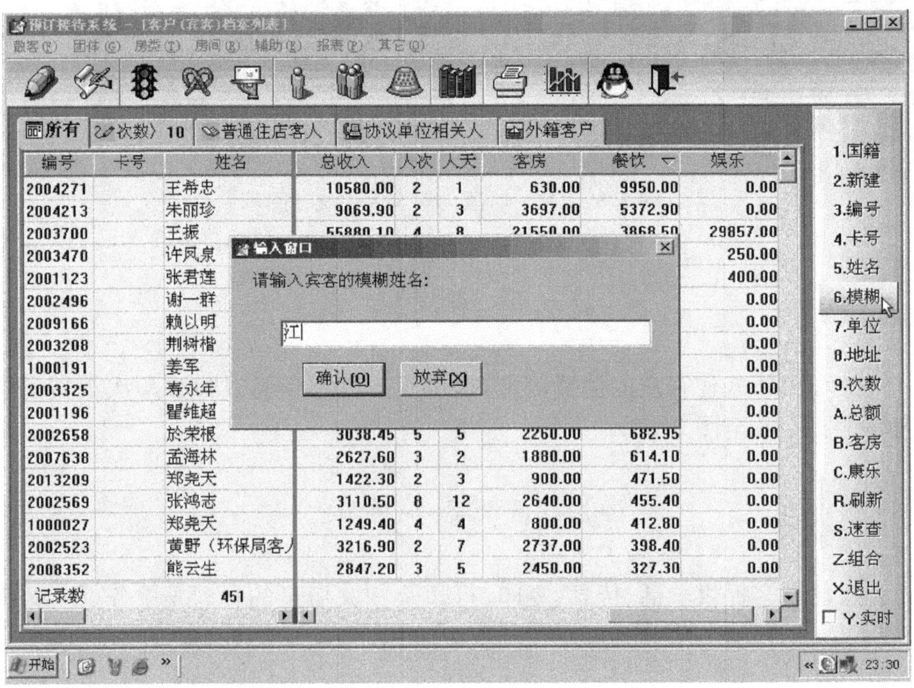

图 3.89　提供多种方式的客史信息查询

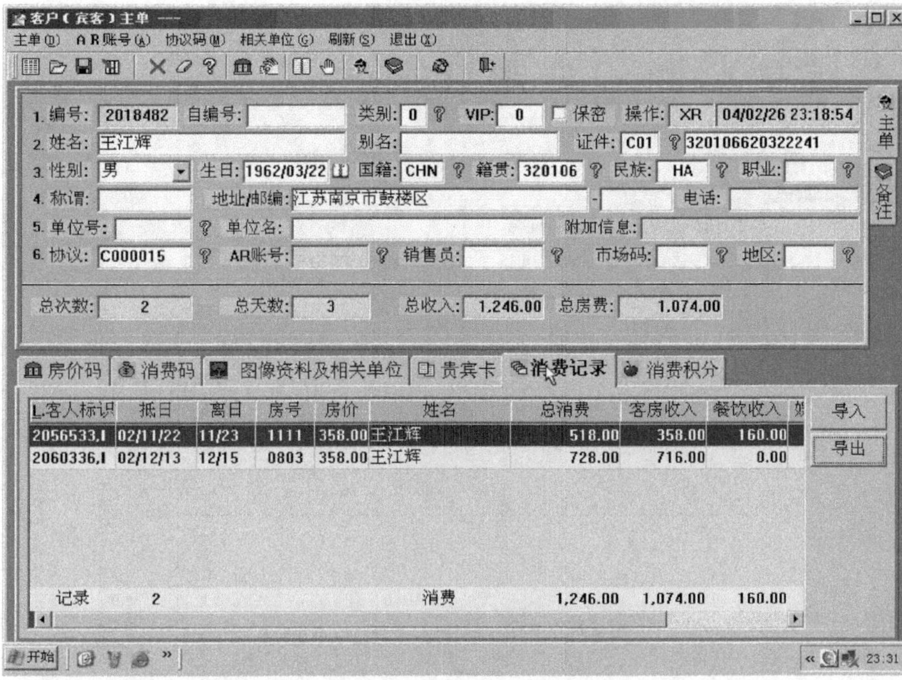

图 3.90　某一客户客史一览(这里显示的是基本信息与消费记录)

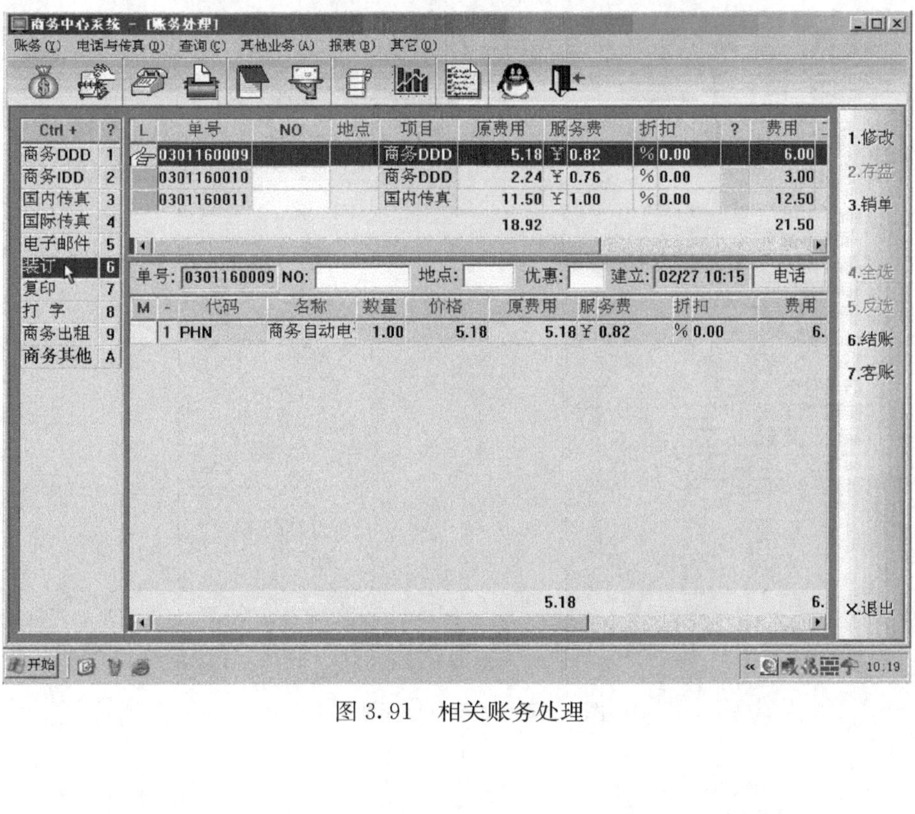

图 3.91　相关账务处理

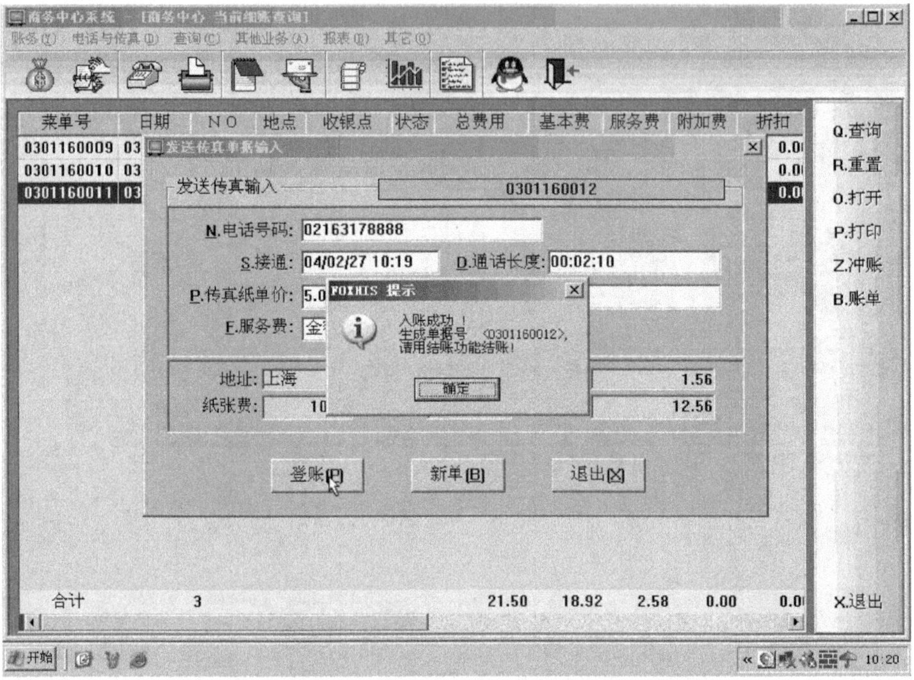

图 3.92　电话、传真单据入账

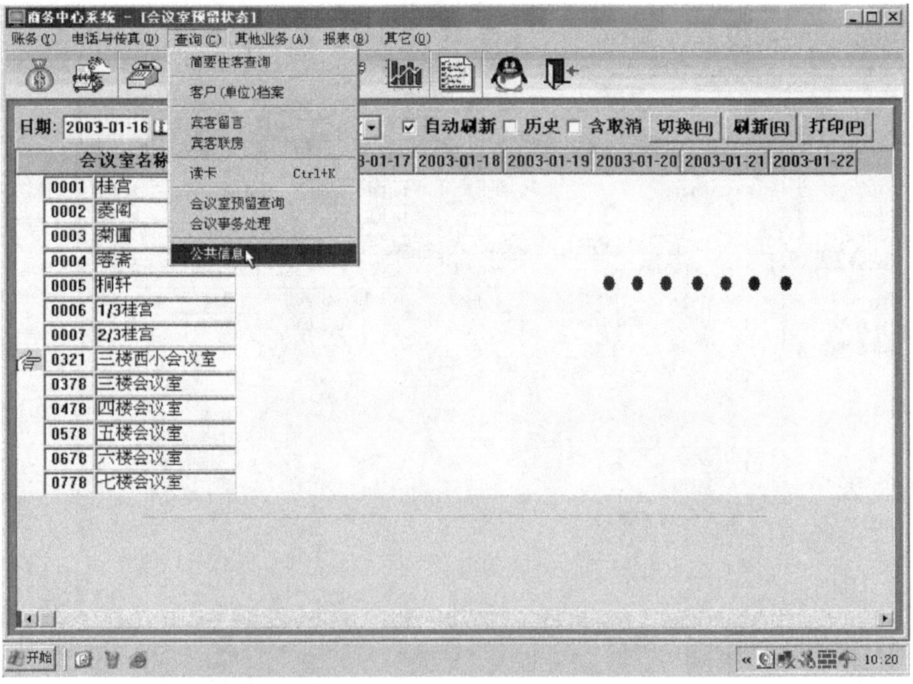

图 3.93　商务中心查询菜单

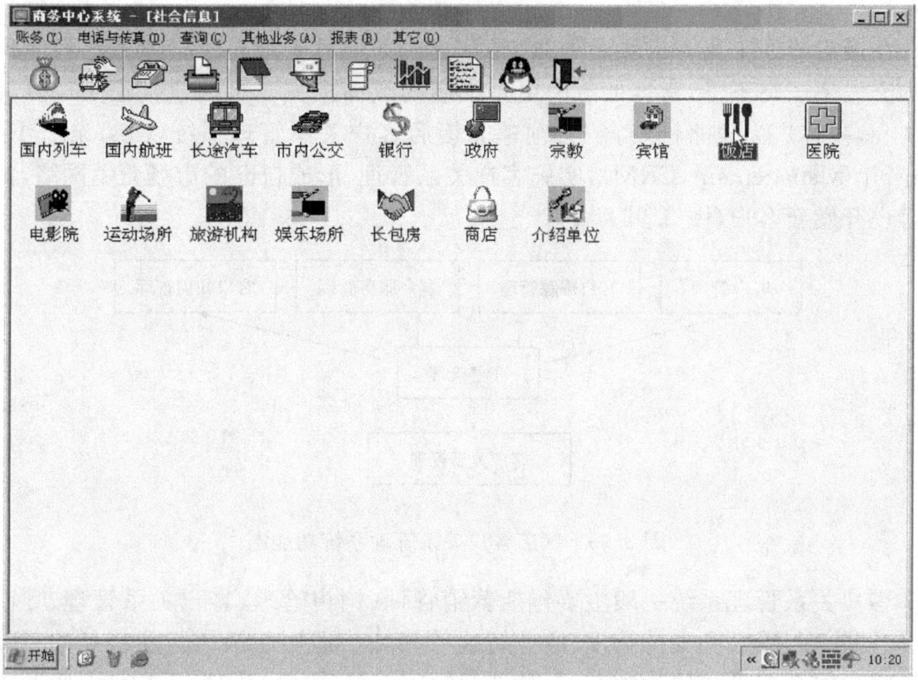

图 3.94　公共信息查询界面

3.6　饭店管理信息系统的发展趋势

经过几十年的发展，饭店管理信息系统已经得到普遍应用，基本上解决了饭店管理信息系统"能用"的问题，"用好"代表了饭店管理信息系统发展的新趋势。一方面，饭店管理信息系统应用领域的不断扩大。如信息化客户关系管理系统，使得饭店客户关系管理更加科学、人性化，有利于饭店的营销；饭店资源规划管理系统，系统、科学、安全管理饭店的硬件，提升饭店的管理质量，发挥饭店资源的最大效应。另一方面，饭店管理信息系统向集成化和智能化方向发展。

1. 饭店管理信息系统应用领域不断扩大

1）向饭店客户关系管理系统发展

根据 80/20 原则，创造新客户所花费的工作量是保持旧客户的 20 倍，而 80% 的收益来自 20% 的常客。饭店每天要接待来自四面八方的客户，发现并留住具有消费能力的回头客，就能为饭店创造稳定的收入来源。通过客户资料的不断积累，饭店对客户越来越熟悉，并能够预知客户的期望，使得饭店能够提供更加人性化的服务。

在饭店业处于买方市场激烈竞争的态势下，供过于求与价格竞争已经使得客户的流失率居高不下，常客的流失更是饭店的致命损失。饭店业真正实现以客户为中心，视客户为战略性资产，必须建立饭店客户关系管理系统（Customer Relationship Management，CRM），实施客户关系管理，形成自己的市场营销网络，留住老客户开发新客户（图 3.95）。

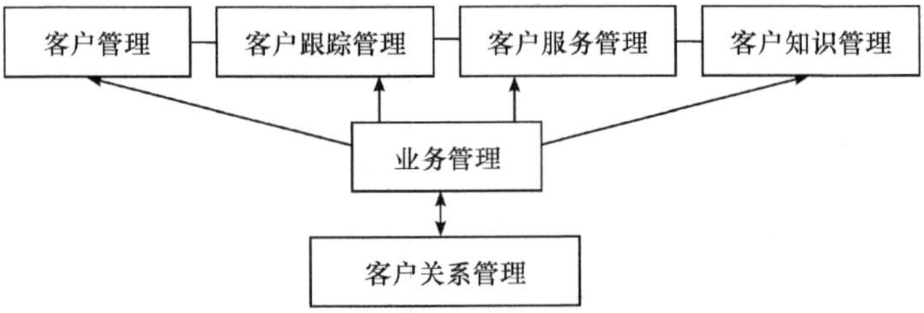

图 3.95　饭店客户关系管理系统功能图

客户关系管理系统一般主要包括营销管理、销售管理、客户关系管理、呼叫中心、知识管理、服务和支持管理、商业智能等模块。适用于饭店行业特色的 CRM，是以客户关系管理模块为中心，上游涉及饭店前台（销售）管理，下游涉及呼叫中心服务、跟踪管理和支持管理系统。

2）向饭店资源规划管理系统发展

企业资源规划系统（Enterprise Resource Planning，ERP）在我国企业中应用已有 10 余年的历史，由于它的实施过程复杂，资金需求量大，而给其推广带来一定难度。2004 年浙江某集团投资 1700 多万元，建设饭店 ERP，开创了国内饭店业建设 ERP 项目的先河，对推动饭店行业标准体系建立和促进国内饭店业尽快走向国际，起到了积极的作用。完整的饭店 ERP 系统还不多见，在宾馆、饭店业的应用更多是体现在楼宇自动化管理等方面。

楼宇自动化系统是采用计算机软硬件、自动控制、人工智能、网络等技术，对饭店机电设备、暖通空调、照明、安防系统等进行智能管理的新型的综合性计算机管理系统。现代饭店设备种类多、能耗使用量大，饭店设备的管理对饭店整体经济效益影响很大，加强对设备操作的自动化管理，使其处于良好的技术状态，不但可以节省能耗，而且可以延长设备的使用寿命。实现饭店楼宇自动化管理将是今后饭店 ERP 项目建设的重要内容之一。

2. 饭店管理信息系统的集成化和智能化

现代饭店管理信息系统更多的是基于计算机网络技术，采用多层结构，集多媒体技术、远程通信技术等为一体，将多种不同类型的软件工具用统一的用户界面集成为一个大系统，在一个网络上实现饭店全方位电脑化管理，为大型连锁饭店的日常运营、移动办公、电子商务和辅助决策等提供技术和信息支撑。在饭店内部设专用数据服务器，不提供 Internet 访问，确保数据的安全。对外增设 Web 服务器，提供预订、客史等资料以提供经授权的外部 Internet 访问，Web 服务器及内部数据服务器之间采用专用接口程序进行房态、客史等资料的上传及在线资料的下传，双向接口程序可进行接近实时的资料传送，确保在线预订资料的及时反应。

现代饭店管理信息系统不断融入现代企业经营管理理论，更加重视建模分析，利用人工智能、数据挖掘等技术对饭店经营管理信息进行提取、加工和综合处理，智能化地支持饭店绩效评价与决策分析，使饭店经营管理更加便捷、高效。

思 考 题

1. 试对饭店后台系统的功能需求作详细分析。
2. 比较不同类型饭店管理的信息流程。
3. 分析饭店管理的业务流程和数据流程之间的关系。
4. 连锁型饭店管理信息系统与一般饭店管理信息系统的设计有何差异?
5. 调查本地区三星级以上饭店，了解其饭店管理信息系统的开发、维护方式及当前运行中存在的急需改进的问题?
6. 结合上述调查，绘制本地区主流饭店管理信息系统的硬件和软件功能结构图。
7. 饭店管理信息系统在本地区饭店运行过程中发挥了哪些具体作用?
8. 选择某个你最熟悉的饭店部门进行功能需求分析，并尝试画出其用例图。
9. 结合调研，谈谈饭店管理信息系统发展的新方向。
10. 充分利用网络资源和图书馆资料，分析当前饭店信息化的发展趋势。

第4章　旅行社管理信息系统

随着对外开放的不断深入和人民生活水平的日益提高，我国旅游业的发展出现新的契机，标准化的旅游项目和旅游产品已经不能满足旅游者的个性化需求。传统旅行社的角色与地位随着科技的进步正在被改变。旅行社必须采取现代化的管理手段，利用计算机、网络和通信等新技术，建立高效的旅行社管理信息系统，以突破传统经营与销售的瓶颈，适应旅游需求的个性化、多样化、信息化和现代化。

4.1　旅行社管理信息系统概述

旅行社是指以赢利为目的，从事为旅游者代办各种旅游手续，招徕、接待旅游者，为其安排食宿、交通、游览、娱乐、购物等有偿服务的经营企业。其性质是旅游中间商，是通过提供旅游中介服务获取收益的企业。旅行社是连接旅游需求和旅游供给的纽带，在旅游产品的生产和销售过程中发挥着重要的作用，极大地促进了旅游业的发展，与饭店业、旅游交通业一起并称为旅游业三大支柱行业，具有不可替代的地位和作用。

4.1.1　旅行社的职能

旅行社的出现，标志着旅游活动进入了一个新的阶段。它将原来分散的、个别进行的旅游活动进一步社会化，把旅游需求与旅游供给连接起来，从而极大地促进了旅游业的发展。作为一个“生产服务”型企业，旅行社的主要职能包括生产、销售、组织协调、分配、提供信息等。

1. 生产职能

旅行社的生产职能也可以称为组装职能。在我国，旅行社大多以低于市场的价格向饭店、旅游交通和其他相关部门批量购买旅游者所需的各种服务项目，然后进行组装加工，并融入旅行社自身的服务内容，进而形成具有自己特色的旅游产品。就团体旅游而言，旅行社最终出售的是一件完整的旅游产品，而非组成旅游产品的零散部件。其他相关部门的服务在这一过程中只是旅行社产品的“生产原料”，而非产品本身。就这种意义而言，旅行社具有生产职能。

2. 销售职能

旅游产品的无形性和生产与消费的同时性，使得旅游产品的销售较物质产品更为复杂，对销售渠道的依赖性也更强。如果没有畅通的销售渠道，旅游者就要在对旅游目的地知之不多甚至一无所知的情况下，自己去搜集相关的旅游信息，办理各种烦琐的旅游手续。特别是当旅游者所需要的不仅是本国或本地区个别的旅游服务项目，而是需要一种跨国度、综合性的旅游产品时，这种状况无疑会影响旅游者的旅游需求。生产的社会化分工，决定了需要有这样一种组织，专门从事旅游产品的组装与加工，并广泛存储各种有效旅游信息，从而满足旅游者对旅游产品信息的广泛需求，方便旅游者购买旅游产品。旅行社恰好适应了这种社会需求，承担起沟通买卖双方的任务，使旅游产品更顺利地进入消费领域。旅行社因此成为旅游产品重要的销售渠道，并具有了销售职能。

3. 组织协调职能

旅游活动涉及食、住、行、游、购、娱等众多方面，旅行社要保障旅游活动的顺利进行，就离不开旅游业各部门和其他相关行业的合作与支持。而旅游业各部门之间以及旅游业与其他行业之间存在的都是一种相互依存、互利互惠的合作关系，旅行社作为其中的一个组成部分，并不具备对其他部门的管辖指挥权。因此，旅行社要确保旅游者旅游活动的顺利进行，就必须进行大量的组织与协调工作，在确保合作各方实现各自利益的前提下，协同旅游业各有关部门和其他相关行业，保障旅游者在旅游活动过程中各个环节的衔接与落实。于是组织协调职能成为旅行社的又一基本职能。

4. 分配职能

旅游者在旅游活动过程中的消费是多种多样的，特别是在包价旅游的情况下，旅游者通常为其各种旅游活动一次性预付全部或部分费用。这不仅意味着旅行社要根据旅游者的要求，在不同的旅游服务项目之间合理分配旅游者的支出，以最大限度地满足旅游者的需要，而且还要在旅游活动结束后，根据接待过程中各相关部门提供的服务数量和质量合理分配旅游收入，这就是旅行社的分配职能。

5. 提供信息的职能

旅行社提供信息的职能主要表现在两个方面：一方面，旅行社作为旅游产品重要的销售渠道，始终处于旅游市场的最前沿，熟知旅游者的需求变化和市场动态，这些信息若能及时提供给各相关部门，会对他们的经营管理具有指导意义，而相关部门经营的改善和服务质量的提高无疑也有利于旅行社自身的发展；另一方面，旅行社作为旅游业重要的销售渠道,应及时、准确、全面地将旅游目的地各相关部门最新发展和变化情况传递到旅游市场去,以便于旅游者购买。

4.1.2 旅行社管理信息系统的概念

信息是旅行社经营最基本的资源。旅行社管理信息系统是利用计算机技术和通信技术,对旅行社的经营业务进行综合管理控制的人机综合系统,其职能是对旅行社生产服务过程的管理实现信息化,从而提高旅行社的工作效率,提高服务质量。旅行社采用管理信息系统的管理模式可以建立客户信息数据库,并在此基础上完善客史档案的管理,开展针对性的旅游营销,拓展旅游业务。管理信息系统的支持使得旅行社能够方便地开展企业的财务分析及客户的信用审核等。同时,借助于信息资源数据库和强大的查询功能,管理层的决策有了更加科学的信息支持。

4.1.3 旅行社管理信息系统的特点

旅行社管理信息系统利用信息技术和网络技术对旅行社生产服务过程的管理实现信息化,从而提高旅行社的生产、管理效率和市场竞争力,更好地满足旅游的个性化需求。它具有以下基本特点:

1. 拥有一个相当庞大的资源信息库

一个旅行社管理信息系统包括交通、饭店、餐饮、景点等多种信息。这些信息的数据库与客户资料数据库共同构成旅行社经营活动的基础。因此,旅行社管理信息系统不仅指管理系统,它还包括资源信息库。为了增强信息库的完整性,一般与外部专业旅游信息资源数据库相连接。

2. 信息量大,具有很强的时效性

旅行社为了能给旅游者提供更加满意的信息服务,必须要尽可能多的收集相关的旅游产品信息,因此旅行社管理信息系统涉及的信息量很大。同时,旅行社所收集的信息包括饭店、景点、交通、购物、娱乐等信息的时效性很强,例如,饭店推出的限时特价房,特价菜等,持续的时间很短。旅行社管理信息系统必须要及时地更新信息,确保将准确、有效的旅游信息及时地提供给旅游者。

3. 互动性强,能够为旅游者提供个性化的旅游信息服务

通过旅行社管理信息系统可以实现旅行社与旅游者之间的互动。一方面,旅游者可以借助旅行社管理信息系统自主设计旅游线路，自主选择景点、饭店、餐饮、交通工具等；另一方面，旅行社也可以根据旅游者的信息反馈及时改进、推介旅游路线、旅游服务等，更好地为旅游者服务。

4.1.4　旅行社管理信息系统的应用

国外旅行社信息化进程始于 20 世纪 50 年代的电脑机票预订系统 SABRE。目前通过与旅游等相关领域的商务合作，实现了民航和旅游信息的整合。新型的全球分销系统(GDS)能够为出行者提供包括旅游路线策划、景点选择、机票预订、汽车租赁、网上支付等一条龙、全方位的服务。美国于 1994 年开始实行"无票旅行"方式，至 1996 年 7 月，已有 53%的旅行社提供无票旅行，21%的旅行社接入了因特网。1997 年年底，美国共有 56%的旅行社接通因特网或加入商业性网络服务。在上网的旅行社中，有 42%在网上建立起自己的主页，占旅行社总量的 25%。目前，几乎所有的美国旅行社都使用 GDS，在整个欧洲大约 40%的旅行社拥有全球分销系统。可以说，欧美国家旅行社信息化建设已步入繁荣阶段。

我国旅行社运用信息技术起步于 20 世纪 80 年代初期。1981 年，中国国际旅行社引进美国 PRI-ME550 型超级小型计算机系统，用于旅游团数据处理、财务管理、数据统计。近年来，随着电脑在我国的普及，越来越多的旅行社开始采用电脑进行财务、预订、人事等专项信息处理。1993 年 7 月 20 日，以中国国际旅行社为中心，由西安、桂林、广东、浙江、南京、无锡和苏州等国旅集团成员企业及航空公司、铁路、汽车公司、饭店、餐馆和商店等相关企业组成的国内第一个以旅行社为龙头的跨地区、跨行业和经营性电脑预订网络建成，并与澳大利亚喷气座旅行社世界电脑预订网络联网运营，我国 19 个旅游城市的信息和产品可通过该网及其连接的其他世界性预订系统发布到世界 25 万个零售商的终端机上，直接接受旅华预订。至此，借助网络进行旅游营销与管理的旅行社信息系统应运而生。

4.2　旅行社业务分析

旅行社的业务主要是为旅游者代办出境、入境和签证等手续，招徕、接待旅游者，组织旅游活动，为旅游者安排食宿行等有偿服务。就其职责而言，招徕客源与接待客人是其业务活动的核心。

4.2.1　旅行社的组织结构

组织结构是表现企业组织各部分排列顺序、空间位置、聚集状态、联系方式以及各要素之间相互关系的一种模式。一个现代大中型旅行社的基本组织结构如图 4.1所示。

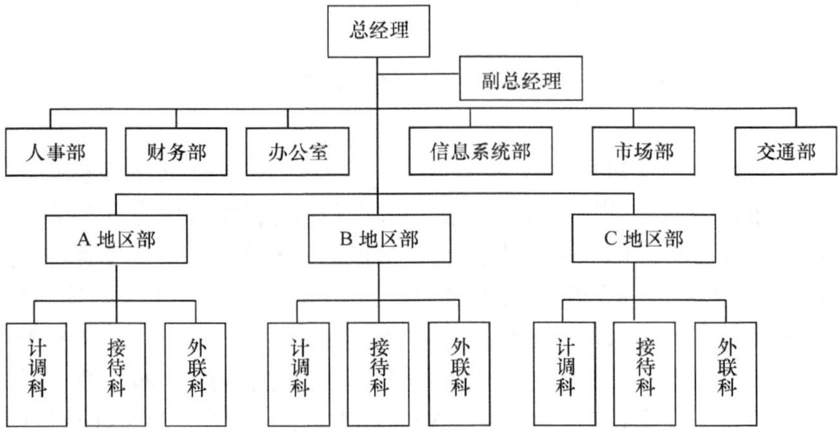

图 4.1　旅行社组织结构图

人事部负责旅行社员工的招聘、使用和管理，具体包括：员工招聘、员工培训、考核、日常考勤、员工的奖惩福利等的管理。

财务部按照国家对企业财务管理的统一规定，负责本企业固定资产、流动资金、长期投资、无形资产的管理；负责编制、审核财务预算、决算和财务报表，准确完成企业的会计核算、经济活动分析等工作。

信息系统部是整个旅行社的计算机应用系统的中枢，负责系统的开发、网络、程序，以及硬件设备的维护和管理。

办公室负责日常行政事务的管理、通知、报表的印发等。

市场部负责对外市场的开发，了解市场需求，管理客户关系，留住老客户，发展新客户。

交通部负责协调企业与民航、铁路等部门的关系，及时、准确地出票，运送团队的行李。

4.2.2　旅行社业务分析

旅行社的业务分析为理解旅行社的业务流程和数据流程、为旅行社管理信息系统设计与开发提供保障。

旅行社的总体业务流程如图 4.2 所示。

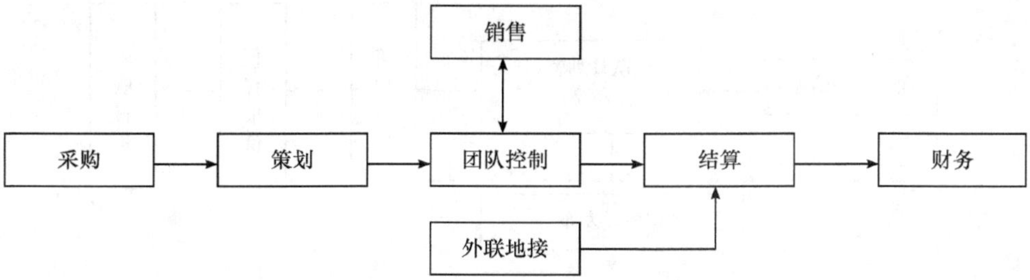

图 4.2　旅行社总体业务流程图

1. 采购和策划业务

采购策划部门负责收集旅游市场的需求信息，组织开发旅游产品，制定团队计划。旅行社的资源采购，包括景点、住宿、餐饮等单项产品，这些产品是构成旅行社组合最终产品——旅游线路的基础。

2. 团队控制业务

团队控制首先要录入团资料，即团的基本信息，包括团号、线路名称、类型、团队类型、出发日期、返回日期、基本行程以及领队信息、组团社信息等。计算出标准成本、报价，其中可以包括儿童价等其他报价，通过审核后即可发布，确认发布后，该团便可以进行销售，具体业务流程如图 4.3 所示。

3. 地面接待业务(地接业务)

负责团队的接待工作，及时协调接待中出现的异常问题，具体业务流程如图 4.4 所示。

4. 销售管理业务

销售管理包括团队收客、线路收客、收银以及报表查询、订单维护等。接受散客报名和团队报名，录入游客信息，收银开票，具体流程如图 4.5 所示。

5. 财务管理业务

财务管理是按照国家对企业财务管理的统一规定，进行团队的结算，管理本企业固定资产、流动资金、长期投资和无形资产；编制、审核财务预算、决算和财务报表等。图 4.6 列出了单团结算的业务流程。

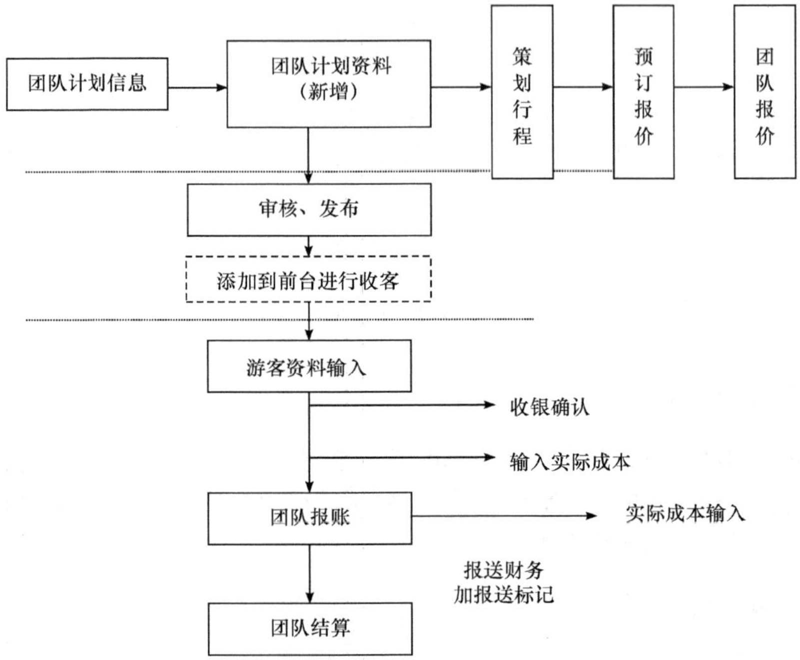

图 4.3　旅行社组团控制流程图

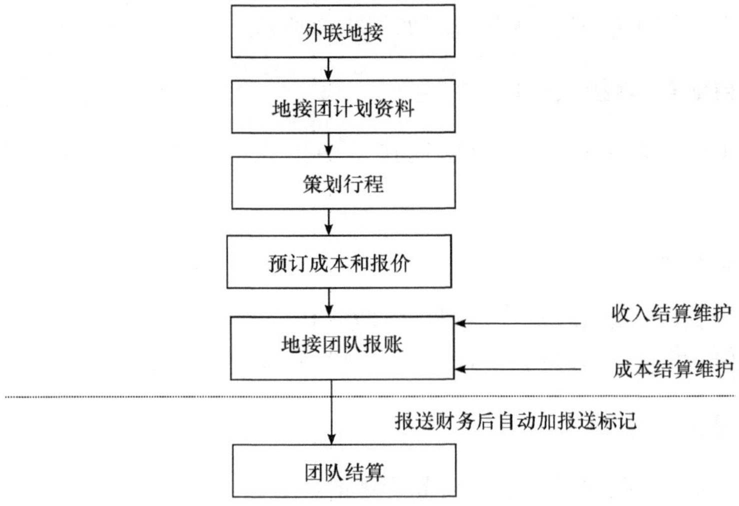

图 4.4　旅行社地接业务流程图

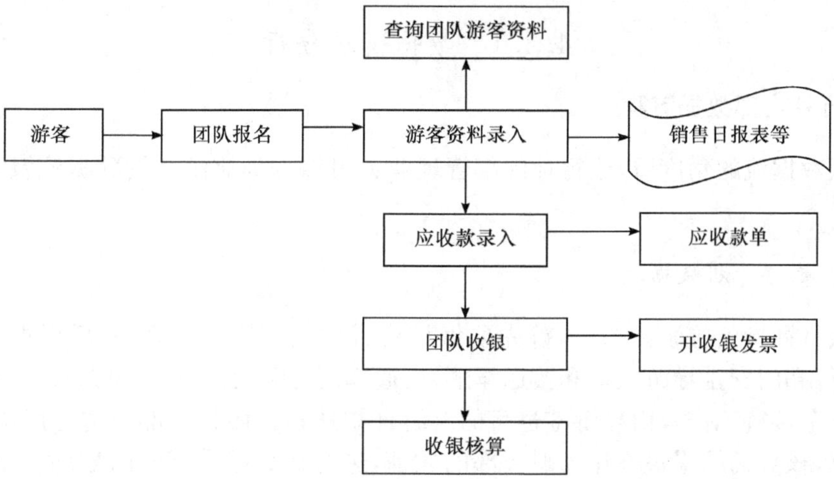

图 4.5　收客收银业务流程图

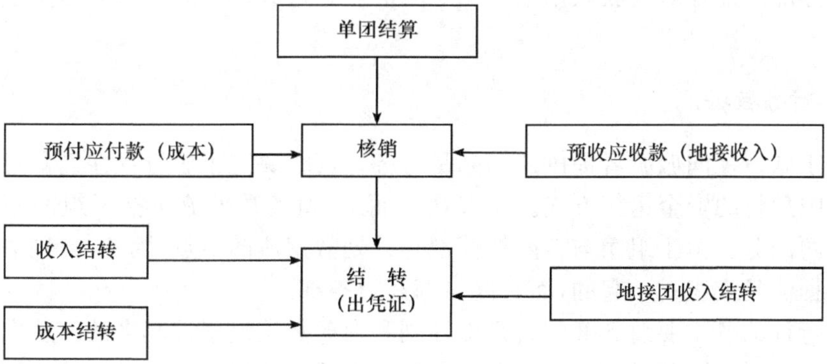

图 4.6　单团结算业务流程图

4.3　旅行社管理信息系统需求分析

系统需求分析是系统设计的前提，分析结果直接影响信息系统功能的完善性、可靠性和整体运行效率。系统分析涉及的内容很多，本节将从数据流程和功能需求两方面对旅行社管理信息系统进行分析。

4.3.1 数据需求分析

1. 旅行社内部数据流程

从数据流的角度看，旅行社内部管理业务可以分为旅游计划数据流及财务数据流。

1）旅游计划数据流

旅行社接到旅游计划后，首先要做订房、订车、订票等处理，然后根据计划内容，接待部门安排导游人员和接送车辆，交通部门订购飞机票、火车票或船票，从而完成整个接待工作。由导游签过字的旅游计划送达接团核算部门进行成本、收入的核算，核算的结果最终作为财务部的凭证，进行账务报表部分的处理。至此，一份旅游计划也就完成了它在旅行社内部的“旅行”。对于旅行社来讲，组团中心自联的团队计划就是原始数据的提供者，即数据流的源点，而旅行社的计调、交通等主要业务部门都是对这股数据进行加工的节点。这股数据流的终点是企业的财务部门。

2）财务数据流

由于旅行社向旅游者提供的商品是劳务，因此，决定了旅行社在经营过程和会计核算中独特的资金运行方式。从宏观方面讲，财务数据流包括了组团核算与接团核算两部分。由于组团与接团核算都是计划数据流的节点，因此，计划数据流与财务数据流是交织在一起的，而其终点都是财务部。

旅行社的各主要业务部门就是由计划和财务数据流串接起来的。从发生的时间顺序上来说，计划数据流在前，财务数据流在后。两股数据流是由接团核算与组团核算相衔接的，终点都是财务部(图 4.7)。

2. 旅行社对外数据流程

旅行社是“中间商”，它的产品是在其他旅游企业或相关企业单位产品的基础上经过组织、加工产生的。因此，旅行社的对外业务及其同其他企业的信息往来非常频繁，所涉及的部门也非常多(图 4.8)。

旅行社为旅游者所提供的实际上是一种组织和综合性服务。从全国范围及旅行社组团业务的角度来说，旅行社的组团部门是旅游计划的输出者，即数据流的源点，而全国各接团社、饭店则是该数据流的中间加工节点，最终的数据流终点又回到了本旅行社的组团核算部门。从全国及旅行社接团业务的角度来说，各组团社是旅行计划的源点，企业内的接团部门则是中间加工节点，另外，旅行社以外的本

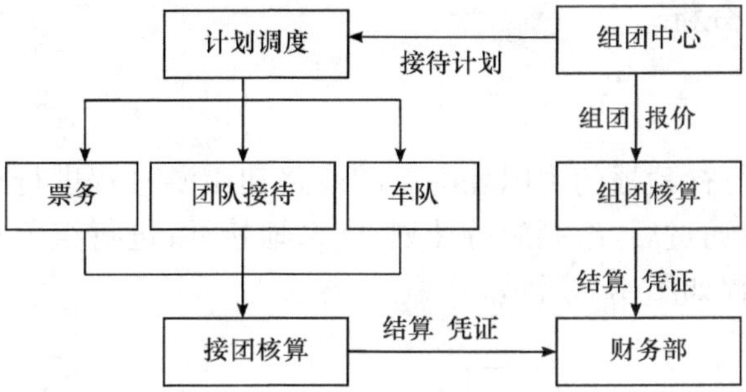

图 4.7　旅行社内部业务数据流程图

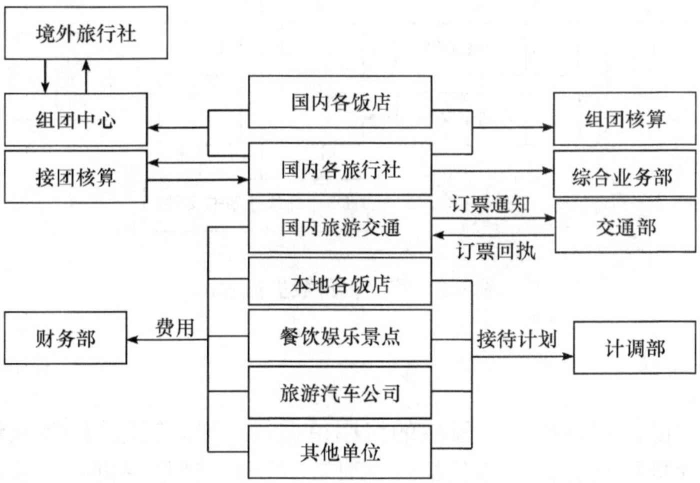

图 4.8　旅行社对外业务信息流程图

地区民航、景点、餐厅等一系列服务企业也都是数据流的中间加工节点，最后的数据流终点仍然是旅行社内部的财务部。

旅行社在旅游行业所处的位置，以及旅行社企业自身的特点，决定了旅行社不论对外、对内的信息流程都比较错综复杂。但只要抓住旅游计划及财务这两条主线，从数据流的源点到数据流的终点逐一进行分析，就不难发现：从财务部门作为旅行社对内、对外信息交流的终点的这一事实，可以看出，旅游计划的数据流动，从本质上讲是旅行社的费用发生变化的过程。从报价到制定计划、接收计划、计划的执行、计划执行完后的核算、统计、财务处理，到最终形成各种财务报表，体现了旅行社独特的资金运行形式。

3. 具体数据流程分析

1）组团报价

根据境外旅行社预报的中国境内旅游线路和旅游日程进行预算，对境外旅行社进行报价；报价通过后，编制旅游计划，联系地接社；进行组团核算，计算成本及利润率。数据流程如图 4.9 所示。

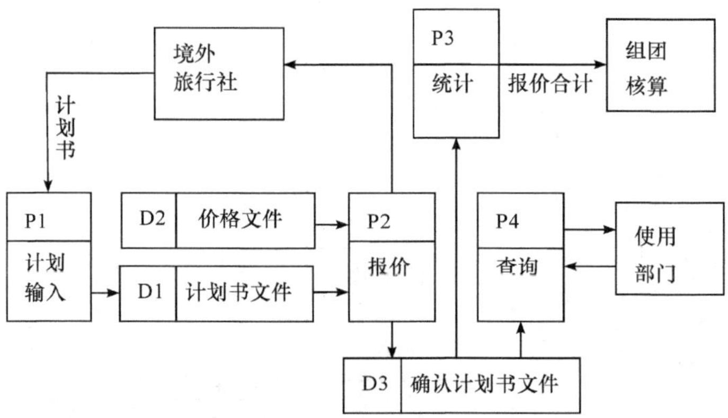

图 4.9　组团报价数据流程图

2）接团核算

审核接待部门接待团队时发生的费用单据，核算接待团队的收入情况，并负责与各地组团社进行结算。具体包括：根据接团单据与计划书进行审核；根据计划和费用单据做向上结算单，发到各地组团社，并报送财务部做应收账款，根据银行的汇款通知冲减应收账款；根据已经发生的计划和各种实际发生费用单据做向下结算单，报送财务部作付款依据。具体的数据流程如图 4.10 所示。

3）计划调度

计划调度主要是接收各组团社的计划书，协调各接待部门及旅行社的交通部门订交通票据，下达用车计划，负责订餐、订房等，这些计划是以各种报表的形式体现的。数据流程如图 4.11 所示。

4）财务管理

财务是旅行社企业经营管理的核心，主要的业务是根据各业务部门送达的费用单和收入单做收入和支出现金或银行存款凭证，根据费用单或收入单制作收支凭证，根据业务内容做转账凭证，根据凭证记账，分别记日记账、明细账和总账，月

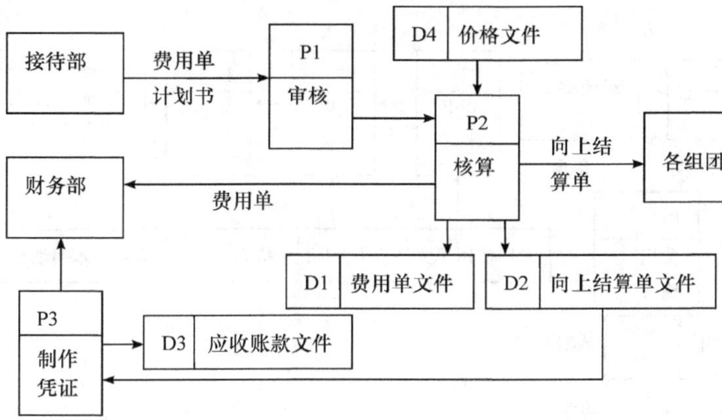

图 4.10　接团核算数据流程图

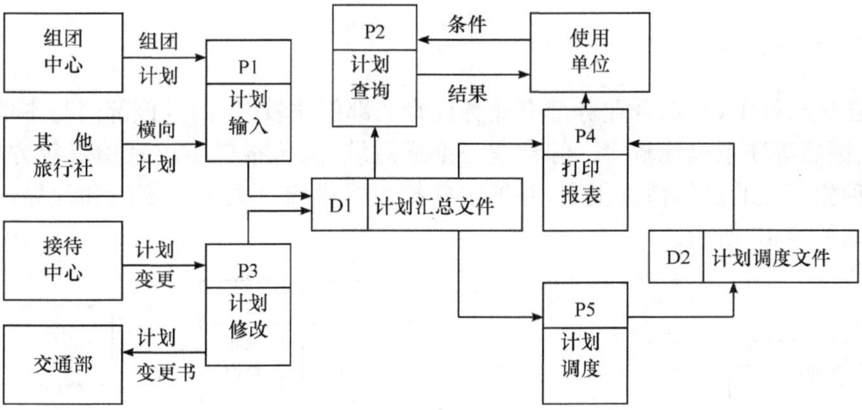

图 4.11　计划调度数据流程图

底根据总账及各科目发生额制作内部报表和外部报表。旅行社财务部的主要业务是账务处理与成本核算。

（1）财务业务流程：根据业务性质做收入凭证、支出凭证和转账凭证。根据凭证中有关条目记总账、明细账。如果是现金或银行存款凭证则记日记账，结算出当天余额。到月底根据总账及明细账有关科目做资产负债表、损益表和其他内部账务报表。具体数据流程可以参见第 3 章饭店的财务数据流程图。

（2）成本核算：旅行社的接待中心、散客部、交通部等业务部门将接待所发生的实际费用单据，经初步核算后送财务部。每月月底财务部将所发生的费用单据分宾馆盘点和业务部门汇总，再根据与旅游部门协商的价格计算所发生的费用，记入业务部门的成本和宾馆、景点、车队等部门的往来账户中。数据流程如图 4.12

所示。

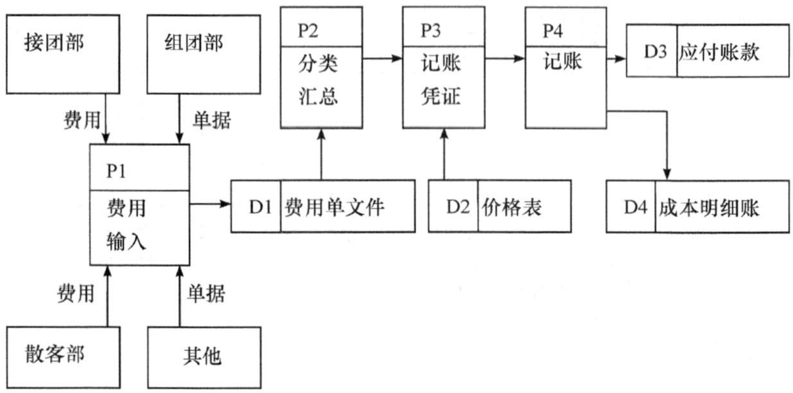

图 4.12　成本核算数据流程图

5）综合业务

在旅行社中，与综合业务部有业务往来的部门比较多，而且该部门与本地区的景点、饭店等联系也比较多。综合业务部通过统计、价格确定以及检查等方式，完成各种旅行社的总体情况报表，并把这些报表提供给有关主管部门和领导。数据流程如图 4.13 所示。

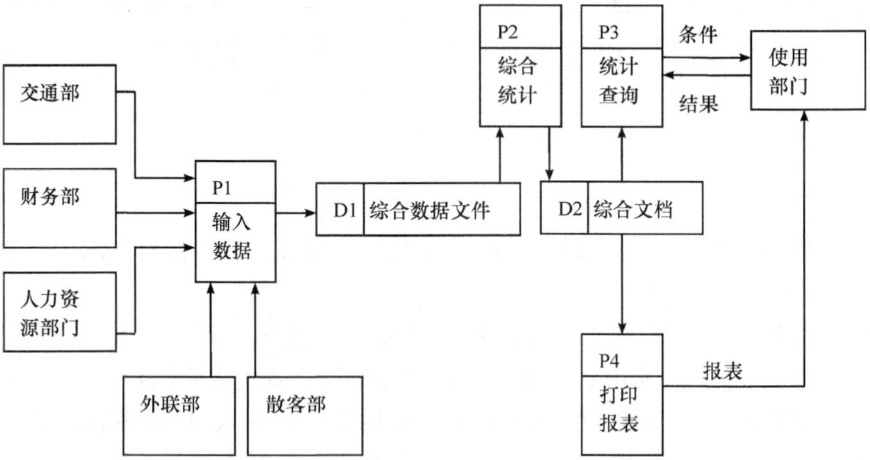

图 4.13　综合业务数据流程图

4.3.2　功能需求分析

一般来说,旅行社管理信息系统应该具备处理旅行社日常业务和管理业务的所有功能,具体包括线路策划管理、计划调度、采购管理、财务管理、销售管理等。

1. 线路策划管理

旅行社的线路策划管理功能主要包括线路资料维护和报团线路审核两个方面。线路资料维护包括具体资料维护、线路行程资料维护和报价维护 3 个主要方面。具体资料包括线路的名称、代码、业务类型、线路类型、线路的特色和相关说明以及线路的有效期等。线路行程资料维护指线路的具体行程,如"第一日,早餐后游览中山陵及灵谷寺,午餐后游览夫子庙、湖南路商业街购物……",具体行程中需要明确指出就餐标准和交通工具类型,明确服务内容和标准。旅行社还需要计算出线路的成本和利润率,给出相应的报价,这便是系统中的报价维护功能的内容。报团线路审核主要对线路的相关信息以及线路成本和报价进行审核,审核完毕后进行线路的发布、成团(图 4.14)。

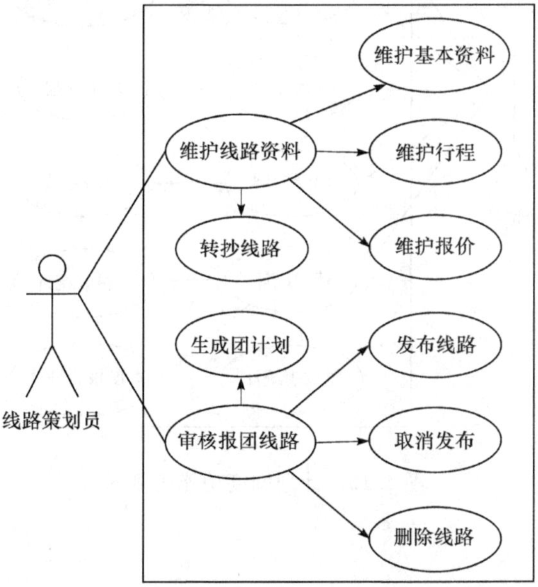

图 4.14　线路策划管理功能用例图

2. 计划调度

旅行社计划调度功能主要包括安排组织接团计划，打印各种计划表，并根据计划表形成团队的订餐、订房、订票表单，对用车进行调度，进行接团统计，为领导提供辅助决策。其功能用例图如图 4.15 所示，具体功能包括以下 4 个方面。

(1) 维护接待计划：包括计划的录入、变更、取消，记录计划的变更过程等；

(2) 流量预报：根据计划，产生今后若干天的接待人数、批数流量预报表；

(3) 查询计划：根据各种要求，查询计划及团队情况；

(4) 初步统计：根据已发生的计划，初步统计出各部门接待的人数、批数等数据。

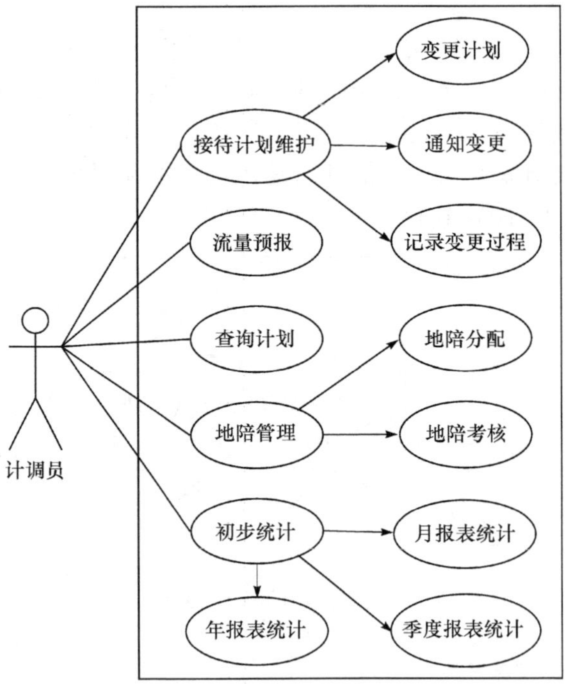

图 4.15　计划调度功能用例图

3. 销售管理

接待散客报名和团队收客，维护线路信息(包括线路基本信息、行程信息、线路报价、线路成本核算等)，生成、预排、发布团计划。其功能用例图如图 4.16 所示。

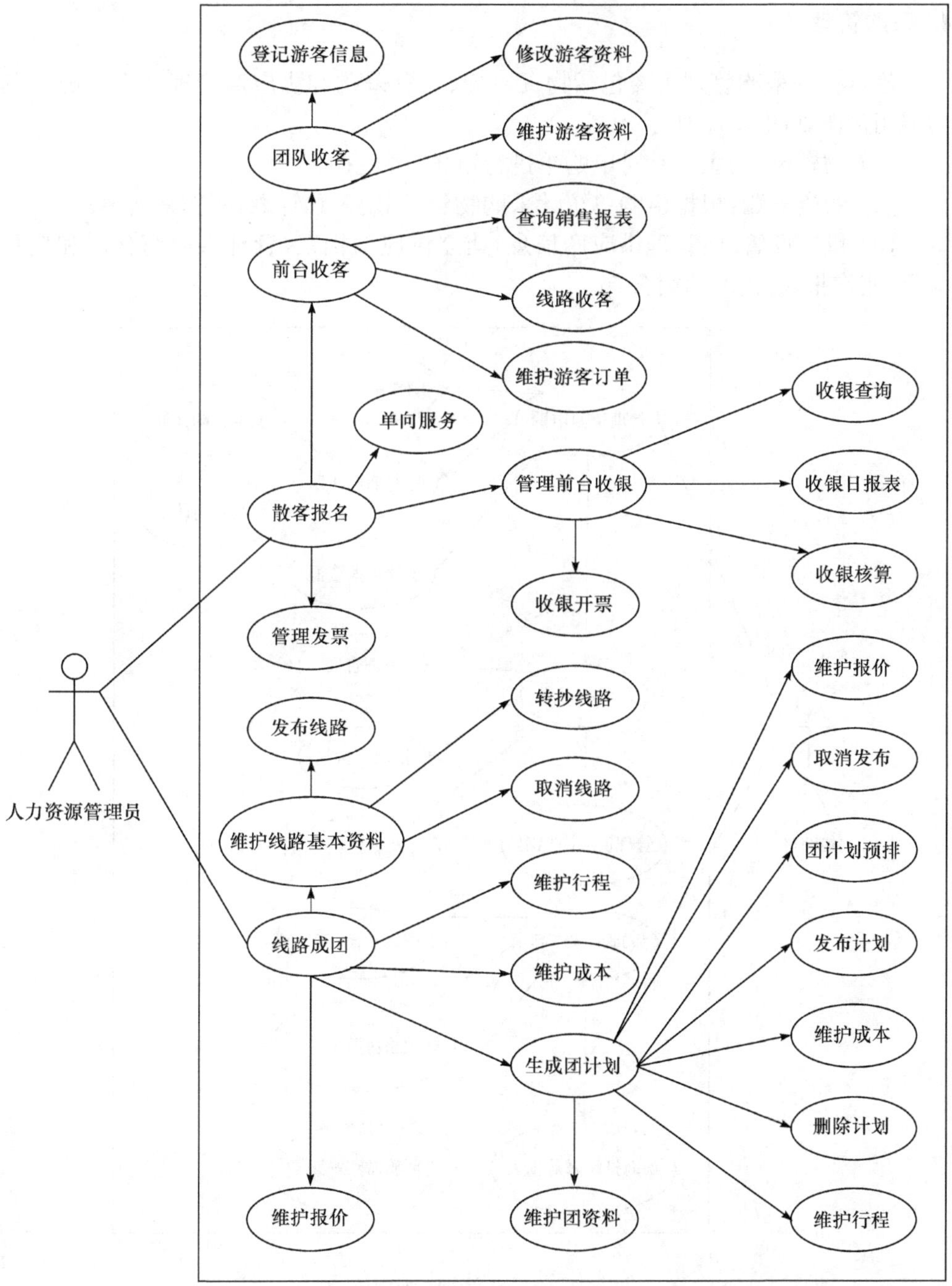

图 4.16　销售管理功能用例图

4. 采购管理

旅行社的采购管理主要包括物资申购、物资采购和供应商管理 3 个部分。其功能用例图如图 4.17 所示。

(1) 物资申购:主要针对申购单进行审核、管理;

(2) 物资采购:根据申购单统计采购物资,制定采购计划,制作采购单;

(3) 供应商管理:管理供应商信息,建立供应商档案,管理供应商合同和应付款等,制作报表,提交给财务部。

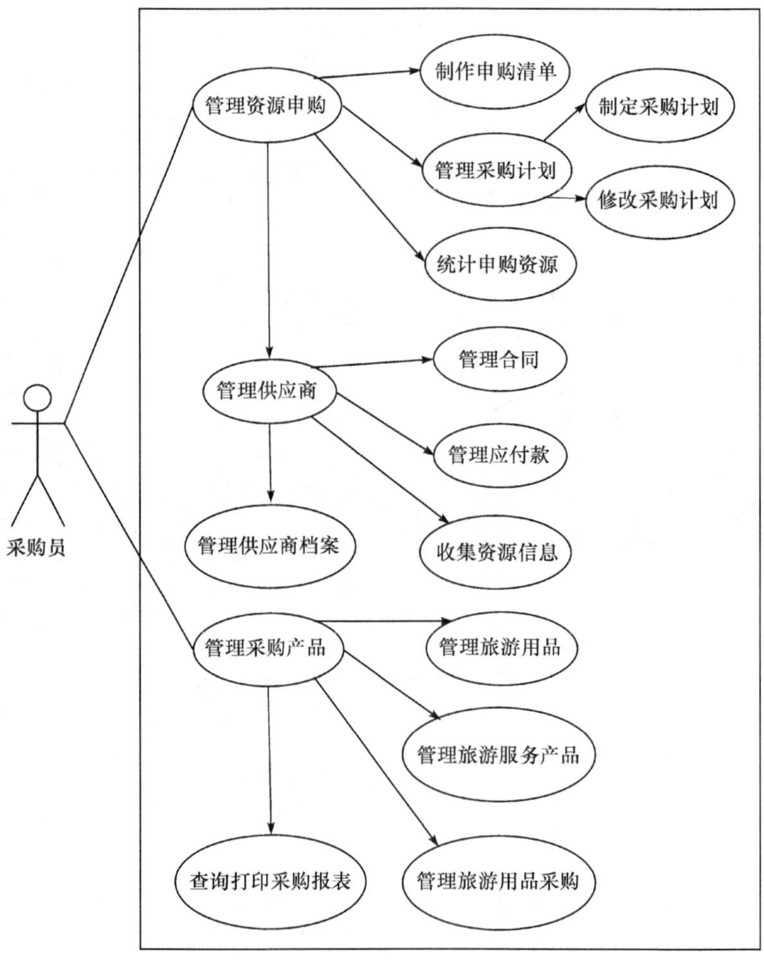

图 4.17　采购管理功能用例图

5. 固定资产管理

固定资产管理的主要功能是维护旅行社的固定资产信息，计算固定资产折旧，制作相关报表提交财务部。其功能用例图如图 4.18 所示。

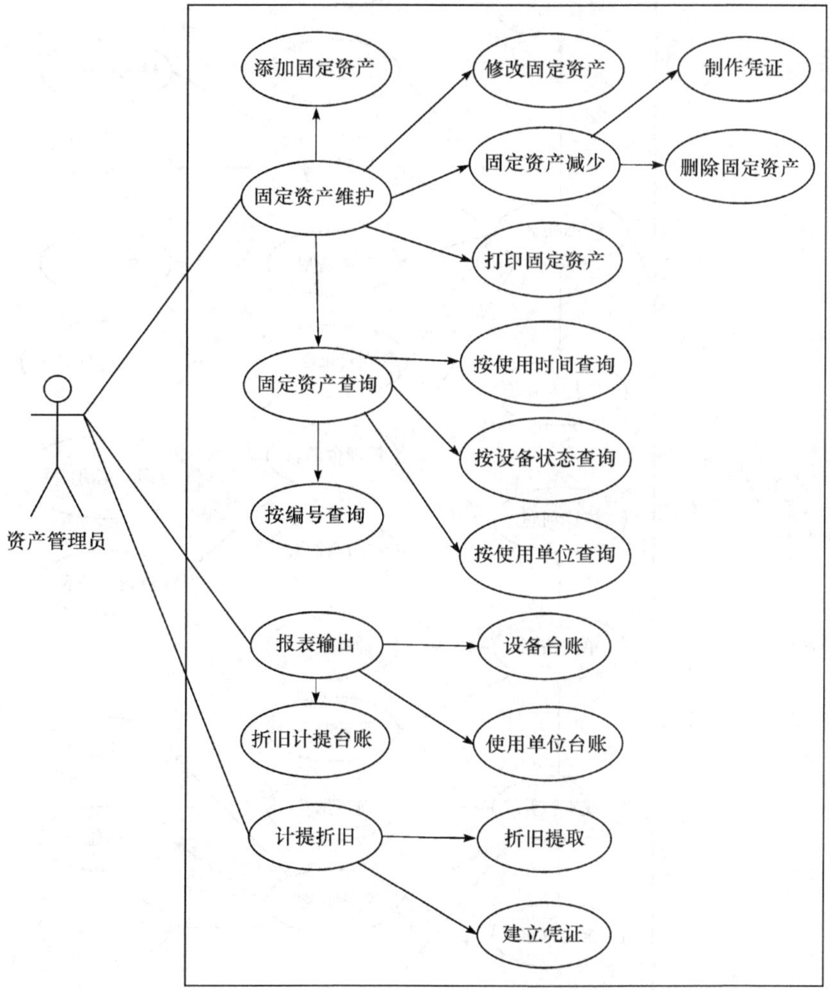

图 4.18　固定资产管理功能用例图

6. 财务管理

财务管理功能需要管理旅行社的账务，以及成本的核算。具体功能用例图如图 4.19 所示。

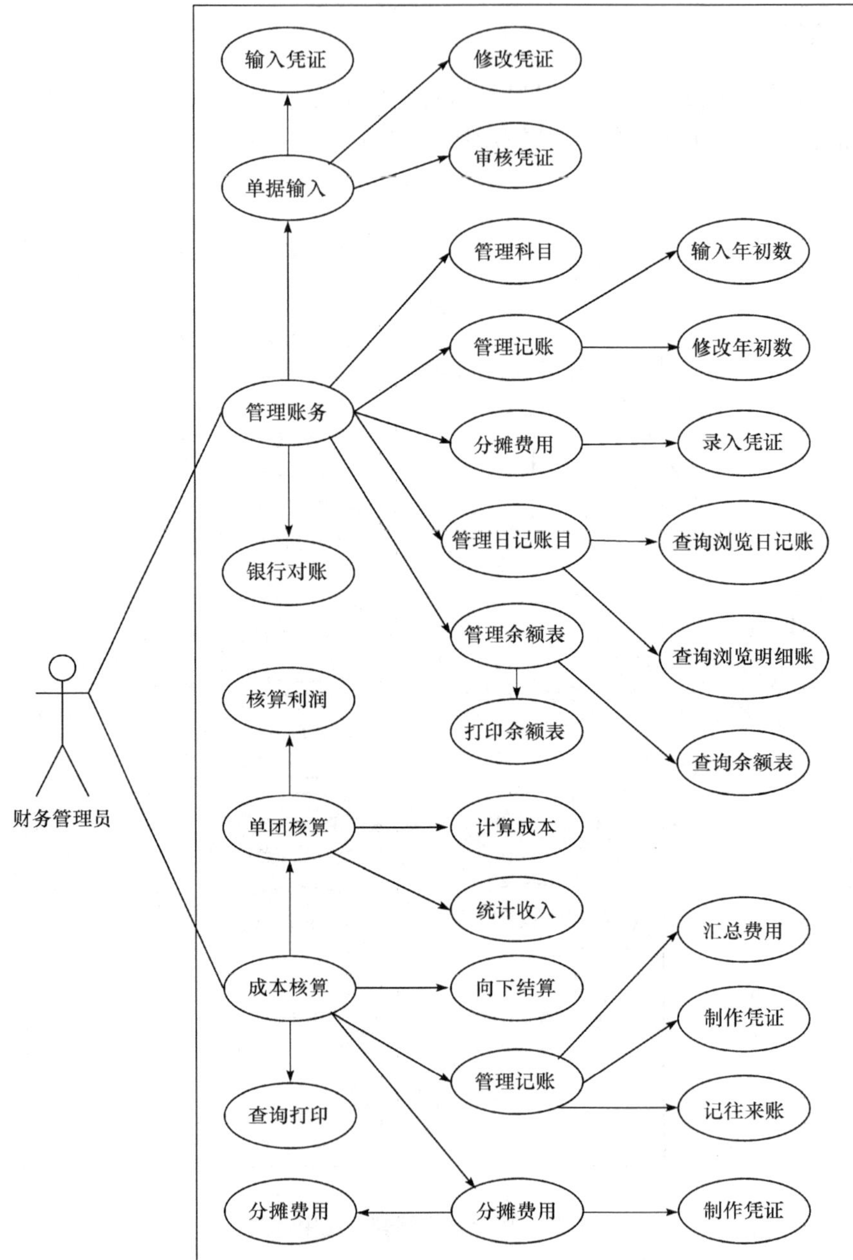

图 4.19　财务管理功能用例图

4.4　旅行社管理信息系统的设计

旅行社管理信息系统以现代信息技术为基础，以信息为战略资源，以人力资源及相应的组织模式为内容，能够大幅度提高旅行社信息服务能力，增强旅行社的竞争力。旅行社管理信息系统主要实现对外销售和外联、旅游团队接待（食、住、行、游、购、娱）、导游管理、计划调度、团队结算、成本分析、财务账目管理等功能。

4.4.1　系统结构设计

1. 硬件结构

旅行社管理信息系统属紧密型系统。从硬件结构来看，它包含了单机系统、局域网系统和广域网系统 3 种模式。其中，单机系统和局域网系统模式目前比较成熟，应用也较为广泛。广域网系统代表了大型旅行社管理信息系统的重要发展方向。

旅行社管理信息系统的规模普遍较小，一般在旅行社企业内部构建一个局域网系统就可以满足需求。图 4.20 描绘的是一个将旅行社内部局域网接入互联网的旅行社管理信息系统。图 4.21 描绘了旅行社内部局域网的结构。

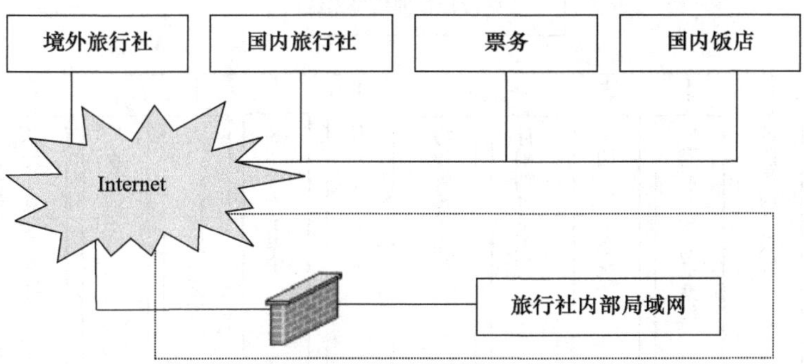

图 4.20　旅行社管理信息系统广域网结构示意图

2. 软件结构

软件结构是从软件开发技术人员的角度出发，认为系统由许多软件模块组成。把各个功能模块和文件数据组合起来，构成一个功能矩阵图就形成了系统的软件结构。从软件结构的角度看，一个信息系统是由许多个功能模块文件和数据文件构成。

一般旅行社管理信息系统的软件模块结构如图 4.22 所示。

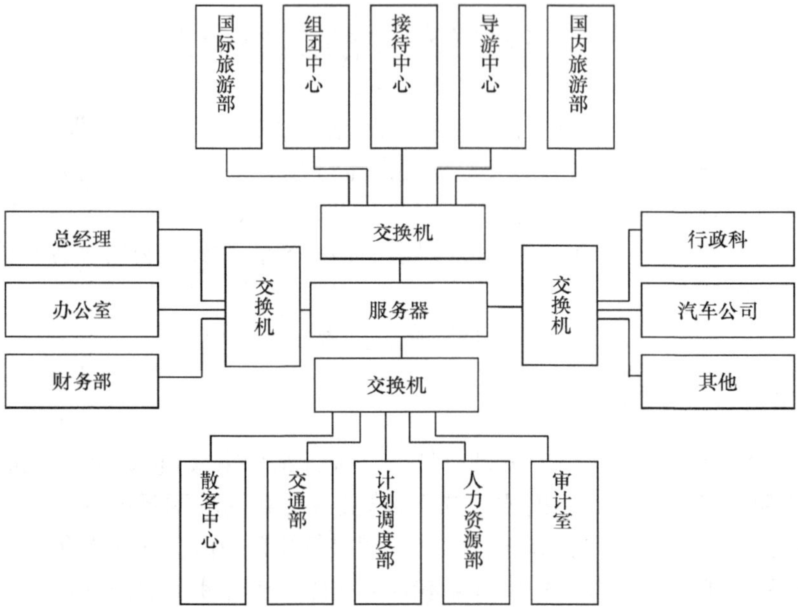

图 4.21　旅行社管理信息系统内部局域网结构示意图

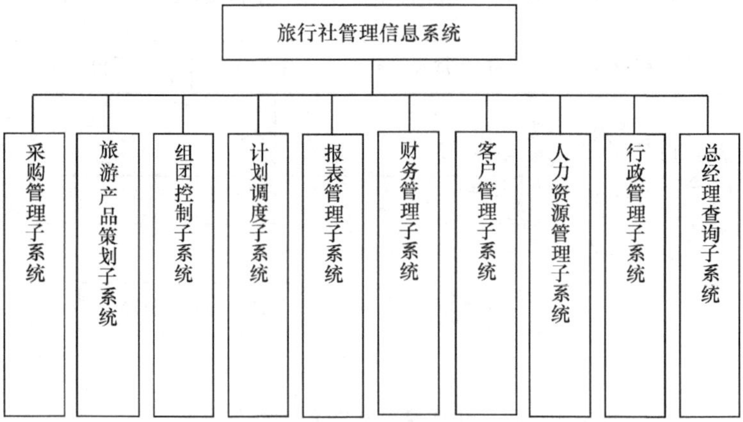

图 4.22　旅行社管理信息系统软件模块结构

1）采购管理子系统

主要包括资源采购和供应商管理两个部分。具体包括:制作申购单、统计申购物资,维护供应商资料、建立供应商档案、管理供应商合同等。

2）旅游产品策划子系统

包括旅游产品设计与决策和营销两个模块,系统功能结构如图 4.23 所示。

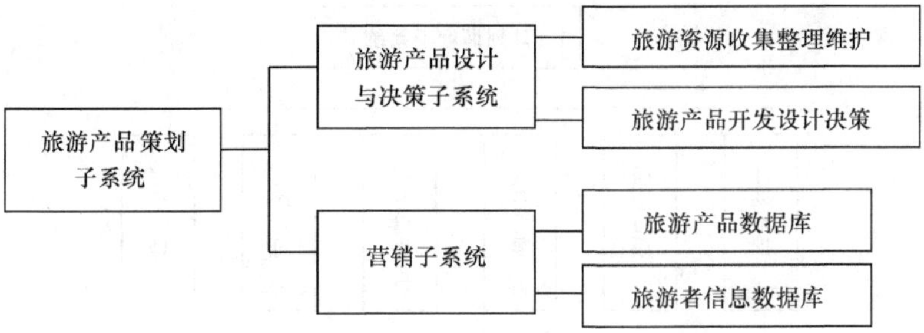

图 4.23　旅游产品策划子系统功能结构

旅游产品设计与决策子系统具有利用旅游信息资源生成旅游产品的功能。它以数据库系统、管理信息系统和决策支持系统为基础，在决策过程中应尽可能多地利用计算机系统所存储的旅游信息，并结合决策者的判断能力，设计出适销对路的旅游产品。该子系统一般对旅行社历史产品信息进行详细地存储与记录，以备旅游产品的销售和开发设计使用。

营销子系统的主要功能是输入客户登记表，与供应商签约，查询基础数据库，利用庞大的信息资源编制出最令人满意的行程计划表，并可以打印游客明细表、旅行团情况表、形成计划表以及各种订单等。

3）组团控制子系统

包括团队资料维护、接待、查询、团队行程安排、地陪管理、团队结算等模块，实现团队的接待计划安排及接待过程监控。具体包括：录入团队资料、团队资料变更及通知，团队行程策划和落实、地陪管理、团队结算、成本控制、费用审核等。

4）计划调度子系统

包括计划、调度、预订、查询等模块。计划维护包括计划输入、计划接收、计划综合查询、计划删除、计划变更和计划总查询等。航空订票同航空订票系统连接，作为航空售票订票系统的一个站点。铁路订票同铁路订票系统连接，作为铁路售票订票系统的一个站点。订餐、订房、订车管理包括输入、查询、变更、删除、汇总等功能。具体功能结构如图 4.24 所示。

5）报表管理子系统

该子系统主要针对旅行社各部门的报表进行管理。包括报表的制作、填写、上报、审核、结算等。

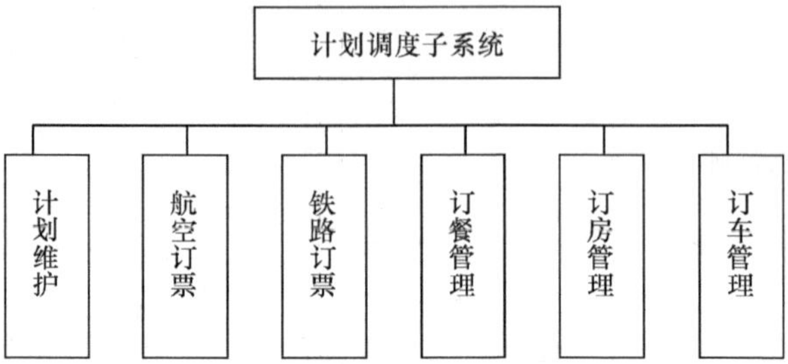

图 4.24　计划调度子系统功能结构

6) 财务管理子系统

该子系统包括对外结算、财务处理和成本分析。对外结算子系统包括为游客开出结算单,查询游客的信用情况,与各供应商结算等,并可打印出各明细结算单。账务处理子系统完成所有企业均要求的财务信息处理,包括过账、对账、结账、制表及打印功能。成本分析子系统对各旅行团的成本费用进行分析,以报表和图表的形式呈交给管理人员。

7) 客户管理子系统

客户管理子系统主要包括建立旅行社客户档案,完善客史资料管理,开展针对性营销,促进旅行社的客户关系管理,为旅行社的业务拓展奠定基础。

8) 人力资源管理子系统

包括人事管理和工资管理两个模块。主要围绕人力资源开发和挖掘开展管理工作。具体的功能结构如图 4.25 所示。

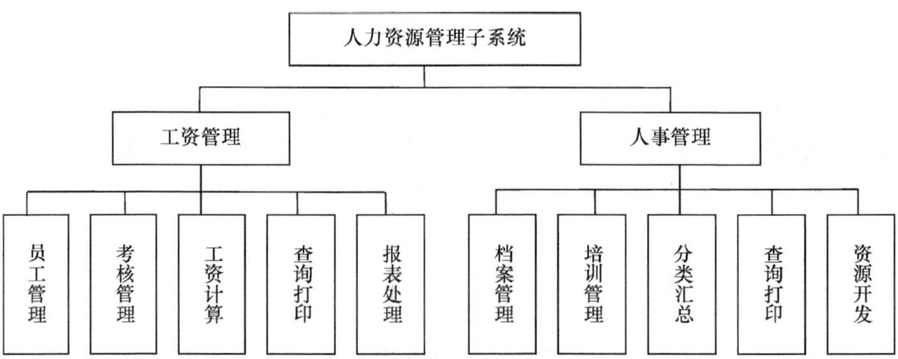

图 4.25　人力资源管理子系统功能结构

9）行政管理子系统

包括办公室管理、车队管理等。

10）总经理查询子系统

包括查询和经济信息分析等模块。主要目的是对旅行社管理信息系统中所保存的各种信息加以充分利用，为经营决策提供科学的依据。

4.4.2　数据库与类设计

系统的设计阶段主要包括功能设计、数据库设计和类设计。数据库的设计是系统设计的核心，数据库的设计是否合理决定了系统运作的效率和正确性；类设计可为后续代码设计提供更加详尽的信息，可直接指导程序员进行程序设计。这里仅列举线路存取和团队业务两个类图（图 4.26 和图 4.27），以及旅行社管理信息系统的部分库表结构（图 4.28）。

线路存取
+添加线路(in 线路信息 : Object) : Boolean +修改线路(in 线路信息 : Object) : Boolean +删除线路(in 线路编号 : String) : Boolean +转抄线路(in 线路信息 : Object) : Boolean +发布线路(in 线路编号 : String) : Boolean +添加行程(in 行程信息 : Object, in 线路编号 : String) : Boolean +取消发布(in 线路编号 : String, in 行程信息 : Object) : Boolean +删除行程(in 行程编号 : String, in 线路编号 : String) : Boolean +new()

图 4.26　线路存取类图设计

团队业务
+添加团队(in 团队信息 : Object) : Boolean +修改团队(in 团队信息 : Object) : Boolean +删除团队(in 团队编号 : String) : Boolean +游客入团(in 游客编号 : String, in 团队编号 : String) : Boolean +游客出团(in 游客编号 : String, in 团队编号 : String) : Boolean +查询团队(in 条件　Object) : Object +查询团队人员(in 团队编号 : String) : Object +生成团计划(in 团队编号 : String, in 线路编号 : String) : Boolean +new()

图 4.27　团队业务类图设计

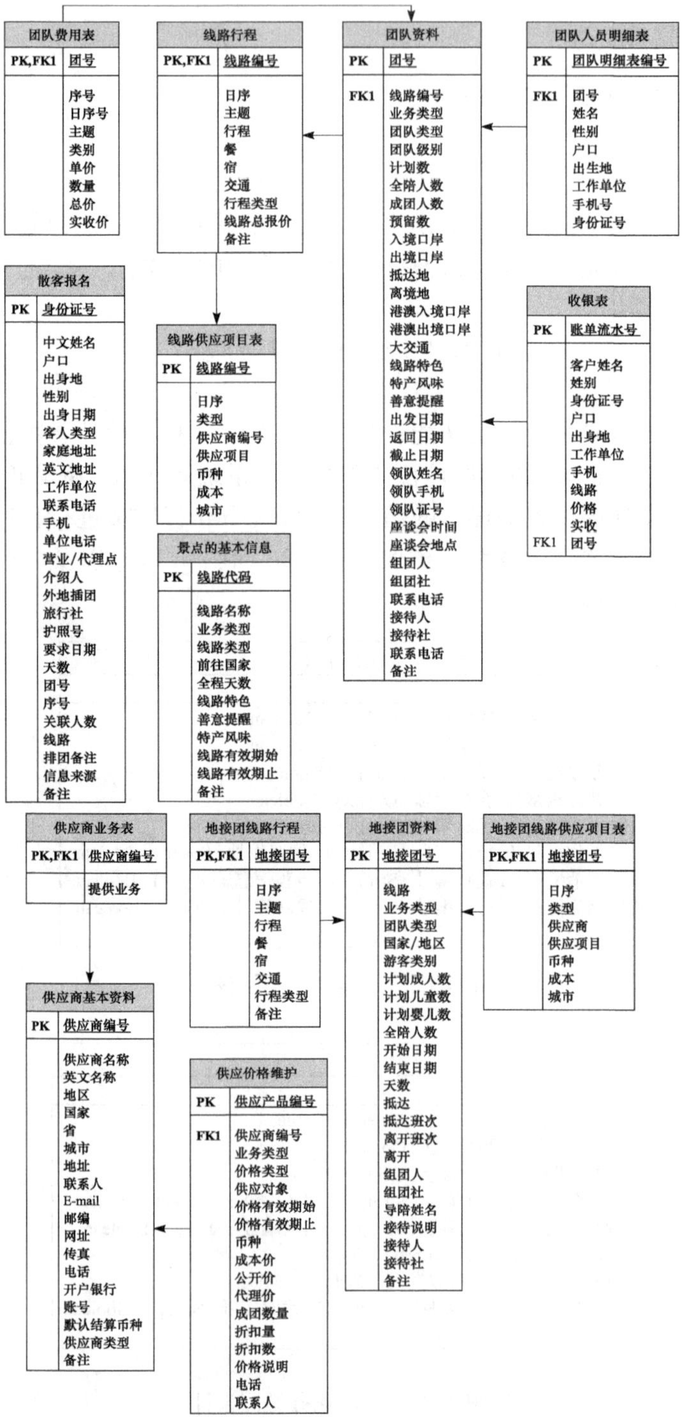

图 4.28 旅行社管理信息系统数据库设计示例

4.4.3　系统功能设计

旅行社管理信息系统功能具体体现在系统设计阶段所规划的系统功能结构。在应用软件的实现上，旅行社管理信息系统的各功能是由相应的软件模块实现的。模块是一组程序命令的集合，它是在子系统下的又一次功能划分，模块的功能是相对独立的，它是设计和构造系统的最基本单位。因此，对系统功能的描述也就是对软件模块功能的描述。

国内旅行社的业务范围和规模相差很大，不同旅行社的管理信息系统功能也各有侧重。通用的旅行社管理信息系统一般以财务管理为主线，以计算机局域网为基础设施，覆盖旅行社主要业务部门及下属各企业实体，使整个企业实现信息资源的共享，完全摆脱人工方式的信息传递及处理，以达到信息传递快捷化、信息处理自动化、信息流通网络化的要求。一个完整的旅行社管理信息系统是功能结构如图 4.29 所示。

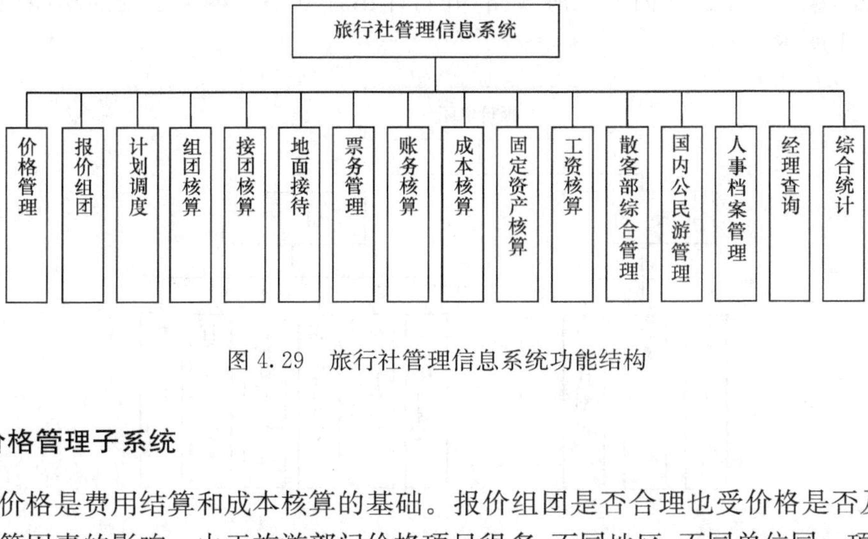

图 4.29　旅行社管理信息系统功能结构

1. 价格管理子系统

价格是费用结算和成本核算的基础。报价组团是否合理也受价格是否及时、准确等因素的影响。由于旅游部门价格项目很多，不同地区、不同单位同一项服务价格也不一定相同。为减少数据冗余，必须建立集中、统一、准确的价格管理体系，因此，在系统设计上将价格划为一个子系统，以实现对价格的有效、科学、规范化管理。本子系统可按淡、旺季等条件完成全国各地综合旅行服务、小包价、一日游、单项服务、宾馆住房、餐饮、机票、游船、用车、超公里价格及门票等旅行服务价格信息的管理工作，为报价组团、成本结算等工作提供准确的价格信息。该子系统的功能模块如图 4.30 所示。

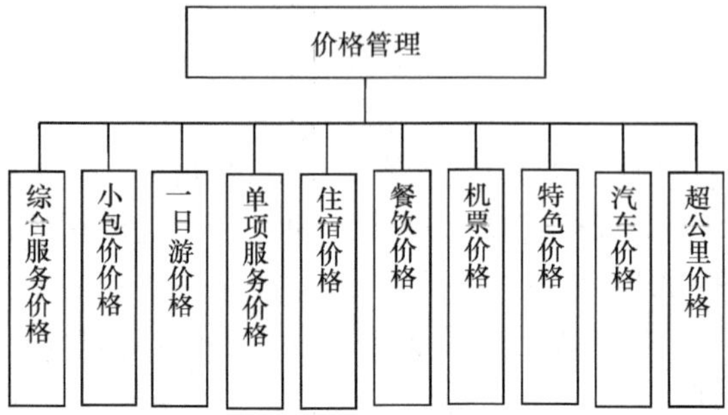

图 4.30　价格管理子系统功能图

2. 报价组团子系统

报价组团管理是根据境外旅行社发来的中国旅行计划，按旅行线路及对方要求计算出每人平均服务价格及全陪价格，并打印出来报给对方。按对方确定的团队计划，编排在中国境内的旅游线路，并打印出计划书。本子系统的功能模块如图 4.31 所示。

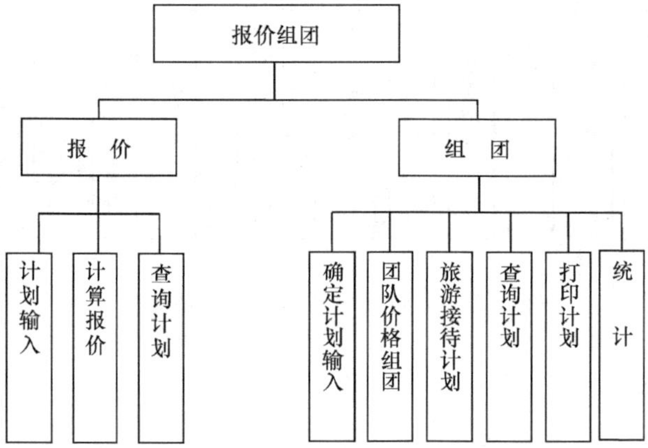

图 4.31　报价组团子系统功能图

该子系统主要完成的功能包括以下 9 个方面。

(1) 报价计划维护：完成原始计划的输入、修改、查询、取消、打印等工作。

(2) 模拟团队在各地(含各个项目)成本以及总成本。

(3) 预算单团利润。

(4) 完成对外正式报价。

(5) 确认计划维护：完成确认计划的输入、修改、查询、取消、打印等工作。

（6）跟踪团队收入变更，调整团队成本，并保留每次的修改数据，随时可进行利润核算。一旦发现利润不足，可重新调整团队成本，或对境外重新报价。

（7）打印、发送团队接待计划书和价格协议书。

（8）审核团队收入、成本。

（9）单团利润核算及账务汇总、打印。

3. 计划调度子系统

该系统能够安排、组织接团计划，打印各种计划表，并根据计划表形成团队的订餐、订房、订票表单，对用车情况进行调度，进行接团统计等。具体功能包括以下 7 个方面。

（1）计划管理：包括计划输入、计划变更、计划取消等；

（2）订票管理：根据计划安排订票，包括订票通知单及清单；

（3）订房管理：如计划中指明要求代订客房，则自动产生订房单；

（4）流量预报：根据计划，产生今后若干天的人数、批数流量预报表；

（5）订车管理：根据计划安排用车、修改用车计划；

（6）查询计划：根据各种要求，查询计划及团队情况；

（7）初步统计：根据已发生的计划，初步统计出各部门接待的人数、批数等数据。

4. 组团核算子系统

组团核算子系统负责对外联组团的核算工作，包括报价收入、各旅行社结算单、收入支出凭证的生成和往来账的管理等，其功能模块如图 4.32 所示。

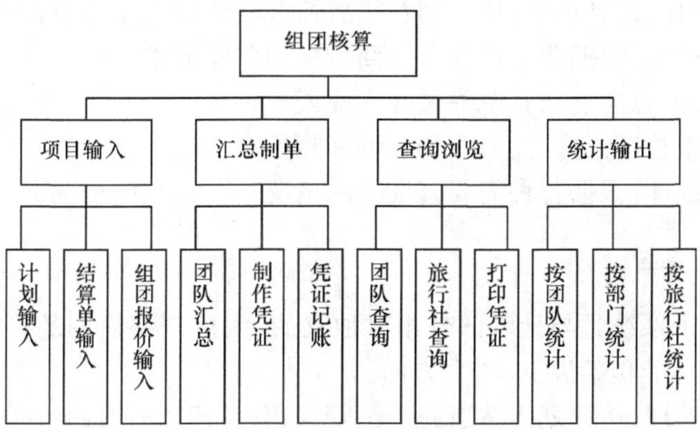

图 4.32　组团核算子系统功能图

（1）计划报价管理：组团报价的输入、修改、查询等；

(2) 结算单管理:各旅行社送达的结算单的输入、查询、修改等;

(3) 汇总制作凭证:根据报价及结算单做收入、支出凭证;

(4) 往来账管理:往来账查询、打印等;

(5) 各种统计:根据需要生成各种统计报表。

5. 接团核算子系统

接团核算子系统提供向上结算单的生成、单团主要费用成本、汇总结算单、收入凭证的制单及应收账款的管理,同时还可以实现各种统计查询工作。其功能模块如图 4.33 所示。

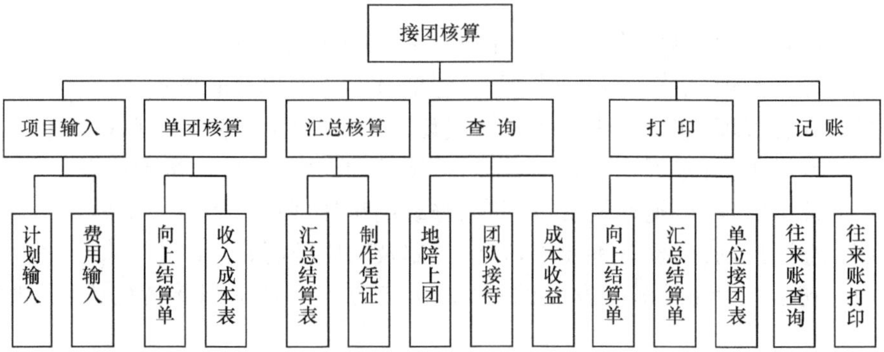

图 4.33 接团核算子系统功能图

(1) 计划管理:包括上团计划的输入、修改、查询、取消等;

(2) 费用管理:包括上团所发生的主要费用单据管理;

(3) 制作向上结算单:根据计划及完成情况制作向上结算单;

(4) 制作成本:根据费用单据和协商价格做单团成本表;

(5) 汇总:汇总向上结算单并做收入凭证;

(6) 往来账管理:包括往来账的查询和打印;

(7) 查询统计:根据各种需要查询上团情况,收入、支出情况。

6. 地面接待子系统

地面接待子系统是与计调部分相对独立的,由接待部使用的日常事务管理模块。本子系统功能包括以下 14 个方面。

(1) 分团管理:按计划团队事先分配陪同,并打印当日有团陪同签到表;

(2) 计划维护:根据计划变更通知随时更改团队计划,并打印出更改凭据,记录变更轨迹;

(3) 陪同管理:管理陪同的上岗、下岗情况,接团情况,创收情况等;

(4) 订票管理:对团队飞机、火车订票进行统一的管理;

(5) 行李管理:根据团队的抵离时间、人数、所住饭店、陪同等各种情况,打印行李任务表;

(6) 成本初审:完成各团队发生成本费用的录入及初审工作;

(7) 团队查询:按条件查询团队的各项基本信息;

(8) 陪同查询:查询陪同的个人情况、接团情况、上下岗情况等各项信息,并可显示、打印;

(9) 订票查询:查询各团队的订票情况,并可显示、打印;

(10) 订车查询:查询各团队的订车情况,并可显示、打印;

(11) 按团队统计:按团队统计接待情况,并可显示、打印;

(12) 按部门统计:按部门统计接待情况,并可显示、打印;

(13) 按陪同统计:按陪同统计接待情况,并可显示、打印;

(14) 按语种统计:按语种、国别统计接待情况,并可显示、打印。

7. 票务管理子系统

票务管理子系统主要完成交通部票务室与接待部之间的团队订票问题以及费用核算。本子系统功能包括以下 7 个方面。

(1) 订票信息维护:根据接待部的团队计划订票,可进行修改、增加、删除;

(2) 订票信息查询:按条件查询订票信息;

(3) 订票信息打印:按条件打印订票信息;

(4) 订票信息统计:按航班、团队、人数统计订票信息;

(5) 交通费用核算:根据订票情况核算交通费用;

(6) 交通费用查询:按条件查询交通费用;

(7) 交通费用打印:按条件打印交通费用。

8. 账务核算子系统

账务核算子系统主要对凭证档案、明细账、余额表及银行对账进行管理。凭证登录后完成余额、总账、明细账及日记账的输出,并打印出各种报表。可与银行对账单进行对账。本子系统功能包括以下 7 个方面。

(1) 凭证管理:包括凭证输入、凭证修改、凭证审核工作;

(2) 科目管理:对科目进行管理;

(3) 年初数管理:包括年初数的输入、修改工作;

(4) 记账:将凭证分条目记入有关日记账、明细账、余额表中;

(5) 日记账输出、明细账输出:查询浏览日记账及明细账;

(6) 余额表:查询打印总账余额表及明细科目余额表;

(7) 银行对账:根据银行对账单进行手工和计算机对账。

9. 成本核算子系统

财务部成本核算包括各种费用单据的管理、向下结算单的核算、往来账的管理、各种成本的管理和各种间接费用在成本项日中的分摊,做到单团核算。本子系统功能包括以下 6 个方面。

(1) 单据输入:对各种实际发生的费用单据,如餐单、车单、票单输入管理;

(2) 单团核算:根据每个团队的实际收入及成本,产生单团的盈亏表及毛利润率;

(3) 向下结算:根据实际的餐费、车费、门票费、房费等数据,产生对各饭店、汽车公司、景点等旅游企业单位的应付款清单及汇总单;

(4) 记账:将各种费用单据分部门汇总并制作成本凭证,记往来账;

(5) 费用分摊:将各种非直接费用在各个成本单位进行分摊,并制作凭证;

(6) 查询打印:查询成本情况及往来账情况。

10. 固定资产核算子系统

对现有固定资产台账进行登记管理,按月自动计提折旧并根据使用单位制作凭证,进行各种分类查询统计,对固定资产的减少进行核算并制作凭证。其功能模块如图 4.34 所示。

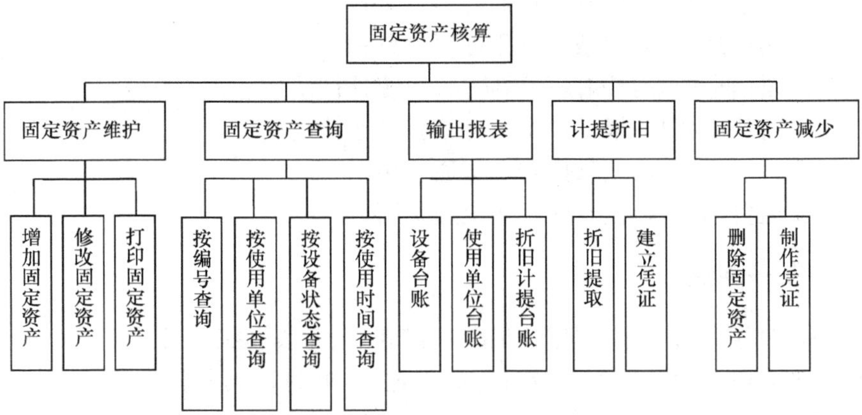

图 4.34 固定资产核算子系统功能图

(1) 固定资产维护:包括增加和修改固定资产台账;

(2) 计提折旧:根据设备状况计提设备折旧,并建立凭证;

(3) 固定资产减少:计提足额折旧并建立台账和凭证;

(4) 固定资产查询:对固定资产分类查询和打印;

（5）输出报表：根据设备状况及使用单位打印固定资产报表。

11. 工资核算子系统

工资核算是根据工资的固定项目和变动项目，分别输入、计算工资应发数、应扣数和实发数。本子系统功能包括以下 4 个方面。

（1）人员变动：包括人员增加、人员内部调动和人员调出的管理；

（2）工资输入：包括固定项目和变动项目的工资输入；

（3）汇总：根据输入的工资汇总应发数、应扣数合计及实发工资；

（4）报表打印：将汇总后的工资按部门和单位打印工资表和工资条。

12. 综合统计子系统

根据各接待部门送达的统计月报和财务部门的财务报表进行汇总统计，输出对内及对外报表，进行累计资料的统计。其功能模块如图 4.35 所示。

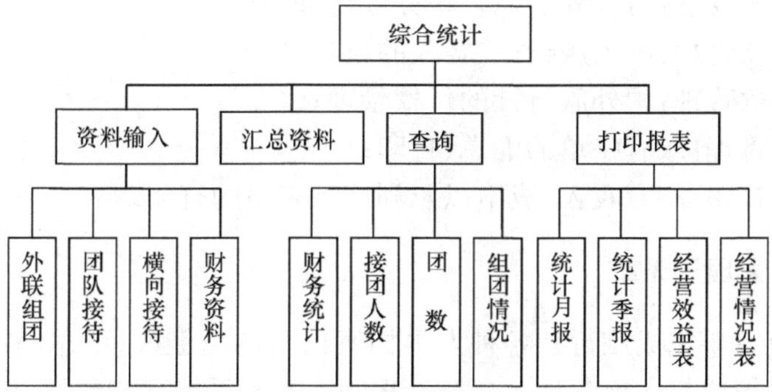

图 4.35　综合统计子系统功能图

（1）资料输入：对接待部送达的各种资料和财务数据进行输入。

（2）汇总资料：对各种资料进行整理、汇总。

（3）查询：查询当月资料和累计资料。

（4）打印报表：打印对内、对外报表。包括大中型及重点旅游业经济效益月报表、旅游外汇收入月报、旅行社经营情况基层报表、旅游企业经营情况季报、外汇统计月报表、外联实到人数统计月报表、外联实到人数国籍、组团地月报表、接待人数月报表、接待人数国籍统计月报表等。

13. 散客部综合管理子系统

该子系统主要完成散客部的委托业务管理，具体功能包括以下 7 个方面。

（1）一日游管理：对一日游报价、付费类型、饭店预订、车辆调度等进行管理；

(2) 零星委托业务管理:对零星委托的订票、接送机、饭店预订等进行管理;
(3) 核算制单:进行收入、成本核算并制作凭证;
(4) 统计报表:对接待人数及所发生的收入、费用进行统计;
(5) 查询打印:对一日游进行各种查询和打印;
(6) 现金管理:对一日游所发生的各种现金收支进行核算;
(7) 查询浏览:随时对一日游情况、收入支出情况、陪同情况等信息进行查询浏览。

14. 国内公民游管理子系统

国内公民游管理子系统主要完成国内部的财务及日常事务管理功能。本子系统功能有以下 7 个方面。

(1) 计划管理:团队生成、修改、查询及打印;
(2) 报价管理:报价输入、修改、查询及打印;
(3) 往来账管理:对境外的往来账务进行管理;
(4) 应收款管理:国内旅行社、客人的收款管理;
(5) 应付款管理:国外旅行社的付款管理;
(6) 账单管理:所有账单的汇总、打印;
(7) 汇总打印:所有收入、成本以及利润等表格的打印。

15. 人事档案管理子系统

本子系统主要完成旅行社各种人事档案信息的增删改、汇总、查询等的管理,并且可以根据需要打印出各种人事统计报表。本子系统功能包括以下 4 个方面。

(1) 档案管理:人事档案资料的输入、删除、修改、查询、打印;
(2) 汇总资料:人事档案资料的整理、汇总;
(3) 查询浏览:查询当前人事档案的有关信息;
(4) 报表打印:分别按企业员工的工种、文化程度及年龄、性别、民族、学历、政治面貌、年龄、专业、特长等打印对内、对外人事报表。

16. 经理查询子系统

经理查询子系统是对旅行社整个管理信息系统所产生结果进行查询,包括旅行社当前的资料和历史的资料,并集成日常办公所得各类综合信息,如记事簿、名片夹、电话号码、航班车次表、经理信箱、天气预报等。该子系统的主要目的是促进旅行社管理信息系统中所保存的各种信息的充分利用,为领导决策提供可靠的依据。其功能模块如图 4.36 所示。

(1) 报价组团:查询组团情况。

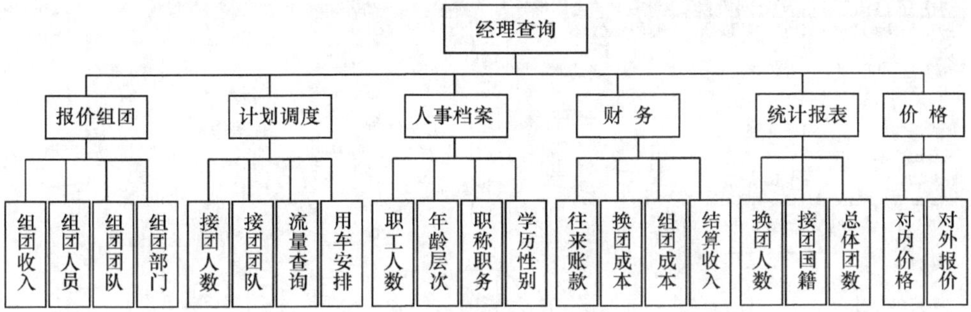

图 4.36　经理查询子系统功能图

(2) 计划调度:查询计划接团情况和流量情况。

(3) 人事档案:查询人事档案有关信息。

(4) 财务:查询企业利润情况和资金运用情况。

(5) 统计报表:查询组团、接团的当月数据和历史数据。

(6) 价格:查询对内、对外结算价格。

4.5　旅行社管理信息系统的实现

本节的旅行社管理信息系统由后台管理、销售管理、财务管理、信息资料管理、权限设置和总经理查询 6 个子系统组成。本节主要概要介绍线路设计、组团安排、单项服务落实、前台销售管理、财务结算、信息维护以及数据查询与数据分析。

4.5.1　线 路 设 计

旅行社线路设计分地接线路设计和组联线路设计。主要用于设计常规旅游线路,具体操作有新增、保存、删除、打印和维护各个线路数据(包括行程、住宿、交通、报价明细等信息)。线路数据可为设计团计划作支持。

1. 地接线路设计

单击线路设计主菜单下的地接线路设计命令,系统进入线路设计窗口,如图 4.37所示。在该模块中可以完成线路基本信息输入、线路行程信息输入(指该旅游线路的每日具体行程安排)、大交通设计(图 4.38)、住宿设计、饮食设计(图 4.39)、景点设计(图 4.40)和市内交通设计等。

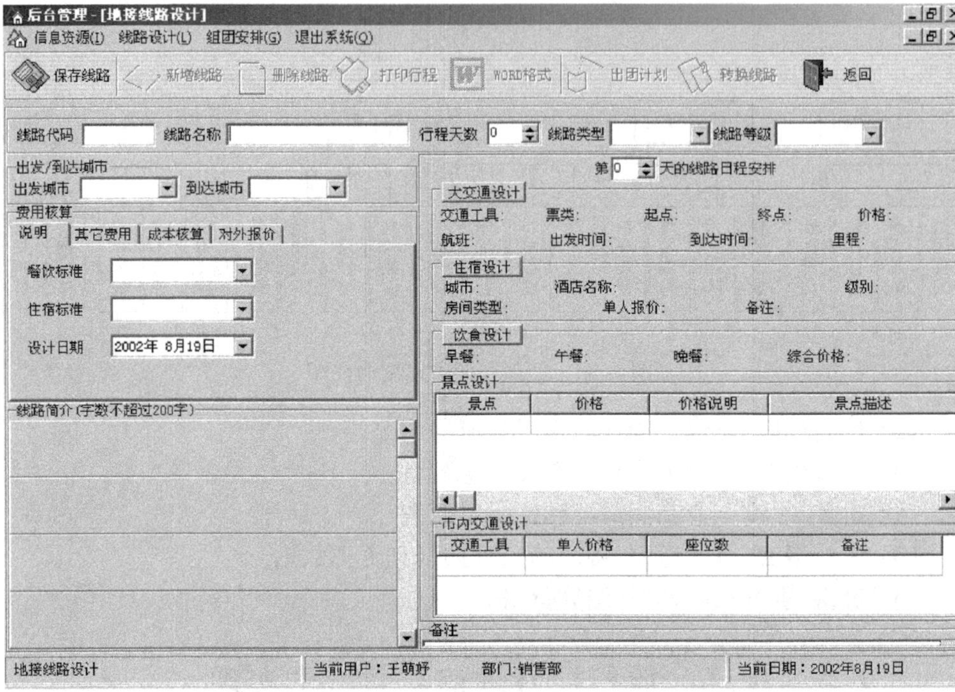

图 4.37 地接线路设计界面

图 4.38 旅游大交通设计界面

图 4.39　旅游餐饮标准设计

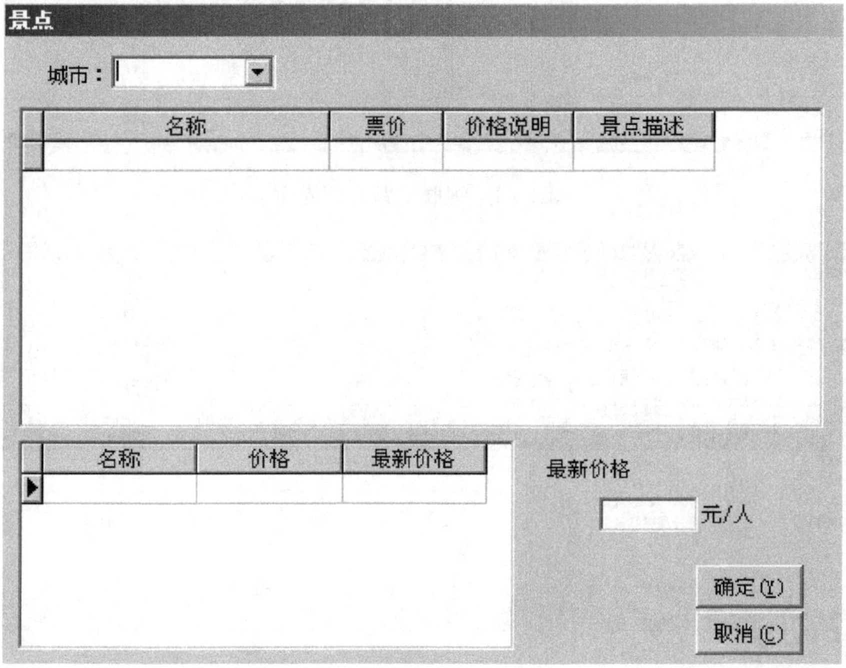

图 4.40　旅游景点设计界面

2. 组联线路设计

组联线路管理窗口(图 4.41),具体操作包括线路基本信息输入,费用核算(交通、饭店、餐饮、其他费用),线路行程安排,线路修改、复制、删除(图 4.42)。

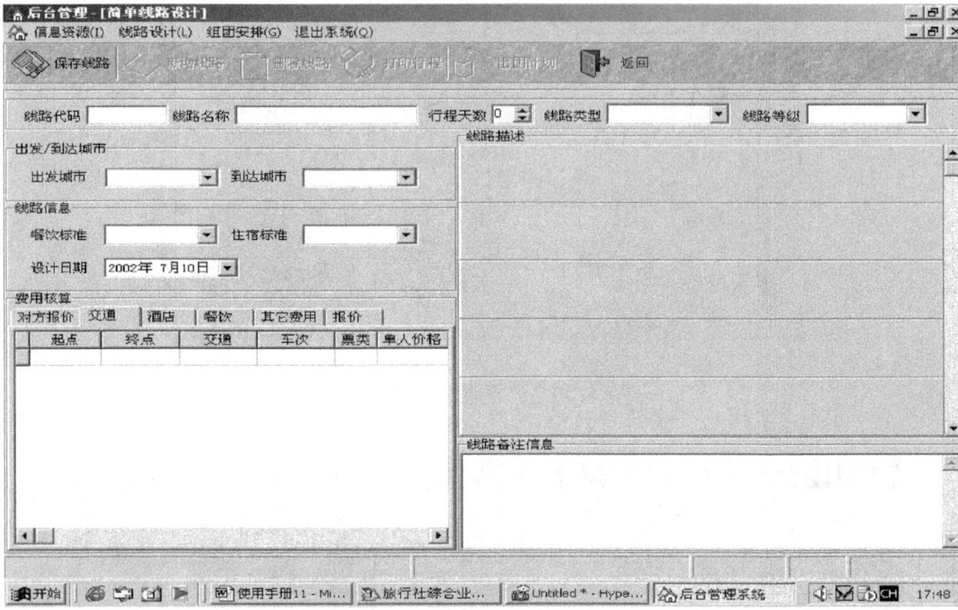

图 4.41　组联线路管理界面

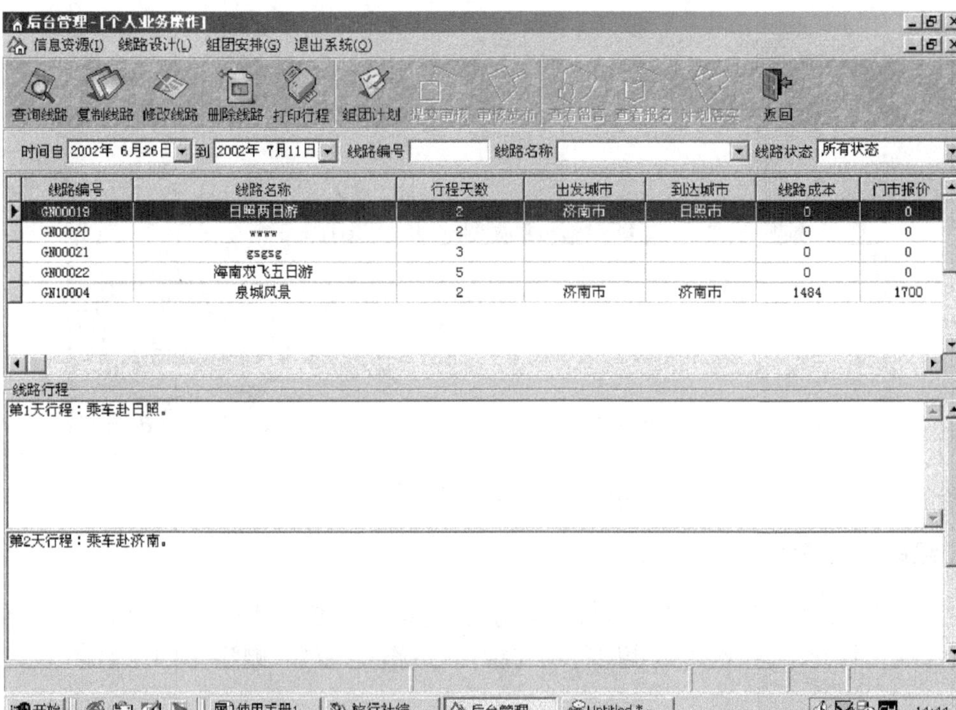

图 4.42　线路行程设计界面

4.5.2　组团安排

该模块可以批量生成团计划、系列团计划设计，窗口如图 4.43 所示。

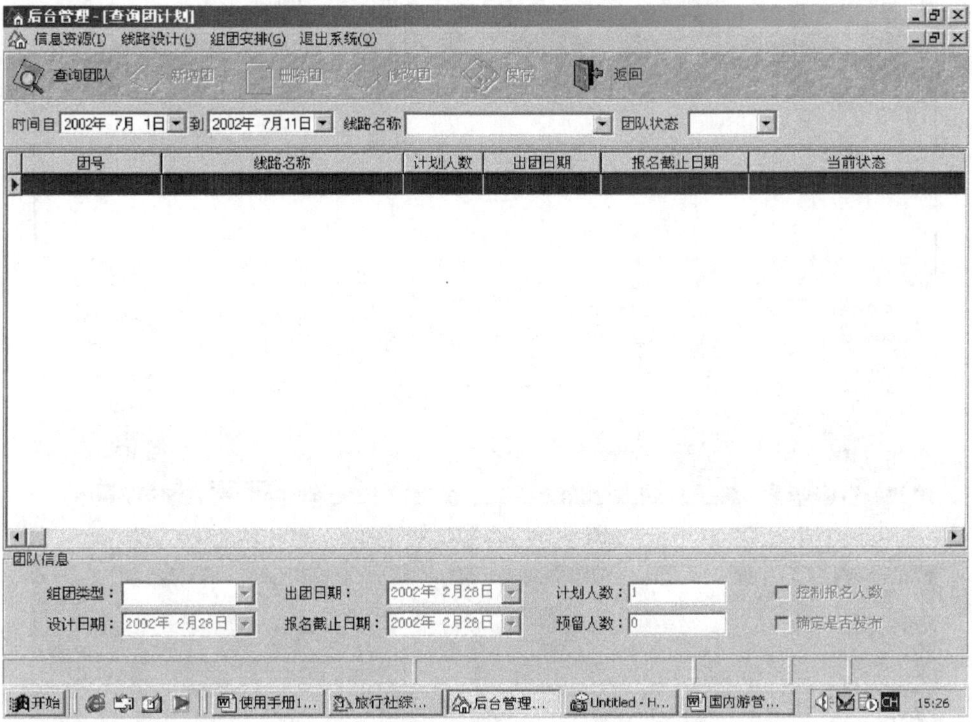

图 4.43　批量团计划生成界面

团计划安排包括查询部分、线路浏览部分、线路基本信息部分、线路报价部分、线路行程部分、团计划信息部分和团计划行程部分(图 4.44)。

4.5.3　单项服务落实

旅行社各前台网点，经常会有一些游客，只要求一些单项服务，而不参加团队旅游。这时旅行社应根据游客的需求及时做团队计划，团计划中只包括单项服务的内容，旅行社计调人员再根据单项服务团计划具体落实。单项服务有单订房、订票、订车、订餐等。

单项服务窗口如图 4.45 所示。单击“查询”按钮，查询出需落实的单项服务信息。选中不同单项服务，根据其对应窗口上方不同的可操作按钮，“审核修改”、“审

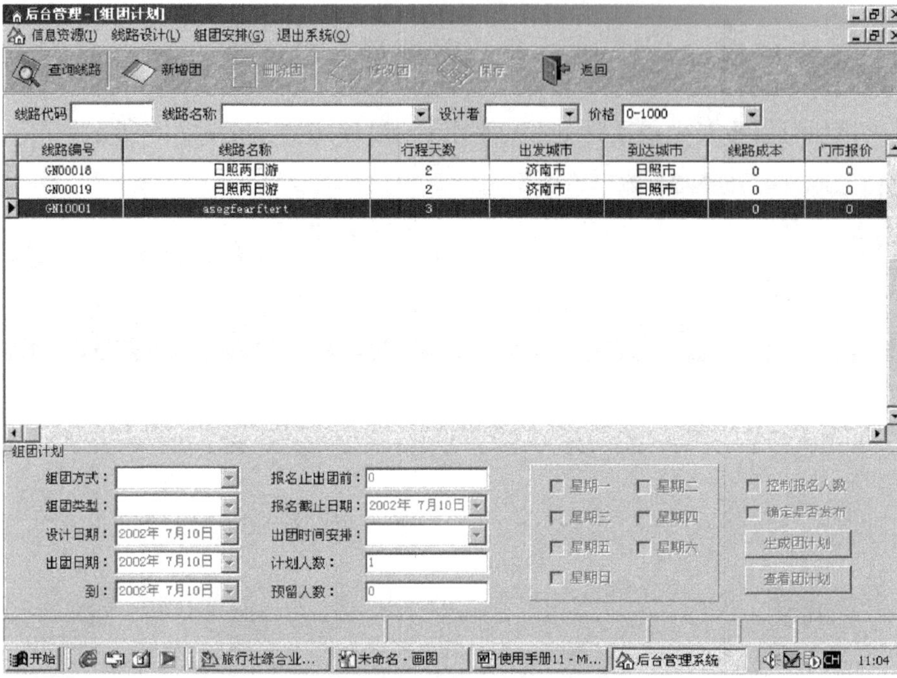

图 4.44　组团计划界面

图 4.45　单项服务查询界面

核取消”、“正在落实”、“完成落实”和“未能落实”等状态对其进行相应计划落实工作。

4.5.4　前台销售管理

旅行社前台根据后台发布的团计划来接待游客，进行游客报名登记、咨询维护、单项服务、收款退款，并可查看游客报名情况、打印行程和其他各报表等。

1. 报名管理

报名管理窗口如图 4.46 所示。报名客人可进行线路查询、游客报名、查看报名情况以及行程的打印工作。在查询条件中输入预查询线路的信息，然后单击窗口左上方的“查询线路”按钮。此时在窗口中部的左列表中出现线路信息，右列表中出现对应的团计划信息。窗口下方是线路行程部分。

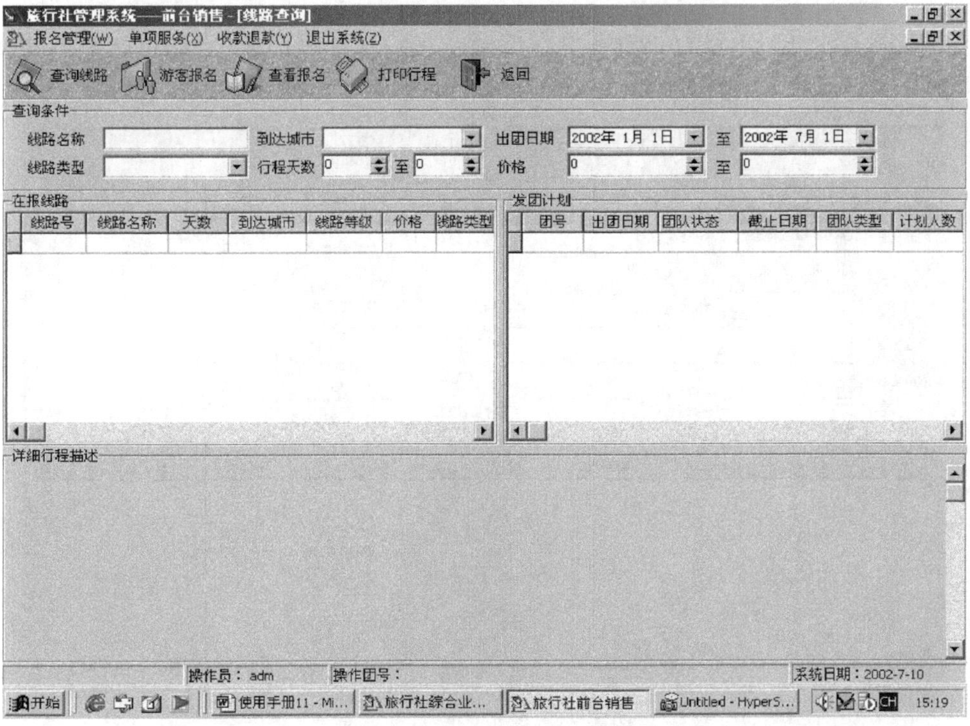

图 4.46　前台报名路线查询界面

单击左上方的“游客报名”按钮，出现如图 4.47 所示的新窗口。在报名人数方框内输入报名人数。然后点“提交报名”按钮，进入图 4.48 的游客资料录入窗口。若撤销操作，点“取消”按钮退出系统。

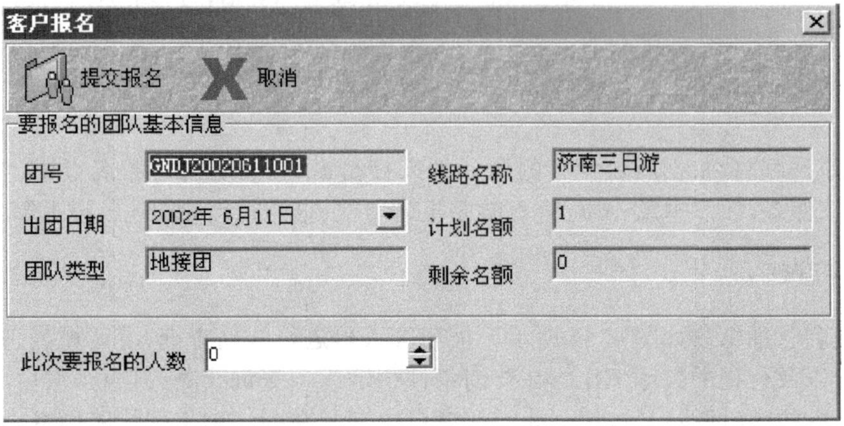

图 4.47 团队客户报名界面

在图 4.48 中，可进行各游客资料的录入工作。在空白方框内，依次输入相应的信息。通过重复性操作，可进行多个游客资料的录入工作。

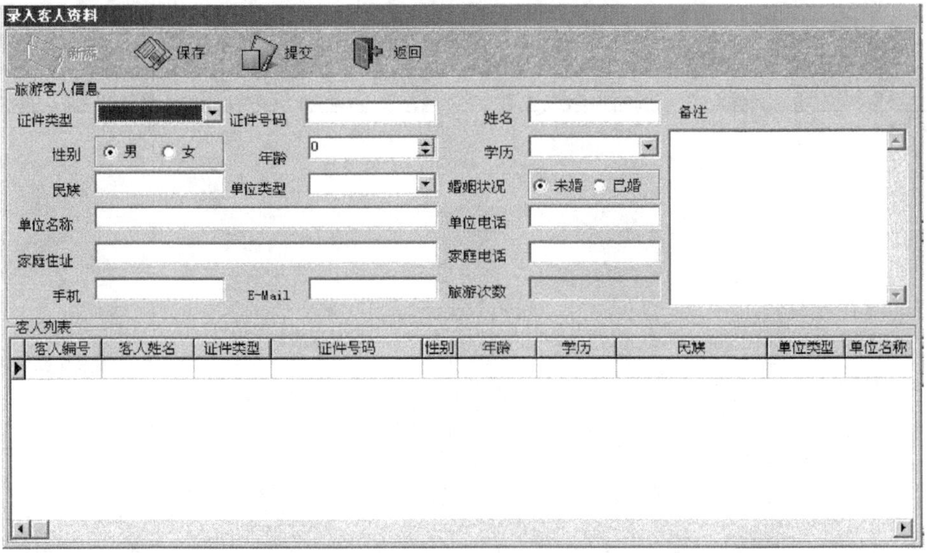

图 4.48 客人资料录入界面

2. 报名维护

当因某种原因，游客需要退团或推迟旅游进行换团工作时，可以在报名维护窗口(图 4.49)中操作。在该窗口中还可完成报名修改和资料修改的各种工作。

退团窗口如图 4.50 所示。在该窗口中可进行全体退团、个人退团、提交经理

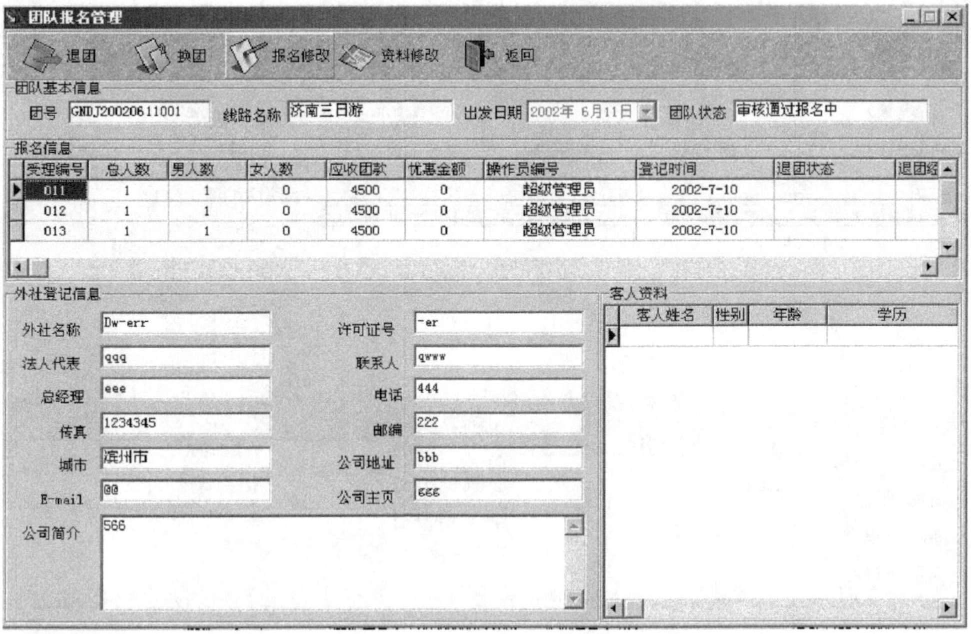

图 4.49　团队报名管理界面

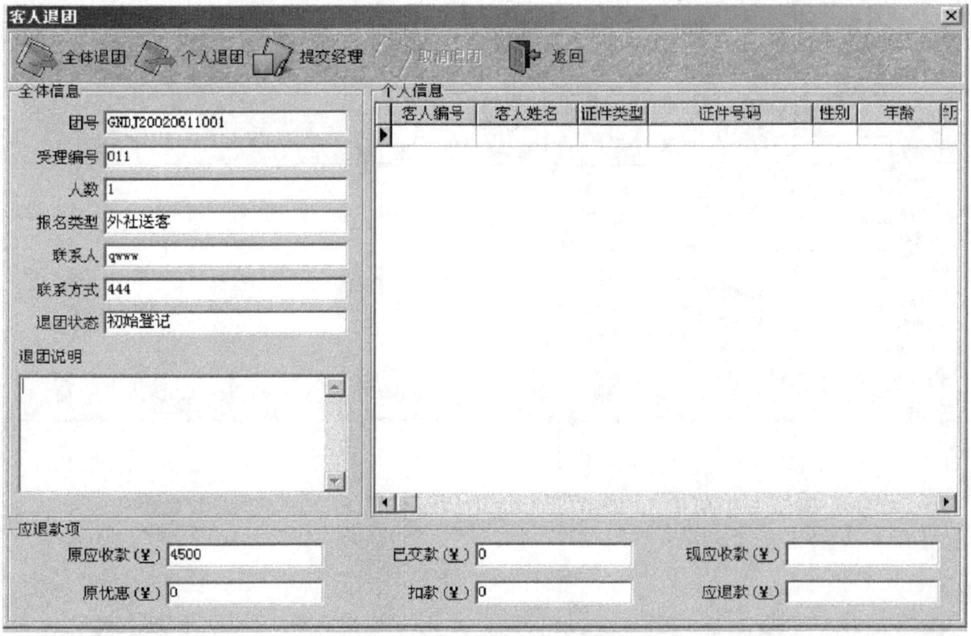

图 4.50　退团操作界面

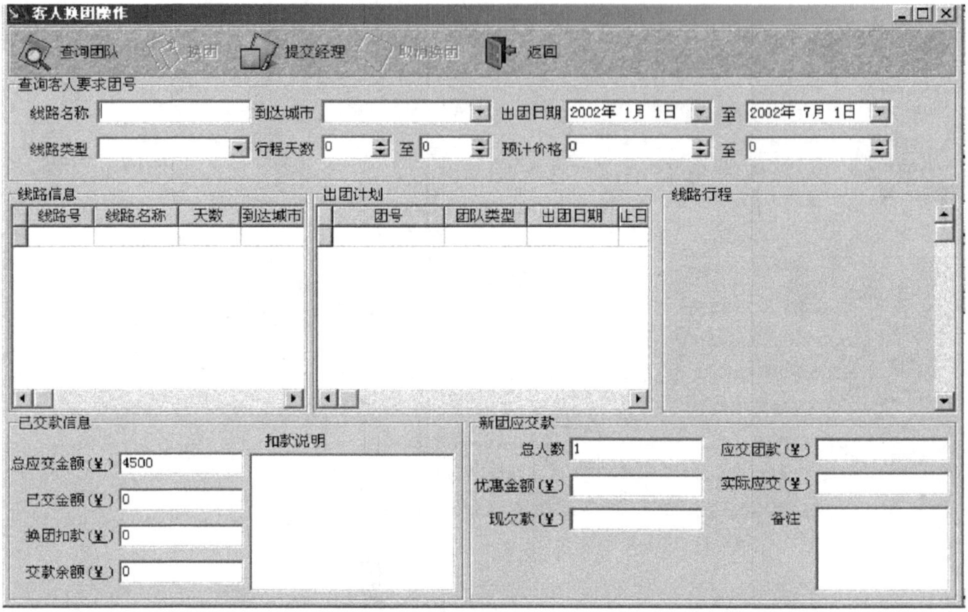

图 4.51　换团操作界面

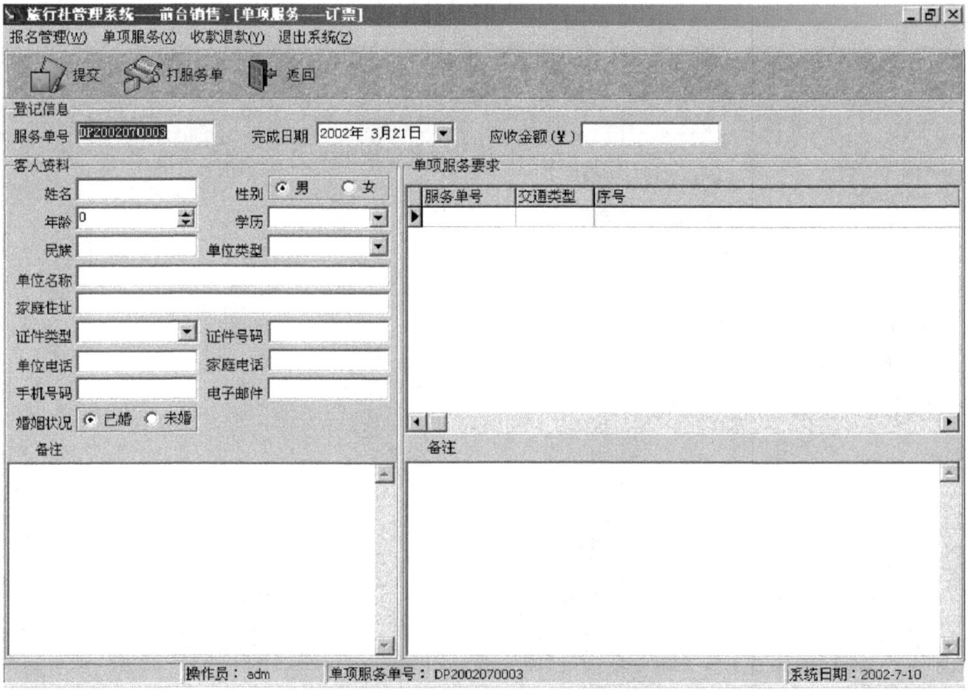

图 4.52　单项服务之订票界面

以及取消退团的业务操作。

换团操作如图 4.51 所示。有关报名修改与资料修改操作可参照上述介绍，不再赘述。

3. 单项服务

以订票为例(图 4.52)，服务单号是系统默认标志符，具有不可重复性和不可修改性。在空白处输入相应信息，完成后点“提交”按钮。有关单项服务中的订车、订房和其他登记与订票登记相同。

4.5.5 财务结算

财务结算子系统由 3 个主要模块组成，财务收款模块可以实现散客、团体、外社游客收款和单项服务收款功能；财务付款可以实现出团借款和旅行社付款的功能；财务结算提供了单项服务、团队销售结算和返团结算功能。

1. 收款操作

散客收款界面如图 4.53 所示，在窗口上方输入团队信息，通过左上方的“查询”按钮，找出要收款游客所在的团队(同时可以在本窗口内查看游客资料，进行相应的退款操作)。单击“散客收款”按钮，进入收款操作。相关信息输入完毕按确定，完成散客收款。团队游客收款、外社送客收款和单项服务收款与散客收款类同。

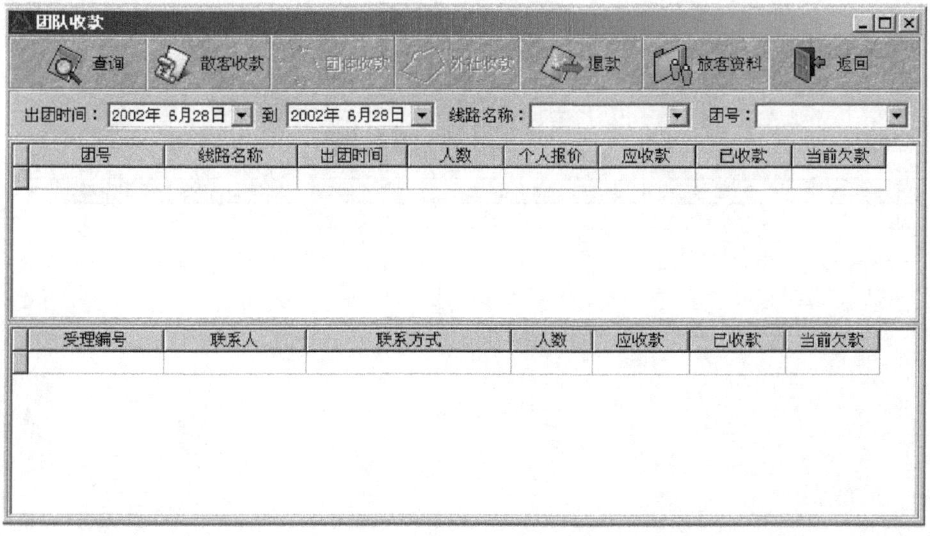

图 4.53　收款界面

2. 付款操作

图 4.54 是出团借款或旅行社付款的主界面。

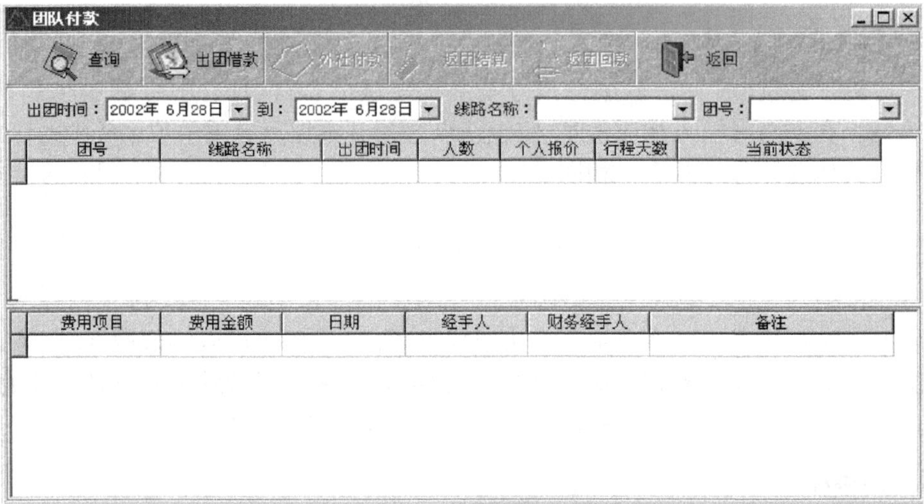

图 4.54 团队付款界面

3. 结算操作

单击单项服务结算，进入如图 4.55 所示的窗口。输入查询条件，点“查询”按钮，找出要结算的团队。选中该团，单击“结算”按钮，即可完成结算操作。返团结

图 4.55 单项服务结算界面

算操作步骤大致相同。点“打印”按钮可进行单项服务结算单和团队销售结算单的报表打印工作。

4.5.6　信 息 维 护

对旅游资料进行维护，为旅行社管理系统的运行提供支持，信息维护窗口如图 4.56所示。该系统由信息维护，交通维护，景点饭店维护和代码维护等四大模块组成，每一模块下方对应相应的模块信息。通过点击下方的“追加”、“修改”、“删除”和“退出”按钮，可对窗口内的所有信息进行相应维护和退出操作。

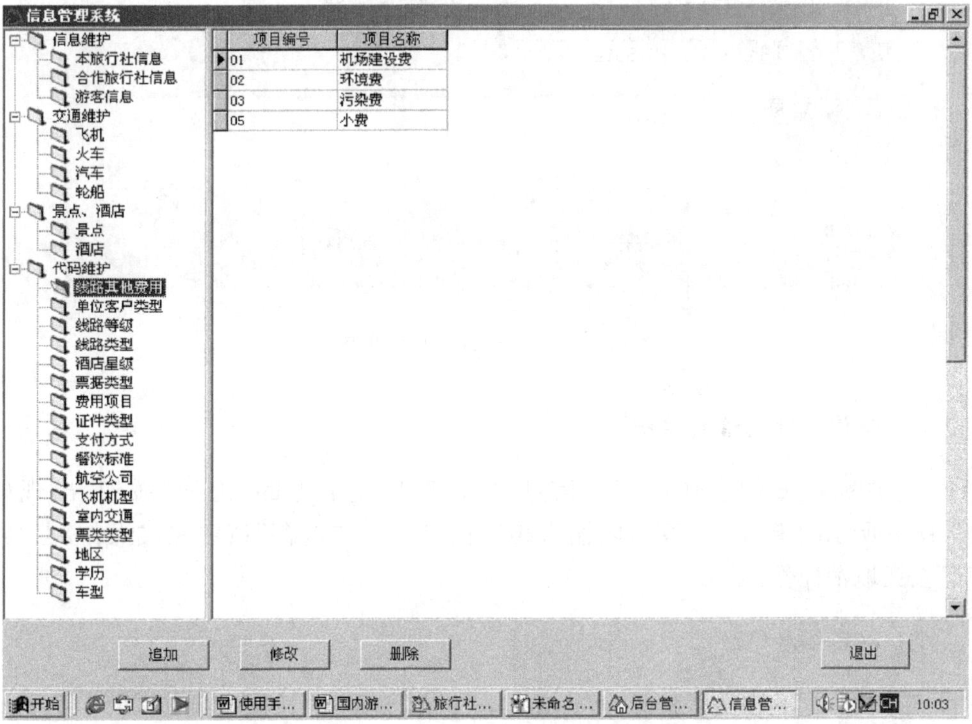

图 4.56　系统信息维护主界面

1. 信息维护

1）本旅行社信息维护

选中图 4.56 中本旅行社信息，单击窗口左下方的“追加”按钮，出现如图 4.57 所示的窗口，在空白处填上相应信息，点击“保存”按钮即可完成本社信息维护。

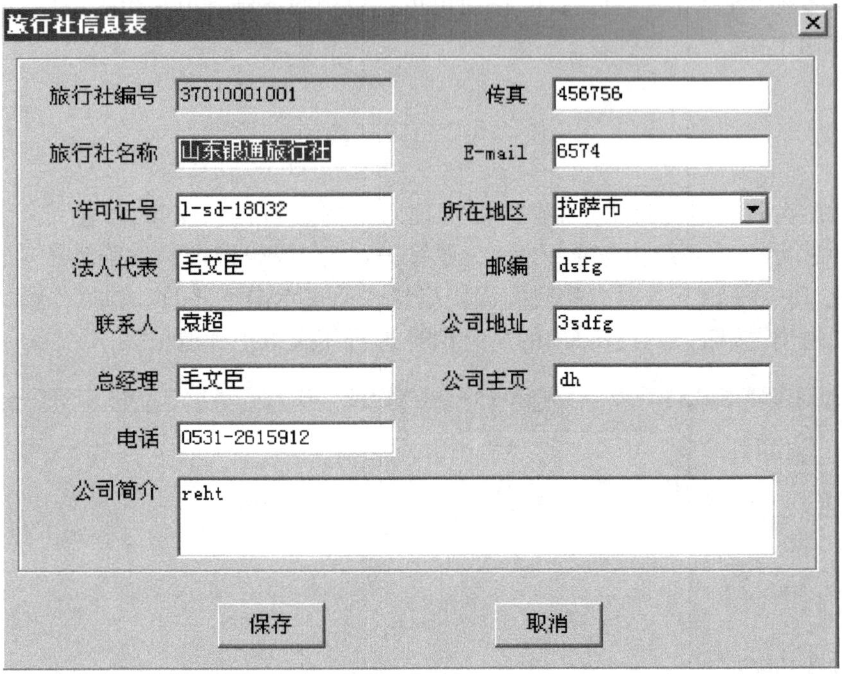

图 4.57　本旅行社信息维护界面

2）合作旅行社信息维护

选中图 4.56 中合作旅行社信息，单击窗口左下方的“追加”按钮，出现如图 4.58 所示的窗口。在窗口内输入相应信息，单击“保存”按钮完成操作，点“取消”按钮取消操作。

3）游客信息维护

选中图 4.56 中游客信息，单击窗口左下方的“追加”按钮，出现如图 4.59 所示的窗口。在窗口内输入相应信息，单击“保存”按钮完成操作，点“取消”按钮取消操作。

2. 交通维护

以飞机和火车为例，介绍其信息维护的基本操作。

1）飞机航班

选中图 4.56 中飞机，单击“追加”按钮，出现如图 4.60 所示的窗口。在窗口空

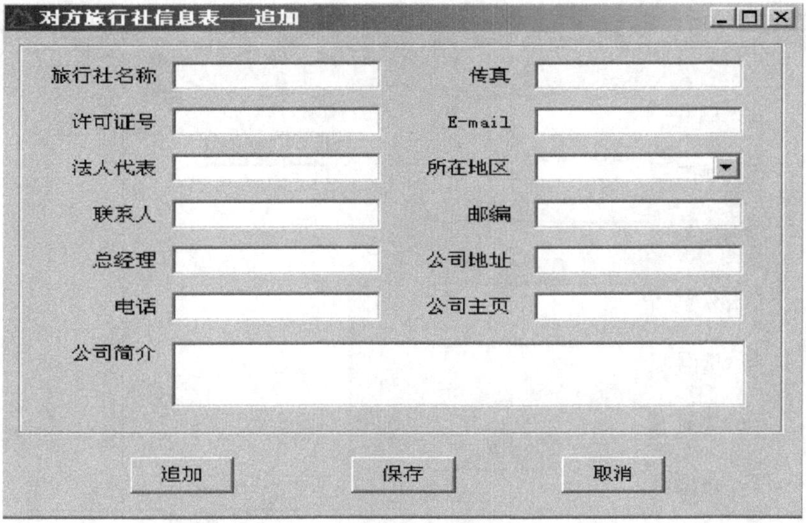

图 4.58　合作旅行社信息维护界面

图 4.59　单位客户信息维护界面

白处输入相应信息，输入完毕点“保存”按钮。若该航班途经多个站点，按先后顺序输入，每输入一个，按“Enter”键进入下一站点的录入。若一次需添加多条航班信息，在每输入完一条之后，点“追加”按钮即可输入下一条信息。

2) 火车

选中图 4.56 中火车，单击“追加”按钮，出现如图 4.61 所示的窗口。在窗口空

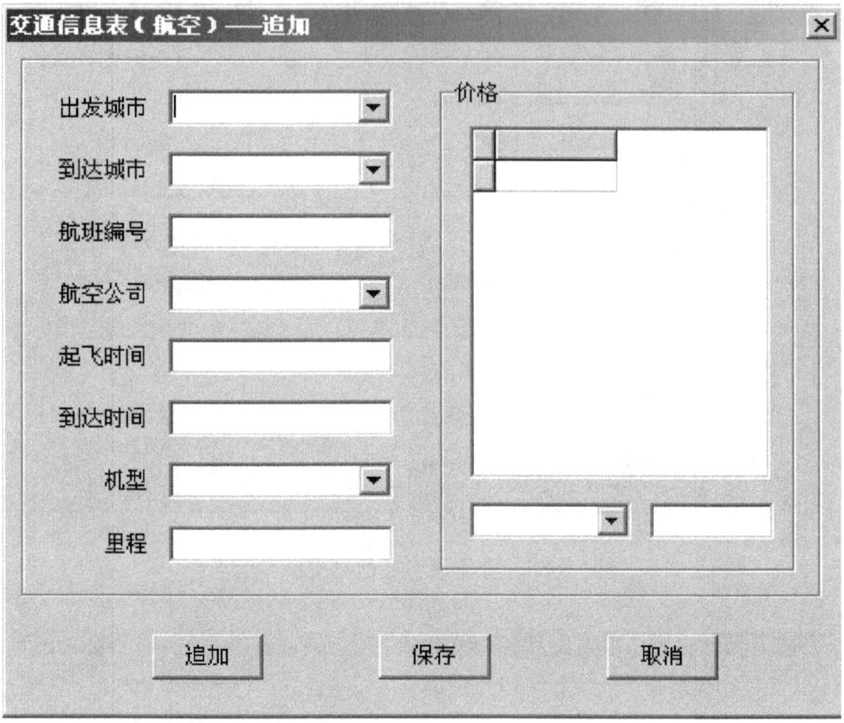

图 4.60　航空信息维护界面

图 4.61　火车信息维护界面

白处输入相应信息，输入完毕点“保存”按钮。若该火车途经多个站点，按先后顺序输入，每输入一个，按“添加”按钮进入下一站点的录入。若一次需添加多条车次信息，在每输入完一条之后，点“追加”按钮即可输入下一条信息。

3. 景点、饭店维护

1）景点维护

在图 4.62 中输入相应信息，输入完毕点“保存”按钮，所添加的景点信息出现在图 4.56 中的右列表中。若一次需添加多条景点信息，在输入完成一个之后，可单击“追加”按钮进行重复性增加。

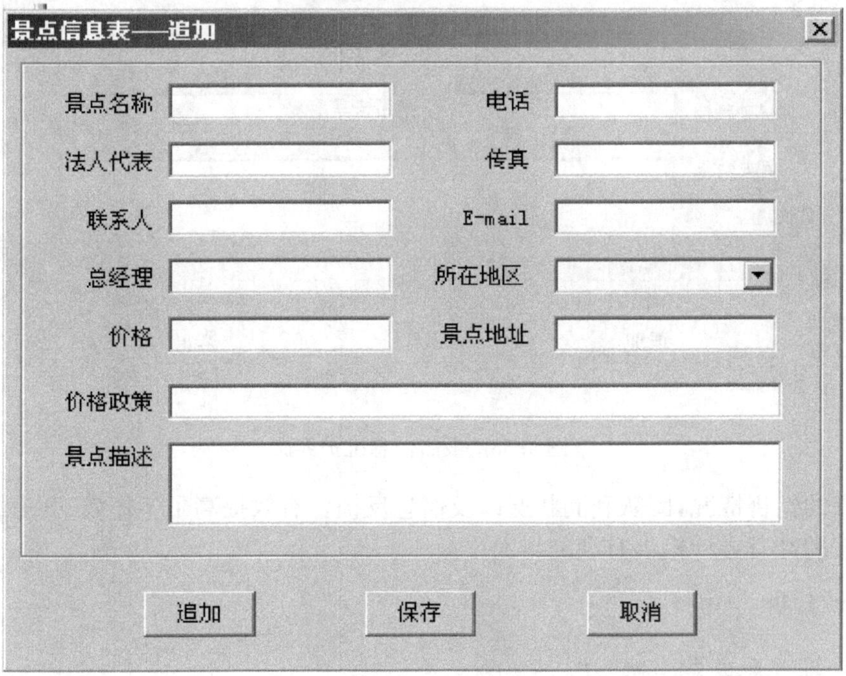

图 4.62　景点信息追加

2）饭店维护

饭店维护同上述景点维护操作流程，维护界面如图 4.63 所示。

4.5.7　数据查询与数据分析

该系统提供了系统分析和经理查询两个功能模块，便于公司领导及时了解各

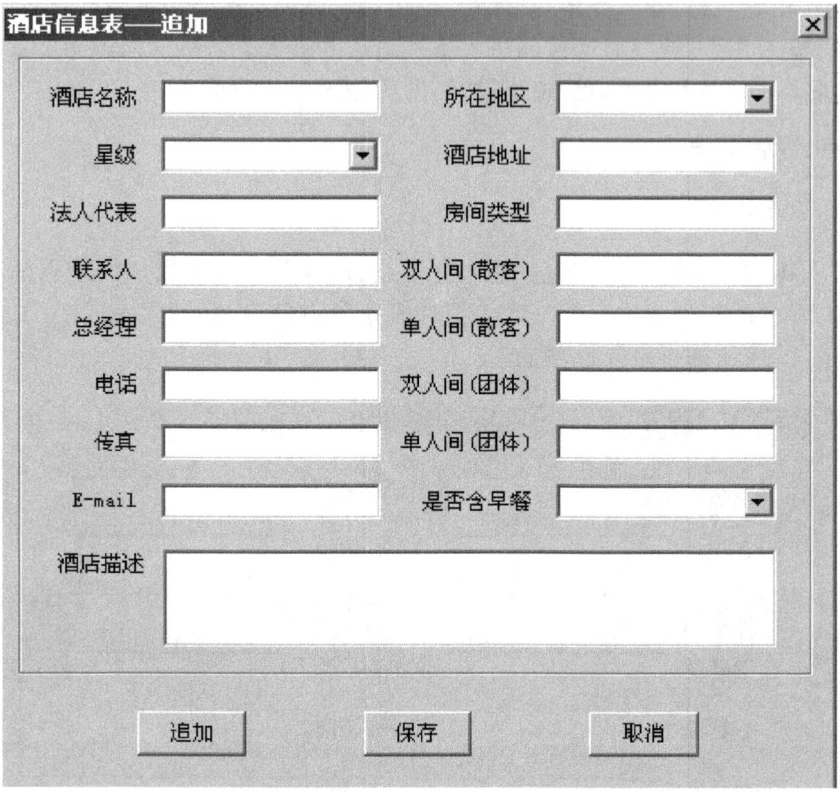

图 4.63　饭店信息维护界面

销售点的销售情况，团队利润状况以及信息反馈。有效提高了工作效率，为经理制定更好的经营方针提供有利的帮助。

1. 统计分析

1）单项服务营业额查询

如图 4.64 所示，窗口上方的中间位置为查询部分。输入相应信息，再单击左上方的“查询”按钮，可查询各类服务的营业额。通过“打印预览”和“打印”按钮可以对所查询的信息进行预览和打印工作。

2）团队收支情况查询

如图 4.65 所示，在查询位置输入要查询的信息，点“查询”按钮。在窗口下方的左列表中，出现要查询的团队信息，右列表中出现本团队收、付款信息以及关于地接社的业务往来账目信息。

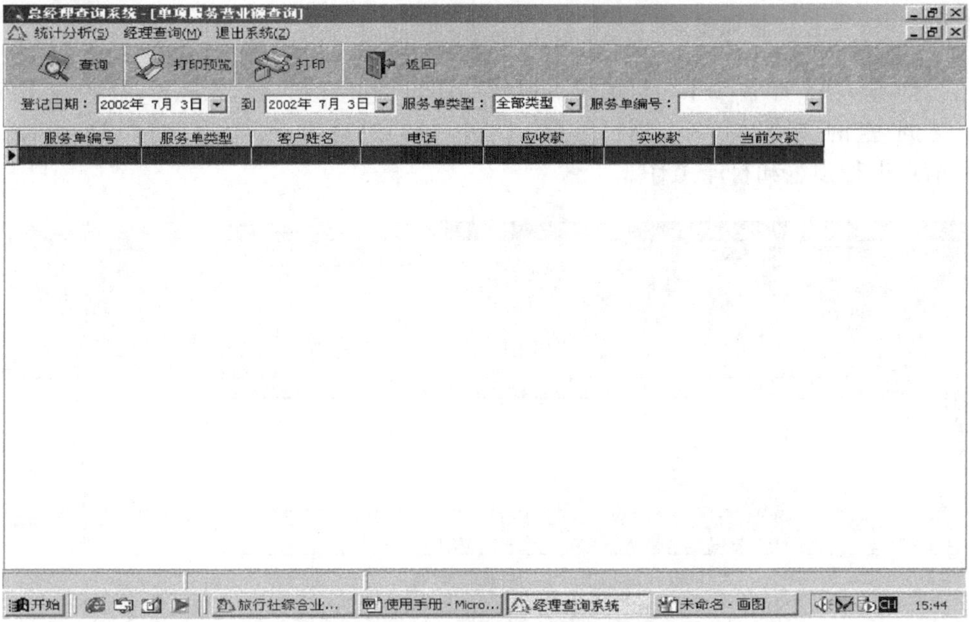

图 4.64　单项服务营业额查询界面

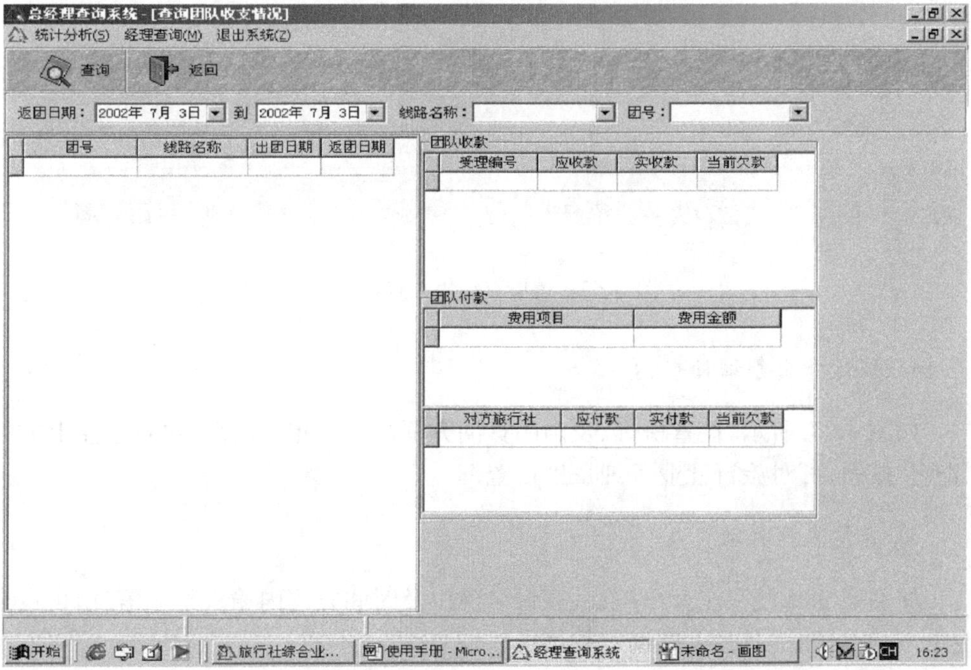

图 4.65　团队收支情况查询界面

3）销售点销售额查询

如图 4.66 所示，在部门、销售点以及出团日期方框内输入相应信息，再点击左上方的“查询”按钮，可查询销售信息。另外，可通过“打印预览”和“打印”按钮对查询信息进行预览和打印工作。

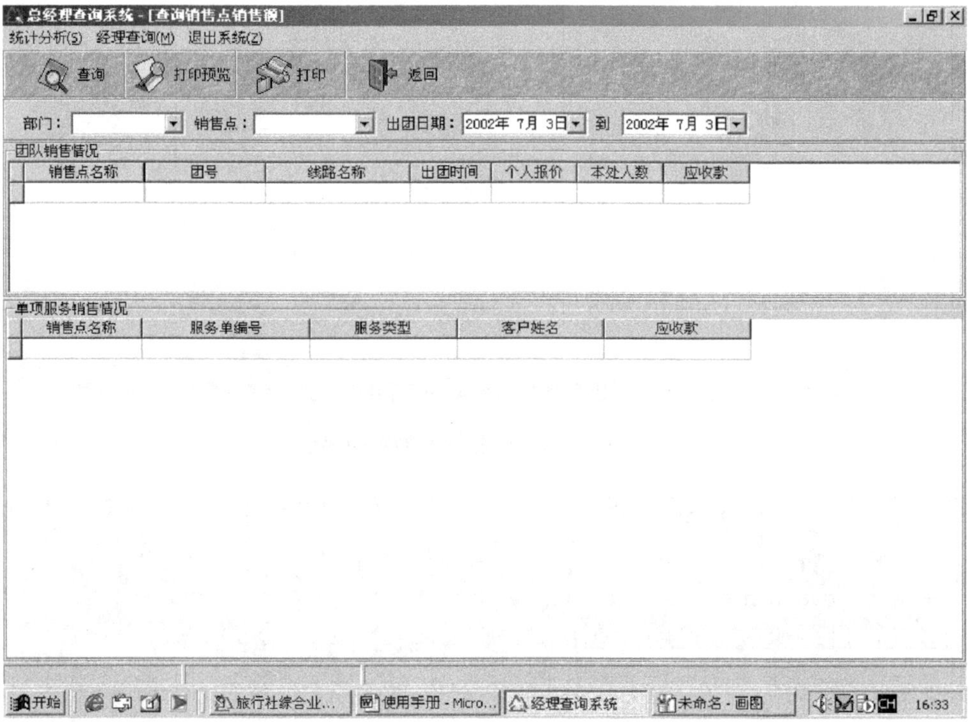

图 4.66　销售点销售额查询界面

4）旅行社业务细目查询

如图 4.67 所示，在省份，以及出团日期方框内输入相应信息，再点击左上方的“查询”按钮，可对旅行社业务细目进行查询。

5）查询客户收款

如图 4.68 所示，在客户类型、客户名称以及时间方框内输入相应信息，再点击左上方的“查询”按钮，可查询收款信息。

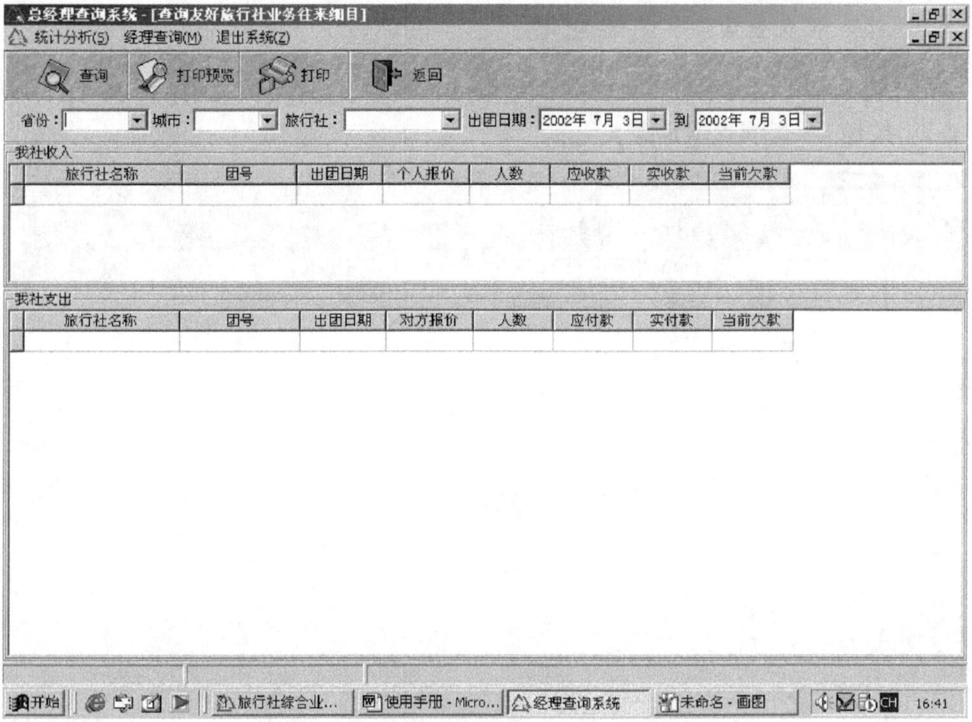

图 4.67　旅行社业务细目查询界面

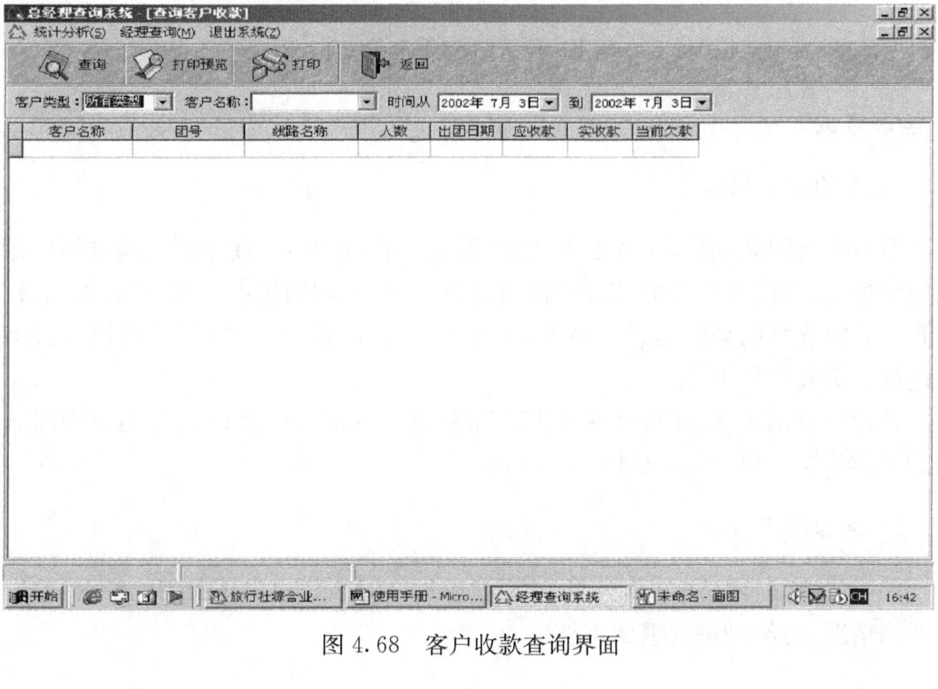

图 4.68　客户收款查询界面

6）个人收支查询

如图 4.69 所示，在员工姓名以及时间方框内输入相应信息，再点击左上方的“查询”按钮，可查询收款信息。

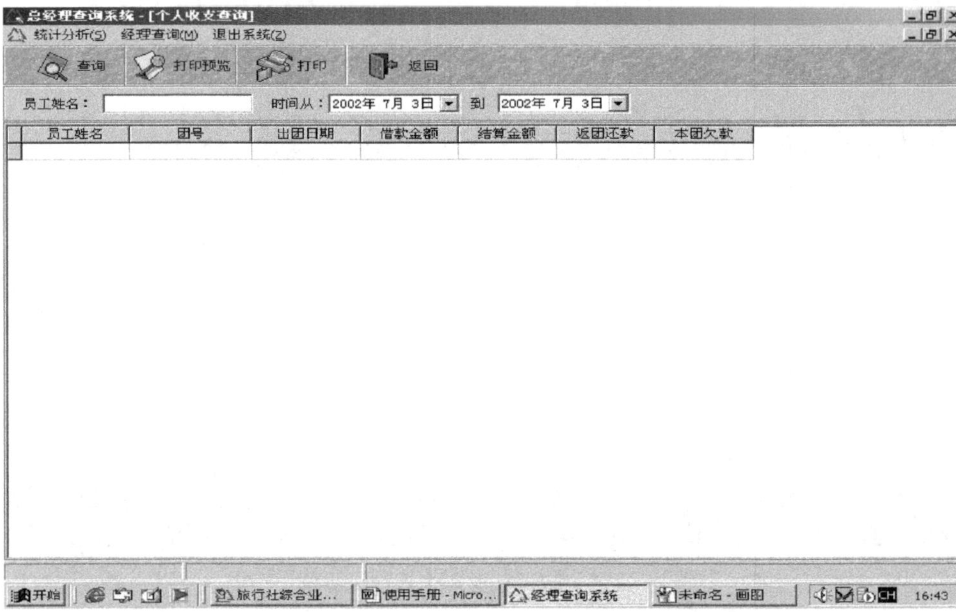

图 4.69　个人收支查询界面

2. 经理查询

1）查询团队利润

单击查询团队利润，进入如图 4.70 所示的查询窗口。在返团日期方框内输入相应信息，再点击左上方的“查询”按钮，可查看团队利润信息。点击“收支细目”可查看团队收支款的详细信息。另外，也可通过“打印预览”和“打印”按钮对查询信息进行预览和打印工作。

各销售点销售额、旅行社业务汇总和客户业务汇总的查询与上述查询团队利润的操作步骤一致，不再赘述。

2）游客退团审批

如图 4.71 所示，通过点击左上方的“查询”按钮，找出申请退团的游客信息，根据适当情况，总经理进行退团审核。

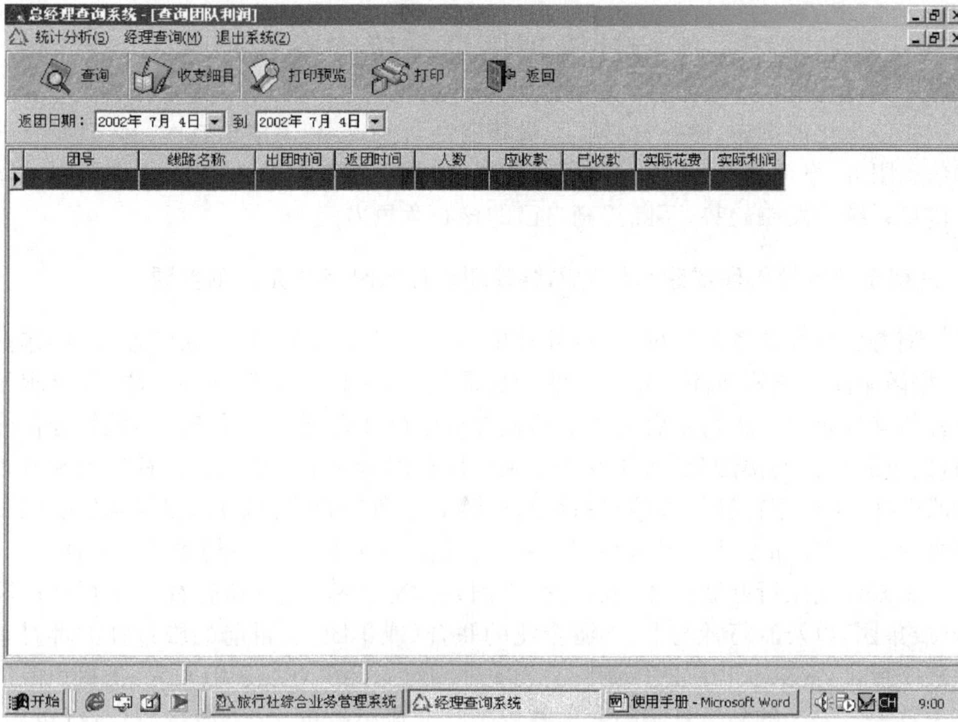

图 4.70　团队利润查询界面

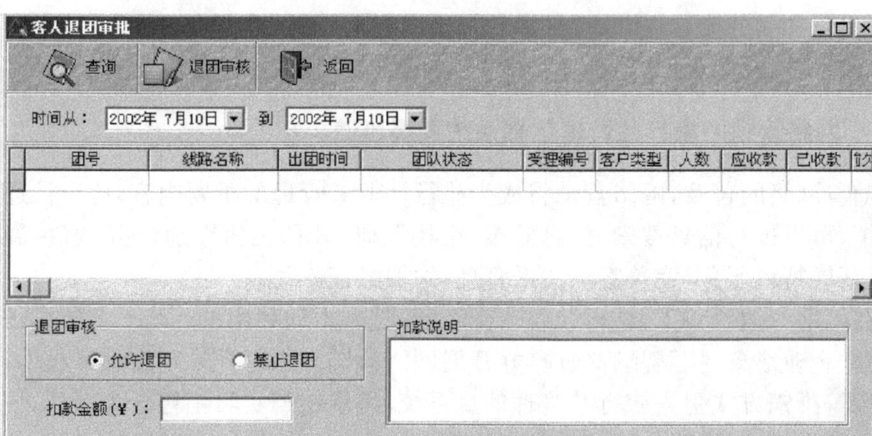

图 4.71　游客退团审批界面

4.6 旅行社管理信息系统的发展趋势

在信息化浪潮中，旅行社必须积极转变经营模式，利用信息技术完善自身管理和信息服务，发挥个性化、情感化服务优势，加强线路组织设计能力，把握旅行社管理信息系统的发展趋势，不断提高自己的核心竞争力。

1. 适用于旅行社集团或联合体的网络管理信息系统将优先得到发展

随着旅行社业务的扩展，旅行社从单一经营转为多种经营，联营业务、协作业务、松散集团或紧密集团是旅游行业的普遍趋势，无论采取哪一种方法，都要求旅行社与其他企业间进行信息交流。这就要求旅行社管理信息系统扩展网络通信能力，促进旅行社的集团化、协作发展。旅行社利用 Internet 建立旅行社集团和旅行社联合体、实现旅行社管理信息系统与旅游电子商务的综合集成，是未来发展的重要方向，是当前和今后一段时期旅行社行业信息化发展的重要趋势和主要任务。

未来建立旅行社联合体和旅行社集团是大势所趋，包括旅行社与旅行社的联合（或集团）以及旅行社与上、下游企业的联合（或集团）。目前的旅行社大都是单一性企业，以提供非物质的旅游产品为主，受政治、经济环境影响较大，抵御风险的能力较差。未来的旅行社将与其他的旅行社或旅行社的上、下游旅游行业（饭店、景区、汽车公司等）联合，使其朝着联合体和集团化的方向发展，这样不仅可以在集团内部（联合体内部）为旅游者提供一条龙服务，提高服务质量，而且可以降低部分成本，避免利润外流，从而取得最大的经济效益。因此，建立基于 Internet、适应大型旅行社集团或联合体的、具有智能辅助决策的管理信息系统将会有长足的发展。

2. 基于网络营销的旅行社管理信息系统发展迅速

随着网络的普及，网络营销将成为旅行社业务管理的重要内容，旅行社通过网络营销，可以进行信息搜索、信息发布、市场调研、开拓销售渠道，还能够扩展品牌价值，开展特色服务，完善客户关系管理，增加经济效益。

在网络营销趋势下，旅行社要改变经营观念，主动利用 Internet 宣传自己的产品，树立企业形象，拓展品牌效应，并开展网络营销。旅行社采用多媒体技术，将视频音像等推销方式引入旅行社管理信息系统，将推销与实际销售合为一体，提高信息系统的促销功能，增加经济效益。将 Internet 与旅游线路互动设计相结合，实现旅游产品的个性化。为了适应旅游者的不同需求，部分网上旅游营销系统已经推出了“自助旅游”活动。旅游者通过网络，利用计算机、PDA、甚至手机发送自己的旅游目的地、旅游天数、起止日期和期望价格等，旅游企业在成本控制的前提下，能够及时反馈个性化的旅游线路，并制定不同的价格，从而使旅游产品向“度身定做”

的方向发展。旅游产品的“定制”将成为旅游营销的重要组成部分，个性化旅游也将成为旅游活动的主流。基于网络营销的旅行社管理信息系统因顺应潮流而受到越来越多旅行社和游客的青睐。

思　考　题

1. 旅行社的职能有哪些？结合其职能分析旅行社开发或引进旅行社管理信息系统的必要性。
2. 与旅游发达国家相比，我国旅行社信息化存在哪些差距？
3. 在设计旅行社管理信息系统过程中，如何针对旅行社自身业务特点设计后台数据库？
4. 旅行社是否会被 Internet 所替代？结合目前网络旅游资源发展情况谈谈原因。
5. 随着网络技术的普及和发展，未来旅行社应该如何去适应和改善自身的生存环境？
6. 调查当地主要旅行社，了解其业务流程和信息化发展水平。
7. 查阅相关资料，结合调研，分析制约旅行社信息化、应用旅行社管理信息系统的原因。
8. 结合调研，评价本地主要国内旅行社管理信息系统或业务系统软件的设计理念与功能。

第5章 旅游交通信息系统

旅游从本质上说包括旅行和游览两方面的内容。旅行是手段,游览是目的。旅行是依靠旅游交通实现的,没有旅游交通,就没有旅行,旅游者也就不能到达旅游目的地进行游览。所以说旅行是必需的,旅游交通也是必需的。旅游交通是交通运输的一个有机组成部分,是在公共客运交通工具不能完全满足需求的情况下产生的特殊交通方式,它与公共客运运输有着密切的关系。在信息化浪潮中,旅游交通规划、管理调度和服务保障等领域与信息、网络技术的结合越来越紧密,并正在向智能交通系统及其产业化方向发展。

5.1 旅游交通信息系统概述

1. 旅游交通

旅游交通是指为旅游者在旅行游览过程中所提供的交通基础设施、设备以及运输服务的总称。它具有交叉性和共享性两个明显的特点。交叉性是指旅游交通是旅游和交通的融合与交叉;共享性是指进出景区的旅游交通与其他公共交通可以相互通用、相互共享,但景区内的旅游交通一般是专为旅游服务的。因此,在实际工作中有时很难严格区分旅游交通和非旅游交通。

旅游交通作为一个交叉性产业,它与国民经济交通运输业有许多共同之处,同时,作为一个相对独立的产业又有其自身的特点。

1) 游览性

旅游交通具有较强的游览性,更强调舒适性,这是它与其他公共交通的一个显著差别。旅游交通一般只在旅游客源地与目的地之间进行直达运输,在若干旅游目的地之间进行环状运输,使旅游者在最短的时间内到达目的地,便于游览。此外,旅游交通还强调设施、服务等方面的优质化。

2) 季节性

由于旅游本身具有较强的季节性,使得旅游交通随着季节和时节的移动而发生明显的、有规律的变化。旅游旺季时,旅游客流骤增,旅游淡季时,旅游客流骤减。这种季节性变化给旅游交通经营带来很大困难,很难做到既为旅游者提供足够的运力,同时又可以获得合理的经济效益。

3）区域性

旅游本身具有一定的区域性。旅游交通的线路根据旅游流的流向、流量、流时和流程等因素，集中分布在旅游客源地与目的地之间，以及旅游目的地内各旅游集散地之间，具有明显的区域性。旅游者首先从各旅游客源地集中流向旅游目的地的口岸城市和中心旅游城市，然后向其他热点旅游城市和旅游区分流，之后才向其他一般旅游城市和旅游区延伸。

通常将旅游客源地与目的地之间的交通称为外部旅游交通或大交通，它决定着旅游者可以进出旅游目的地的总量，对旅游业的发展具有重要的战略意义。与之对应的是内部旅游交通，统称小交通，它决定着能否保持旅游交通热、温、冷线旅游客运量的相对均衡，保证旅游者在旅游目的地内正常流动和分流，对旅游业的发展具有重要现实意义。基于前者，已经建立起包括航空、铁路、公路在内的部门交通信息系统或客票分销预订系统；基于后者，已经建立起许多旅游目的地或城市交通信息系统。“一站式”的综合旅游交通信息系统或旅游客票发售预订系统将成为今后一段时间旅游交通信息化的重要趋势。

2. 交通信息

交通信息是与上述交通系统各要素所关联的一切信息，包括交通运行、营运、管理、服务 4 个部分。按其属性分为动态交通信息和静态交通信息两大类。动态交通信息包括道路阻塞、道路畅通、车流量、突发事件、交通控制信号、交通诱导信息等；静态交通信息有路网分布、停车场、收费价格、道路养护信息、交通限制状况等。广义的旅游交通信息除了上述与旅行相关的交通信息外，还应该包括与旅游活动相关的景区景点、购物场所、娱乐场所、气象等信息（图 5.1）。

3. 旅游交通信息系统

旅游交通信息系统是旅游交通和旅游业信息化的重要标志。它以旅游者“进得去、散得开、出得来”为基本目标，以旅游交通融入旅游，最佳改善交通为最终目标，集各种旅游交通信息的采集、处理、查询及票务等服务功能于一体，由硬软件共同构成的计算机管理信息系统。与饭店、旅行社管理信息系统不同的是至今还没有一个专门为旅游交通服务的全要素交通信息系统在实际运行，但基于铁路、公路、航空等运输部门的专题交通信息系统正在建设或已经实际运行。其中，涉及与旅游出行相关的客票发售和预订系统都已经建立起来。

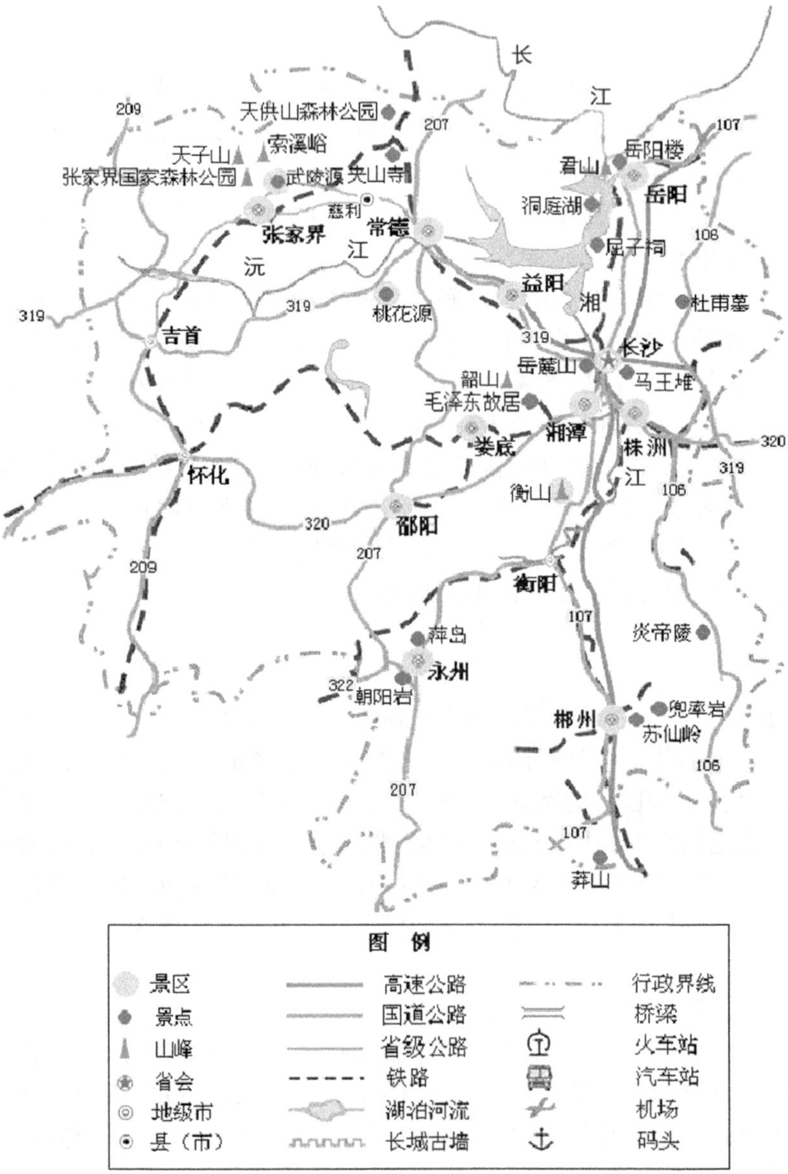

图 5.1　湖南旅游交通示意图

5.2　旅游交通信息系统需求分析

中国是世界上拥有最大的铁路、公路运输网的国家之一。铁路和公路仍是国内旅游的主要旅行方式。航空交通因其迅速、方便和舒适，能跨越各种自然障碍，在洲际旅游和国际旅游中起主要作用，尤其适用于远程旅行。

中国人口众多，客票发售量不但大，而且热线车（机）票和售票时间较为集中，在售票高峰时，发售和预订供不应求，因此，每一张客票均要精确地确定坐席，并且是当日当次有效。加上票种繁多、票价复杂、票额预分、坐席复用和规章众多等，给数据组织和数据库管理增加很多约束条件和困难。国家和地方各交通部门在“九五”和“十五”期间都着力建设自己的、适应中国国情的交通综合信息平台。一般交通信息系统由交通信息采集、信息分析处理与辅助决策、信息发布等子系统组成，可以为用户（包括管理者、出行者等）提供各自关注的交通信息。本章讨论和设计的交通信息系统主要是服务于旅游代理商和游客（包括潜在旅游者）出行的旅游交通信息系统。

5.2.1　数据需求分析

1. 旅游目的地相关数据

根据系统的空间边界，可能需要地市级、省级、区域级，甚至全国不同尺度的各主要旅游城市和目的地的基础地理数据、与旅游相关的其他空间数据和社会经济数据。如地形图（地理信息基准图）、道路网数据（道路等级、路段长度、通行能力、交通组织方式等）、公交网数据（场站位置、面积、停车数量、线路名称、走向、长度、站点、运行时间、发车间隔、车辆类型）、城市铁路数据（线路走向、站点位置、站点名称、道口类型、道口名称）等。

2. 全国交通路网及航班车次数据

包括全国交通分区数据（行政区划名称、各类交通运营调度分区情况），铁路、公路路网数据（如里程、路况、客运站点等），车辆状态（如类型、等级）、班次、运行时刻、区间站点、票务等数据，航线、航班、机场等民航客运等数据。

5.2.2　功能需求分析

离开居住地到异地旅游，往往需要多种交通方式组合才能往返于居住地和目的地之间。因此，构建一个服务于旅游者的、综合的旅游交通信息系统平台可以方便发布旅游出行信息，提供各类交通信息查询，进行交通换乘方式规划，实现远程预订和购买客票等，对提高出行效率和解决出行换乘问题具有极其重要的意义。其基本功能包括以下两个方面：

（1）提供“一站式”服务，实现与已有客票预订分销系统的链接，能够方便地进行航空、铁路和公路等旅游交通信息的查询、客票预订和发售等（图 5.2）。

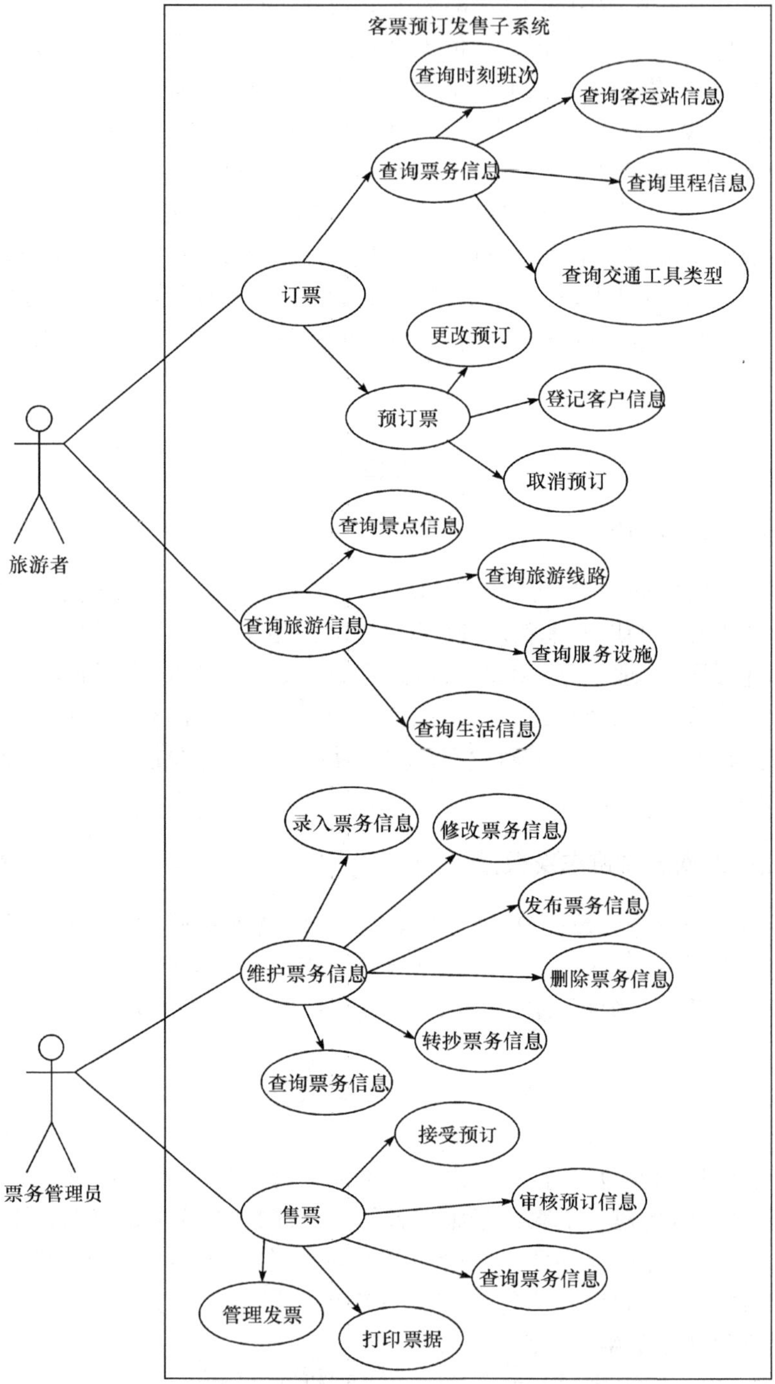

图 5.2　客票预订发售用例图

(2) 智能化地为用户提供客源地城市到旅游目的地之间旅游交通方案的设计,甚至是目的地内部的旅游交通的安排(图 5.3)。考虑到我国旅游信息化发展的现状,目的地城市内部的旅游交通出行设计暂不涉及。

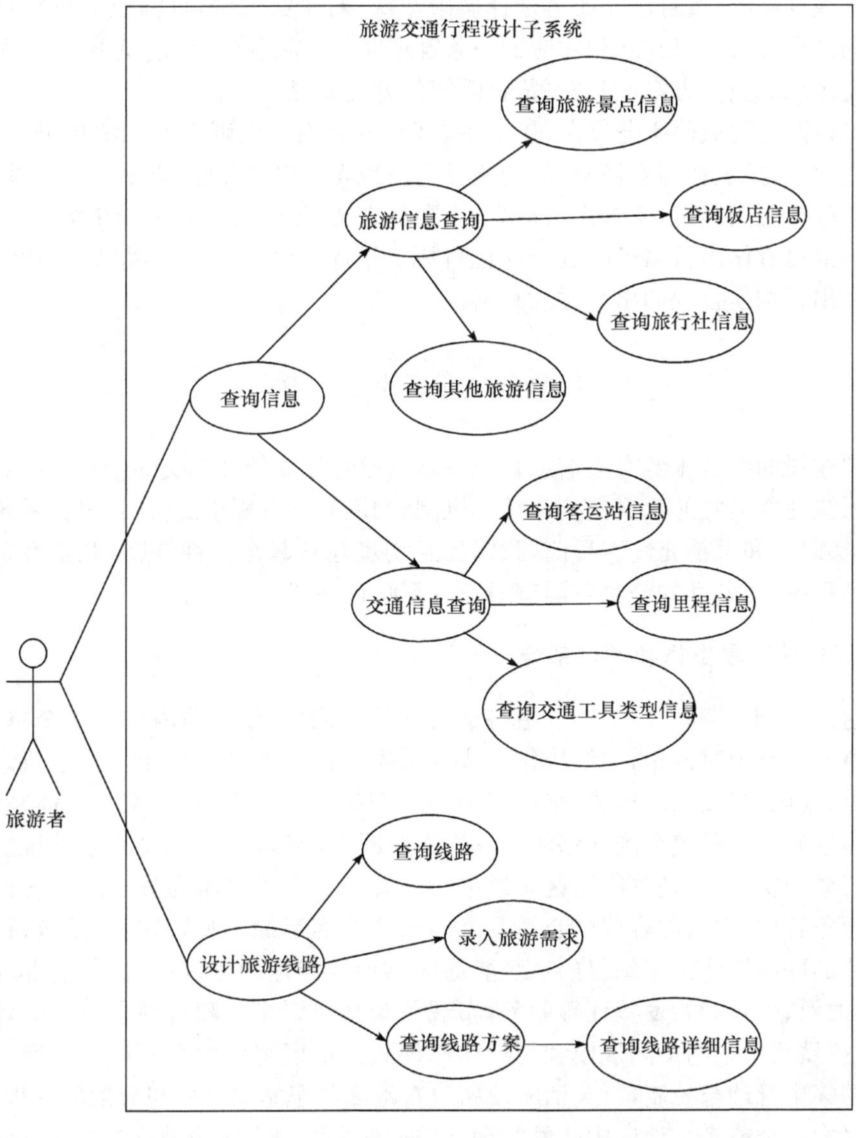

图 5.3　旅游交通行程设计用例图

出行路径集的要求有两种情况:一是要求实时查询;二是购买通票。当出现第一类情况时,可以提供两种查询方式:一是通过全国所有可换乘车站的车次数据库,由旅客直接查询,这适用于对全国路网较熟悉的旅客;二是由旅客提供最终到站和换乘要求，由计算机进行一定处理后给出建议方案。第二类情况，即旅客来到车站窗口前要求购买通票，一般也有两种可能：一是只有到站要求；二是明确换乘方案，即在何处换乘何车次。对于第一种可能，需要窗口给以一条客运路径，当旅客到达换乘站后，按自己需要再选择换乘车次；对于第二种可能，仍要求窗口按其提出的换乘方案给以与之相对应的一条客运路径，而当旅客到达换乘站，也可以变更原先预想的换乘方案，但需要符合既定的客运路径。

出行路径的成因十分复杂，包括主、客观两方面。主观因素无法预测，如广州旅客去北京，要求在西安换乘，此种路径无法预先算出；客观因素属可测范围，如旅客要求旅行距离最短，换乘次数最少，换乘最方便，旅行时间最短和花费最少等，这五项因素可看作出行路径的五个优化目标。据此已经形成一些模型，可智能化地为用户出行构建合理的出行方式和路径。

5.2.3 接口需求分析

拟建设的综合旅游交通信息系统应该与已经建立的部门交通信息系统或联网售票系统建立良好的数据交换和共享机制，利用第三方提供的接口，增强系统的适用性、实时性和可扩充性。目前，我国已经初步建立起全国性铁路、航空客票预订和分销系统，区域性的公路客运交通信息系统正在建设过程中。

1. 中国铁路客票发售和预订系统

这是“九五”期间，以中国铁道科学研究院为依托，集中路内外数十个单位、上百名科技人员历时四年，团结协作完成的国家科技攻关计划重中之重项目。系统由中央、地区、车站三级构成，采用集中与分布相结合的客户机/服务器体系结构，初步建立起一个覆盖全国铁路的计算机售票网络（图 5.4）。车站售票系统主要是面向售票的实时交易服务；地区客票中心主要是面向以坐席为核心的调度控制和客运业务管理；铁道部客票中心主要是面向全路客运的宏观管理、营销分析，并保证全路的联网售票。车站售票系统能适应本地和异地的售、订、退票，能办理普通车票、通票、中转和始发签证等业务，实现了车站售票作业和管理全过程的计算机化，适应铁路车站的不同规模和售票组织模式。地区客票中心实施对票额、计划、数据的集中管理与控制，可灵活实现席位在地区与车站间集中与分散的处理，适应铁路局内一个或多个地区中心的管理。铁道部客票中心实施基础数据的全路统一管理和复制、全路客运营销分析和全路客票系统的监控。

2. 公路客运联网售票系统

尽管全国统一的公路客运联网售票系统尚未建成，但基于区域性的公路客运

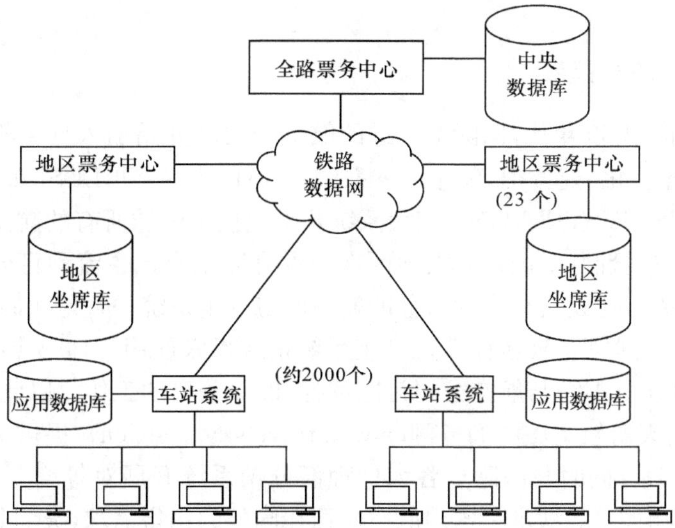

图 5.4　铁路客票发售和预订系统结构图

联网售票系统已在江苏、北京、上海等省市建立起来(图 5.5)。

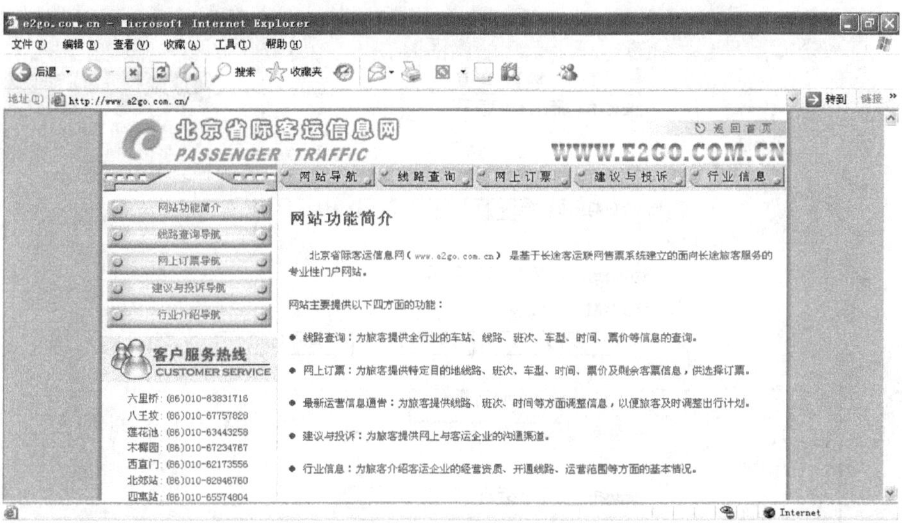

图 5.5　北京省际客运信息网功能

区域性道路客运信息服务系统由联网售票系统、运政信息系统、客运企业信息服务系统、决策支持系统和出行服务系统等组成。先期建成并应用的江苏省公路客运联网售票系统实现了全省运输经营业户管理、营运车辆管理、客运班线、运输调度、班次管理、站点管理、票据管理、网络售票、联网检票、统计、查询、代售结算、站运结算等。

3. 中国航空旅游分销系统

早在20世纪60年代,国际上先进的航空公司就开始引入计算机系统应用于业务处理的自动化,建立计算机订座系统。SABRE、WORLDSPAN、GALILEO和AMADEUS/SYSTEM ONE四大系统几乎包揽了全球所有的航空分销预订业务。受国家政策管制,中国是亚太地区唯一没有完全介入主流预订分销系统市场的国家,但是致力建设具有中国特色的航空旅游分销系统一直是我们的努力方向。

1986年,中国民航旅客计算机订座系统正式投入使用。1995年,完成了机票代理商订座系统(CRS)与航空公司订座系统(ICS)分离的工作。以此为后台支撑,民航建立了信天游航空旅游商务网(www.travelsky.com.cn),提供机票预订及信息查询(图5.6)。同时与国际上各大代理商分销系统开展对等商务合作,实现了对外航班直接销售,既满足了国内航空公司在国外的销售需求,又满足了国内代理商销售国外航空公司服务的需求。目前,中国民航信息网络股份有限公司着手在原中国民航订座系统(ICS/CRS)的基础上建设中国航空旅游分销系统,拟实现以下主要目标。

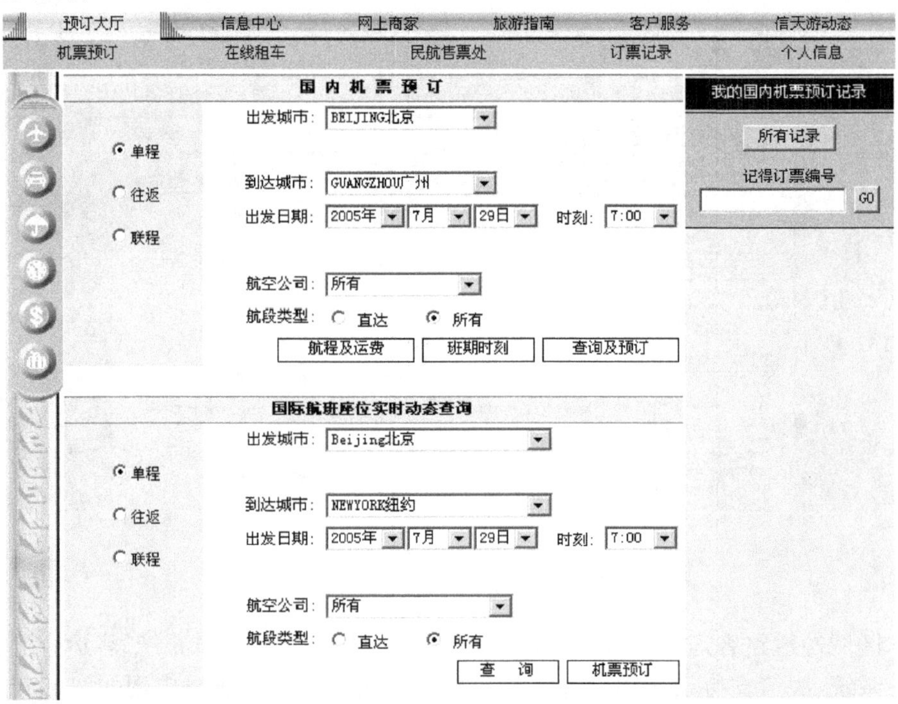

图5.6　网上航空预订界面(引自www.travelsky.com.cn)

(1) 订票功能:提供航班查询及订座;

(2) 出票功能:提供客票的打印,支持有关电子客票的功能;

(3) 运价功能:国际、国内各种运价的显示和自动计算;

(4) 后台支持系统:为代理商使用的财务结算、票证管理、公司档案管理等提供数据接口或直接提供产品;

(5) 非航空产品功能:有能力建立与国际、国内主要旅馆、旅游计算机管理系统的直接连接,保证代理商对饭店客房、旅游产品的实时查询及销售;

(6) 商务系统:各种统计数据、市场分析数据和财务数据的管理、分析;

(7) 前台产品:用 PC 替代非智能终端,开发多种用户服务程序;

(8) 综合信息系统:提供气象、海关及旅游等相关信息。

4. 目的地旅游交通信息系统

如果将城市作为一个旅游目的地,那么城市交通信息系统就是旅游地内部的旅游交通信息系统。城市交通信息系统是一个基于地理空间的、并非仅仅服务于旅游的综合交通运行的管理系统(图 5.7)。系统以交通道路网的地理位置为坐标,将交通特征数据与地理空间的点、线、面相结合,形成一个完整的、多层次的空间数据库,并建立相关模型知识库,在地理信息系统的支持下,实现了城市交通的高新技术管理,提高了城市交通的安全保障。

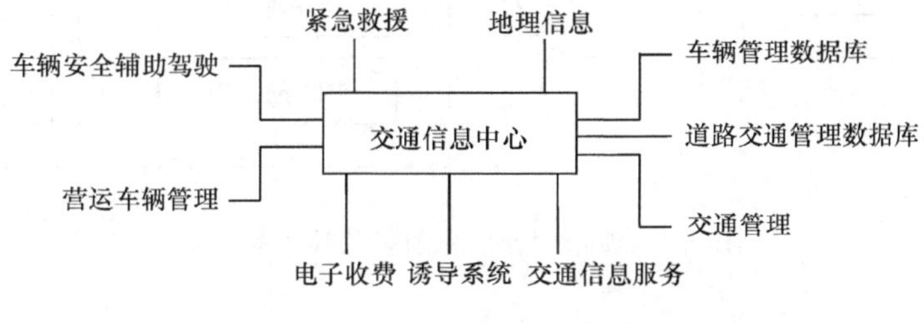

图 5.7　城市交通信息系统结构图(张宇等,2002)

除了具有一般管理信息系统的功能之外,城市交通信息系统在 GIS、GPS、GMS 和多媒体等通信与信息技术的支持下,交通信息采集、空间信息处理、交通信息发布、跟踪诱导、决策模拟等空间分析和定向服务功能显著加强(图 5.8)。就出行者而言,出行前通过办公室或家庭的计算机终端、咨询电话、咨询广播系统等,获取当前的交通和道路状况以及服务信息,选择出行方式、出行时间和出行路线。在出行途中,通过车载信息单元或路边动态信息显示板,了解道路条件、交通状况、车辆运行情况、交通服务的实时信息,通过路径诱导系统对车辆定位和导航,使汽车始终行驶在最佳路线上,以最佳的出行方式和路线到达目的地。

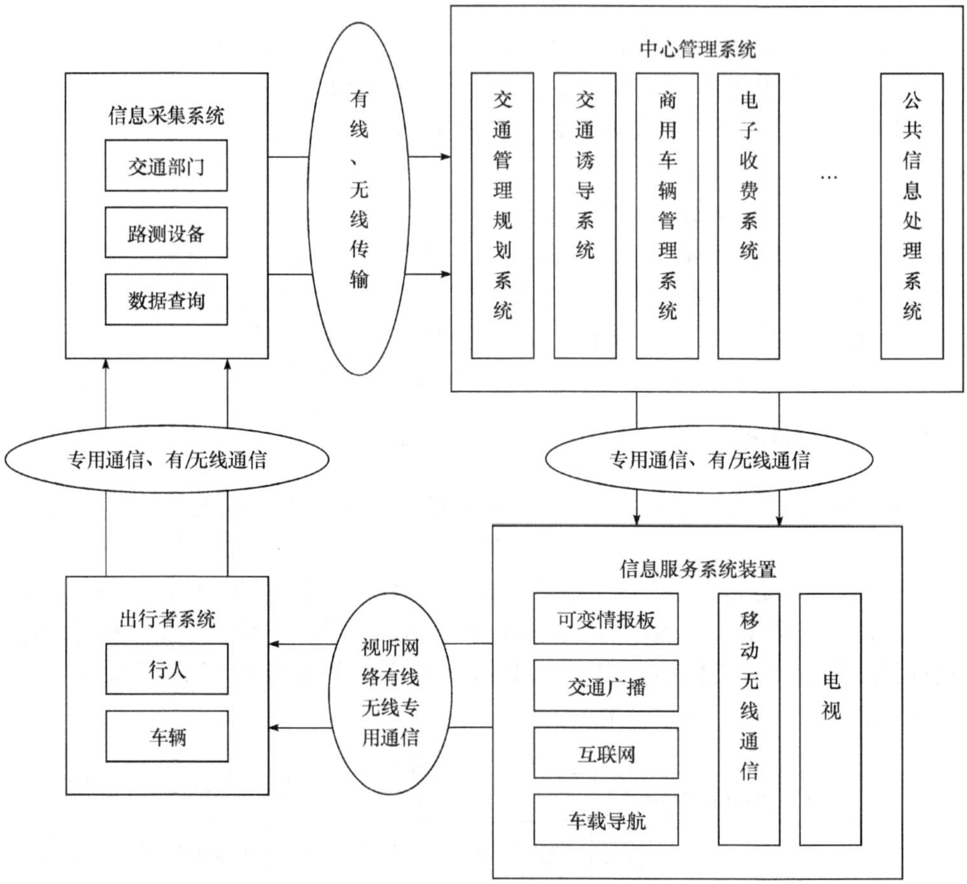

图 5.8　城市交通信息系统及其技术支撑

5.3　旅游交通信息系统设计

5.3.1　系统结构设计

旅游交通信息系统由本地的应用服务器、中心数据库服务器和民航、铁路、公路联网售票应用服务器等组成。系统通过 Internet 与上述交通行业部门提供的专用接口相连，班次、售票及其他交通数据经过加工、处理后提交到本地中心数据库，系统网络结构如图 5.9 所示。

由于各专门交通信息系统已经提供了相关航班车次、票务信息查询和客票预订的功能，本系统通过授权接口与之相连，获取相关数据，实现“一站式”客票预订

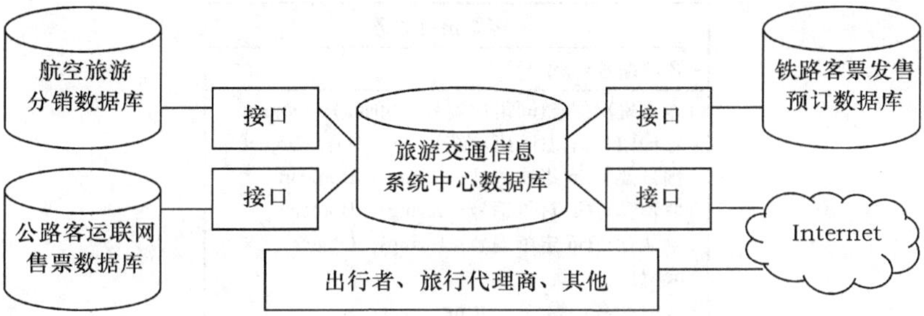

图 5.9　旅游交通信息系统网络结构示意图

和旅游交通行程的辅助决策，为游客提供可选择的交通方式和行程方案。系统软件结构如图 5.10 所示。

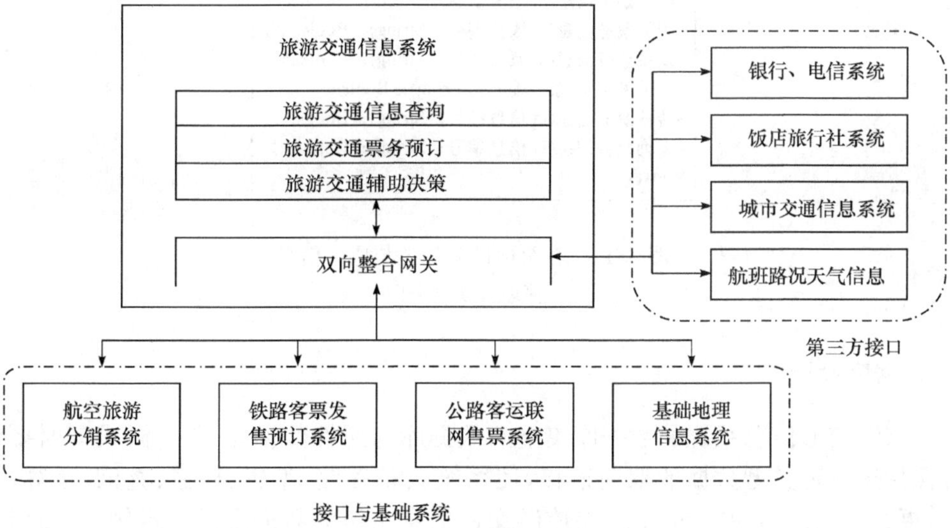

图 5.10　旅游交通信息系统软件结构示意图

5.3.2　数据库与类设计

1. 类设计

图 5.11 给出了在三层结构的系统开发模式下旅游交通信息系统的类设计示例，分别是客票预订业务类和票务信息存取业务类，它们为下一步的程序编写提供了详细的指导。

客票预订业务
-客户编号：String
+查询班次信息(in 班次编号：String)：Object +查询票务信息(in 班次编号：Object)：Object +预订票务(in 班次编号：String)：Boolean +取消预订(in 订单编号：String)：Boolean +确认预订(in 定单编号：String)：Object +new() +new(in 客户编号：String)

票务信息存取业务
+信息编号：String
+录入票务信息(in 票务信息：Object)：Boolean +修改票务信息(in 票务信息：Object)：Boolean +删除票务信息(in 票务编号：String)：Boolean +发布票务信息(in 票务编号：String)：Boolean +取消发布(in 票务编号：String)：Boolean +转抄票务信息(in 信息编号：String)：Boolean +查询票务信息(in 信息编号：String)：Object +new()

图 5.11　客票预订业务类与票务信息存取业务类图

2. 数据库设计

旅游交通信息系统的数据库集空间数据库与属性数据库于一体，设计时要注意保持这两种类型数据的双向连接，使系统具备存储、编辑、检索、查询、运算、显示、更新数据的能力。图 5.12 是旅游交通信息系统的数据库设计示例，主要包括交通票务信息、旅游者信息、预订信息、交通线路信息等。

5.3.3　系统功能设计

1. 交通、路况、旅游景点路线和天气情况等出行相关信息的查询

为旅游者出行之前可以查询目的地的近期天气情况，目的地以及目的地周边地区的旅游景点介绍，目的地的饭店、特产、公交、铁路、航空出行方式等信息，为出行决策提供信息。

图 5.12　旅游交通信息系统数据库

2. 航空港、客运站、运行线路、班次时刻、票务和售票网点情况的查询

旅游者选择公路或其他出行方式以后，查询所在地到目的地的客运线路、班次、时刻等道路客运信息，包括发车时间、发车客运站、车票的价格、余票信息，客车的车型等级、车况等，同时还可以查询售票网点分布，到达售票网点和客运站的交通情况等信息。

3. 网上订票售票

与其他系统设置接口，建立连接，提供预订公路客票、火车票、飞机票和客房等服务。网上订票售票可以通过电子支付或现金支付。订票成功后可选择送票上门或凭取票号在规定时间内到取票点取票，没有通过电子支付的车票过期不予保留。

4. 旅游交通辅助决策

根据旅游者的出发城市、目的城市、出发时间和出行意愿(如时间最短、费用最低、交通方式等)，应用接口系统提供的数据和系统本身的基础地理数据、交通路网数据，在地理信息系统技术支持下，辅助旅游者，包括驾车自助游者，进行出行方式、路线的设计。

5. 其他功能

包括系统维护、日志查询、数据统计、交通路网信息及基础地理数据更新等功能。

5.4 旅游交通信息系统的实现

尽管目前出现了一些类似"一站式"的交通预订系统，但真正将海陆空客票预订、查询、支付、出票等综合集成并具有多种出行方式和合理路径选择的"一站式"智能旅游交通信息系统尚未建成，这里给出的是概念性设计方案。

5.4.1 查询与预订

主要通过"一站式"旅游交通信息系统进行旅游交通信息的查询、客票预订等。本系统拟直接与已经建立的全国各部门交通信息系统通过接口相连，提供上述查询和预订服务(图 5.13 至图 5.16)。

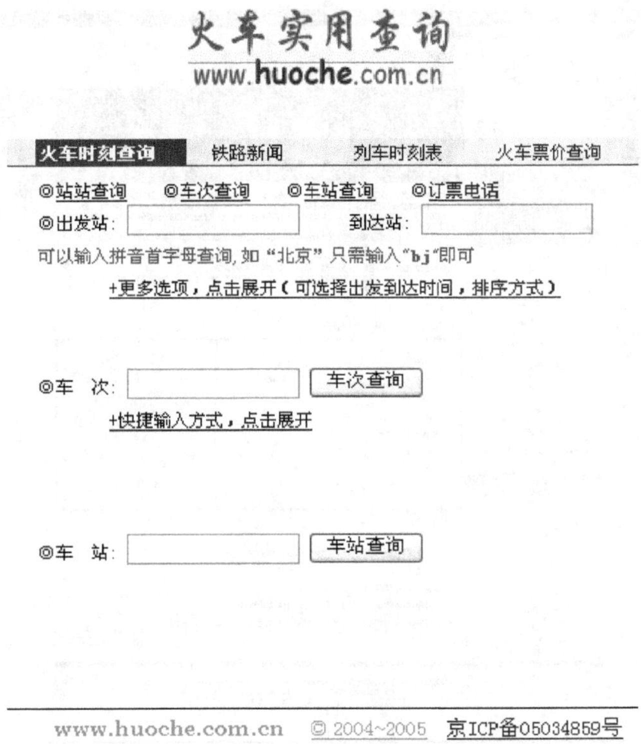

图 5.13　铁路客票查询界面(B/S 结构)

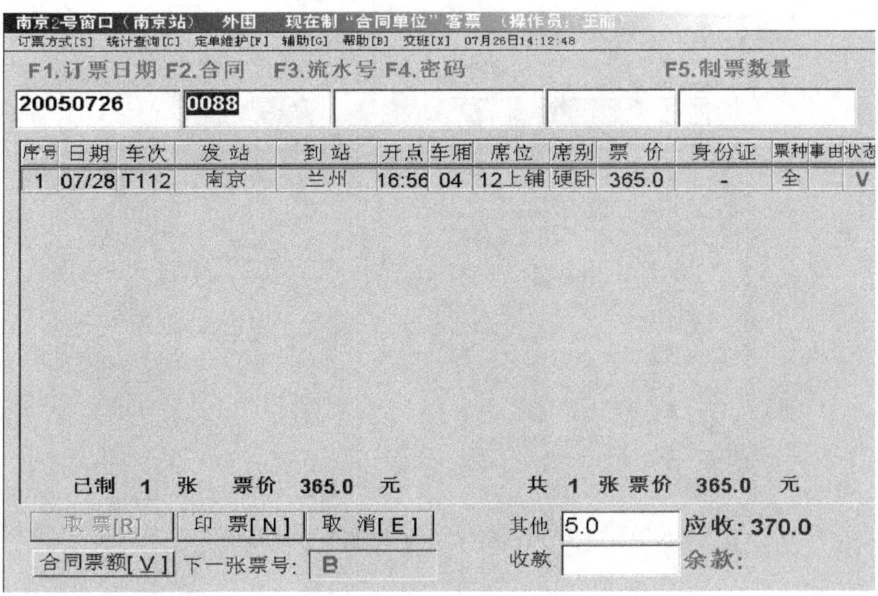

图 5.14　铁路客票的预订和发售界面(C/S 结构)

图 5.15　网上公路客票查询与预订(B/S结构)

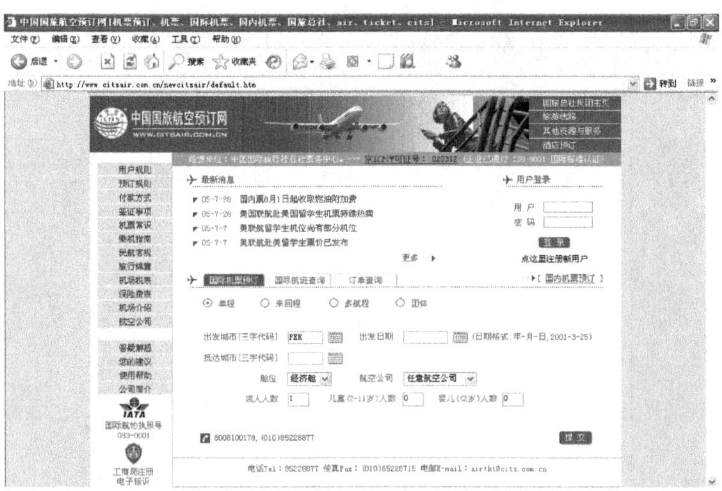

图 5.16　航空预订接口示例:国旅航空预订网主页

5.4.2 辅助决策

旅游交通决策模型主要包括旅游客流预测模型、旅游交通花费模型、旅游交通方式量化模型以及旅游交通环境承载力模型。这里不讨论具体的决策模型，只是简述面向旅游者、面向旅游企业和面向旅游管理部门的旅游交通辅助决策系统的设计思路与主要功能。

1. 面向旅游者的旅游交通辅助决策

随着旅游经济的发展，游客在游览过程中要求道路具有良好的通达性。基于移动 GIS 的旅游交通辅助决策系统在一定程度上能够使游客在这方面得到满足。移动 GIS 提供的空间定位信息服务(Location Based Services，LBS)包含两个层面的服务，即空间定位和信息传输。空间定位可以将移动 GIS 用户准确定位，一方面使旅游管理部门掌握旅客总量、流量等概况；另一方面使游客了解所处位置，确定进一步所要索取的信息。信息传输则根据旅游管理部门和游客的双向需求进行信息传输互动。LBS 应用准确、实时定位技术把移动用户同最近的兴趣点连接起来，并提供兴趣点的当前状况，如电子地图、电子导游、交通线路等；或提供传输和追踪信息，比如，游客到某一地方旅游，想迅速了解附近的住宿、交通、餐饮、天气等信息，则马上可以查询到相关的信息。这些都是通过无线设备(如移动 GIS 终端)等来实现的。LBS 的关键思想是便携设备(移动终端)发送其位置信息到网关，网关通过其数据库找到便携设备位置附近最相关的信息，然后把信息送回到客户，以便以后再用。游客通过空间定位系统服务，可以确定具体的地点和方位，以及其他相关信息，并结合电子地图、电子导游引导游客完成整个旅游行程。

基于移动 GIS 的旅游交通辅助决策系统同样能够帮助自驾车和背包族游客等自助型游客及时获得相关的旅游交通信息。自助型游客最大的特点就是随意性较强，且往往独立行动，没有固定行程和路线，在区域范围较大且环境较为复杂的旅游地，管理上存在一定的困难。在旅游活动中，一方面这类游客需要得到各种信息支持以及旅游管理部门的帮助；另一方面旅游管理部门出于管理和安全考虑希望及时掌握其旅游动向，以确保他们的安全。通过基于移动 GIS 的旅游交通辅助决策系统的定位、传输、分析等功能可以将两者联系起来，形成服务链接。游客可以通过定位系统确定方位，通过电子地图和路径搜索选择合适的旅游线路，通过电子导游了解景点的详细资料，此外通过查询可以得到天气、交通、住宿等各种信息。

2. 面向旅游企业的辅助决策

旅游企业能否实现预期的发展目标，在很大程度上决定于其在区域中的交通可进入性(即通达度或相对联通度)。只有交通的可进入性强,才能使游客比较容易地前来旅游目的地。基于移动 GIS 的旅游交通辅助决策系统可为旅游企业或旅游目的地旅游交通管理提供帮助。

1) 道路交通网络的调控

基于移动 GIS 的旅游交通辅助决策系统通过自动检索、定位和分析等功能,自动获取各个方位进出旅游目的地道路上的人员和车辆密度情况,由此反馈信息至旅游目的地内外的游客,并提出分析建议,正确引导旅游目的地内外游客的走向。同时,游客可以通过移动终端设备查询,了解游客所在地区即时的交通情况,使游客能作出及时的响应。

2) 旅游目的地流量的控制

每个旅游目的地皆有环境容量的极限。随着我国黄金周旅游高潮的出现,不少著名旅游目的地的环境容量极限经常受到挑战。这一方面需要对旅客总量进行控制,另一方面还需要对客流进行合理调度。通过基于移动 GIS 的旅游交通辅助决策系统可以及时获知旅游目的地客流量数据,通过旅游目的地管理人员指引或发送给移动 GIS 用户的游客,及时选择合适的旅游景点和旅游线路,减少不必要的拥挤,提高旅游的质量。

3. 面向旅游交通管理者的辅助决策

旅游交通管理者所制定的旅游交通规划是否合理,在很大程度上取决于是否满足旅游者和旅游企业对旅游交通的需求。旅游交通需求与日常生活在出行距离和时间等方面具有较大的差异。它不仅与规划区域有一定的相关性,更与景区的客源范围密切相关;且旅游客流量随季节的波动性很大,存在明显的时间性和经济性特征。因此,必须要建立决策数据仓库,通过分析旅游需求的特点,对旅游目的地进行分类,针对不同客源范围的旅游需求,根据不同旅游目的地的旅游阻抗,计算各旅游目的地的旅游需求,从而为旅游交通管理者制定旅游规划提供依据。

4. 一个自驾游路线辅助设计的实例

“中国电子地图 2005”提供了基于 GIS 的自驾游路线设计的功能,可以自动设计国内任意两地间的旅游交通行车路线,并配以详细的文字说明(如行车路线周边的标志物、距离出发点的距离、路口的指示等)和精美的行车路线图。

1) 路线计算

路线计算分为 3 个板块的内容,即地名选择方法、起点名称和终点名称。地名选择有两种方法，即按名称查询，直接在地图上选点。以地图选点从“杭州新世纪大饭店”到“天安门广场”为例(图 5.17)。

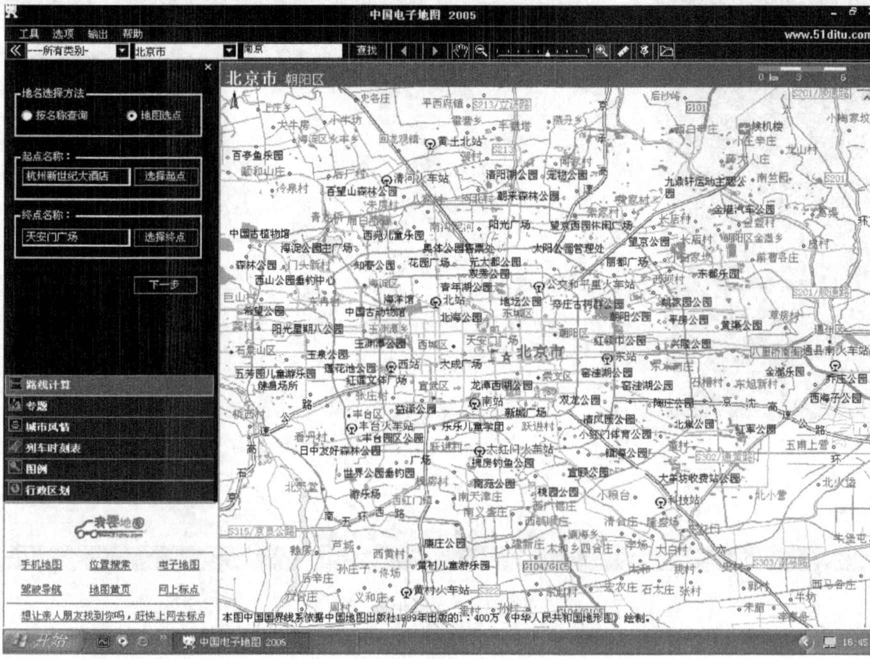

图 5.17　地图选点界面

2) 路线计算结果显示

路线计算结果显示提供了五种方式。

(1) 查看路线：点击“查看路线”按钮，稍等片刻，地图上会出现从“杭州新世纪大饭店”到“北京天安门”的具体驾游路线走向，如图 5.18 所示。

(2) 图文查看：点击“图文查看”按钮，则在显示区内出现如图 5.19 所示的“路线计算进行中”提示画面。

计算完成后，则在显示区的上方出现“路径设计结果报告”，不但描绘出具体的路线走向(图 5.20)，而且在路线图的下方提供具体的行程说明，包括行走方向、转弯时的标志建筑物，以及距离出发点的实地距离(以公里为单位)，此页可打印，以便旅游者出行之用(图 5.21)。

(3) 文字查看：点击“文字查看”按钮，同样在显示区内出现如图 5.19 所示的提示画面，当进度条显示满 100%后进入下一步窗口，在显示区内出现的是路径设计结果报告中的文字说明部分(图 5.22)，但不包括在地图上的路线走向，同样可以进行拷贝与打印。

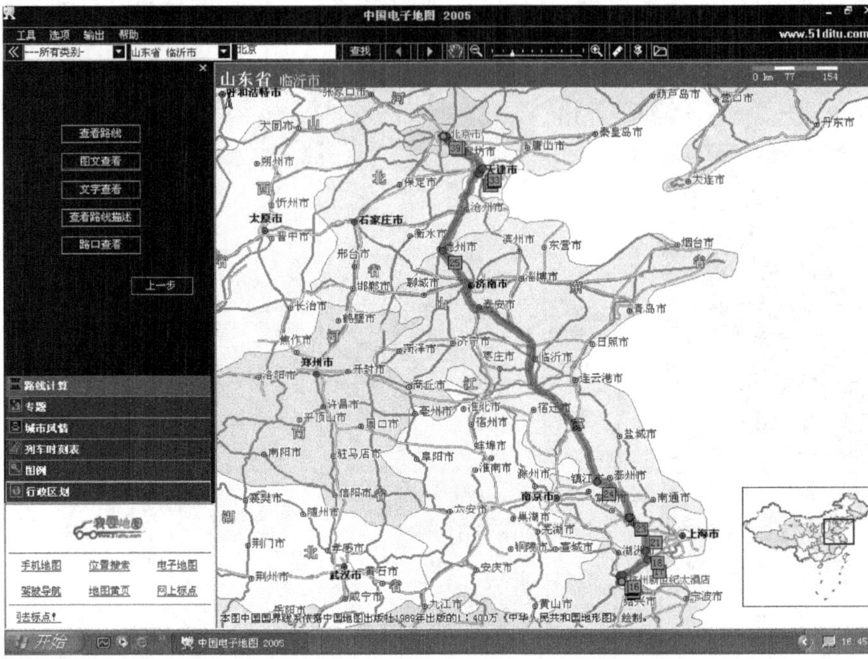

图 5.18 查看路线

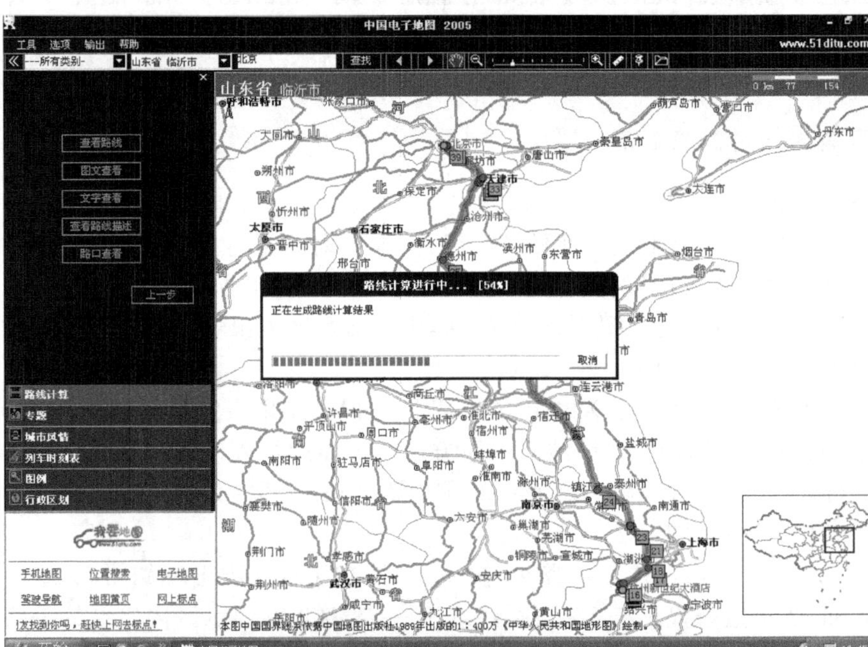

图 5.19 路线计算进行中

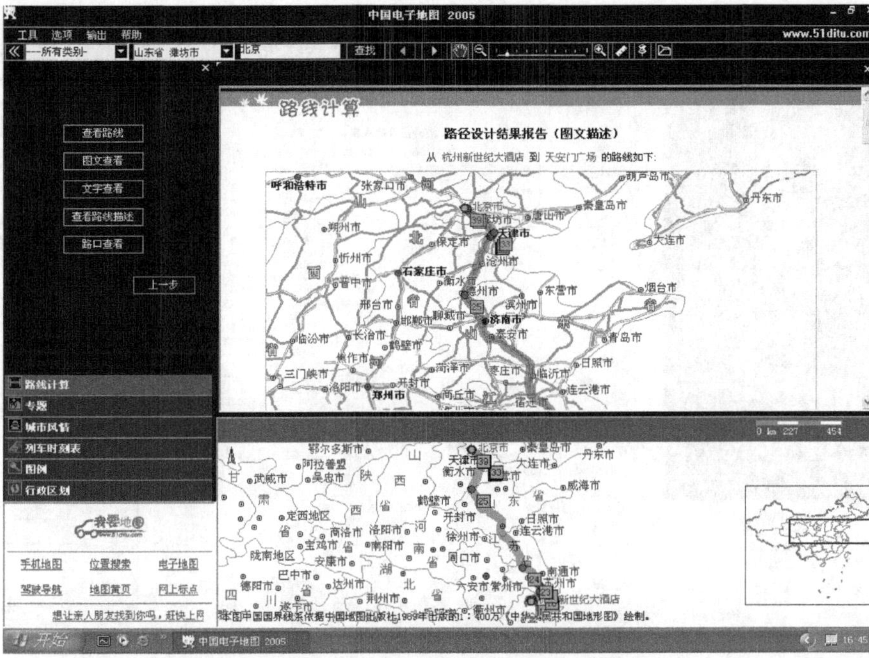

图 5.20　路径设计结果报告(部分)

图 5.21　路径设计结果报告(部分)

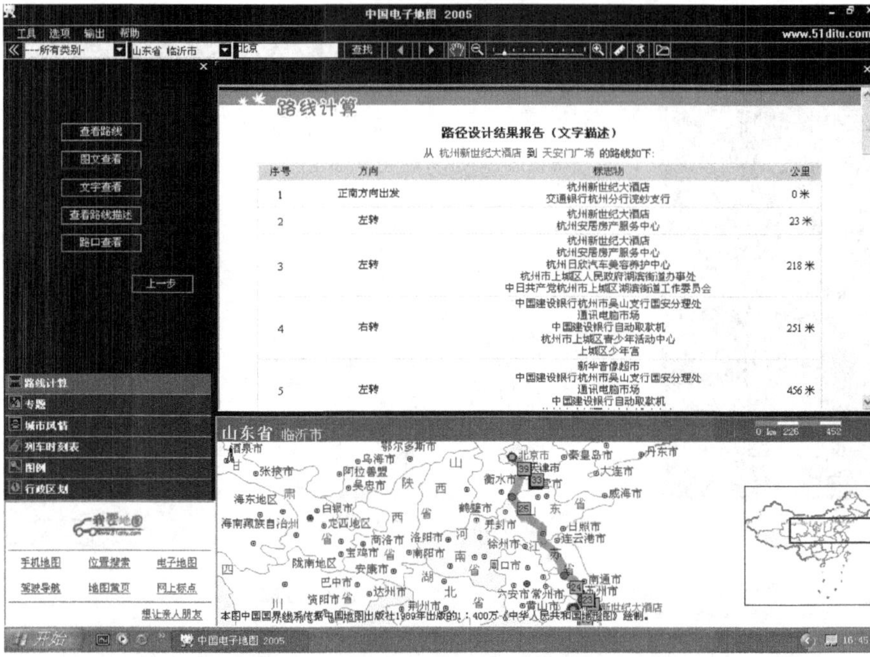

图 5.22　路径设计结果报告文字信息

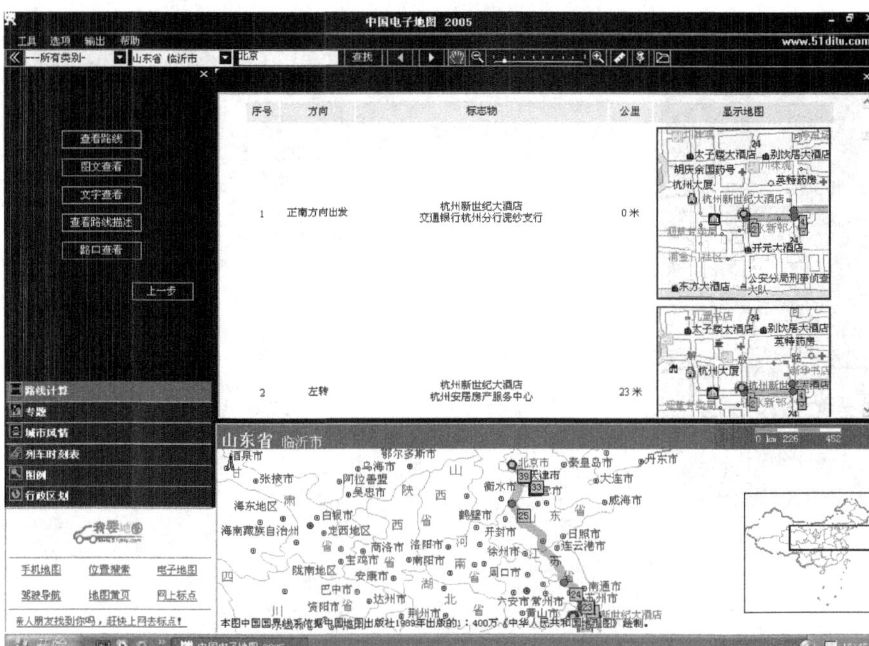

图 5.23　路线描述

(4) 查看路线描述:点击“查看路线描述”按钮,同样会在显示区内出现“路径设计结果报告”,与“查看路线”所不同的是,在路线描述下方的文字说明部分,又添加了“显示地图”这一图片内容,并且每个图片比单纯的“查看路线”所显示的内容更加形象与完备(图 5.23)。

(5) 路口查看:点击“路口查看”,在显示区内出现“路径设计结果报告”,在路线描述的下方,显示的是从起点到终点所经过的每一个十字路口的具体信息,并且显示典型的地物标志与名称,图片下方标明转弯方向以及离起点的实地距离(图 5.24),此页同样可以拷贝与打印。

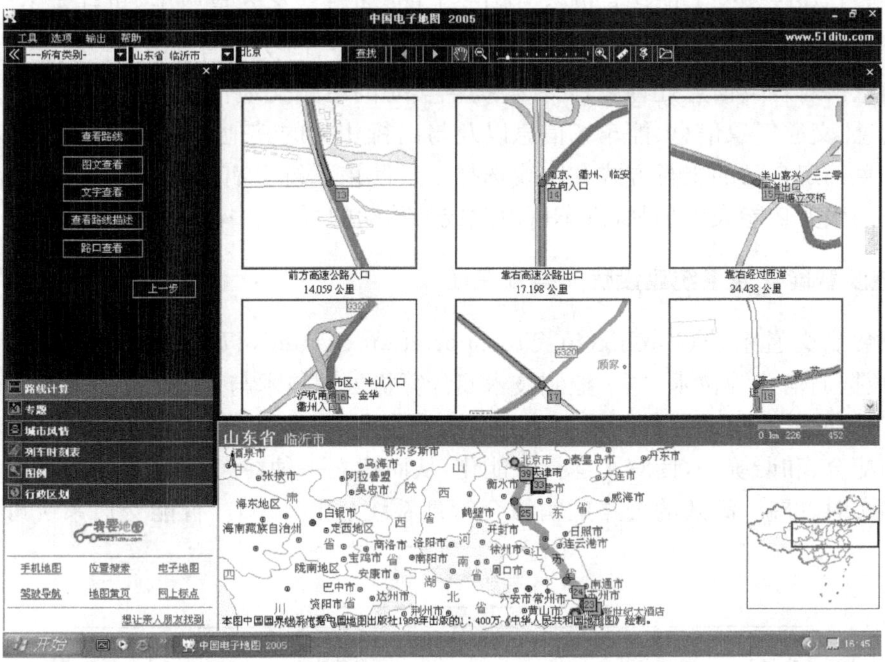

图 5.24　路口位置信息

5.5　旅游交通信息系统的发展趋势

旅游业发展与交通技术进步、结构合理、规模扩大、组织完善、服务改进等条件紧密相连。在一定程度上,旅游业的大发展取决于交通现代化的实现。而旅游交通信息系统的发展又取决于交通信息化的发展。未来铁路信息化的重点是以铁路综合运营管理信息系统为核心的信息体系建设,包括铁路信息共享平台体系设计与建设、铁路电子商务系统等;民航加快建设全球分销系统,实现订座离港系统互联;高速公路初步形成交通运输电子商务和信息服务运作体系。电子商务将成为交通行业信息系统建设的重点。

1. 旅游交通信息服务系统建设提上议事日程

为出行者提供丰富、便捷、有效的信息服务是交通业发展的重要目标之一。随着旅游业的发展，自驾游和自助游方兴未艾，出行者越来越多的依赖交通信息服务，构建城市、省际交通信息服务系统已经提上议事日程。交通信息服务系统包括道路交通信息提供系统、综合交通信息系统、卫星导航动态路线引导系统等。例如，提供交通道路信息和最佳目标路线指南以及旅馆、餐厅、车站、公路入口指南等。它是建立在完善的信息网络基础之上的，通过装备在道路上、机动车上、换乘站上、停车场上以及气象中心的传感器和传输设备，向交通信息中心提供全面的交通信息。对各类信息处理后，向社会提供实时的道路交通信息、公共交通信息、换乘信息、交通气象信息、停车场信息以及与出行相关的其他信息，出行者可根据这些信息确定自己的出行方式和路线选择。目前该系统已有可能建立在因特网上，使它的服务功能大大加强，汽车可由此成为移动的"信息中心"。

2. 旅游智能交通系统建设优先得到保证

智能交通系统（Intelligent Transportation System，ITS）是将先进的信息技术、数据通信传输技术、电子控制技术及计算机处理技术与先进的行政管理手段结合起来，使其有效地综合运用于交通运输的服务、控制和管理，使人、车、路及环境密切配合、和谐统一，使汽车运行智能化，从而建立一种在大范围内，全方位发挥作用的实时、准确、高效的公路运输综合管理系统（图 5.25）。智能交通系统可提高

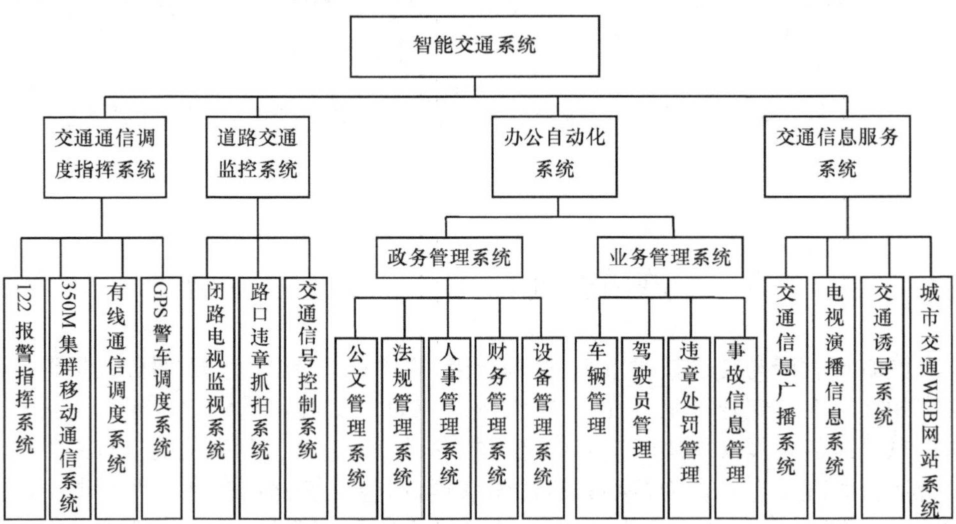

图 5.25 智能交通系统的一种设想平台（张丰焰，2002）

公路交通安全水平,减少交通堵塞,提高公路网的通行能力,降低汽车运输对环境的污染,提高汽车运输生产率和经济效益。为了满足未来信息化社会的要求,我国提出了以智能型综合交通运输体系作为我国交通运输发展的长期战略目标,因此,未来交通运输系统发展的趋势是智能化与集成化。这必然带动智能旅游交通信息系统的研发和应用。

3. 综合交通信息平台建设任重道远

交通运输系统的智能化与集成化需要实现多种交通方式之间、多个交通部门之间、多个应用系统之间的有机整合,而交通综合信息平台则是在信息化条件下实现跨部门、跨系统进行整合的主要途径。其目标就是要通过对数据和信息的收集和共享,提高和增强各交通管理系统的功能,对各交通管理系统进行功能扩展和集成,同时在综合信息的基础上通过数据挖掘和决策支持等技术来提高交通系统的综合水平。

目前世界多个国家和地区先后在自己的智能交通系统框架体系中设置或增加

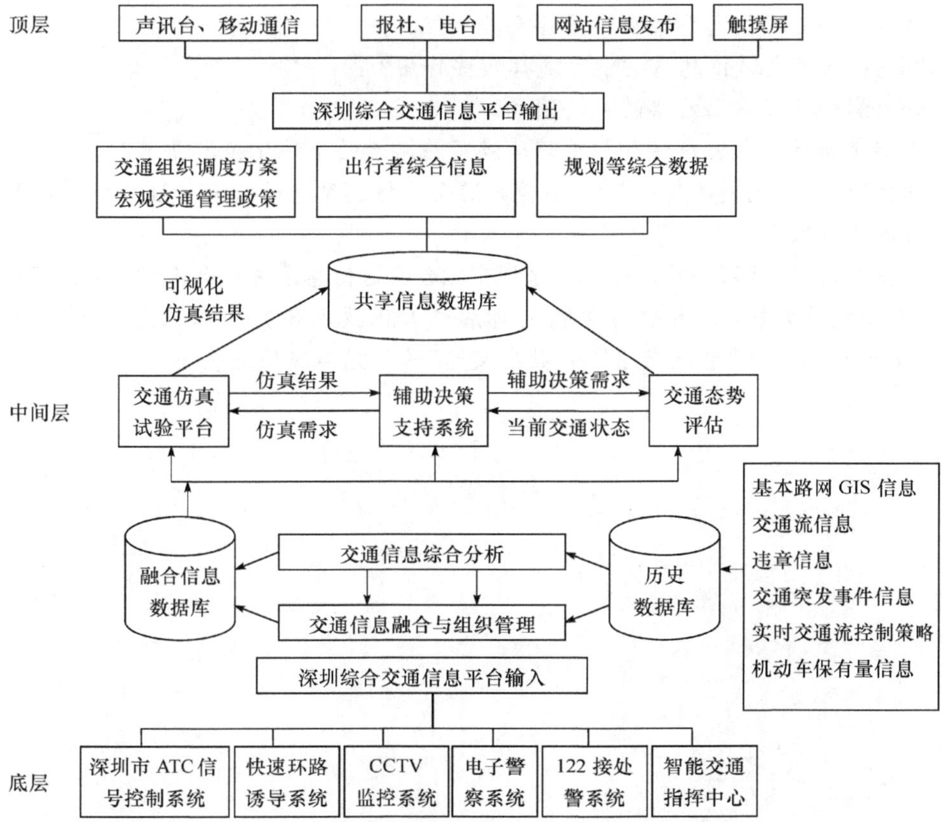

图 5.26　深圳市综合交通信息系统平台构架结构设计(杨兆升等,2005)

相应的内容，并开展相应的研究和建设工作。由于前期 ITS 系统的发展水平、发展方式、技术途径等存在着差异，因此在其综合交通信息平台的建设过程中，虽然体现的功能大体一致，但是在实现过程中基本上都是基于本国 ITS 的发展基础和未来发展趋势，充分发挥目前技术的长处，在遵循共同思路的前提下根据本国特色进行创新性的研究和开发。北京、深圳等许多城市都在开展综合交通信息平台的研究和建设工作(图 5.26)，为确保系统的灵活性、扩展性和可持续性，实现各系统之间的信息共享和交换，在综合交通信息平台的研发过程中应该将标准化的研究置于一个非常重要的地位。可以预见，交通综合信息平台必将在智能旅游交通、旅游交通信息服务等系统的发展过程中发挥着重要的作用。

思 考 题

1. 简述旅游交通在旅游业发展中的重要性。
2. 旅游交通的特点有哪些?
3. 旅游交通信息化应该包括哪些内容?
4. 城市旅游交通信息系统应该具备哪些功能?
5. GIS 在城市交通信息系统中可发挥哪些作用?
6. 分析影响游客网上购票的主要因素。
7. 旅游交通信息系统应该如何更好地满足旅游者的个性化旅游需求?
8. 结合图 5.10，对建立“一站式”综合旅游交通信息系统进行可行性分析并撰写可行性分析报告。
9. 根据图 5.26，试写一篇短文分析深圳市综合交通信息系统平台构架的设计思路。
10. 查阅相关文献，访问中国智能交通系统工程技术研究中心网站(www.itsc.com.cn)，了解“智能交通”和“数字交通”的研究和应用进展。

第 6 章　旅游目的地营销系统

20 世纪 90 年代后半期以来，我国市场经济的高速发展和国家旅游局创建“中国优秀旅游城市”的号召使得各目的地发展旅游业的主动意识不断增强。随着旅游目的地争夺客源的竞争越来越激烈，确定并选择适宜的竞争战略是目的地规划者和管理者亟待解决的问题。

当前，建立目的地管理系统或营销系统（表 6.1）正逐渐成为各类旅游目的地的共同选择，建设旅游目的地营销系统也是国家实施“金旅工程”项目的重要任务之一。了解旅游目的地营销系统的相关概念、结构体系和建设现状，将为我们正确认识和开发利用旅游目的地营销系统，充分发挥其旅游预订、促销和分销功能奠定基础。

表 6.1　旅游目的地管理系统的应用范围

印刷材料的设计与制作	会议营销
旅游信息中心——信息和预订	工程/事件管理
呼叫中心服务（信息与预订）	为旅游者提供景点解说词
信息与信息预订信息站	联络旅游供给者
数据库营销	研究设计
互动电视——多媒体信息	管理与财务职能
提供数据给第三方	操作管理与评估

6.1　旅游目的地营销系统概述

旅游目的地营销系统（Destination Marketing System，DMS）是世界旅游组织大力倡导的一种旅游信息化应用系统，是目的地旅游信息化建设的完整解决方案，它通过一系列的信息技术产品和相应的支持服务来实现目的地旅游信息化。国家旅游局正致力于通过互联网等新技术，提高国内旅游营销水平，在“金旅工程”中全力推进旅游城市（目的地）营销系统的建设。2002 年 10 月，广东省南海市被确定作为中国 DMS 的第一个试点建设城市。我国力争在 5 年内建立和完善全国 DMS，可以预测，DMS 将开辟我国旅游营销的新时代。

6.1.1 DMS的概念

1997年,世界旅游组织在旅游电子商务方面推出DMS,使用网络方式进行旅游宣传促销。一般认为,DMS是旅游目的地通过互联网进行网络营销的完整解决方案,是一个采用开放式的体系架构,以互联网为基础平台,结合数据库技术、多媒体技术和网络营销技术进行旅游宣传促销和旅游服务的综合应用系统。

DMS也被认为是信息化时代形成的一种新的旅游营销模式。它并非完全抛弃传统的营销方式,而是强调互联网营销和传统营销的紧密结合。这种新的营销模式在肯定互联网营销的优势作用和地位的前提下,重视其与传统营销互相补充,扬长避短,保证更好、更快、更有效地满足旅游代理商、旅游者和旅游企业的需要。

DMS的突出特征是对旅游目的地进行整体形象的塑造和宣传,并为目的地的旅游企业(特别是中小旅游企业)提供网上交易平台,促使区内各旅游企业、旅游机构、媒体在区域环境的基础上形成目的地旅游产业的动态网络化系统。

建立DMS是现代旅游营销发展的必然趋势,有利于解决现有旅游营销中普遍存在的科技含量低,缺乏对高科技、新技能运用等问题。通过利用信息技术,以旅游营销国际化和现代化的眼光,建设网络营销平台,适应旅游业规范化、智能化、信息化和全球一体化的发展趋势,实现高质量、高品位的旅游营销。

6.1.2 DMS服务对象

DMS服务对象具有多样性、综合性的特征。主要服务对象包括各级旅游管理机构、旅游相关企业和部门、旅游消费者等。它为所有与目的地旅游业相关的利益主体提供相互沟通、营销合作的网络平台并与其他系统接驳。

DMS帮助各级旅游管理机构整合目的地各类资源,建立营销资源数据库,收集、编辑、发布相关的旅游管理与营销信息,支持企业在线完成预订、支付等电子商务活动,全面、准确、高效、多元化、低成本、跨国界宣传目的地产品与形象。

企业加入DMS后,可在该网上建立自己的企业级旅游营销系统,发布客房、餐饮、娱乐和旅游线路等产品信息,开展网上咨询服务和网上交易,也可以利用DMS信息平台获得各类信息,提高企业的经济效益,实现资源共享,优势互补,强强联合,优化企业生态,扩大势力范围,提高自身抗御风险的能力,进而壮大旅游产业。

旅游消费者可以利用目的地营销系统开展讨论、了解旅游信息,规划旅游行程和预算,帮助消费者记录和管理自己的旅行资料,如导游册、旅行日记、照片等。利用信息化手段,低成本、高效地与朋友、客户进行即时沟通,传递资讯。

6.1.3　DMS 结构模式

DMS 在同一目标下服务对象多样化，这使其经营模式变得复杂化，从而导致区域内各利益主体间的各种“流”（信息流、资金流）的复杂性。这些流在各利益主体之间的流向和强度随它们之间相互关系和相互作用的方式以及强度的不同而不同（如不同利益主体之间的信息流和资金流的方向和流量存在着较大差异）。这也使其网络结构变得复杂化。利益主体间网络结构的复杂化会导致服务模式的多样性和综合性。各利益主体之间的关系如图 6.1 所示。

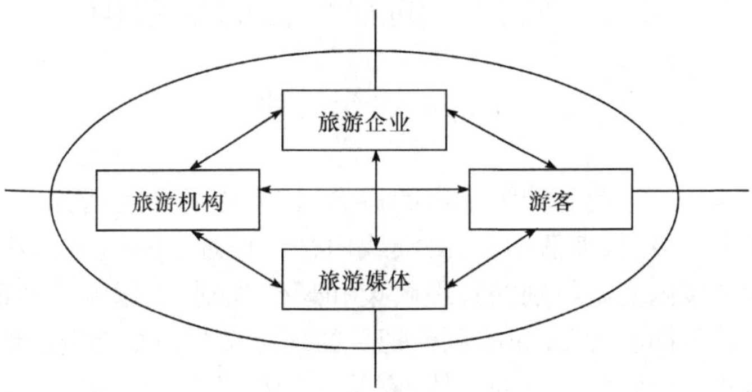

图 6.1　DMS 结构模式

6.1.4　DMS 运行模式

DMS 是以计算机软、硬件为基础，实现目的地各种旅游资源、设施与服务数据以及辅助信息输入、存储、更新、查询、分析、预订、应用和显示的管理信息系统。DMS 对外是目的地宣传服务系统，对内则是目的地管理系统。按照服务对象的不同，可分为两种：一种是面向游客的信息模式，主要是为游客展示各种旅游目的地信息，方便游客；另一种是面向旅游目的地各管理部门及旅游供应商的管理模式，实现各部门、各行业之间的信息更新、传递与共享。

在信息呈现模式上，可以建立旅游目的地触摸式多媒体旅游查询信息系统，装备于各大宾馆、旅行社、主要停车场、旅游景区（点）、长途汽车站和游客信息中心。借助该系统，游客可任意查询所需旅游信息，同时为旅游管理部门开展对外宣传、交流等活动提供新型的旅游信息产品。

就管理模式而言，可以建立基于网络的旅游管理信息系统，装备于各旅游管理机构和经营单位。其主要任务是对旅游管理所需的信息进行收集、传递、存储、加工和使用，以便旅游决策管理层充分利用现有的信息数据，系统地管理和宏观调控;同时为各行业、部门提供一个清晰的行业信息和游客信息,以便于及时调整价格及市场战略。

营销模式上,目的地营销系统与传统营销模式相比具有明显的优势,如地理覆盖面广,成本相对较低,信息更加准确、全面、及时,制作更新快,可与顾客互动。它能够提供给游客出行前或出行后所需要的信息,并具有预订功能。实际上,它大大弥补了 GDS 在提供旅游目的地信息方面的缺陷。游客在 GDS 系统中只能找到旅游目的地的一些大型、跨国公司的高价位旅游产品信息,而在 DMS 系统中则能发现全面而且客观的旅游目的地的产品和服务信息。

6.2 旅游目的地与目的地营销

6.2.1 旅游目的地

旅游目的地是一个内涵较为丰富的概念,世界旅游环境研究中心将旅游目的地广义地定义为:“乡村、度假中心、海滨或山岳休假地、小镇、城市或乡村公园;人们在其特定的区域内实施特别的管理政策和运作规则,以影响游客的活动及对环境造成的冲击。”英国学者 D. 布哈利斯把目的地定义为一个特定的地理区域,是被旅游者公认为的一个独立完整的个体,有统一的旅游业管理和规划的政策司法框架,也就是说由统一的目的地管理机构(DMO)进行管理的区域。我国学者保继刚认为:旅游目的地是吸引旅游者在此作短暂停留、参观游览的地方。邹统钎认为:目的地这一概念包括社区、旅游吸引物及入境主干道,可以是一个城市、一个度假区或一个乡村。概括起来讲,旅游目的地是一定地域空间上的旅游资源、生态环境、旅游设施及相关其他条件有机组合而成的旅游停留和旅游活动的目的地,是出于交换目的而开发出来的满足旅游者在旅游活动中的各种需求的空间单元。

总之,旅游目的地是能提供所有旅游产品和服务以及旅游经历的一个联合体。作为一个综合性的概念,它包括区位条件、旅游资源、旅游服务设施、旅游目的地管理、旅游目的地形象、旅游目的地体验、旅游目的地可持续发展等。我国的旅游目的地可划分为旅游风景名胜区、旅游都市、旅游度假区、主题公园 4 个主要类型。

任何一类目的地都包含以下 6 个方面的内容。

(1) 吸引物:自然的、人造的、出于特殊目的建造的、历史遗留下来的吸引物以及风俗和节庆活动;

(2) 可进入性:包括路线、站点和工具在内的整个交通体系;

(3) 设施:住宿、餐饮、零售等其他旅游服务;

(4) 包价:由中介和主管机构预先安排的包价;

(5) 活动:消费者在目的地逗留期间可以参加的一切活动;

(6) 附属服务:旅游者可能用到的一切服务,包括银行、电信、邮政、新闻出版、医疗等。

6.2.2　旅游目的地营销

随着旅游目的地竞争的日益激烈,旅游目的地营销日显重要。旅游目的地营销是旅游营销的发展和深化,是对旅游资源和产品的整合、策划、包装、推广等一系列活动的总称,旨在提升旅游目的地的整体旅游形象。目的地营销的受益者是目的地内的所有旅游企业和相关行业(图 6.2),如民航、交通等。

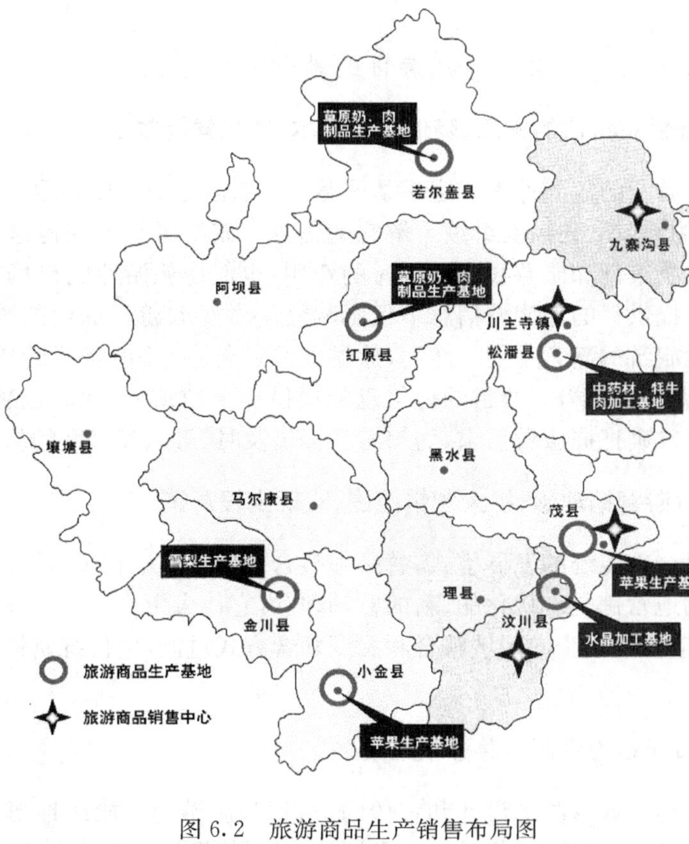

图 6.2　旅游商品生产销售布局图

作为一种在地区层次上进行的崭新旅游营销方式,代表的是地区内所有的旅游企业;作为营销主体,它以一个旅游目的地的形象加入旅游市场的激烈竞争中(图 6.3)。目的地营销的参与者不是某个旅游企业,而是地区内所有相关的旅游机构和人员;营销对象不是某个旅游产品,而是地区内所有的旅游产品和服务;获益者也不是某个旅游企业,而是整个地区。

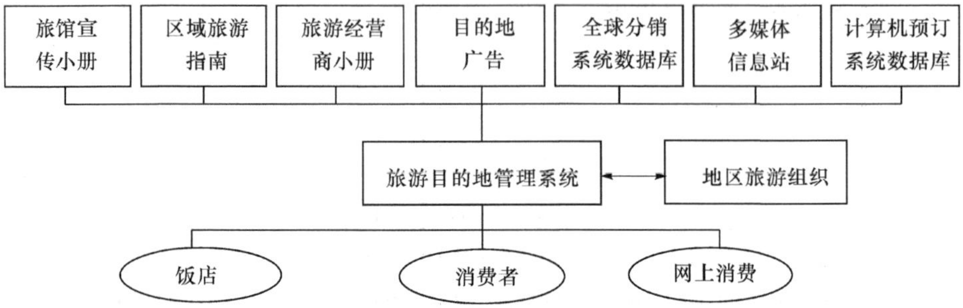

图 6.3　典型的旅游目的地管理系统

6.2.3　旅游目的地营销的意义

1. 向旅游者提供有价值的信息,降低营销成本,增强营销效果

信息对旅游业的重要性表现之一是旅游者在旅游之前需要获取大量旅游目的地信息,到目的地以后还需要继续了解它的信息。旅游者易于获得这方面信息可以降低他们旅游策划和旅游线路组织时的费用,也使得旅游业的市场交易容易达成。向旅游者提供目的地旅游信息不仅影响旅游者对旅游目的地的选择,也影响他们在目的地旅游的满意程度。然而,旅游业日趋复杂、旅游者日趋成熟、旅游需求日趋多样,客观上使得旅游目的地信息的提供越来越重要,同时也越来越困难。旅游目的地要准确把握旅游需求,为旅游者提供及时、可靠和丰富的旅游信息。

2. 迎合新的旅游营销理念,扩大营销范围,实现全程营销

旅游业要突破传统的发展模式,就必须整合旅游目的地相关资源,实施营销创新。旅游目的地营销是现代化的、新的营销理念,它代表由产品营销逐步向品牌营销过渡,由分散营销逐步向区域整合和深度联合方式过渡,由传统营销向网络营销过渡。

1) 由产品营销逐步向品牌营销过渡

重视旅游地整体形象的设计和宣传,打造精品旅游地。旅游地形象指旅游者对旅游地总体的、抽象的、概括的认识和评价,是对旅游地历史印象、现实感和未来信息的一种理性综合。旅游地整体形象在旅游者心目中的地位决定着该旅游地客源市场的形成与发展。

2) 分散营销逐步向区域整合和深度联合方式过渡

市场竞争的日益激烈,世界经济一体化进程加快,政府牵头,联络与旅游业关系密切的部门，开展区域整合和深度联合的政府主导型旅游营销已经成为趋势。

3）国内营销为主向国际营销为主过渡

随着中国成为世界上越来越有竞争力的旅游目的地，国外客源市场逐渐成为旅游地的营销重点。旅游营销开始由传统营销向网络营销过渡，充分采用互联网，全方位地推销目的地旅游形象和旅游产品。

6.3　DMS 业务分析

DMS 是一个开放性的平台，这个平台可以根据未来各种旅游行业的特定需要不断扩展其他的信息化应用系统。一个完整的营销系统应具备营销、管理和交流三大业务功能。

6.3.1　DMS 的营销类

1. 旅游局营销

为旅游目的地营销的组织协调管理者——目的地营销组织（旅游局）提供行政信息发布与管理、旅游新闻发布与管理、节庆发布与管理、视频发布与管理、三维实景发布与管理、壁纸发布与管理、贺卡发布与管理、文章发布与管理、图片发布与管理、网站自动换肤等功能模块及旅游电子杂志订阅发行与管理系统、旅游电子示意图应用系统、广告管理系统、E-mail 营销系统、信息检索系统、目的地内容管理系统、友情链接管理系统、预订中心管理系统、网上支付系统等。使各目的地营销加入到国家级的营销平台上，帮助各旅游目的地营销组织整合信息资源，建立目的地营销资源数据库，更全面、更准确、更高效、多元化、低成本、无国界、人性化地进行目的地形象宣传，同时为广大的目的地旅游企业搭建共同营销旅游目的地的信息化平台，真正形成政府做形象宣传，企业做产品促销，共同营销旅游目的地的良好机制。

2. 企业营销

为目的地营销的参与者——目的地旅游企业提供专业化网络营销咨询、企业注册信息发布与管理、企业动态新闻发布与管理、企业名片发布与管理、企业促销活动发布与管理、企业招商项目发布与管理、企业产品发布与管理、企业商情发布与管理、企业预订中心管理系统、视频发布与管理、三维实景发布与管理、贺卡发布与管理、旅游电子示意图标注、黄页展示等功能模块及企业营销电子杂志订阅发行与管理系统、广告管理系统、电子邮件营销系统、信息检索系统、网上支付系统等。

使各旅游企业加入到国家级的营销平台上，帮助企业在政府搭建的信息化平台上进行企业营销，增加经济效益，共同营销旅游目的地；它还能够跟踪消费者记录、建立消费者营销数据库、检验分析营销效果，为企业提供产品预订，撮合交易等商务功能，促进企业商务手段多样化，提升企业经营能力。

3. 旅游媒体营销

为旅游目的地营销的宣传者、参与者——目的地旅游媒体提供媒体信息发布与管理系统、媒体资源共享系统，可直接从及时更新的数据库中提取目的地的视频剪辑、照片和广告文字等信息，使之更加方便、快捷地参与到营销目的地的工作中来，以达到通过第三方全面、准确、及时地宣传旅游目的地，引导和监督旅游经营者文明经营、旅游消费者文明旅游，同时也方便旅游局对旅游媒体的统一引导和管理。

4. 旅游消费者服务

为旅游目的地营销的参与者、旅游目的地产品的购买者——海内外旅游消费者提供消费者社区管理系统、消费者行程规划系统、消费者信息资讯系统、消费订单管理系统等，帮助旅游消费者方便、及时的了解权威旅游资讯、传播目的地资讯和个人感受、规划出行计划、管理消费记录，从而达到互动营销的目的。

6.3.2 DMS 的管理类

1. 旅游局管理

为目的地营销的管理者——目的地营销组织提供内部管理系统、客户关系管理系统、DMS 运营管理系统，帮助他们实现传统模式无法完全做到的资源整合工作，根据各部门、人员在组织中的职责分工情况进行权限细分，共同参与目的地营销的管理工作。使领导能及时、方便地查询了解到资源整合的情况、平台运营情况、营销效果及分析情况；满足机关日常的信息流转自动化需求，实现上下级旅游部门之间、旅游行政管理部门与企业和各媒体之间的在线沟通，包括公文传呈、政策下达、意见反馈等；通过客户关系管理系统、问卷、电子邮件、投诉系统等方式搜集旅游者的反馈信息，提高政府服务质量，优化旅游局与企业、旅游者之间的关系，提升客户的满意度，从而提升旅游局的形象；实现旅游局系统与旅行社、饭店、风景区等六大要素相关企业系统的信息交换和业务连接，对企业实施动态的服务与管理，适时了解同行及消费者对企业的信誉评价状况，有效地将传统的行业管理手段延伸到互联网上，并拓展了行业管理与服务的领域。

2. 企业管理

为目的地营销的参与者——目的地旅游企业提供内部管理系统(领导查询系统、信息流转系统、内部权限管理系统)、客户关系管理系统、企业人才管理系统、行政管理接口(公文报送系统、公文接收系统、旅游投诉系统),帮助企业根据各部门、人员在企业中的业务分工情况进行权限细分,共同参与企业的管理工作,帮助旅游企业内部实现资金流、物流与信息流的一体化管理;使领导能及时、方便地查询监控到企业客户资源、产品资源、商务运营、营销效果及分析等情况;满足企业日常的信息流转自动化需求,实现企业内部各部门之间、与上级主管部门之间、与海内外同行之间、与旅游消费者之间、与媒体之间的在线沟通、信息交流、产品交易,记录和管理企业所有资源,做到资源共享而不流失;帮助旅游企业及时获得客户的即时反馈信息,挖掘客户的需求及潜在客户,针对不同的客户提供不同的旅游产品组合,提升对客户的个性化服务;提供人才招聘、求职、单位介绍及简历的发布管理,操作快捷方便,可快速方便地查询以及打印人才登记表和人才聘用表等,实现旅游人才的供求关系平衡、跟踪用工情况等多种管理。

3. 媒体管理

为旅游媒体提供客户关系管理及信息管理系统,帮助媒体记者高效地获取和管理新闻信息,方便、有序地管理自己的各类客户。

4. 消费者管理

为旅游消费者提供个人注册信息管理系统、个人旅游资源管理系统、个人客户关系管理系统、个人旅游工具管理系统,帮助消费者记录和管理自己的私人资料、导游册、旅行日记等各类文字资料和图片,方便、有序管理朋友的信息,查询各类旅行资料等。提供消费者商务预订服务,记录订单处理状况,保存以往消费记录。

6.3.3　DMS 的交流类

1. 旅游局交流沟通

为旅游局提供即时通信系统、信息群发系统、站内邮件系统,帮助旅游局利用信息化手段,低成本、高效的进行内部与各级旅游主管部门、旅游企业等的即时沟通,发送各类信息资讯,大大降低了通信成本。

2. 企业交流

为旅游企业提供即时通信系统、信息群发系统、站内邮件系统,帮助旅游企业利用信息化手段，低成本、高效的进行内部与海内外同行、海内外消费者之间的即时沟通，谈生意、发送各类产品商情，大大降低了通信成本。

3. 旅游消费者交流

为旅游消费者提供即时通信系统、信息群发系统、站内邮件系统，帮助消费者利用信息化手段，低成本、高效的进行与朋友、客户的即时沟通，传递资讯，为平台汇集人气。

综上，DMS 的业务涉及面广，从其表现形式及特征来看，可将现有 DMS 的业务内容划分为以下几类：

(1) 旅游目的地整体形象设计与宣传；

(2) 全面、准确、及时的旅游目的地综合信息；

(3) 宽带多媒体等技术表现的旅游视频、Flash 动画、三维环视及矢量旅游示意图等；

(4) 功能强大的信息查询工具；

(5) 个性化的旅游行程设计；

(6) 动感电子杂志，提供最新的各类旅游优惠促销信息等；

(7) “黄金周”大型旅游专题；

(8) 提供实时、高效的同行业交流专区；

(9) 提供实时的媒体联系渠道；

(10) 旅游局政务信息。

6.4 DMS 需求分析

DMS 的服务对象分为旅游管理者、旅游企业和旅游消费者，系统主要为旅游企业提供营销平台，为旅游管理者和旅游消费者提供信息交流平台，主要的功能需求包括企业管理、预订管理、营销管理等。

6.4.1 数据需求分析

从总体上看，旅游目的地营销系统要满足网络通信、基本信息处理、事务处理、公共服务 4 个层次的数据需求。网络通信主要依靠硬件(包括系统软件)平台实现信息沟通服务和各种事务的处理；基本信息处理主要包括核心数据库建设和核心技术引擎的建设，核心数据库主要指旅游资源库、旅游统计库、旅游产品库、旅游服务库(图 6.4)。核心技术引擎包括 GIS 空间引擎、虚拟旅游核心引擎等；事务处理主要实现各种业务功能和流程，旅游政务接口、办公自动化系统、面向旅游企业的系统平台等;公共服务一方面是满足广大游客的数据需求,提供各种方式的终端及软件用户界面和各种旅游信息服务,另一方面是对其他各行业与旅游相关业务提供数据和业务接口,在大旅游的概念下,实现与交通、电信、经贸等各行业的信息互通。

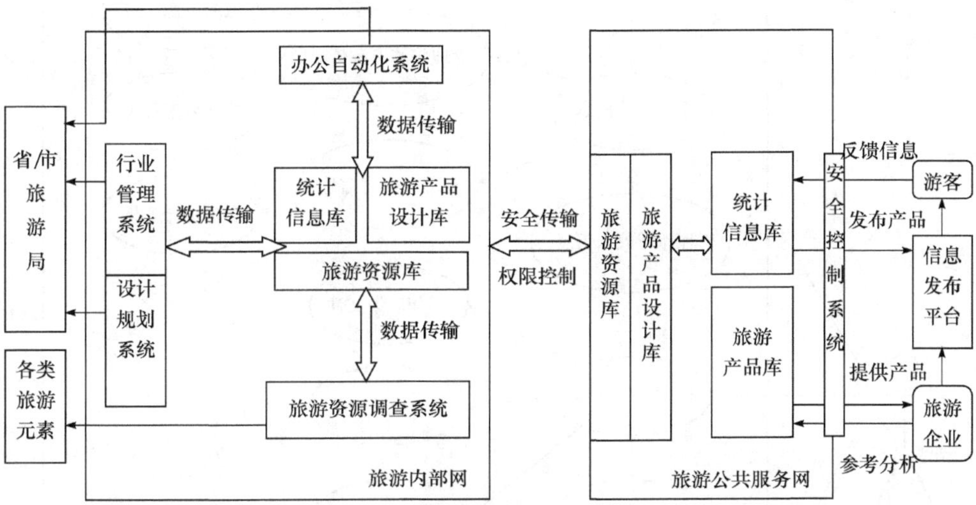

图 6.4　旅游目的营销系统总体数据需求

具体来讲,旅游目的地营销系统数据需求可以概括为办公事务、业务管理、决策查询、资料检索 4 个方面。办公事务要求将旅游机构内部日常管理和旅游业务结合起来,提供充分的资源共享、协作服务以及数据加工,并对数据进行集中管理、分布操作,为面向外部的业务管理系统提供充分的集成能力;业务管理包括对旅游饭店、旅行社、导游等部门及人员的管理,还包括行业数据统计;决策查询要求建立综合的旅游景点数据库、旅游服务信息库、旅游管理信息库和统计信息数据库等,提供权威、多层次的信息服务和决策支持;资料检索一方面是服务信息、行业信息、商务信息的发布,另一方面是通过建立旅游信息库和旅游信息检索系统,为旅游机构、旅游企业、旅游者提供信息检索服务。

6.4.2　旅游局管理功能需求

旅游目的地营销系统中旅游局管理子系统主要为旅游局服务,进行行业信息管理和相关政策文件管理。其中,行业信息包括旅游资源信息、旅游企业信息、旅游者信息、旅游经营信息等。该子系统能够实现旅游局对行业信息的发布、查询、统计等功能,并发布相关政策文件、收集反馈信息、处理投诉等。具体功能需求如图 6.5 所示。

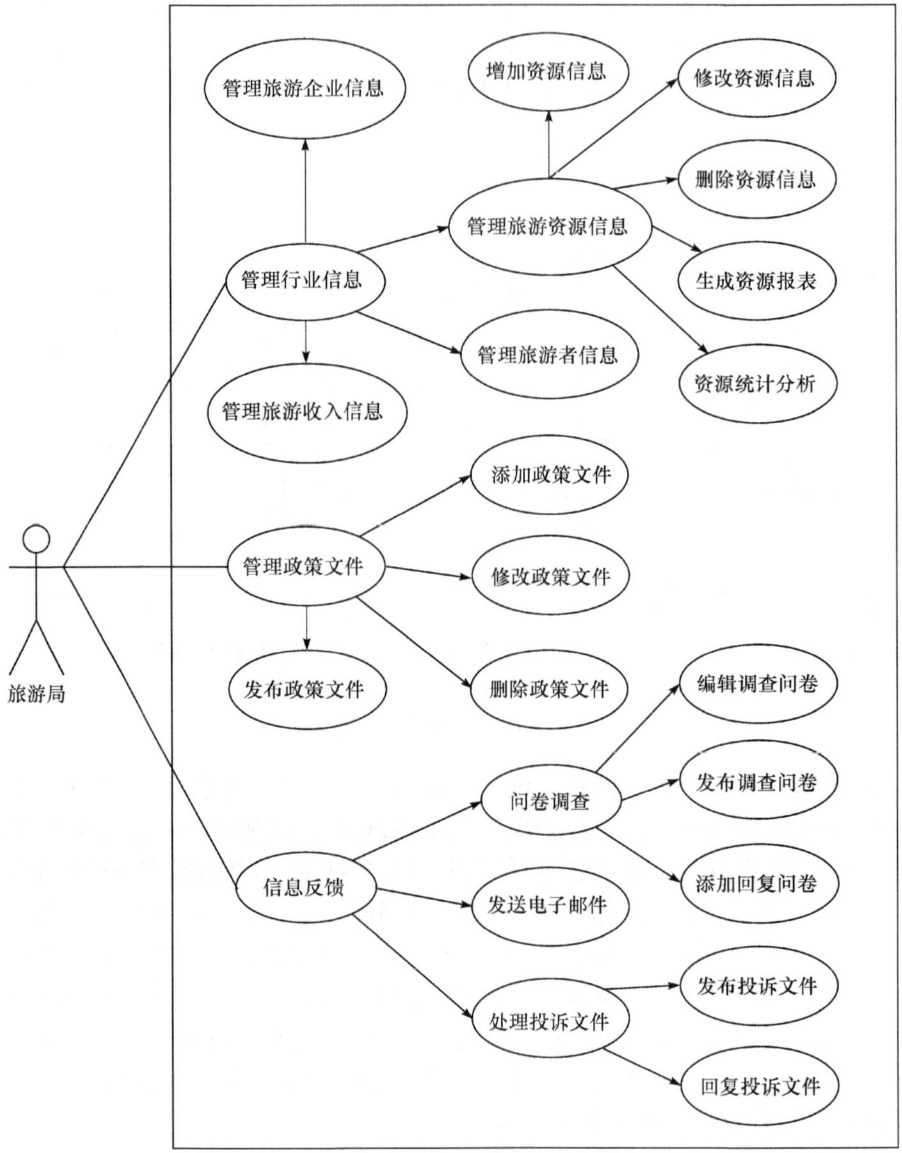

图 6.5　旅游局管理子系统用例图

6.4.3　旅游企业管理功能需求

旅游企业管理为旅游企业提供对内企业信息管理、对外客户关系管理和行政事务管理。企业信息管理包括企业自身的产品信息和人事信息等的添加和发布等，客户关系管理包括管理企业的客户资源、管理合同、开展关系营销，行政事务管理主要是企业与行政主管部门之间的信息沟通和交流。具体功能需求如图 6.6 所示。

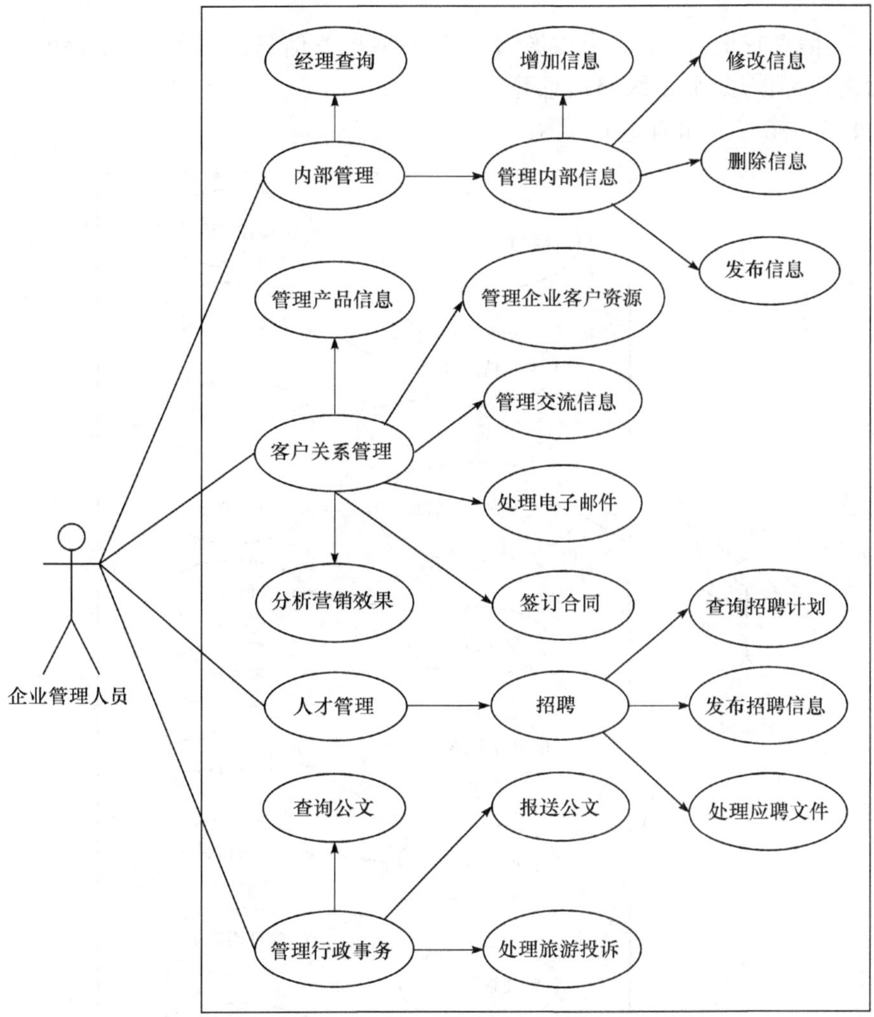

图 6.6　旅游企业管理子系统用例图

6.4.4　旅游者管理功能需求

该子系统为旅游者提供个人信息管理、旅游信息查询等功能，包括以下 4 个方面。

(1) 个人基本信息管理：指旅游者个人注册信息的修改、管理等；

(2) 个人客户关系管理：包括旅游者的客户信息、消费记录等资料的管理维护；

(3) 个人资料管理：为旅游者提供日记管理、通信录管理、相册管理等个性化服务；

(4) 信息查询：此功能为旅游者查询旅游相关信息提供保证，如旅游企业信息、旅游产品信息、旅游线路信息等。

具体功能需求如图 6.7 所示。

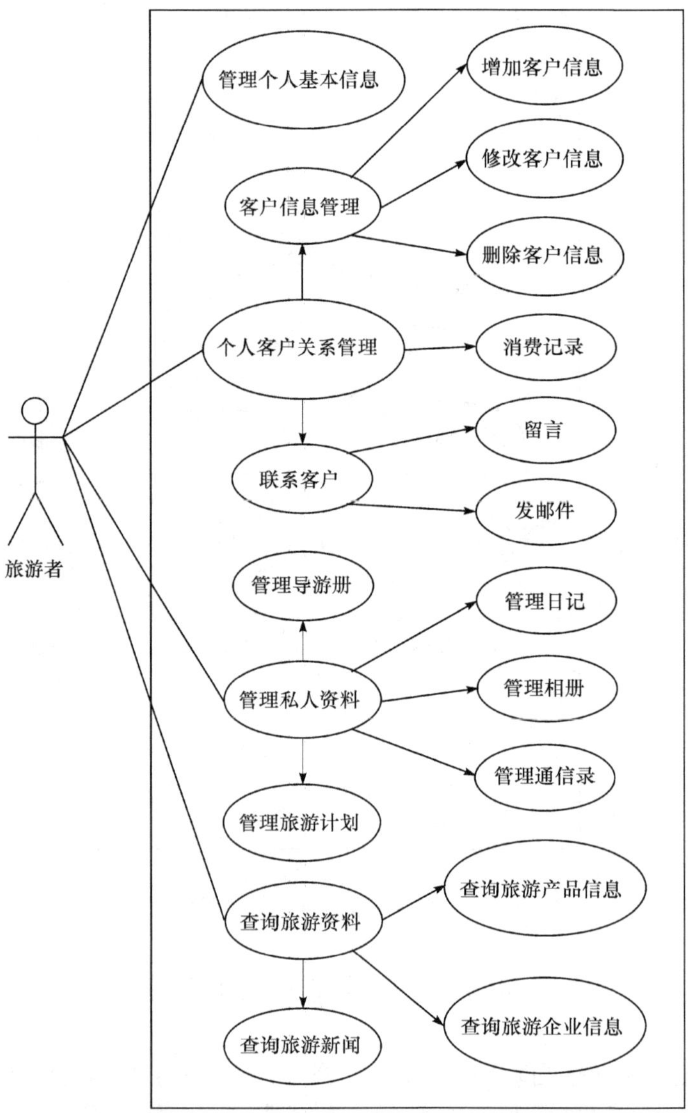

图 6.7　旅游者管理子系统用例图

6.4.5　营销管理功能需求

DMS最主要的功能就是为旅游企业、旅游管理者、旅游者提供开展旅游营销、

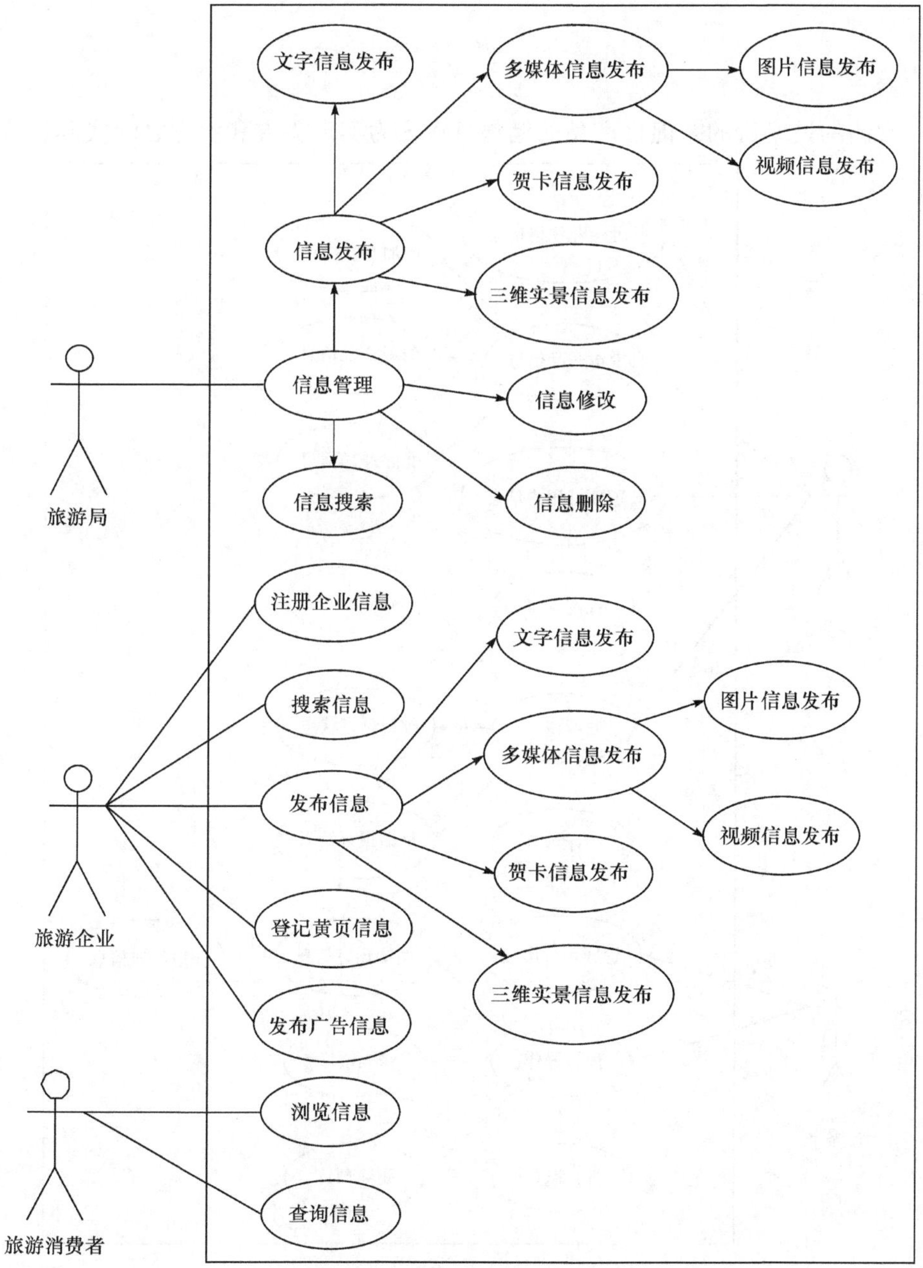

图 6.8　营销子系统用例图

管理旅游营销和参与旅游营销的平台,营销管理子系统便是这个平台的主要体现。该子系统满足旅游管理者的信息管理需求,对营销信息的发布进行宏观控制和审核,满足旅游企业的注册登录、发布信息的需求,并且能够满足旅游者查询信息、浏览信息的需求。具体功能需求如图 6.8 所示。

6.4.6　预订功能需求

营销的最终目的是促进产品的销售,DMS 为实现买方和卖方之间实际销售的

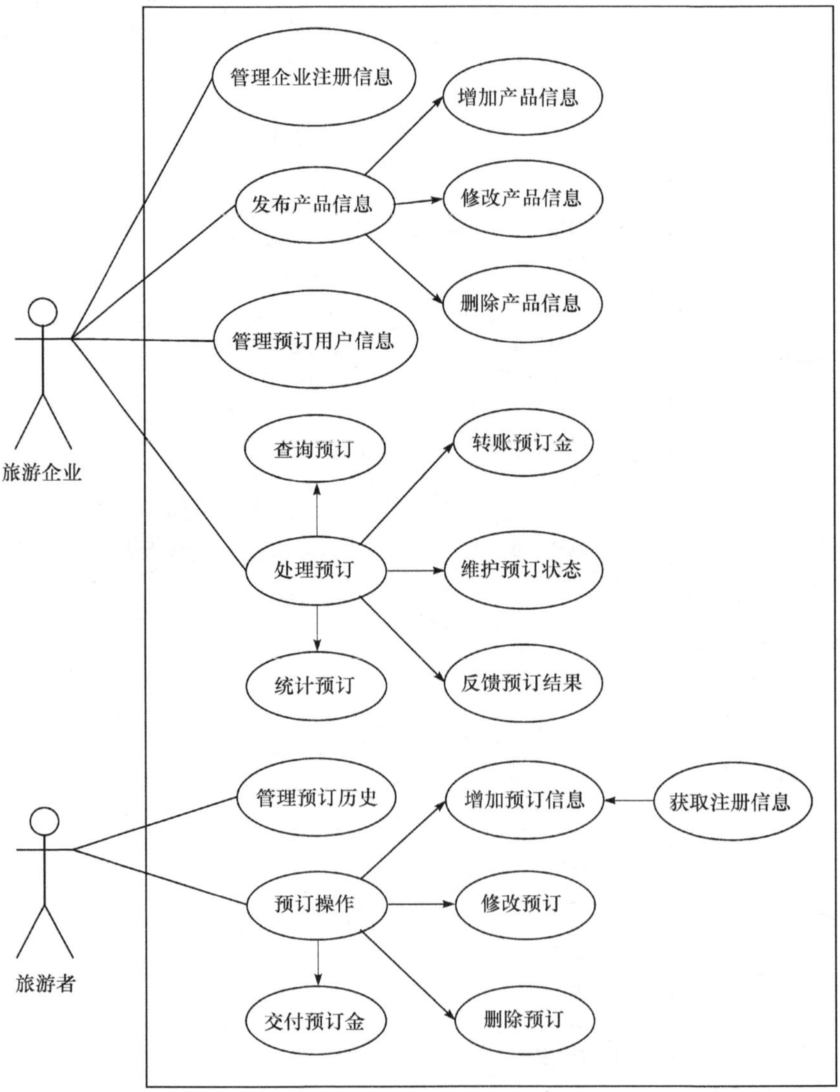

图 6.9　预订子系统用例图

达成提供前期预订平台，满足旅游消费者的预订需求。该子系统一方面为旅游企业接受预订、管理和处理预订信息提供支持，一方面能够满足旅游者的网上预订、修改预订、退订等需求。具体功能需求如图 6.9 所示。

6.5　DMS 设计

DMS 作为旅游信息服务公众网络、旅游行业信息交流平台和以目的地为基础延伸至国内外的全方位宣传营销系统，提供了目的地全面、及时、准确、权威、实用的旅游信息。其功能的全面实现依赖于科学的系统设计。

6.5.1　DMS 结构设计

DMS 的设计应当根据旅游信息化建设的指导原则和总体目标，以旅游市场为核心，以旅游产品为纽带，实现信息发布、旅游服务、电子商务运作、业务处理、信息交流等功能，既满足旅游管理部门的业务需求，又能为旅游企业提供网络营销平台，为旅游者提供及时、准确的旅游信息。从软件结构角度来看，DMS 一般包括旅游内部子系统、旅游系统内部信息发布平台、旅游公共服务子系统、旅游公共信息发布平台(图 6.10)。

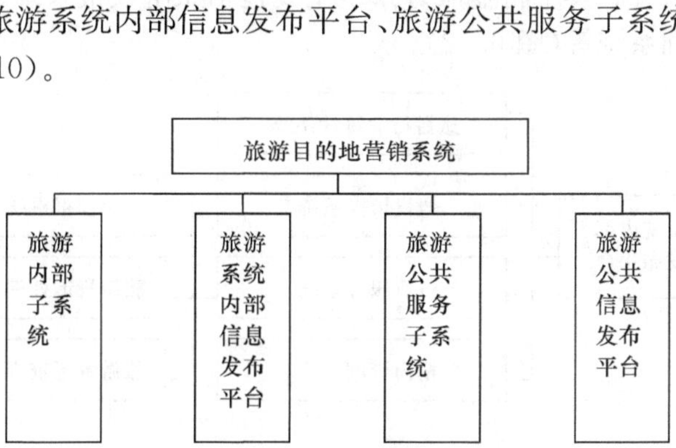

图 6.10　旅游目的地营销系统软件结构

1. 旅游内部子系统

旅游内部子系统包括旅游产品辅助设计系统、行业管理系统、旅游资源调查系统、办公自动化系统等。其中行业管理系统主要是为旅游主管部门对旅游行业全面管理提供服务，包括饭店管理评定系统、旅行社管理系统、景区(点)管理系统、导游管理系统、旅游评定系统、投资项目管理系统(图 6.11)。

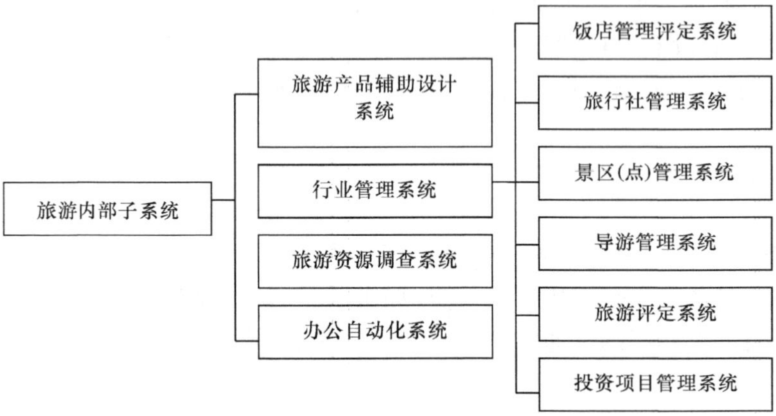

图 6.11　旅游内部子系统模块结构

2. 旅游系统内部信息发布平台

旅游系统内部信息发布平台包括旅游行业统计系统、假日预报系统、行业服务系统、招商管理系统。其中行业服务系统主要包括旅游预报系统、旅游投诉处理系统、旅游资源查询系统等(图 6.12)。

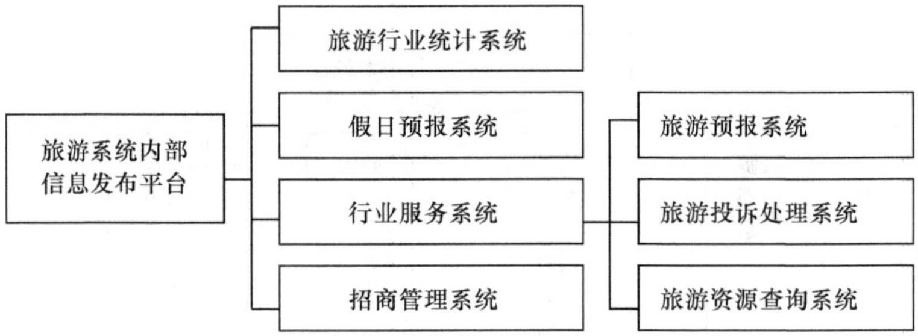

图 6.12　旅游系统内部信息发布平台结构

3. 旅游公共服务子系统

旅游公共服务子系统包括游客服务系统、企业产品辅助设计系统、企业资源规划服务系统(图 6.13)。其中游客服务系统包括个人旅游套餐系统、旅游虚拟展示系统、实时预订服务系统,是为广大游客提供各类服务的一整套完整的服务系统。旅游企业资源规划服务系统和旅游企业产品辅助设计系统为旅游产品的配置、组合等提供平台,以便开展电子商务活动。

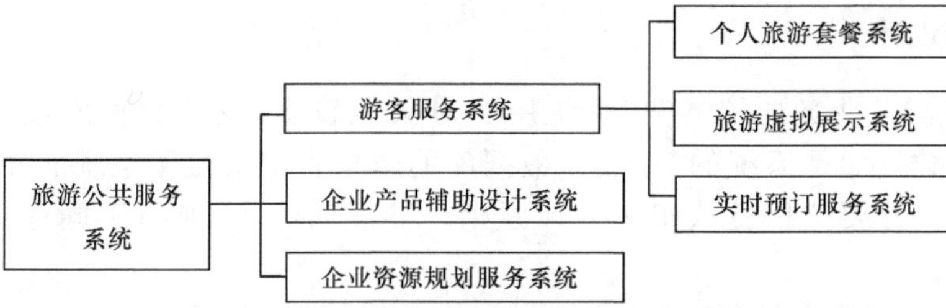

图 6.13　旅游公共服务子系统模块结构

4. 旅游公共信息发布平台

旅游公共信息发布平台包括 DMS 网站、多媒体触摸屏系统、银行一体发布平台、旅游宽带发布平台、旅游电子呼叫中心等(图 6.14)。

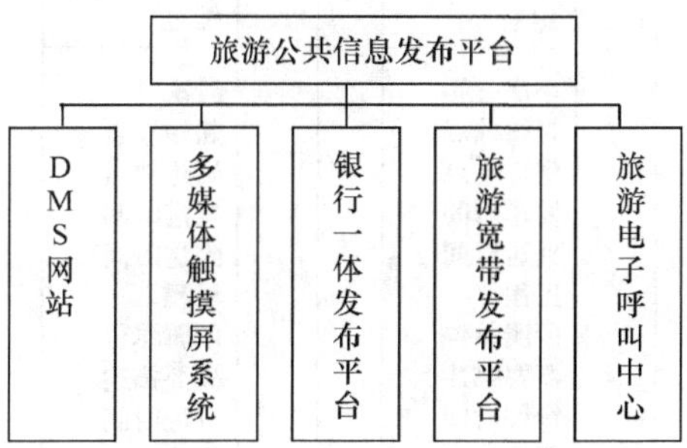

图 6.14　旅游公共信息发布平台结构

6.5.2　数据库与类设计

1. 类设计

类图用于定义系统中的类,描述系统中类之间的相互关系以及类的内部结构。根据系统的三层开发模式,可以设计三种类型的类:系统表现层类、系统业务层类、系统存取层类。图 6.15 和图 6.16 是一个旅游企业的系统业务层类内部结构设计示例。

企业业务
+ 企业注册(in 企业信息:Object): Boolean + 修改信息(in 企业信息:Object): Boolean + 添加信息(in 企业信息:Object): Boolean + 删除信息(in 企业编号:Object, in 信息编号:String): Boolean + 发布信息(in 企业编号:String, in 信息编号:String): Boolean + 取消信息发布(in 企业编号:String, in 信息编号:String): Boolean + 搜索信息(in 信息名称:Object): Boolean + 广告发布(in 企业编号:String, in 广告信息:Object): Boolean + 取消广告发布(in 企业编号:String, in 信息编号:String): Boolean + new()

图 6.15　企业业务类

企业规则
+企业信息: Object
+注册信息完整性检查(): Boolean +广告发布(in 广告信息:Object, in): Boolean +广告信息确认(): Boolean +发布信息身份确认(in 信息编号:String): Boolean +发布信息确认(in 信息编号:String): Boolean +new(in 企业信息) +new()

图 6.16　企业规则类

2. 数据库设计

DMS 涉及业务比较复杂，系统用户对象也较多，它的数据库设计也较复杂。由于数据库是系统的“血液”，数据库的效率直接决定了系统的效率，因此数据库的设计要严格遵从相关设计原则。下面列出了 DMS 不同业务库表的设计示例。

图 6.17 为系统中涉及的交通信息库表、交通行程安排库表，图 6.18 为系统中不同实体信息表，图 6.19 为信息关联表，图 6.20 为预订业务所涉及的表，图 6.21 为旅游地活动业务表。

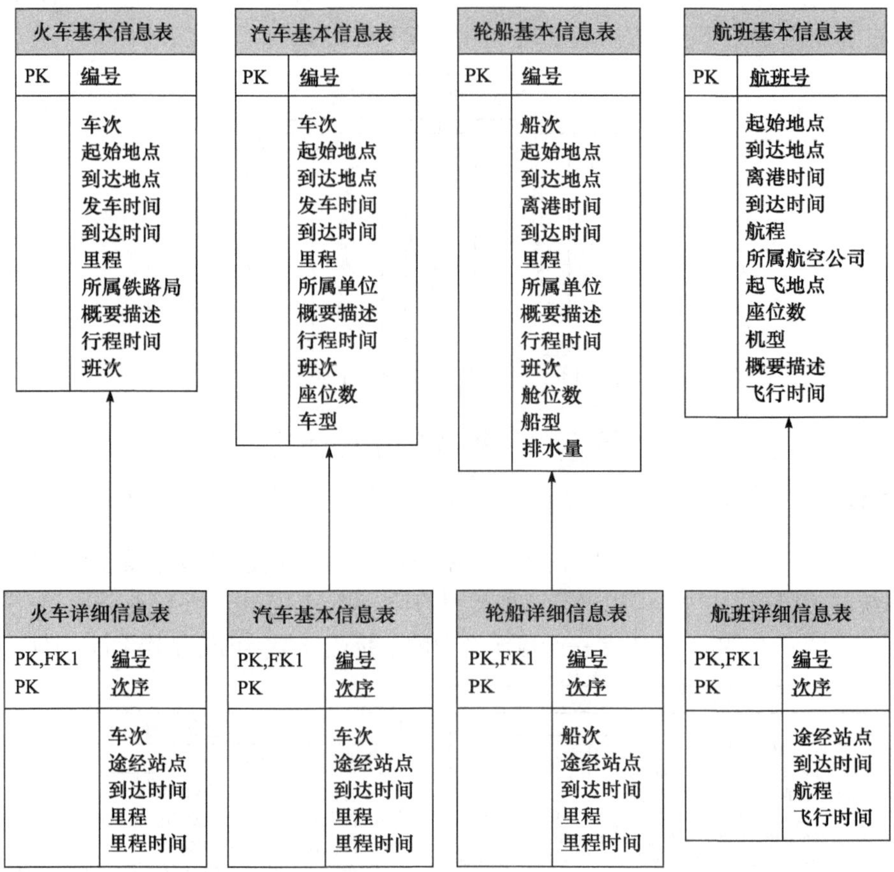

图 6.17　旅游交通数据库

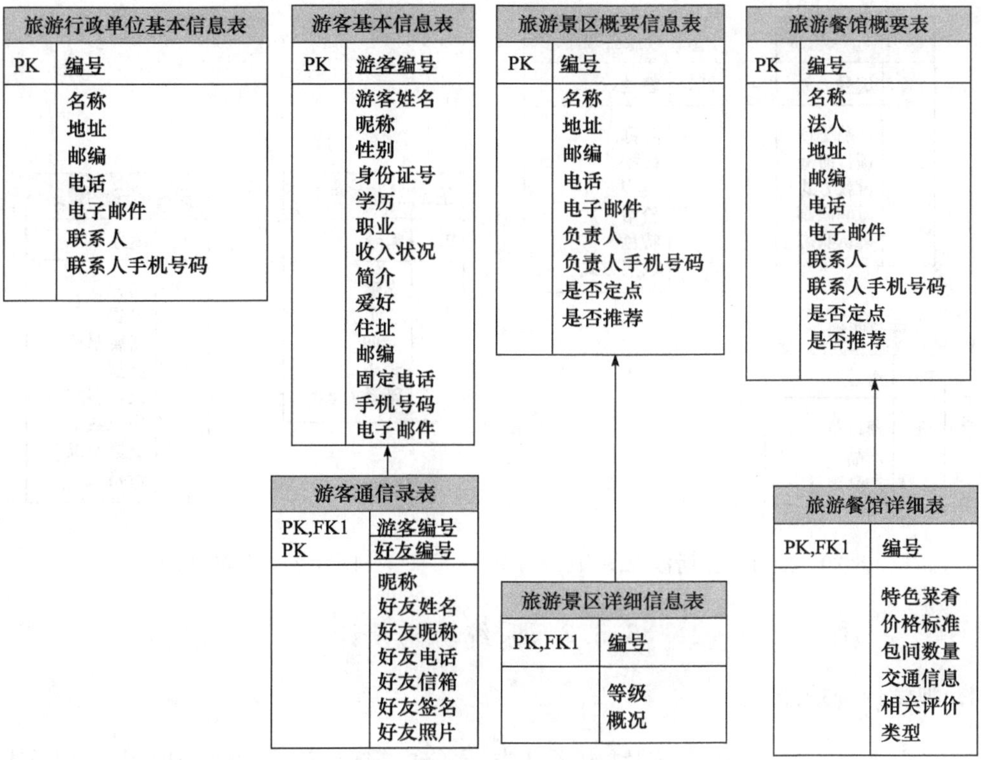

图 6.18 旅游实体信息表

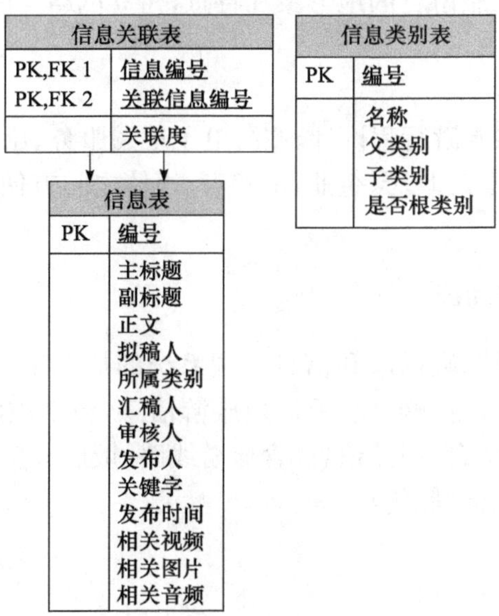

图 6.19 信息关联表

预订单表	
PK	编号
	产品类型 预订时间 付款方式 时间限制 确认状态

旅行社旅游线路表	
PK	编号
	名称 行程 类型 价格 特色 联系方式

预订明细表	
PK	编号
	预订单 产品 产品数量

图 6.20　预订业务所涉及的表

旅游活动信息表	
PK	编号
	名称 主办方 时间 地点 活动内容

旅游会展场所表	
PK	编号
	名称 位置 所属单位 类型 是否多媒体 座位数 交通情况 价格

图 6.21　旅游活动表

6.5.3　系统功能设计

1. 视觉识别功能

通过 LOGO 设计、宣传片、电子杂志、网络电视台、数据库电子地图、三维实景等技术手段，综合展示旅游目的地形象和特点，树立网络空间的旅游品牌。

2. 信息的互动功能

DMS 系统应提供旅游行程设计、旅游电子地图服务、旅游市场调查、旅游社区服务等电子系统。建立起政府、企业、消费者、媒体之间方便、快捷、高效、低成本的沟通和互动渠道。

3. 信息的存储和检索功能

通过信息收集系统、数据库和信息整理系统的加工整理，DMS 提供目的地的基本信息和“食、住、行、游、购、娱”等常规旅游信息，包括旅游企业（含景点、饭店、旅行社、餐厅）的基本信息、产品信息（含旅游线路、饭店客房、景点门票）、促销信息（近期主要活动、会展、促销、优惠）等。

4. 广告功能

通过广告系统可以在符合互联网广告投放规范的前提下，简洁高效地满足广告客户的传播需求，而且具有传统广告媒体所难以企及的优势，即定位准确，手段多样，形式活泼，投放及时，见效迅速，影响面广。广告一般需要提供按时间、主题、人次等要素进行分类分组，以明确区分客户群体，使广告投放达到最佳的效果。

5. 宾馆、饭店预订功能

宾馆、饭店预订系统将根据游客的服务需求和支付意愿，从当地饭店、宾馆中查询到预选对象供游客挑选。游客可从中挑选更适合自己消费的服务提供商，还可以凭借网站与这些单位的合作关系而享受最多的价格优惠。预订中心将对本地宾馆、饭店资源实行调配服务，充分利用闲置资源，为宾馆、饭店拓宽客户源，带来更多的经济效益。宾馆、饭店预订系统管理 DMS 中的住宿信息并提供预订服务，系统可以自成体系，成为单独的住宿管理系统，也可和 DMS 基本数据库对接成为 DMS 的住宿管理系统。该服务系统通过旅游行业管理系统满足对游客的诚信服务。

6. 票务预订功能

随着我国经济的飞速发展，飞机、火车等交通工具与人们工作生活的联系越来越紧密，票务预订系统的重要性和普及性也凸显出来。预订系统服务对象不仅仅是旅游出行的游客，还包括众多经常到异地出差、学习或探亲访友的旅客。票务预订系统依托民航、铁路自身便捷的销售、送票网点，在网上给广大客户提供一种便捷直观的订票方式，满足众多客户的需求。

系统力求在最短的时间内使游客获得价格最优的车票、船票、机票，简化游客购票手续，为游客节省宝贵的旅游时间，免去游客排队购票之苦，方便旅客出行。预订系统还能够为游客提供尽可能低的票价，使游客从中得到实惠。

7. 智能订餐功能

目前各大饭店的订餐服务主要通过电话来提供。在就餐高峰时间，顾客的需求往往得不到满足。智能订餐系统可方便顾客订餐，节省时间和金钱。顾客通过手机向呼叫中心发出订餐请求，系统根据顾客的订餐价位、就餐时间和就餐区域采用智能算法选择合适的饭店和房间就餐，选择信息通过网络发送到饭店信息终端的订餐系统，得到确认后通过短信通知顾客所订饭店的名称、位置和房间，如饭店提供菜单信息，顾客即可足不出户地预订全套餐饮方案。

8. 电子旅行社

电子旅行社在网上实现传统旅行社提供的旅游一条龙服务，涵盖了传统旅行社中的组团、设计路线、订票、订房、订车、代聘导游、代聘翻译、代办旅游保险等业务项目。电子旅行社提供的一条龙服务比传统旅行社的操作方式更方便、更快捷，信息对用户更透明。同时由于整合了网站拥有的庞大的各类旅游业资源，能为客户出游规划提供更大的自主性、灵活性。

9. 电子门票

电子门票是未来旅游行业法制化、规范化、信息化发展的必然趋势，是有效强化景区(点)管理、提高管理效率的重要手段。电子门票可以提升旅游行业整体管理水平，促进产业结构升级，改善旅游行业的整体形象，扩大对游客的影响。电子门票计算机网络系统可以实现计算机售票、验票、汇总、统计、查询、报表等的票务工作全方位管理；取消手工管理和统计，保证数据及时、准确，提高工作效率，增加经济效益；提高旅游景区的管理水平和档次，改善服务质量和形象；提供及时、准确的客流量数据，为各项运营决策提供数据支持；形成宣传旅游景区旅游资源的全面化、电子化、专业化的电子网络媒体。

10. 导游服务中心

导游服务中心的基本功能表现在 3 个方面：为旅行社找导游，为导游找旅行社，调配旅游淡旺季的差异，最终达到各方都满意的结果；为众多兼职导游员提供工作机会，向游客提供有导游资格证的所有导游的详细信息，包括带团导游和景区导游的个人基本情况、工作经历和工作业绩等；使游客可以通过网站或短信进行导游身份认证、导游风格和业绩查询，以及导游预约。

11. 旅游呼叫中心

旅游呼叫中心又称客户服务中心(Client Centre)，是为游客提供各种帮助的一个服务窗口，在提升旅游企业形象，加强旅游企业与游客的关系方面能够发挥重大作用。它是一种基于计算机电信集成技术的一个完整的综合信息服务系统，能充分利用旅游企业现有的信息网络资源，将自动语音查询、人工服务、信息资料处理紧密结合起来，依托旅游企业各类业务技术支持系统和信息网络，形成对外全方位服务于游客的无形窗口，和对内管理、分析、决策相结合的呼叫中心。

12. 旅游短信中心

随着手机的迅速普及，短信等手机增值服务应用越来越广。旅游短信中心与 DMS 数据库相连接，游客可以通过旅游短信中心强大、灵活的信息定制功能，享受多种手机增值服务。这些服务主要包括：短消息提醒，短消息群发，移动会议通知、资讯服务，援助，地理位置信息服务等系统；另一方面，游客还可以利用手机进行咨询、投诉、预订和小额支付等。

13. 旅游企业虚拟主机

虚拟主机服务可以为旅游企业提供完全自主的网络营销平台，既可以独立宣传，也能无缝嵌入 DMS，享有丰富的信息资源和强大的功能；其次，企业还可以制作自己的电子宣传册，利用 DMS 的强大宣传工具，向全国乃至世界的旅游者展示企业形象；虚拟主机还可以同住宿设施产品管理系统、旅游线路产品管理系统等相结合，开展客房预订、线路预订等服务。

上述功能应该体现在现代 DMS 设计之中，详细的功能设计可以用序列图来表示。序列图就是用来显示对象之间的动态合作关系，强调对象之间消息发送的时间和顺序，更多的考虑操作层面具体功能实现。图 6.22 就是利用网络发布旅游信息的功能序列图。

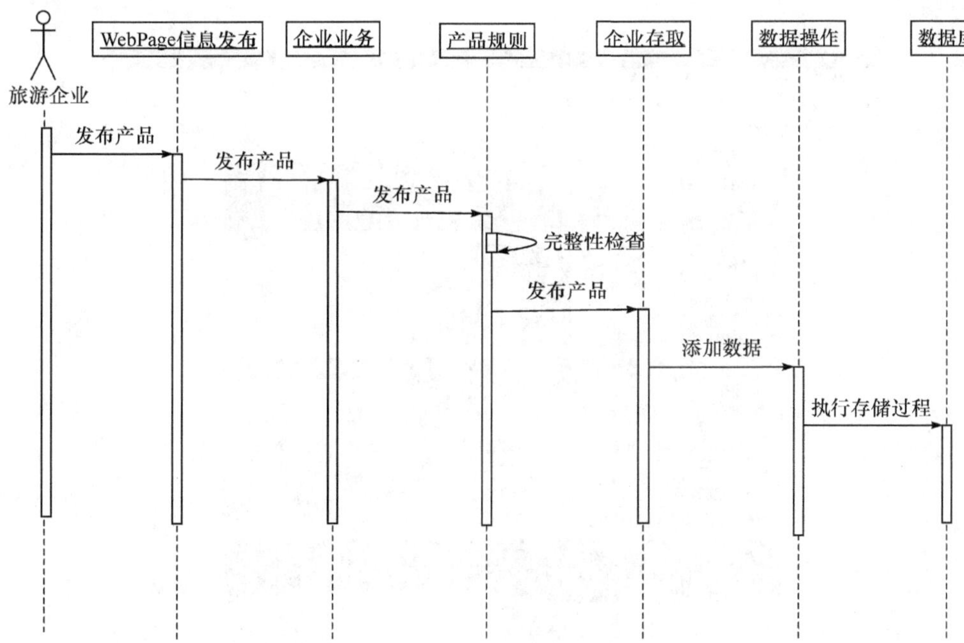

图 6.22　WEB 信息发布功能序列图

6.6　旅游目的地营销系统的实现

已经建立起来的 DMS 还是有很大差别的，这里介绍国内外几个 DMS 的主要页面，可以领略不同文化背景下 DMS 的营销风格与功能。

6.6.1　国　外 DMS

国外 DMS 都包含信息管理、发布、预订等基本功能，并在此基础上进行旅游目的地的形象定位，协助旅游机构的促销活动；他们都很重视传统的推广、营销和销售应用，如支持电话问讯中心，通过免费电话，向顾客同时提供先期旅行信息和预订服务，以及 DMS 网站结合触屏式服务亭和旅游服务中心向旅游者提供服务。一些国外 DMS 不断深化发展，开拓电子商务功能、开发专业市场营销信息服务系统；还有一些 DMS 向专业化方向发展，如旅游研究、图书馆等信息服务系统。

从爱尔兰旅游网及其站点地图（图 6.23 和图 6.24）、埃及国家 DMS（图 6.25）、维也纳旅游网的电子地图（图 6.26）等页面可以反映国外 DMS 建设的特点。

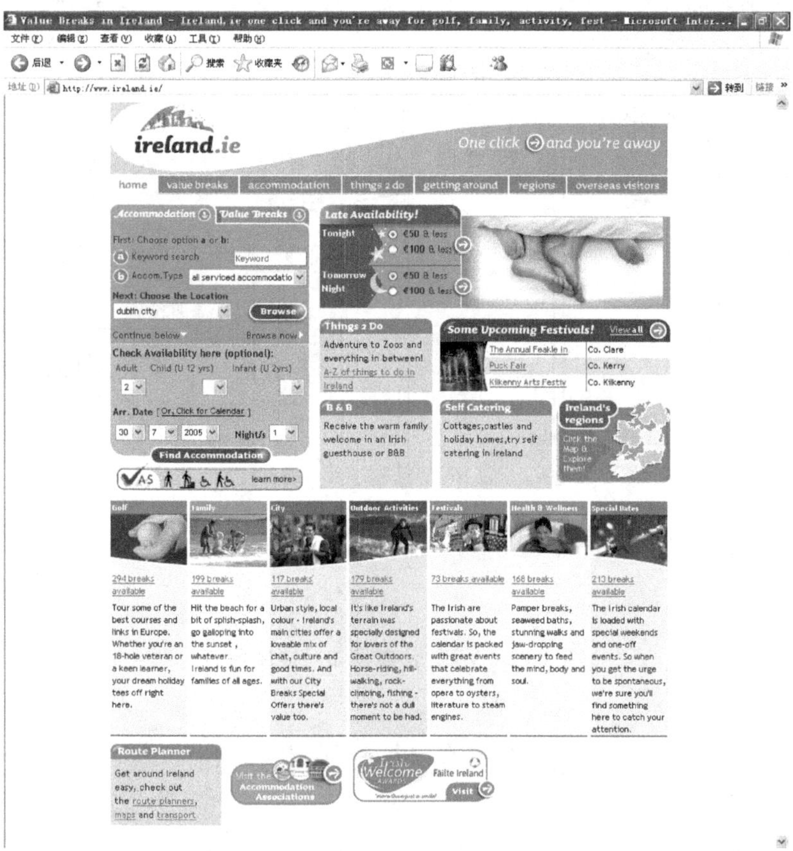

图 6.23　爱尔兰旅游网站主页

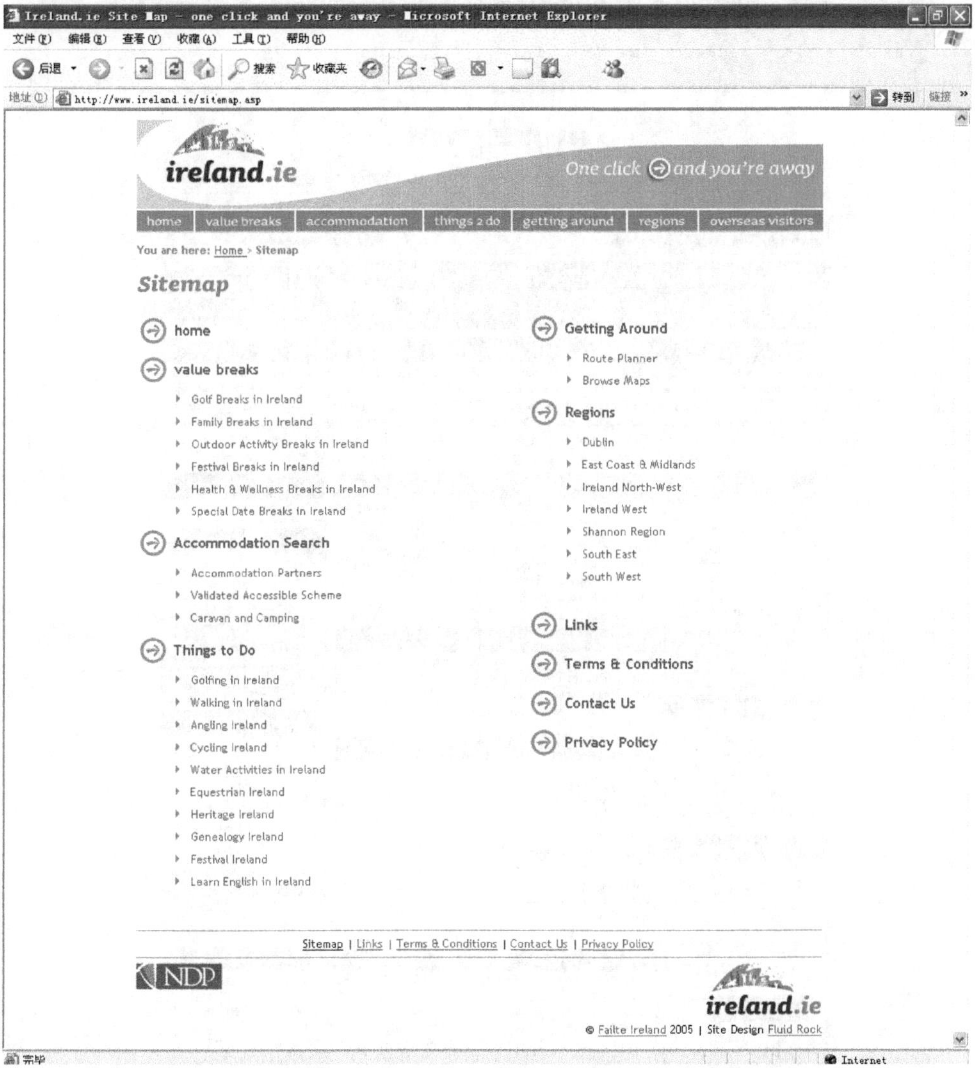

图 6.24　爱尔兰旅游网站点地图

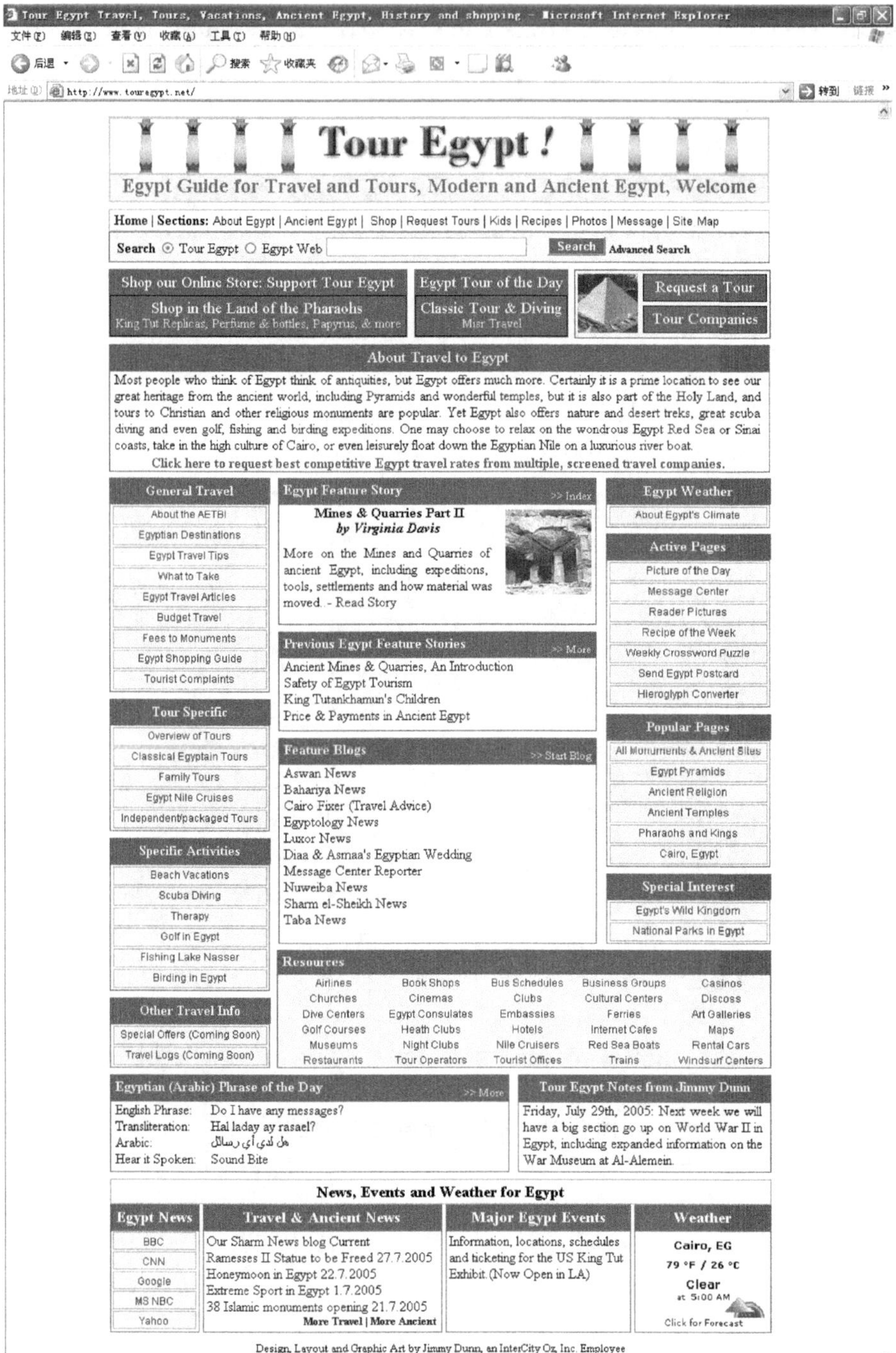

图 6.25 埃及旅游目的地网站首页

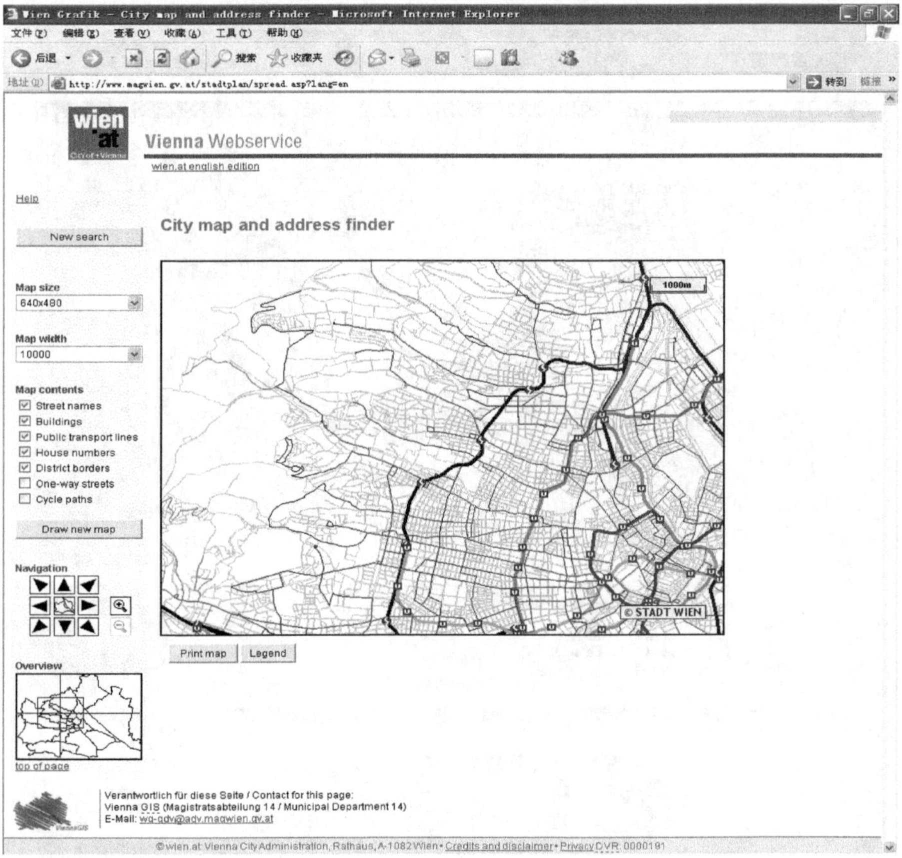

图 6.26　维也纳城市旅游电子地图

6.6.2　中国 DMS 总站

中国 DMS 总站(http://www.yahtour.com/new/index3.php)是在国家“金旅工程”之公共商务网平台上构建的各目的地营销系统的总汇(图 6.27)。其目标是建立一个公共的商务平台和信息服务平台,为旅游企业提供电子商务的整套解决方案,为广大的旅游企业和公众服务,促进旅游业的发展。目前,中国 DMS 总站已拥有 15 个 DMS 子平台、13 000 多个景区(点)和 23 000 多家旅游企业。

DMS 提供门户站点、信息发布、宣传促销、电子商务平台、通用应用服务、统计信息采集和投诉处理等功能,是一个面向公众和旅游企业的综合服务系统。可以为相关企业提供饭店、机票、游船、旅游线路的大宗交易,支持旅游行业商户在系统上作信息发布,宣传企业信息、进行招商合作、销售旅游线路等。为所有在线客户

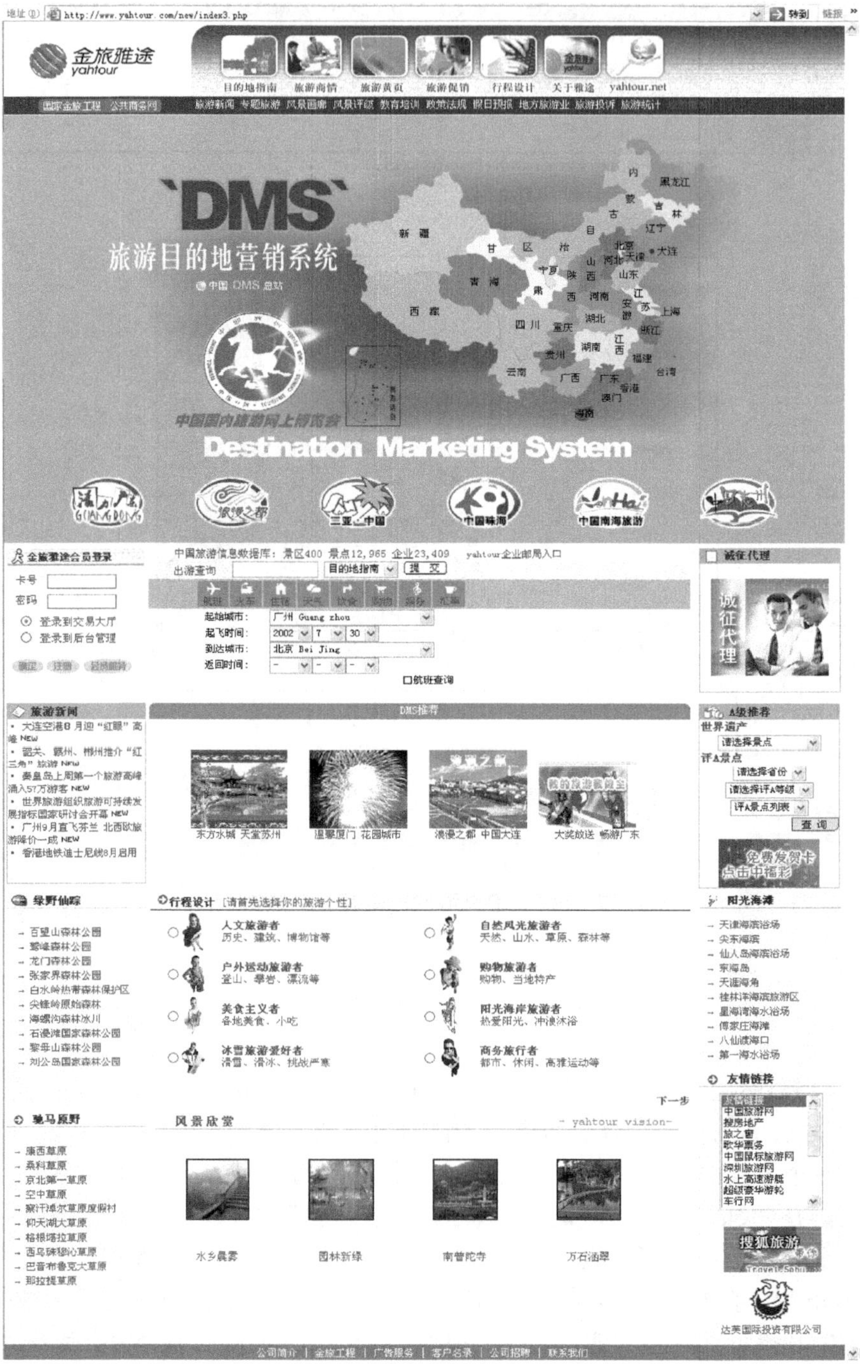

图 6.27　中国 DMS 主页

图 6.28　浪漫大连首页

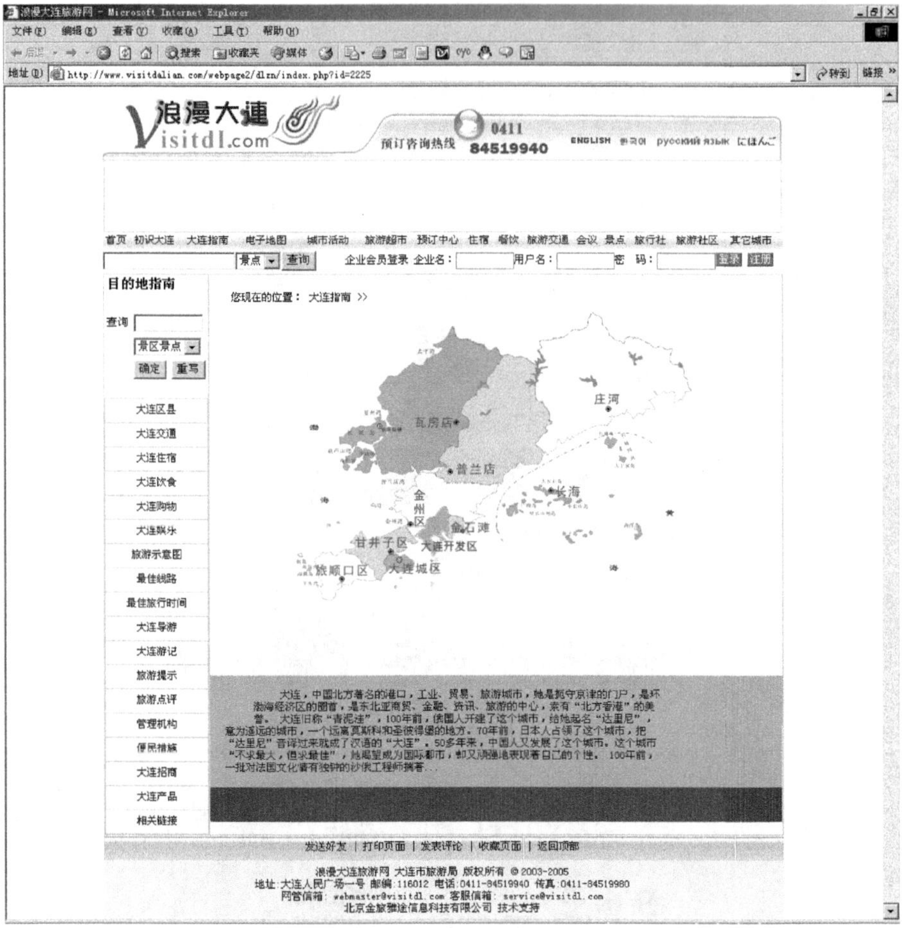

图 6.29　大连旅游目的地指南

提供丰富的旅游信息和 24h 全天候的服务，全面解决旅游产品促销和旅游行程设计等问题。

在中国 DMS 总站上列举了目前较为成功的 DMS 案例有：浪漫之都中国大连旅游网（www. visitdl. com）、中国南海旅游网（www. visitnanhai. com）、活力广东旅游网（www. visitgd. com）、温馨厦门旅游网（www. visitxiamen. com）、天堂苏州旅游网（www. visitsz. com）和中国广州旅游网（www. visitguangzhou. com）等 DMS 子平台。图 6.28 至图 6.30 概要展示了浪漫之都中国大连 DMS 实现的功能。

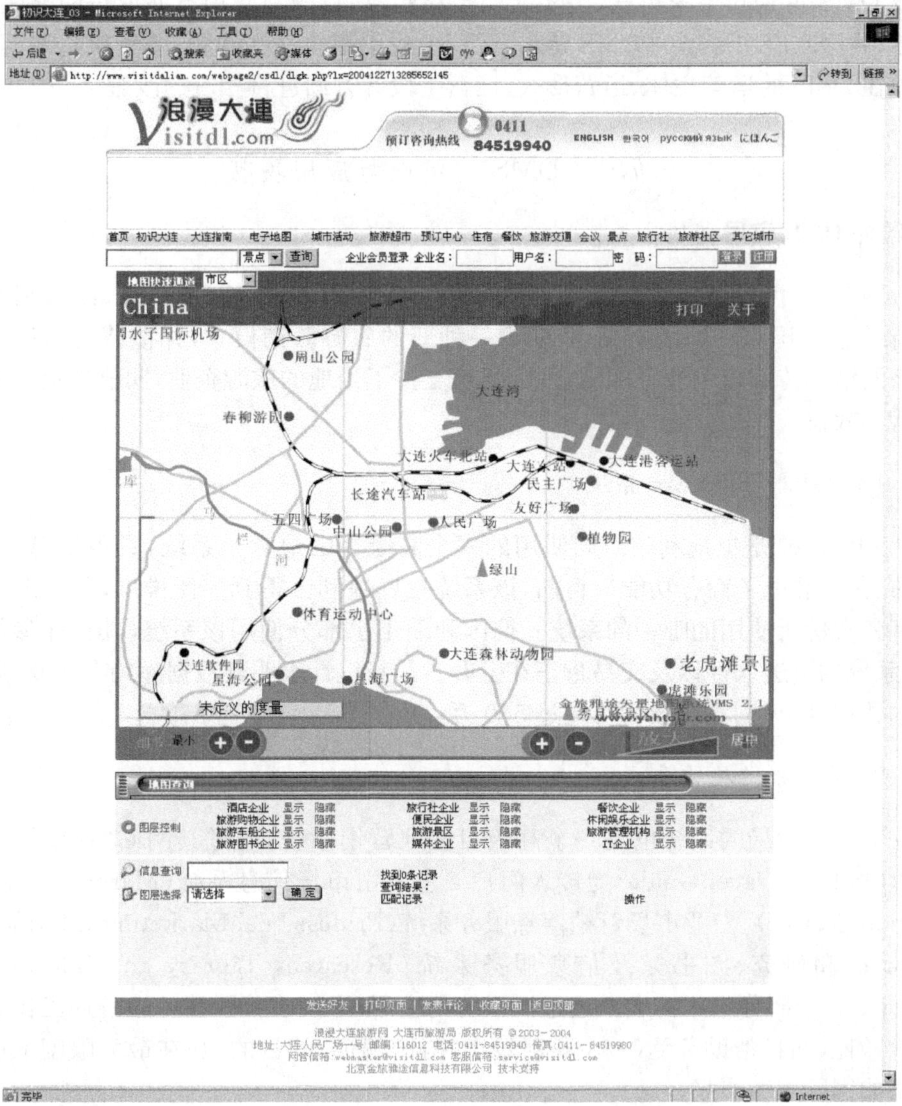

图 6.30　大连旅游目的地电子地图

6.7　DMS 现状和未来发展

DMS 起源于国外，并在国外获得了较好的发展，取得了良好的营销效益，在许多地区它已成为一种新的、替代性的旅游营销模式。在国家旅游局决定实施“金旅工程”后，我国 DMS 获得了极快的发展，以南海为代表的一批著名旅游城市，相继建成DMS,并通过专家审核,经实践初步检验,在目的地营销方面取得明显实效。当然,我国政府主导型的DMS建设、运营模式也存在一些问题,要解决这些问题,必须在DMS的运营主体、运营形式、运营手段等方面进行相应的改进。

6.7.1 DMS的建设与应用现状

1. 国外DMS应用现状

DMS在世界范围内已得到有效应用。在英国、新加坡、西班牙、澳大利亚等10余个发达国家和地区,它已演变为一种新的旅游营销模式,并被认为通过有效地将网络和传统营销业务相结合,广泛地支持了当地的旅游企业,明显地提高了旅游营销效益。

1) 奥地利TIScover系统

TIScover是奥地利旅游局使用的一个高级目的地营销系统,具备信息管理、发布、预订和电子商务功能。目前,该系统在奥地利已得到广泛推广,并且成为奥地利各省份所使用的唯一的系统。德国和瑞士也部分使用该系统,其行业参与程度、系统的可进入性以及交易量正在上升。最新统计表明其数据库约有4000兆字节的数据,网页浏览次数每月超过500万。

2) 芬兰旅游局的系统

芬兰旅游局的系统也是一个高级目的地营销系统,通过其网站"在线旅行指南"(On line Travel Guide)为接入门户。主要由市场信息系统(Marketing Information Service)、专业市场营销信息服务系统(Professional Marketing Information Service)和研究、图书馆及信息服务系统(Research, Library and Information Service)3个部分应用构成。通过该系统的应用,不仅改善了芬兰旅游局工作的成本效益比,而且帮助芬兰(一个相对较小并且"偏远"的目的地)在最大限度上进入和影响国际旅游市场。

3) 爱尔兰Gulliver系统

Gulliver系统是综合性目的地营销系统的最早范例之一,是爱尔兰各方面旅游产品的信息和预订的主要分销渠道,并为爱尔兰各类住宿产品开发出一个综合的、可以提供网上预订服务的目的地信息系统,极大地支持了爱尔兰的旅游营销活动。该系统还被用来支持电话问讯中心,通过免费电话,向顾客同时提供先期旅行信息和预订服务。

4）新亚洲-新加坡

“新亚洲-新加坡”不单纯是一个网站，还是一个复杂的多媒体旅游向导。它不仅提供各类相关信息，还为新加坡进行旅游目的地的形象定位，协助旅游机构开展促销活动。游客不仅能从该网站浏览各类旅游信息，同时，该网站还结合触屏式服务亭、当地广泛分布“新加坡第一”网络系统以及新加坡旅游服务中心为旅客提供服务。

2. 我国 DMS 建设

从 2002 年起，国家旅游局将建设 DMS 作为“金旅工程”中电子商务部分的发展重点，旨在将其建成信息时代中国旅游目的地进行国内外宣传、促销和服务的重要平台。2002 年 10 月，中国第一个目的地营销系统——南海 DMS 的建设成功，意味着我国旅游目的地营销方式已发生巨大变化，用信息化变革我国旅游目的地营销手段已经拉开序幕。

该系统总体目标是建立起南海旅游形象宣传和信息化公众网络服务，促进南海旅游与同行之间及其与海内外同业的沟通交流并以此建立以南海为基础延伸至全国乃至海外的全方位的南海旅游宣传营销体系。通过数字化推动旅游产业的发展，增强旅游宣传的效果，提高旅游市场业务运作水平，积极发展旅游电子商务，提供个性化旅游信息和商务服务。南海 DMS 的建设是一个复杂的系统工程，包括目的地形象设计、旅游电子杂志设计、南海旅游网设计（www. visitnanhai. com）、旅游目的地信息管理、邮件营销、旅游电子地图、旅游黄页、广告发布、在线调查与投诉、流量统计、旅游企业营销等系统。南海 DMS 将南海旅游企业纳入网络化营销中，企业可在该系统中建立自己的旅游营销系统，发布、编辑、更新企业和产品信息。

该系统还支持电子触摸屏、游客信息中心、电话中心等，这与中国现有的其他旅游网站不同。该系统提供旅游信息（包括产品信息）的收集、处理、（远程）发布、（远程）更新、在线预订和在线支付等功能，实现整个旅游产品的营销一体化。此外，该系统广泛支持传统营销方式和业务。可通过内容管理系统，将数据库中的旅游营销信息处理、生成并发送到传统媒体和印刷品上，如报纸、杂志、宣传册、营销指南等，极大地提高了传统营销的反应速度。同时，系统可作为语音化的旅游问询服务中心的后台支持，为旅游者提供问询服务，为旅游企业提供销售服务。

和单独的旅游网站不同，南海旅游城市（目的地）营销系统将和中国旅游营销系统、金旅雅途等超过 30 个省市的营销系统融为一体，使加入系统的旅游企业在不需要支出推广费用的前提下获得大量的网上流量，并有机会将业务扩展到全国乃至世界。

2003 年，国家旅游局、全国电子信息系统推广办公室下发在优秀旅游城市建立并推广使用 DMS 的通知，选择桂林等 10 个信息化基础较好的优秀旅游城市进行 DMS 项目建设。当年，广东南海市、粤港澳地区、大连市、三亚市、惠州市、珠海市、苏州市等 7 个城市和地区就建成并开通了 DMS。到 2005 年，全国将有 138 个优秀旅游城市建立自己的旅游信息系统，并逐步辐射到其他城市。

从总体看，我国 DMS 建设采用的是一种政府主导型的运作模式。这种模式在一定程度上与我国旅游业信息化水平不高的现状相适应。政府主导既有其积极作用，也有其消极的一面。

1）在可持续发展方面存在一些潜在障碍

政府在影响旅游发展过程中存在的一些潜在障碍，主要包括：缺乏从事可持续旅游的政治愿望；缺乏资源、财力和人力；政府在任者的短期目标破坏了 DMS 可持续发展的长期目标；政府的办事效率常常较低；政府主导易滋生腐败。这些潜在障碍的存在，要求引入政府以外的利益主体参与 DMS 的运营，以弥补政府主导的缺陷。

2）在信息提供的速度和内容上存在着问题

DMS 的一个主要目标是为旅游业各利益相关者提供信息和决策支持。因此，它所提供的信息必须及时，以最大化地发挥信息的效用；同时，所提供的信息必须兼顾旅游业各利益相关者，真实反映旅游业作为一个产业的整体信息需求。而目前我国 DMS 的信息采集主要是由地方旅游局负责收集、整理，然后逐级报送上一级 DMS，在信息的传递速度上比较慢、不及时；在信息内容上，由于信息完全由旅游局采集处理，不能真实反映旅游企业或其他利益相关者的信息需求。

3）在经费筹措与投入上存在着问题

现行模式下 DMS 的开发和建设完全依靠政府投入，资金筹集渠道单一，难以满足系统运行对资金的大量需求。DMS 的建设和运行需要大量的人、财、物投入，仅仅依靠政府投入是不够的，而且政府的大量投入会增加财政负担，引发其他问题，所以，应该积极寻找更多的资金来源。

6.7.2　DMS 的未来发展

针对我国 DMS 建设现状和运营中存在的问题，结合信息技术的新发展，可从以下几个角度进行改进，以促进我国旅游目的地营销系统的可持续发展。

1. 让行业更多地参与 DMS 的运营

这主要是基于两点考虑:首先,DMS 是旅游目的地营销的重要工具,而成功的目的地营销离不开政府与行业的良好合作。因为目的地营销涉及许多利益相关者,如政府、旅游企业、旅游经营商或中介等,他们之间的关系非常复杂,这使得目的地营销十分困难。只有在政府与行业之间建立良好的合作机制,形成联动,才能使目的地各利益相关者之间的矛盾和冲突得到协调,达到目的地营销的既定效果。其次,DMS 的主要目标之一是为目的地旅游管理部门和行业中的旅游企业提供信息和决策支持,但政府管理部门和旅游企业对信息的需求是不同的,要想真正发挥它的这一功能就必须加强这两者间的合作,让行业更多地参与到系统的运营中来。

2. 新的系统运作形式将不断涌现

目前国内 DMS 的运作形式单一,政府主导的运作模式在一定程度上还带有计划经济体制的烙印,市场经济体制的作用未能充分发挥。应该大胆尝试新的系统运作形式,如由独立实体对 DMS 进行市场化运作等。国外在这方面已取得了不少成功。例如,奥地利提洛省的 DMS 就是由隶属于提洛省旅游委员会的一家公司负责建设和运营的;英国苏格兰海兰的 DMS 则由政府、企业和私人共同投资的苏格兰旅游服务公司拥有并经营,当地旅游管理部门作为股东,其中,公司 30%的股权为地区旅游局所拥有,30%为法人所拥有,余者为个人所拥有。

3. DMS 开发投资主体将趋于多元化

DMS 的开发需要大量的基金,目前国内已建成的 DMS 大都由政府部门提供开发基金,或是作为旅游局预算的一部分,或是作为一个独立项目申请经费,系统开发的投资主体单一。而国外 DMS 在开发基金来源方面则显示出多样性,投资主体的范围非常广泛。除政府部门外,还包括电子商务服务商、私营旅游企业、商业性旅游服务公司,甚至是私人等。例如,瑞士阿彭策尔 DMS 的开发基金就是由当地的私营旅游企业提供的;英国苏格兰海兰 DMS 则由政府部门、旅游企业和私人共同投资开发。类似这样的投资形式都取得了成功,值得国内借鉴。

4. 更多、更新的收入渠道将被开辟

DMS 能否及怎样为投资者带来一定的经济收益是一个非常值得关注的问题,从目前国外在这方面的实践来看,DMS 的运行可以为投资者带来经济收益。在收入渠道方面,国外许多 DMS 都是向在旅游目的地营销网站上发布信息并接受预订的旅游企业收取佣金,如奥地利提洛省的 DMS,加拿大英属哥伦比亚省的 DMS 等,都将这种形式作为系统运行的收入来源之一。目前,随着各国实践的深入,一

些新的收入获得途径被开发出来。例如，与出版商合作出版旅游书籍，或者在提供信息增值服务（如移动电话短信息服务、传真知会服务）时向旅游企业或旅游者收取费用。相信我国也将开辟更多、更新、适合国情的DMS运行收益渠道或途径。

5. 采用新技术推进目的地营销

目的地电子导游经历早期的电子语音导游机到近年来发展起来的MP3电子导游系统和正在研发的基于GIS、PDA和GPS的智能导游系统。新技术的引进和推广应用促进了目的地全方位营销。前者是将专业导游对珍贵文物、景点的介绍进行录音，并转换为MP3格式文件，按景点分割成不同的文件，通过USB接口下载到MP3中，然后通过红外自动或人工手动选择播放、收听各个文物、景点的介绍。后者更多地体现了以游客为中心的目的地营销理念，是基于对GIS、PDA和GPS的一种集成运用，是利用PDA的强大功能处理GPS实时接受到的数据，再结合电子地图以实现各种功能。在电子导游系统中，PDA对旅游景点的各种数据和信息进行组织和管理，并对道路网建立拓扑关系，以实现对景点的信息查询和最佳路径的选择；利用GPS进行实时定位，并用相关算法对GPS接收到的数据与电子地图进行匹配，达到精确定位的目的，最终实现用户所需的功能。如地图浏览、缩放，基于电子地图的实时定位并显示在电子地图上，通过电子地图查询所有景点位置的详细信息，用户当前位置到其他位置的信息查询，导向及语音导航，最短路径搜索，关键词查询景点详细信息及其在地图上的位置等。这些功能已经部分在昆明世界园艺博览会电子导游系统中得到实现。

思 考 题

1. 分析并讨论建立DMS的作用和意义。
2. 简述DMS功能需求，并分析我国旅游目的地营销系统建设与“金旅工程”的关系。
3. 分析旅游目的地营销系统与区域旅游电子商务平台之间的关系。
4. 登录中国的世界遗产专题学习网站(http://202.116.15.21/sjyc/index.asp)，了解世界遗产的相关知识，概括我国世界遗产目的地网站或DMS建设现状。
5. 比较目的地营销系统与目的地管理系统的异同，并尝试对目的地管理系统进行功能结构设计。
6. 电子导游的关键技术有哪些？
7. 开发DMS要注意哪些问题？应采取哪些改进措施？
8. 查阅相关资料，尝试构建旅游目的地营销系统或网站的评价指标体系。

第7章　旅游资源管理信息系统

旅游资源是客观存在于一定的地域空间，并因其具有审美愉悦价值，使得旅游者为之向往的自然存在、历史文化遗产或社会现象，是旅游业发展的基础。广义上说，旅游资源能为人们旅游观赏、度假疗养、娱乐休闲、探险考察以及探亲访友和消磨闲暇时间提供物质凭借和服务。它可以为旅游业开发利用，并产生经济效益、社会效益和环境效益。旅游资源信息是旅游者产生旅游需求和实现旅游消费的起点，也是旅游经营者和旅游管理者从事旅游经营、规划和管理的对象。以往这些信息多采用传统的表现手段和传输手段提供给用户，如宣传海报、电话咨询、经营报表等。随着计算机技术和网络技术的发展，传统的资源信息采集和提供手段已经不能满足旅游资源经营管理的需要，人们开始利用遥感(RS)、地理信息系统(GIS)和全球定位系统(GPS)等信息网络技术调查、管理、保护和开发旅游资源。

7.1　旅游资源管理信息系统概述

7.1.1　旅游资源管理信息系统的概念

旅游资源管理信息系统是一个面向旅游者、旅游经营者和旅游管理者的，集旅游资源信息获取、存储、处理、分析、显示和快速传输为一体的计算机管理信息系统。它是在地理信息系统技术的基础上，充分利用GIS采集、存储、分析空间信息的功能，动态收集旅游资源信息，利用计算机、数据库等相关技术，实现资源数据的空间分析、资源综合评价、动态预测等功能，并及时、准确地将信息反馈给系统使用者。

旅游资源管理信息系统面对的用户主要是政府决策部门、旅游资源的开发者和旅游者。所管理的对象包括旅游地的自然旅游资源和人文旅游资源。系统的功能涵盖旅游资源信息管理的各个方面，可以实现对旅游资源的查询、检索、统计、最优化路线选择、图表打印输出等功能。随着可持续发展观念的深入，旅游资源管理要求的提高，适用于旅游资源管理和规划的模型得到新的发展，旅游资源管理信息系统的智能化统计分析和预测功能有了明显提高。

7.1.2　旅游资源管理信息系统的应用

旅游资源管理信息系统在旅游资源调查及管理、旅游资源开发与保护、旅游规划等方面发挥着重要的作用。

1. 资源信息共享

旅游资源信息不仅可为政府、开发规划部门使用，通过网络还可为各学校、科研机构的旅游资源研究工作提供可靠数据；为旅游者提供旅游相关信息，方便旅游者进行旅游决策；为旅行社以及饭店等旅游业有关部门提供各类信息，实现旅游资源信息共享，促进旅游业的全面发展；旅游资源管理信息系统还可以通过各种方式将信息提供给使用者，如多媒体、地图等。

2. 资源调查与评价

应用于旅游资源的普查、评价工作，以计算机替代手工劳动，对旅游资源信息进行收集、整理和系统的管理，大大提高工作效率，并通过GIS的空间分析功能实现对旅游资源的科学评价，为旅游资源信息利用提供可靠保障。

3. 资源管理与监控

采用旅游资源信息系统，动态监控旅游资源利用状况，为旅游管理各部门提供准确、可靠的旅游资源信息分析，为旅游业管理部门的日常管理和相关政策的制定提供科学依据。

4. 资源规划与开发

旅游资源管理信息系统不仅能为规划的编制提供大量的信息支持，而且能够以图表、地图等多种形式支持旅游资源的规划、开发，为旅游规划、旅游产品和路线的设计提供服务。

7.1.3　旅游资源管理信息系统建设的意义

1. 旅游资源管理信息化发展的客观需要

旅游资源是国家基础资源之一，现代旅游业的管理越来越多地依赖旅游资源信息的支持。旅游资源信息包括资源类型、数量、分布和特色等，这些信息是旅游资源评价、旅游开发规划、旅游业政策制定及旅游产业日常管理的依据。

尽管政府部门和有关专家为旅游资源信息的收集和利用制定政策和实施办法，旅游主管部门和行业自律组织对旅游资源信息的收集、发布做了许多工作。但总体来说，我国的旅游资源基础信息的普查、统计手段落后，多半采用人工调查、实测的形式，旅游资源信息的统计、文字材料的编写、图件的制作和资源的评价也采用人工方式，很难为旅游资源信息的收集、整理、使用提供可靠、权威的保障，旅游资源信息的管理更没有形成体系。迫切需要有新技术、新手段来代替人工方式提高旅游资源信息采集和管理的效率及准确性，例如，遥感技术。旅游资源管理信息系统利用遥感技术收集资源相关信息。对旅游资源尤其是自然旅游资源，根据多波段遥感信息的差异，识别出不同类别的旅游资源，可以分别进行各种旅游资源的数量、质量和分布特征的分析评价；而且在人迹罕至、不便调查的地区可达到同样的效果。还可以利用遥感技术视域宽广、便于进行区域对比的优点，分析单项旅游资源之间的相互关系及其空间组合特征。遥感技术还能够对旅游资源作动态观测。利用遥感技术可以方便地对地面同一目标、同一区域进行周期性监测，不断提供该目标区域的最新变化资料，对目标实行动态分析。由于旅游资源的季节性和动态性特征，需要了解旅游资源在时间序列上的变化过程，遥感技术恰好满足了这一要求，为旅游资源的调查评价与开发提供了准确的数据基础。

2. 可促进旅游资源的保护和可持续利用

旅游资源一般分为自然旅游资源与人文旅游资源两种。自然旅游资源是依照自然发展规律天然形成的旅游资源，是可供人类旅游享用的自然景观与自然环境，它属于自然界的一定空间位置、特定的形成条件和历史演变阶段。人文旅游资源则是在人类历史发展和社会进程中由人类社会行为促使形成的具有人类社会文化属性的悦人事物，其形成和分布不仅受历史、民族和意识形态等因素的制约，而且还受自然环境的深刻影响。大部分的旅游资源都是不可再生资源，如，自然旅游资源中的珍稀物种等，保护不当会引起不可恢复性的损失。在资源开发过程中，旅游资源管理信息系统通过对资源所处环境信息的收集，能够集中反映资源的数量、质量和所处的环境状况，为资源的开发提供科学依据；旅游资源管理信息系统可以利用 GIS 的空间信息分析技术，分析影响旅游环境质量的因素，寻求相应的保护措施和最佳治理方案；还可以利用遥感技术、定位观测技术对旅游资源进行动态观测，及时获取有关信息，预测其发展趋势，采取适当的措施控制旅游环境遭受破坏的趋势，促进旅游可持续发展。

7.2　旅游资源管理信息系统需求分析

7.2.1　数据需求分析

旅游资源管理信息系统涉及的数据主要包括旅游资源环境数据和旅游资源单

体的数据。

1. 旅游资源环境数据

旅游资源环境数据包括旅游资源所处区域的背景条件以及资源所处环境的保护状况。旅游资源所处区域的背景条件有：该区域的地层、构造、地貌、水文、动植物、气象气候、自然灾害、行政归属与区划、人口及居民状况、位置、交通、距离、市场条件、经济条件，以及电力、通信、科技教育水平、医疗卫生状况、安全保障等。旅游资源所处环境的保护状况包括该资源临近区域的工厂企业、科研医疗、生活设施等的排污、噪声、污染资料，也包括水、空气、土壤中的重要物质等。

2. 旅游资源单体数据

旅游资源单体是指可作为独立观赏或利用的旅游资源基本类型的单独个体。旅游资源单体数据是指旅游资源的基本信息，如资源的名称、类型、数量、结构、成因、历史、规模、级别、特色、价值和功能、旅游资源的区域组合，以及与资源有关的重大历史事件、社会事件、名人活动、文艺作品等。

为实现上述需求，旅游资源环境数据结构可设计为基础地理数据分层及文件命名（表 7.1）、各类要素公共属性项及属性表结构（表 7.2）、基础地理信息属性项及属性表结构（表 7.3）。

表 7.1 基础地理数据分层及文件命名

要素类别	数据层名称	数据层描述	数据类型
边界	行政界线	省界、市界、县界、乡界	线状
居民点	居民地	省、市、县、乡、村驻地	点状
交通	公路	高速公路、国道、省道、一般道路	线状
	铁路	铁路	线状
水系	单线河	单线河及单线渠	线状
	双线河	双线河及双线渠	面状
	湖泊水库	湖泊、水库及池塘	面状
地形	等高线	一定间隔的等高线	线状
	高程点	主要山峰高程点	点状
其他	格网	经纬网、公里网	线状
	注记	注记	点状

表 7.2　各类要素公共属性项及属性表结构

字段名(属性项)	字段类型	宽度
编码	整数型	10
功能次序	整数型	2
面积	数字型	16(3)
周长	数字型	16(3)
长度	数字型	16(3)
要素类型	字符型	16
文本信息	字符型	32
声音信息	字符型	32
图像信息	字符型	32
动画信息	字符型	32
符号信息	字符型	2
文字信息	字符型	16

表 7.3　基础地理信息属性项及属性表结构

数据层名称	字段名(属性项)	字段类型	宽度
海岸线	测绘时间	日期型	10
岛屿	名称	字符型	14
公路	道路名称	字符型	14
	起点城镇	字符型	10
	重点城镇	字符型	10
铁路	铁路名称	字符型	16
	起点城镇	字符型	10
	重点城镇	字符型	10
单线河	名称	字符型	16
双线河	名称	字符型	16
湖泊水库	名称	字符型	16
行政界线	行政区名称	字符型	20
居民点	名称	字符型	16
高程点	高程	数字型	8(2)
等高线	高度	数字型	8(2)
经纬网	经度	数字型	10(6)
	纬度	数字型	10(6)
公里网	X	数字型	12(2)
	Y	数字型	12(2)
注记	名称	字符型	20

7.2.2　功能需求分析

旅游资源管理信息系统主要实现 3 个方面的功能：旅游资源信息的采集、旅游资源数据的管理、旅游资源的评价。

1. 旅游资源信息的采集

旅游资源信息的采集为旅游资源管理信息系统提供最基本的资源数据支持，也是实现其他功能的基础。该功能主要包括数据的收集、录入、修改、审核等，具体用例图如图 7.1 所示。

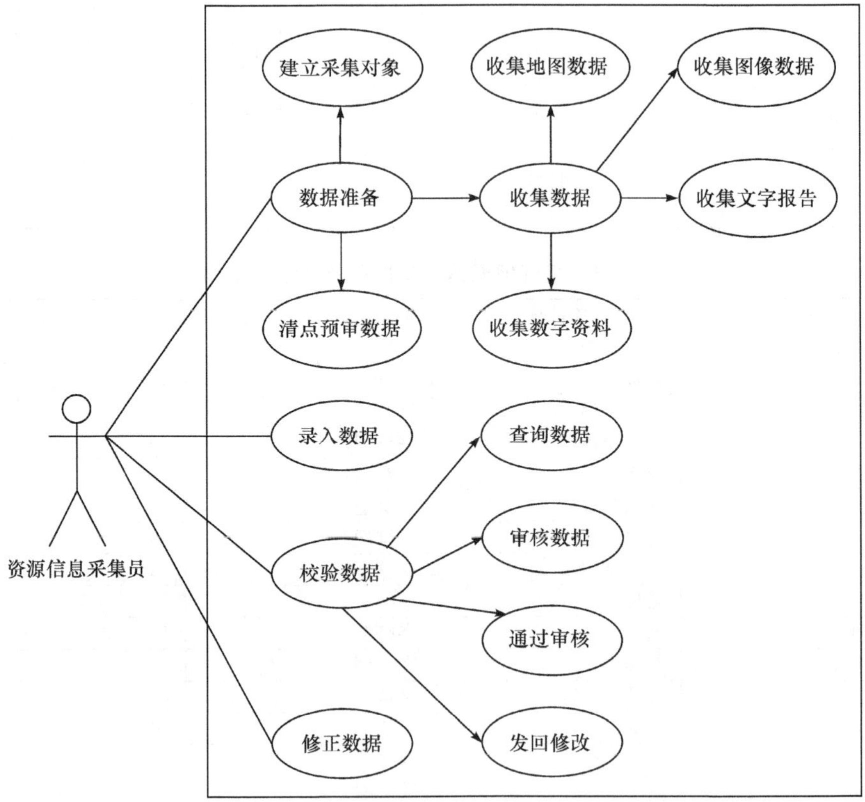

图 7.1　旅游资源信息采集与编辑功能用例图

(1) 旅游资源数据录入：数据来源不同，其采集与录入的方式也不相同。如图 7.2 所示，旅游资源数据的来源多种多样，有统计部门、测绘部门、旅游部门、旅游景区、旅游景点等。这些旅游数据一方面可以通过资源管理信息系统的数据接口输入系统；另一方面也可以以文档、图片等方式提交，经处理后统一录入。

(2) 旅游资源数据编辑：旅游资源数据分为空间数据、属性数据和多媒体数据等。用户可以根据不同的需求，采用相应的软件工具，对数据进行查询、增加、删除和修改等编辑操作，以满足旅游资源监测管理和旅游资源评价的需求。

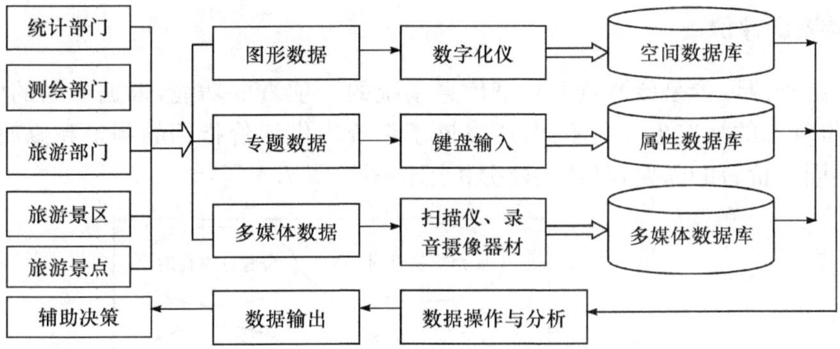

图 7.2　旅游资源数据采集流程

2. 旅游资源数据的管理

旅游资源数据管理子系统不仅能够对旅游资源数据进行及时地更新维护，而且能够为旅游者、旅游规划者、旅游管理者提供资源属性——图形信息查询、统计和分析等功能。基本功能用例图如图 7.3 所示。

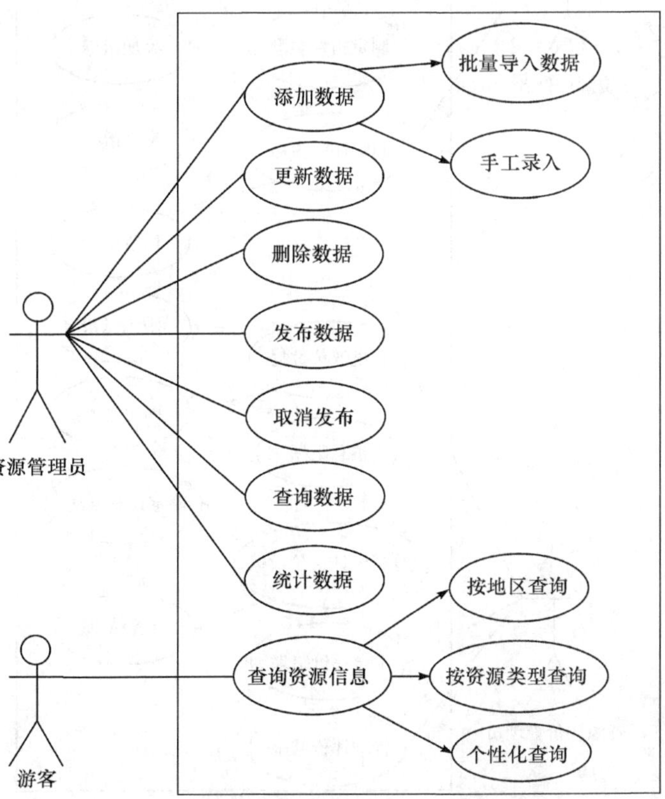

图 7.3　旅游资源数据管理基本功能用例图

3. 旅游资源评价

旅游资源评价是旅游资源管理信息系统的一项重要功能，根据不同的使用需求，评价资源的标准也有所不同，所以该子系统提供评价指标的制定和修改功能，满足不同评价者的需要，具体功能分析用例图如图 7.4 所示。

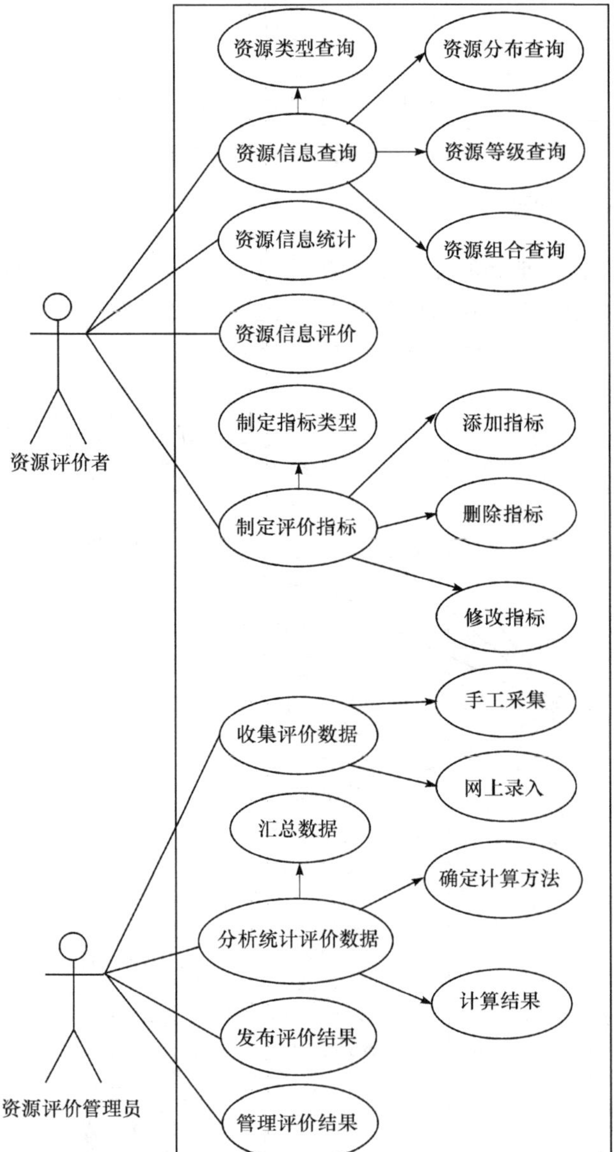

图 7.4　旅游资源信息评价功能用例图

7.3　旅游资源管理信息系统设计

旅游资源是发展旅游业的基础，要实现旅游的可持续发展，必须要合理的规划、管理和使用旅游资源，旅游资源管理信息系统的开发为旅游资源的科学规划管理提供了信息支持，为旅游资源的可持续发展提供了保证。科学、合理地进行系统设计是建设旅游资源管理信息系统的前提。

7.3.1　系统结构设计

旅游资源管理信息系统由 4 个基本子系统构成。

（1）数据输入、编辑子系统：主要是对各种信息源的数据（统计数据、文字资料、航片、卫片、图形等）数字化录入，经过人机交互编辑、拓扑关系生成、投影和格式转换、信息提取等，形成完整的系统数据结构，建立数据库。

（2）数据库管理子系统：这是该系统的核心，即对入库数据进行存储、查询检索、分析管理及利用分析模型对数据库深层次开发，及时对数据库更新以及数据的完整性、安全性、并发性的控制和管理等。

（3）数据评价子系统：针对不同的用户制定的不同评价指标体系和评价模型，对资源数据进行相应的统计、分析与评价。

（4）信息输出子系统：将处理和分析的结果按用户的需要以各种方式输出，如各类报表、报告、景观图、导游图等专题地图。

7.3.2　数据库与类设计

旅游资源管理信息系统在类设计上必须全面考虑用户对旅游资源的需求和操作，使设计出来的类能够满足系统用户对资源数据进行合理的调用和高效的操作。这里列举资源信息的存取和资源评价指标存取两个类，如图 7.5 和图 7.6 所示。

资源信息存取
+添加资源信息(in 资源内容：Object, in)：Boolean +修改资源信息(in 信息内容：Object)：Boolean +删除资源信息(in 信息编号：String)：Boolean +发布资源信息(in 信息内容：Object)：Boolean +取消发布(in 信息编号：String)：Boolean +查询信息(in 信息编号：String)：Boolean +new( )

图 7.5　旅游资源信息存取类设计

资源评价指标存取
+添加指标(in 指标信息)：Boolean +删除指标(in 指标编号：String)：Boolean +修改指标(in 指标信息：Object)：Boolean +查询指标(in 指标编号：String)：Boolean +添加指标类型(in 指标信息：Object)：Boolean +删除指标类型(in 指标信息：Object)：Boolean +修改指标类型(in 指标信息：Object)：Boolean +查询指标类型(in 指标信息：Object)：Boolean +new( )

图 7.6　旅游资源评价指标存取类设计

数据库的数据组织和管理是信息系统的核心，数据库设计质量的好坏，不仅影响系统建设的速度和成本，而且影响到系统的运行、应用和管理。

1. 旅游资源数据的分类

旅游资源数据不仅包括旅游资源本身的信息，还包括与旅游资源相关的数据，如交通、购物、娱乐、当地的社会经济概况等方面的信息。

1）按照资源内容分类

我国旅游资源非常丰富，具有广阔的开发前景，在旅游研究、区域开发、资源保护等各方面受到广泛的应用，越来越受到重视。为了更加适用于旅游资源开发与保护、旅游规划与项目建设、旅游行业管理与旅游法规建设、旅游资源信息管理与开发利用等方面的工作，旅游界对旅游资源的涵义、价值、应用等许多理论和实用问题进行了多方面的研究。1997 年，中国科学院地理研究所、国家旅游局规划发展与财务司在 1992 年《中国旅游资源普查规范（试行稿）》的基础上，将旅游资源划分出 8 个主类、31 个亚类、155 个基本类型，见表 7.4。

表 7.4 旅游资源分类及编码表

主类	亚类	基本类型
A 地文景观	AA 综合自然旅游地	AAA 山丘型旅游地 AAB 谷地型旅游地 AAC 沙砾石地型旅游地 AAD 滩地型旅游地 AAE 奇异自然现象 AAF 自然标志地 AAG 垂直自然地带
	AB 沉积与构造	ABA 断层景观 ABB 褶曲景观 ABC 节理景观 ABD 地层剖面 ABE 钙华与泉华 ABF 矿点矿脉与矿石积聚地 ABG 生物化石点
	AC 地质地貌过程形迹	ACA 凸峰 ACB 独峰 ACC 峰丛 ACD 石（土）林 ACE 奇特与象形山石 ACF 岩壁与岩缝 ACG 峡谷段落 ACH 沟壑地 ACI 丹霞 ACJ 雅丹 ACK 堆石洞 ACL 岩石洞与岩穴 ACM 沙丘地 ACN 岸滩
	AD 自然变动遗迹	ADA 重力堆积体 ADB 泥石流堆积 ADC 地震遗迹 ADD 陷落地 ADE 火山与熔岩 ADF 冰川堆积体 ADG 冰川侵蚀遗迹
	AE 岛礁	AEA 岛区 AEB 岩礁
B 水域风光	BA 河段	BAA 观光游憩河段 BAB 暗河河段 BAC 古河道段落
	BB 天然湖泊与池沼	BBA 观光游憩湖区 BBB 沼泽与湿地 BBC 潭池
	BC 瀑布	BCA 悬瀑 BCB 跌水
	BD 泉	BDA 冷泉 BDB 地热与温泉
	BE 河口与海面	BEA 观光游憩海域 BEB 涌潮现象 BEC 击浪现象
	BF 冰雪地	BFA 冰川观光地 BFB 常年积雪地

续表

主类	亚类	基本类型
C 生物景观	CA 树木	CAA 林地 CAB 丛树 CAC 独树
	CB 草原与草地	CBA 草地 CBB 疏林草地
	CC 花卉地	CCA 草场花卉地 CCB 林间花卉地
	CD 野生动物栖息地	CDA 水生动物栖息地 CDB 陆地动物栖息地 CDC 鸟类栖息地 CDE 蝶类栖息地
D 天象与气候景观	DA 光现象	DAA 日月星辰观察地 DAB 光环现象观察地 DAC 海市蜃楼现象多发地
	DB 天气与气候现象	DBA 云雾多发区 DBB 避暑气候地 DBC 避寒气候地 DBD 极端与特殊气候显示地 DBE 物候景观
E 遗址遗迹	EA 史前人类活动场所	EAA 人类活动遗址 EAB 文化层 EAC 文物散落地 EAD 原始聚落
	EB 社会经济文化活动遗址遗迹	EBA 历史事件发生地 EBB 军事遗址与古战场 EBC 废弃寺庙 EBD 废弃生产地 EBE 交通遗迹 EBF 废城与聚落遗迹 EBG 长城遗迹 EBH 烽燧
F 建筑与设施	FA 综合人文旅游地	FAA 教学科研实验场所 FAB 康体游乐休闲度假地 FAC 宗教与祭祀活动场所 FAD 园林游憩区域 FAE 文化活动场所 FAF 建设工程与生产地 FAG 社会与商贸活动场所 FAH 动物与植物展示地 FAI 军事观光地 FAJ 边境口岸 FAK 景物观赏点
	FB 单体活动场馆	FBA 聚会接待厅堂(室) FBB 祭拜场馆 FBC 展示演示场馆 FBD 体育健身场馆 FBE 歌舞游乐场馆
	FC 景观建筑与附属型建筑	FCA 佛塔 FCB 塔形建筑物 FCC 楼阁 FCD 石窟 FCE 长城段落 FCF 城(堡) FCG 摩崖字画 FCH 碑碣(林) FCI 广场 FCJ 人工洞穴 FCK 建筑小品
	FD 居住地与社区	FDA 传统与乡土建筑 FDB 特色街巷 FDC 特色社区 FDD 名人故居与历史纪念建筑 FDE 书院 FDF 会馆 FDG 特色店铺 FDH 特色市场
	FE 归葬地	FEA 陵区陵园 FEB 墓(群) FEC 悬棺
	FF 交通建筑	FFA 桥 FFB 车站 FFC 港口渡口与码头 FFD 航空港 FFE 栈道
	FG 水工建筑	FGA 水库观光游憩区段 FGB 水井 FGC 运河与渠道段落 FGD 堤坝段落 FGE 灌区 FGF 提水设施
G 旅游商品	GA 地方旅游商品	GAA 菜品饮食 GAB 农林畜产品与制品 GAC 水产品与制品 GAD 中草药材及制品 GAE 传统手工产品与工艺品 GAF 日用工业品 GAG 其他物品
H 人文活动	HA 人事记录	HAA 人物 HAB 事件
	HB 艺术	HBA 文艺团体 HBB 文学艺术作品
	HC 民间习俗	HCA 地方风俗与民间礼仪 HCB 民间节庆 HCC 民间演艺 HCD 民间健身活动与赛事 HCE 宗教活动 HCF 庙会与民间集会 HCG 饮食习俗 HGH 特色服饰
	HD 现代节庆	HDA 旅游节 HDB 文化节 HDC 商贸农事节 HDD 体育节
数量统计		
8 个主类	31 个亚类	155 个基本类型

注：如果发现本分类没有包括的基本类型时，使用者可自行增加。增加的基本类型可归入相应亚类，置于最后，最多可增加 2 个。编号方式为：增加第 1 个基本类型时，该亚类 2 位汉语拼音字母＋Z、增加第 2 个基本类型时，该亚类 2 位汉语拼音字母＋Y。

2）按照资源信息的存储方式划分

(1) 文字、数字信息：景点说明、资源介绍等。文字描述的文本 *.TXT、数据文件 *.DAT、基础表 *.TAB 等，以数字或字符形式存储。

(2) 图片信息：通过各种方式获得的图片文件，以更好的展示资源风貌，提高资源吸引力。这些图片一般存放在文件 *.GIF、*.BMP、*.JPG、*.TGA、*.PCX、*.TIF 中。

(3) 地图信息：存放各类地图图形文件，*.MAP 文件，能够使位置、路线的查询一目了然，并且便于属性信息的统计等。

(4) 音频信息：存放于波形声音文件 *.WAV 和音乐乐器数字文件 *.MID 中。

(5) 视频信息：存放在 *.AVI 中。

2. 系统数据库的管理

为了便于管理和应用开发，系统可以划分成若干个子系统。相应地，数据库也可以划分为若干子库，按照“纵向分层横向分幅”的方式组织。纵向分层是指按数据的性质分类，性质相同或相近的归并一起，形成一个数据层。横向分幅是指按数据空间分布将数据划分为规则或不规则的块。旅游资源数据库可以分为以下几部分：

1）卫星影像库

根据旅游资源调查精度要求和卫星影像源的情况，建立不同比例尺精度的卫星影像库，包括工作区 1∶25 万 ETM 卫星影像库，重点调查区 1∶10 万和重点景区 1∶5 万 ETM 卫星影像库。遥感技术是数据采集的主要手段，卫星影像是重要的数据源，通过建立卫星影像库，将其有效的管理起来，便于用户查询使用。

2）基础地理信息数据库

主要为一些地理底图，建立基础地理信息全要素空间数据库，进行数字化编辑处理，建立图形的拓扑关系和图形、属性数据库，系统可以在其基础上实现信息的输入、编辑、处理、显示查询、统计分析及图表输出等功能。

3）旅游资源信息库

包括旅游资源空间位置信息及与其相关的各类图像、影像及属性信息等。旅游资源信息是系统的重点查询对象，其地理位置、属性信息及相关资料可以通过大量的野外资源调查取得，对旅游资源的规划管理及评价具有很大的参考价值，旅游资源信息数据字段主要包括编号、旅游景点名称、景点行政位置、景点地理位置、基本类型、图片、影像图、视频文件等。其数据库表结构设计如图 7.7 所示。

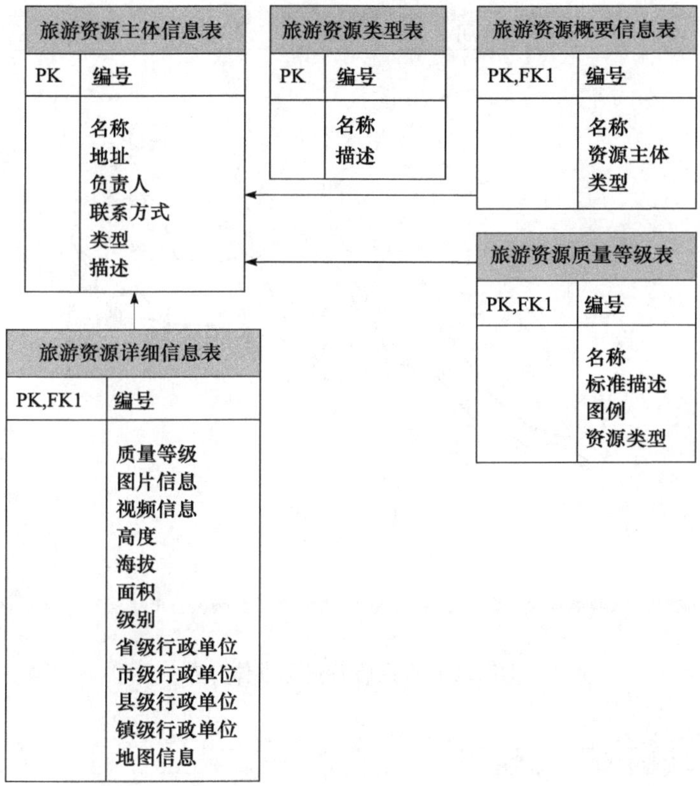

图 7.7　旅游资源管理信息系统数据库表结构设计示例

7.3.3　系统功能设计

旅游资源管理信息系统的开发，充分利用了现代计算机技术及地理信息系统技术，实现了旅游资源信息的获取、查询、修改、管理以及各种方式的信息输出，具有资源信息查询、资源展示等多种功能。

1. 旅游资源信息查询功能

通过直观、灵活、方便的查询方式完成风景区各种数据的查询，并将查询和检索的结果以图形和文本方式进行显示。用户可以查询到旅游相关信息，包括旅游景点、风景名胜、文物古迹等旅游过程中所涉及的资源相关信息，图 7.8 至图 7.10 是查询旅游资源整体分布、实体分布和属性表的示例。

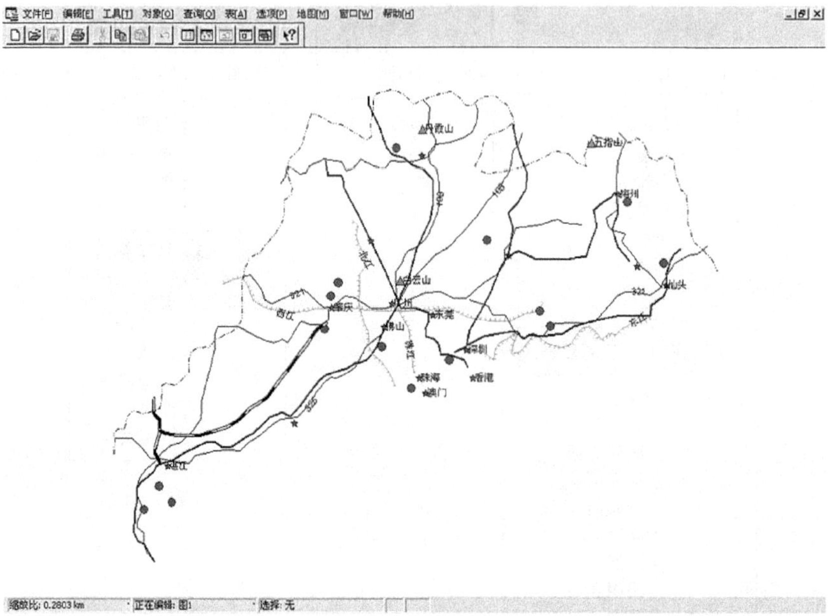

图 7.8　查询旅游资源整体分布

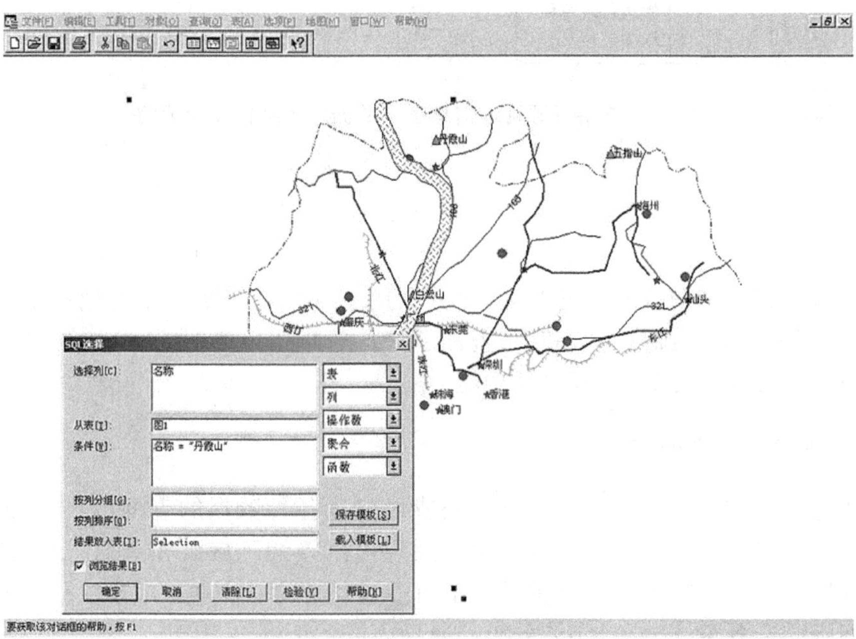

图 7.9　查询旅游资源实体分布

名称	区域	等级	类型	得分	备注
雷州古城	湛江	2	人文景观	76	
东海岛	湛江	4	水域自然风光	80	
湖光岩	湛江	3	水域自然风光	90	
鼎湖山	肇庆	1	山体自然风光	95	
星湖	肇庆	1	水域自然风光	96	
七星岩	肇庆	1	溶洞自然景观	98	
佛山祖庙	佛山	7	人文景观	82	
圆明新园	珠海	2	主题公园	80	
世界之窗	深圳	1	主题公园	96	
海丰陵园	汕尾	5	人文景观	70	
红场	汕尾	5	人文景观	79	
万绿湖	河源	3	水域自然风光	82	
开元寺	潮州	3	人文景观	85	
千佛塔	梅州	3	人文景观	90	
云门寺	韶关	3	人文景观	86	

图 7.10　查询旅游资源属性表

2. 多媒体信息显示功能

图形符号和地理数据大多是抽象的，旅游资源管理信息系统利用多媒体手段，将抽象的点、线、面等实体，配以声音、动画、照片、图表、文字等，多角度、多层次地再现风景名胜区的地理特征和旅游资源的属性信息，使系统产生的信息更直观，更易于接受和理解(图 7.11)。

图 7.11　旅游资源信息显示图

3. 风景点三维虚拟展示功能

利用航测遥感资料、近景摄影资料、TIN 等构件获得各风景点三维模型，可真实展现各风景点的特色，主要有景点三维模拟、景观的任意飞行模拟、景区三维可视化等(图 7.12)。

图 7.12　某旅游景点三维模拟鸟瞰图

4. 空间分析与操作功能

便捷的空间操作能力是 GIS 突出的功能之一，旅游资源管理信息系统利用 GIS 可以对旅游线路提取相应信息，如旅游资源数量、质量和分布等，空间分析包括缓冲区分析、最佳路径分析、叠加分析等。如通过缓冲区分析，可以确定文物古迹两旁的保护带面积以及所占用地的种类和数量。叠加分析是将同一地区的两组或多组数据叠加，如将旅游区的气候、植被等图层进行叠加分析，可用于监测旅游区的环境质量及制定旅游区的区域规划。图 7.13 给出了旅游资源质量分析示例。

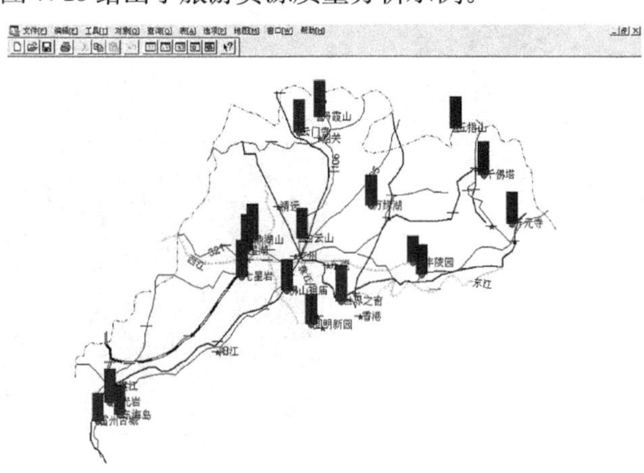

图 7.13　旅游资源质量分析

5. 旅游资源统计分析功能

旅游资源管理信息系统能够对各种旅游信息进行分析与统计，分析统计结果可以通过表格、专题地图等多种形式输出显示。统计分析主要有旅游资源接待游客量的时空分布的集中性分析、旅游流量预测等。图 7.14 给出了旅游资源统计分析示例。

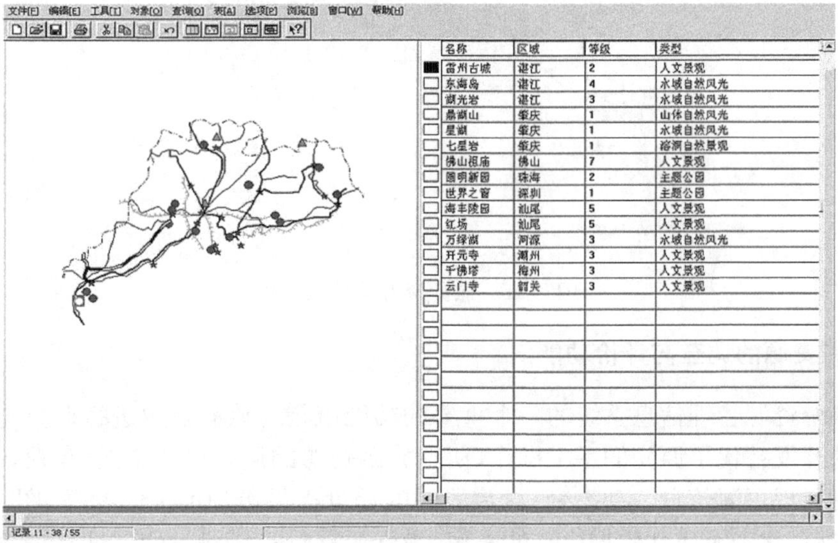

图 7.14　旅游资源统计分析

6. 旅游专家咨询功能

将旅游专家咨询引入到系统功能设计上，建立知识库、模型库、数据库、方法库等。知识库采用旅游学界知名的专家学者作为知识对象，数据库包括区域概况、旅游路线图、旅游景点信息等。模型库采用目前地理信息系统通用分析方法，实现如最短路径分析、交通阻力模拟、缓冲区分析、层次分析法等。方法库可以实现游客路线智能设定，如根据游客旅行时间、消费档次、希望游览的旅游区（点）等级、旅行性质、个人兴趣爱好和参与的活动、下榻宾馆饭店等，自动根据现有数据库模拟出最佳旅游线路、旅游日程安排等内容，并实现对设定旅游线路的动态显示、虚拟旅游等效果。同时也为旅游管理部门提供旅游销售预测，旺季游客应急安排等专业应用模型，对未来的旅游规划做出合理的安排。图 7.15 是旅游资源缓冲区分析示例，通过进行缓冲区分析，得出资源保护缓冲地带，为旅游资源的开发和保护提供科学依据。

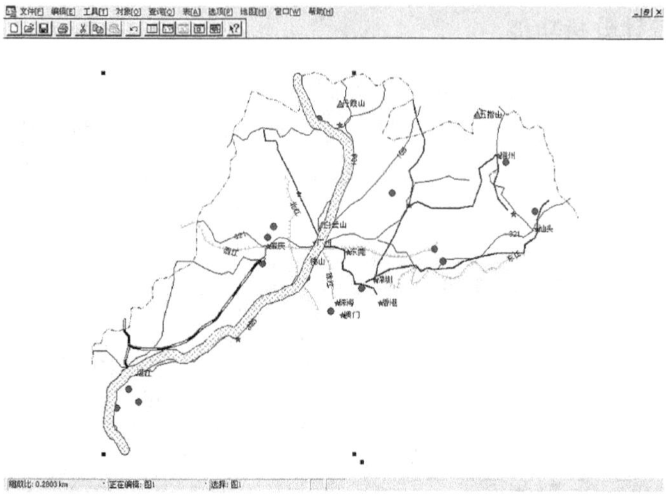

图 7.15　旅游资源缓冲区分析

7. 旅游资源的调查与评价功能

旅游资源管理信息系统的一个重要的功能就是对旅游资源进行调查与评价，系统的开发替代了原先的手工操作，使得旅游资源的调查更加全面、高效，而且能够及时展现资源信息的动态变化，为资源的评价提供更加准确的参考(图 7.16)。同时，规范化资源属性数据标准的采用，为资源评价提供科学的属性数据，促进旅游资源的评价由传统的经验式定性分析向科学的定量分析转变，为旅游资源管理与旅游规划提供科学的依据。图 7.17 给出了旅游资源评价功能的序列图示例，详细说明了评价功能的设计过程。

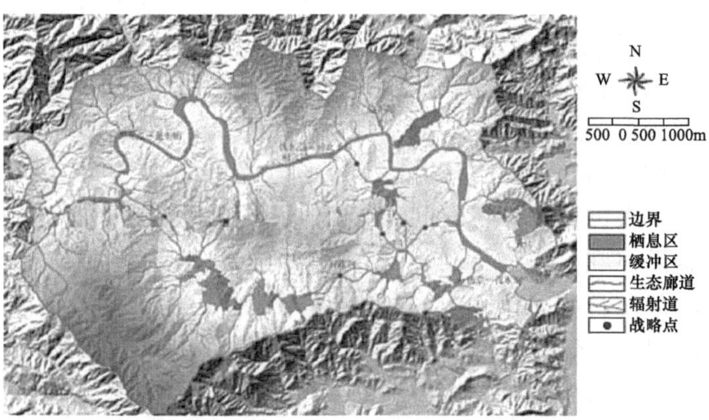

图 7.16　保护区野生动物生境评价

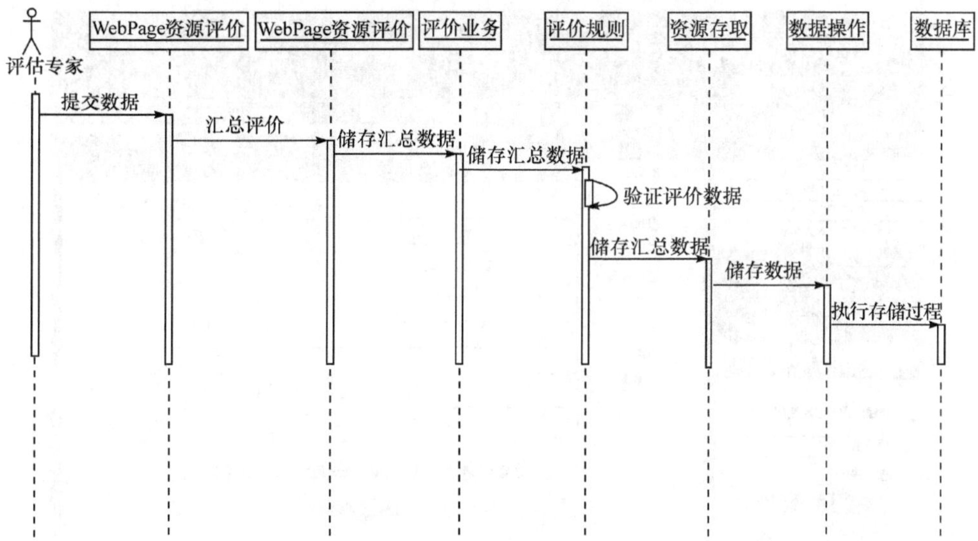

图 7.17　旅游资源评价功能序列图

7.4　旅游资源管理信息系统的实现

旅游资源管理信息系统主要服务于旅游者、旅游企业和旅游业管理人员等。本节描述的是一个基于网络的、功能相对简单的旅游资源管理信息系统的示例。可以通过网络对旅游资源信息数据库进行数据添加、修改、查询、统计和分析等，还可以输出不同比例尺的旅游地图等。

7.4.1　数据输入与编辑

该子系统完成数据的录入、修改、删除等，是整个资源管理信息系统的数据入口。系统提供数据直接录入和 SQL 语句录入两种数据输入方式，其中 SQL 语句录入使得资源数据的大批量录入、修改更加方便快捷。图 7.18 是数据添加录入的操作界面。

7.4.2　数据查询、检索、统计、汇总

浏览功能能够实现对旅游资源信息的概况以及详细信息的浏览，如图 7.19 所示。

数据查询功能可实现对资源信息的查询，包括从地图到属性、从属性到地图等

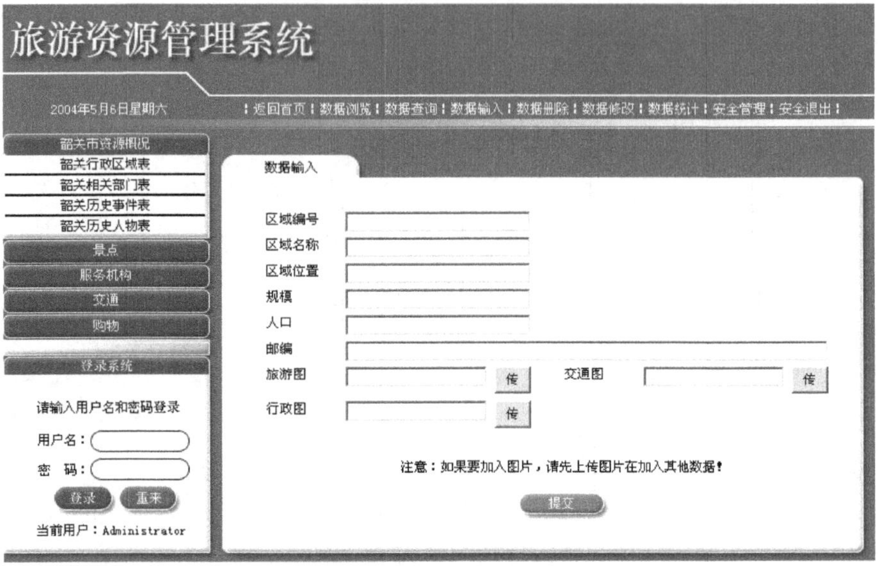

图 7.18　旅游资源数据添加录入

图 7.19　旅游资源信息浏览

查询功能。通过直观、灵活、方便的查询方式完成旅游资源各种数据的查询，并将查询和检索的结果以图形和表格形式显示，并可以根据数据的地理坐标或空间位置，将数据库的数据与其在地图上的图形元素相对应。将查询的结果生成各种专题图、表格等进行屏幕显示、打印或绘图输出，如图 7.20 和图 7.21 所示。

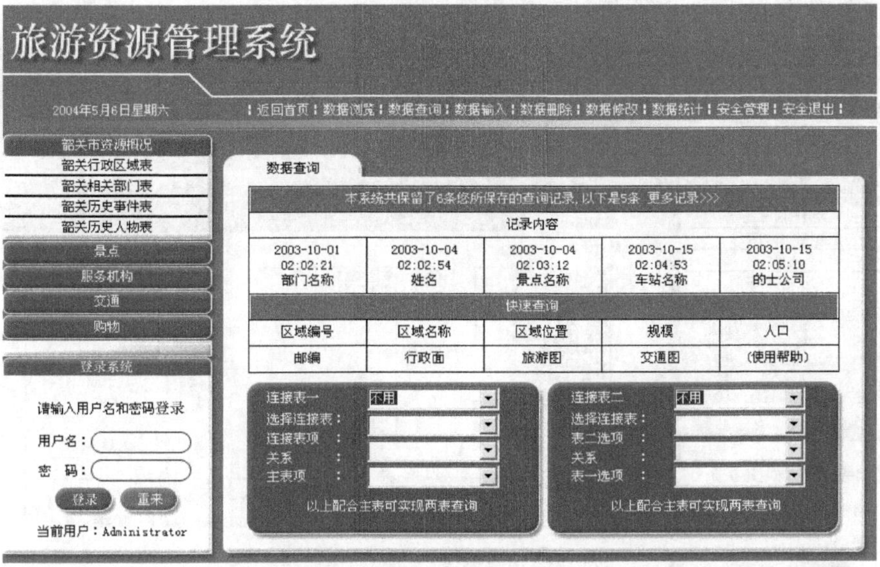

图 7.20　旅游资源数据查询 1

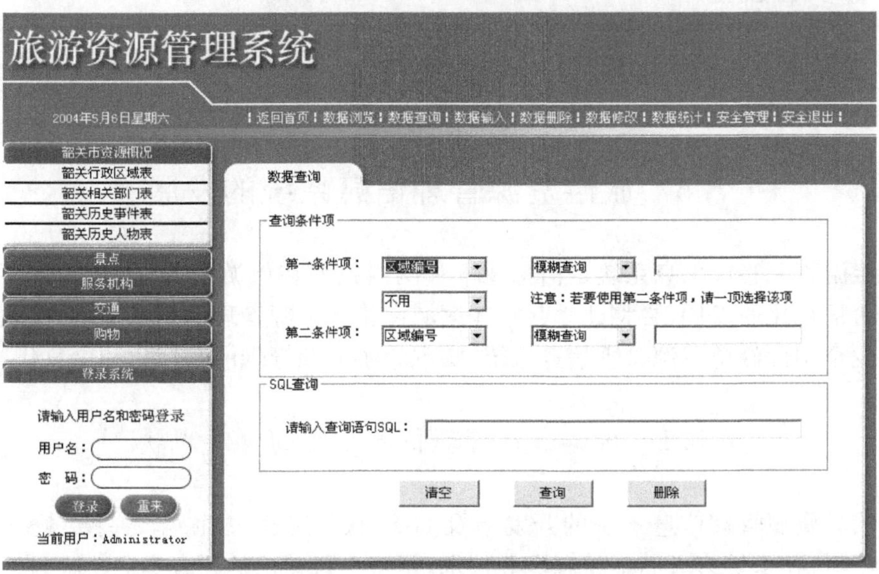

图 7.21　旅游资源数据查询 2

7.4.3　数据分析与评价

按用户提出的要求选取相应的模型进行统计分析，实现对资源数据的多角度、多层次评价和分析(包括缓冲区分析、属性的提取、叠加分析、层次分析、质量分析等)。图 7.22 为旅游资源统计分析示例。

图 7.22 旅游资源统计分析

7.5 旅游资源管理信息系统的发展

旅游资源管理信息系统是信息技术和网络技术在旅游资源管理中的应用，随着旅游信息化的发展，必将建立起一些区域性旅游资源管理信息系统，并在此基础上开发全国性旅游资源管理信息系统，实现旅游资源管理的整体化和信息化。

7.5.1 旅游资源管理信息系统的发展现状

旅游资源管理信息系统的开发涉及 GIS、软件工程、旅游学、遥感、数据库设计、计算机技术等多方面知识和专业技术，是跨学科知识的综合集成。国内外在这一领域开发应用研究虽然侧重点有所不同，但总体差距不大。

1. 国外旅游资源管理信息系统的发展

信息网络等高新技术在西方发达国家的旅游开发、旅游管理、旅游营销、旅游交通、旅游服务及教育培训等方面得到广泛推广和应用。Internet、网络营销、多媒体、无票旅游、虚拟旅行、电子地图、卫星导游、旅游信息系统等已经从概念转化为实际应用。旅游管理信息系统建设实施比较早的主要是丹麦、荷兰等国家，其中比较著名的有奥地利蒂罗尔信息系统、瑞士阿彭策尔信息系统等，其内容涵盖了旅游业的食、住、行、游、购、娱六大要素。各国旅游行业的管理信息系统建设和利用已经相当普及，主要是通过研究信息采集和游客行为来建立各类旅游信息系统，如计算机辅助旅游咨询系统（Computer Assisted Travel Counseling System）、计算机预订系统（Computerized Reservations Systems）、目的地信息系统（Destination Information System）和旅游决策支持系统（Decision Support System）等。从检索到的文献资料来看，国外旅游管理信息系统中狭义的或纯粹的资源管理系统的研究还很少，以地理信息系统技术为代表的空间信息技术在旅游资源管理信息系统中的应用也不多见。

2. 我国旅游资源管理信息系统研究和建设现状

我国旅游资源管理信息系统的应用研究多数还停留在系统框架、总体设计和数据库建设阶段，已经建成的旅游资源管理信息系统的功能多数限于旅游资源查询、简单统计和分析等功能，如青海旅游资源信息系统。我国旅游资源管理信息系统研究和应用的整体水平还不高，信息采集、处理、分析技术和流程的系统研究还很薄弱，实践建设中往往重视硬件投资而忽视数据采集与信息发掘，限制了旅游资源管理信息系统功能的发挥，空间信息的表达和分析功能还很薄弱。

开发旅游资源管理信息系统的关键在于建立科学、完整、精确的资源数据库，目前我国旅游资源数据库的建设已经取得了一定的成绩。由国家计委社会司、国家旅游局计统司、国家信息中心数据库部联合开发了中国旅游信息库及旅游信息查询系统。它包括中国历史、地理、经济、文化、宗教、风光、气候等各个方面的概况，中国30个省、自治区、直辖市（暂不含台湾省）和342座城市的基本情况和地图。内容不仅涵盖旅游资源基本信息，还包括其他旅游相关信息，主要有省市行政区划图、公路、铁路、航空示意图，此外还有旅行社、旅游涉外饭店、风味餐馆、主要旅游路线、游览区、游览点、商业、医疗等公共设施，系统采用文字、声音、图片（图像）等多种形式，介绍了全国的旅游资源。类似的还有四川省文化旅游资源数据库，由四川省政府办公厅、四川省旅游局、四川省图书馆联合编制，分为网络版和单机版两种。主要收录四川省经济、文化、历史、地理、社会等各方面的内容，该数据库集文字、图像、声音、动画等多种表现形式为一体，通过全球互联网，全方位、立体化地向世界各国展示四川整体形象，全面反映四川文化艺术、旅游业发展历史及前景，介绍四川丰富的人文资源及自然资源，同时也提供食、住、行、游、购、娱等方面的旅游服务信息。四川省文化旅游资源数据库包含数百万文字、近百万幅图片、100多分钟的视频图像、100多种音响效果，全方位向旅游者展示四川的旅游形象（图7.23）。

图 7.23　四川省阿坝藏族自治州重要旅游资源分布图

总体看来，目前有关旅游资源管理信息系统的开发实例较多，但科学完整的旅游资源数据库尚未真正建立。在现实操作中，不管是区域性或是全国性，仅资源数据的收集就要耗费大量的时间和精力，数据库建成之后的更新和维护又是一个长期的过程，所以要建立旅游资源管理信息系统，数据问题是首要解决的关键问题。此外，旅游信息空间分析、景观三维显示、多源数据无缝集成、属性信息与空间信息的无缝集成、信息的快速查找等技术方面都还存在欠缺。这些不足制约了旅游资源管理信息系统的发展和推广应用。

7.5.2　旅游资源管理信息系统的发展趋势

1. 系统的集成化程度不断提高

旅游资源管理信息系统是旅游资源开发管理的良好辅助手段，它是一个多功能的，集空间数据、属性数据、多媒体数据于一体的综合系统。管理信息系统、地理信息系统和决策支持系统的集成大大增强和扩展了这三种信息系统的功能与应用领域。但有效地将三者集成起来难度很大。一方面是由于它们各自都是一个庞大的系统，要实现相互有效地调用还有许多问题有待解决；另一方面由于它们是基于不同的需求发展起来的，缺少交流与合作，相互间的集成出现不协调是必然的。在系统实现中，应根据不同的需要分别采取不同的集成战略，开发满足各自需求的旅游资源管理信息系统。

2. 专业旅游模型开发已成为趋势

从旅游资源调查评价、开发规划、环境保护等角度，依据大量物理模型、数学模型，建立基于 GIS 技术的旅游专业应用模型，实现 GIS 与旅游学科的紧密结合，从旅游专业的角度推动 GIS 的应用，进而将 GIS 技术在旅游中应用上升到决策高度。

3. 旅游资源属性特征的标准信息编码将越来越规范并趋向统一

旅游资源管理信息系统的一个重要功能是旅游资源的调查与评价，只有建立统一的旅游资源属性特征的标准信息编码，才能实现旅游资源数据的规范化管理、资源数据共享，实现系统兼容和互操作。

旅游资源管理信息系统是一种建立在现代技术基础上，具有多种功能的资源管理手段。它用系统分析的方法，综合了旅游资源实体的内外相互联系以及计算机信息系统的特点，为旅游资源信息管理的计算机化、数据共享和交流提供了基础，同时也为进一步实现空间查询检索和分析处理创造了条件。今后还应进一步加强资源标准信息编码的系统研究，不断提高旅游资源数据编码的完整性、准确性，建立更为有效的旅游资源管理信息系统。

思　考　题

1. 为什么要发展旅游资源管理信息系统？有哪些必要性？
2. 简述旅游资源调查的基本方法和程序。
3. 设计旅游资源数据库有哪些注意事项？
4. 旅游资源管理信息系统的应用领域有哪些？
5. 利用地理信息技术进行旅游资源的调查与评价有哪些优势？
6. 旅游资源管理信息系统对旅游资源开发与保护有什么意义？
7. 综述旅游资源评价体系研究与应用进展。
8. 浅析国家标准《旅游区(点)质量等级的划分与评定》的主要内容。
9. 结合图 7.2，谈谈你对旅游资源管理信息系统数据需求的理解，并考虑这些数据如何获取？

第8章　旅游规划信息系统

旅游规划是旅游发展的前期工作，随着旅游业的飞速发展和竞争加剧，旅游规划的重要性已经被人们广泛认识。旅游规划涉及许多部门和领域，必须要协调处理好旅游发展与资源、环境、社会经济和人口的关系。旅游规划还需要收集、处理和应用大量数据，尤其是海量空间数据，必须建立和应用以“3S”（指 GIS、GPS 和 RS）等信息技术为核心的旅游规划信息系统，提高旅游规划的水平和质量。

8.1　旅游规划信息系统概述

8.1.1　旅游规划信息系统的概念

1. 旅游规划

旅游规划是指在旅游系统要素发展现状调查评价的基础上，针对旅游系统的属性、特色和发展规律，并根据社会、经济和文化发展的趋势，以综合协调旅游系统的总体布局、系统内部要素功能结构以及旅游系统与外部系统的发展为目的的战略策划和具体实施。旅游规划是旅游业发展的纲领和蓝图，是促进旅游业健康发展的重要条件。

旅游规划的过程除取决于旅游规划人员的素质外，还取决于对规划区旅游资源、环境和旅游发展现状信息的把握，以及对信息的分析、处理和利用等。旅游信息的管理是旅游规划的重要环节，是影响旅游发展决策的重要因素。通过对旅游资源状况以及当地的地理位置、经济发展水平、交通状况等的调查与评价分析，可以明确地区旅游业发展的方向、优势和弱点，确定旅游业发展目标，对于调整地方经济结构、改善人民生活、推动地方经济发展有着积极的作用。

2. 旅游规划信息系统

旅游规划信息系统是一个运用地理信息系统（GIS）、遥感技术（RS）、全球定位系统（GPS）、多媒体等信息技术对旅游规划相关信息进行收集、存储、分析、管理、维护及辅助决策支持的系统。旅游规划信息系统通过对旅游规划地所需的各种自然、人文、社会经济等方面信息的存储，并结合专家知识库、数学模型及旅游规划的政策法规，进行快速准确的数据处理与分析，从而辅助规划设计，达到自动或半自动地完成旅游规划中的复杂工作。它能改变传统的、静态的、二维的规划形式，实现动态的、网络化的、四维的规划方式，极大地弥补传统旅游规划的不足，增强规划的科学性和可操作性。

8.1.2　旅游规划信息系统技术支撑

"3S"技术、网络技术和虚拟现实(VR)技术的发展与广泛应用，为旅游规划信息系统的建立提供了良好的技术平台(图 8.1)。RS、GPS、VR 技术使旅游规划中基础地理信息的采集更为方便准确，更具现势性，从而将时间因素引入旅游资源开发及旅游区的规划设计中，实现四维的旅游规划方式；GIS 具有强大的空间信息管理、属性数据查询、三维影像显示、空间分析等功能，为旅游规划信息系统的开发提供了理想的平台；虚拟现实技术能使规划人员借助各种设备感觉信息空间所反映的现实世界，并在旅游地的各种虚拟景观环境中选出最佳设计方案；Internet 能实现资源共享，使信息交流跨越时空限制。

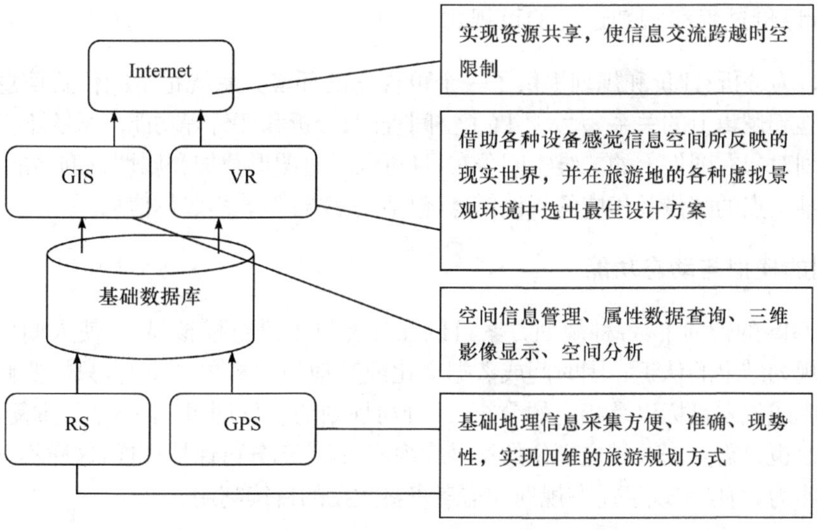

图 8.1　旅游规划信息系统技术支撑

其中，地理信息系统以计算机图形图像处理、数据库技术、测绘遥感技术及现代数学研究方法为基础，集空间(地理)数据和属性数据于一体，构成旅游规划信息系统的主要技术基础。虚拟现实技术结合遥感数据中所反映的大量地质地貌、气候水文、植被土壤、土地利用现状、区位条件、旅游资源状况、旅游线路等信息，尤其是分辨率比较高的真彩色正射影像，制作成的虚拟旅游系统，完全给人以身临其境的感觉。虚拟旅游系统不仅可以使旅游规划设计方案易于修改、判断准确、操作性强，而且能先期检验规划方案的实施效果，并可以反复修改和辅助最终决策方案的实施效果，还有利于旅游地的管理、提高旅游地的综合效益，对整个旅游地的设施布局、游线选择、产业结构、土地利用、环境污染等进行动态监测和优化评估，通过互联网及时准确地展现旅游地的发展变化，扩大了旅游者的选择空间。

8.1.3 基于GIS的旅游规划信息系统的特点

GIS可以用来支持空间数据采集、管理、处理、分析、建模和显示，以便解决复杂的规划和管理问题。GIS是旅游规划信息系统主要技术基础之一，GIS辅助下的旅游规划信息系统具有以下特点：

1. 规划的定量化和科学化

GIS系统支持对任意评价单元的各种空间分析，如坡度、坡向、单元公路网长度、各类用地面积的测算等，并将所有评价值加权汇总，使评价分析和规划定量化。

2. 分析评价过程和规划过程的可视化

GIS为分析、评价和规划提供了一个可视化的环境。系统把空间位置信息与有关属性建立起逻辑上的关系，大大扩展了空间查询、分析和评价等功能。系统不但可以显示出规划对象在图件上的二维空间分布，且可以通过图形叠加和属性查询功能，透视某一区域某一点的图像及相应的属性信息，包括文字、音像等多媒体信息。

3. 规划的模拟与动态功能

在GIS的辅助下，各种规划方案可以在计算机上进行模拟显示，使人们可以预先获得对规划结果的认识。因时间或数据变化或其他原因需要调整时，只需要修改相应的数据库或规划目标以及相应的分析、评价与规划的模型即可，不必全部重复，规划图件的修改也只需要修改相应部位的符号或内容，其他部分可保持原样，这样不仅节省大量人力物力，而且实现了动态规划和信息资料数据的持续利用。

8.1.4 GIS支持下的规划过程

旅游规划是从区域规划理论及管理科学理论衍生出来的，是具体区域围绕旅游发展这一专题进行布置、宏观调控的系统工程，有其纵向与横向的联系，是区域性规划系统的一个组成部分，同时还是规划区旅游发展、观光资源开发等活动的指导和依据。

1. 旅游资源调查与评价

对规划区内旅游资源的类别、品位进行全面调查，编制规划区内旅游资源分类明细表，绘制旅游资源分析图，建立旅游资源数据库，将资源数据输入计算机初步建成旅游规划的基础信息库。该信息库是 GIS 辅助规划的基础，数据要求高，工作量也最大。

旅游资源评价分为定性和定量评价两类。定性评价可在屏幕显示下辅助进行，定量则需建立相应的数学模型并编程实现，如计算景点丰度、组合系数等。GIS 有助于定量化分析资源的特点，使评价更客观、合理。

2. 编制规划大纲

在这个阶段，GIS 除提供基础信息的查询、分析以及辅助评价之外，还可以通过建立预测模型，对环境容量、游客等进行分析和预测。同时利用 GIS 强大的制图和图形管理、显示功能对大纲的设想进行模拟显示，并提供大纲所需的现状图和规划草图等相关图表。

3. 总体规划

GIS 在本阶段依然是提供相关信息的快速查询和统计，并建立模型进行分析和预测等，例如，对规划区游客容量分析、预测，或对污染源分布的分析以及将来景区的污染情况预测，辅助总体规划的进行。还可以利用计算机进行规划方案的效果模拟显示，便于比较不同的规划方案，选择最佳方案。在这一阶段，GIS 另一重大的任务是完成总体规划有关图件的制作。GIS 以强大的制图功能辅助总体规划制图，一般常用的 GIS 软件都有专门的制图子系统，提供地图编辑制作的工具箱。GIS 辅助制图是计算机在总体规划中最具实际意义的应用，使总体规划制图摆脱了传统的制图板，节约了大量的人力和物力。同时，GIS 提供电子形式的规划成果，例如，利用计算机进行多媒体演示汇报，使评审更加形象生动。

4. 方案决策与实施

GIS 在评审时提供演示功能，并通过信息库提供现场查询和分析，回答专家的有关问题。同时根据评审意见，完成有关规划图件的修改，直至通过评审。本阶段的工作需耗费一定的时间、人力和财力，所以列为一个独立的阶段。一般认为至此旅游规划的任务已经完成。而国外则把规划实施、管理和宣传这一长期工作也列为规划的一个阶段，这一观点正得到国内越来越多人的认可。这一阶段主要任务是实施总体规划的方案，对景区进行各项管理，同时对外宣传，吸引游客。在旅游规划信息系统的基础上，可以开发景区管理信息系统，提高管理的效率；建设旅游服务信息系统，向游客宣传并提供相应的咨询。

8.2 旅游规划业务分析

一般来说，旅游规划的目标是对规划对象的现状和发展条件进行调查评价，并勾画出规划对象未来发展的战略蓝图。因此旅游规划管理信息系统的主要业务就是对规划的流程和规划产生的各种图形、文档进行管理。

8.2.1 旅游规划业务分类

旅游规划按照服务内容和服务对象的不同，可以分为很多类，见表 8.1。不同类型的规划设计的具体步骤是不同的。

表 8.1 旅游规划业务分类

业务类型	服务内容	服务对象
旅游发展总体规划	跨区域、区域、城市、景区总体规划 定位、目标、布局、营销、形象、项目、经济分析等	地方政府、企业集团、旅游景区
旅游建设规划	控制性详细规划 修建性详细规划	地方政府、开发商、旅游景区、投资商
旅游策划	总体策划 专题策划	地方政府、企业、旅游景区、投资商
可行性研究报告	项目建议书 可行性报告	地方政府、企业、旅游景区、投资商
商业计划书	招商、募股书	企业、投资商
旅游振兴计划	专门为地方政府解决短期内振兴旅游业的难题	地方政府
旅游节庆策划	旅游节庆策划	企业、景区、开发商
项目设计	项目的设计、游憩活动设计 专项设计、推荐产商	企业、景区、开发商
旅游商品设计	外包装策划，纪念品设计等	企业、景区
旅游培训	培训、研讨班、讲座	地方政府、景区、企业
发展顾问	全程服务（策划、规划、设计、营销、运作、管理、招商等）	地方政府、企业集团、旅游景区
旅游网站制作	旅游研究机构、旅游目的地、旅游企业网站设计、制作	企业、景区、开发商

8.2.2 旅游规划管理业务

1. 旅游规划流程管理业务

旅游规划业务流程管理是指旅游规划部门对规划的总体过程进行管理，对规划的报建审批到规划的踩点、设计和实施的全过程进行全程监控管理。

2. 旅游规划图形数据管理业务

旅游规划图形数据管理业务是指对旅游规划所需的各种图形数据的管理，包括行政区划图、总体规划图、农业规划图、生态环境图、土地利用图、旅游资源分布图、旅游市场图、旅游区位图等图形数据。

3. 旅游规划文档管理

对旅游规划过程中所产生的文档进行管理，包括规划分析文档和规划文档。规划分析文档是指对规划对象的相关条件进行分析，如国家政策法规分析、金融环境分析、人力资源分析、农业资源分析、工业资源分析、旅游资源分析、第三产业分析、生态环境分析等。规划文档是经过规划设计后撰写的文档，包括总体规划、资源评价、市场分析、农业规划、基础服务设施规划、生态环境保护、规划措施、规划附件等文档。

8.2.3　旅游规划的业务流程

由于规划的类型、服务对象的不同，旅游规划的业务流程也各不相同，这里列出一般性的规划流程，从最初的信息咨询到项目考察到最后的成果提交。具体流程如图 8.2 所示。

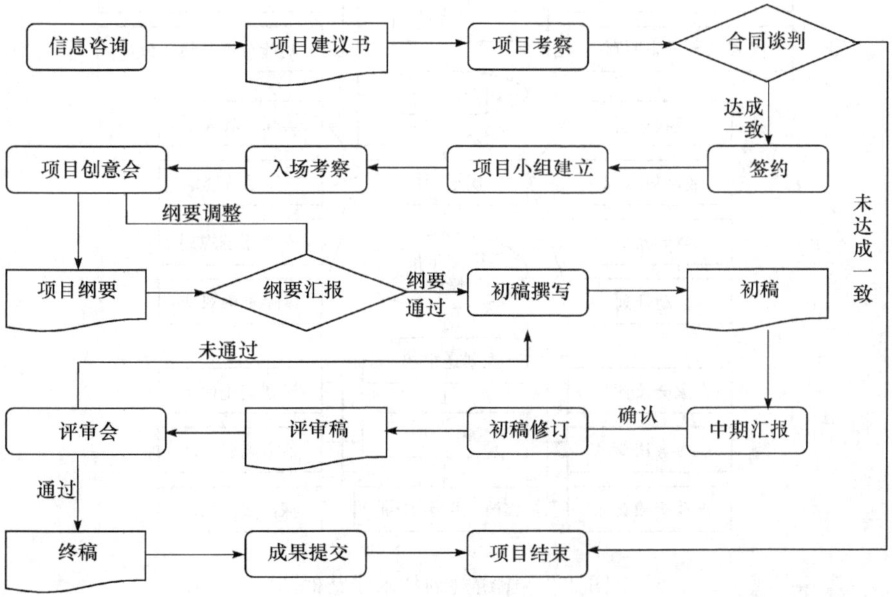

图 8.2　旅游规划业务流程图

图 8.3 给出了旅游规划技术流程，详细列出了旅游规划的每个步骤以及每个步骤中所包含的具体内容，如实地考察与调研，这个步骤的相关业务包括收集资料和现场勘查及最后编制调查报告和相关图件，业务的具体内容有旅游资源调查与评价、市场条件调查与评价以及目前的开发现状调查。

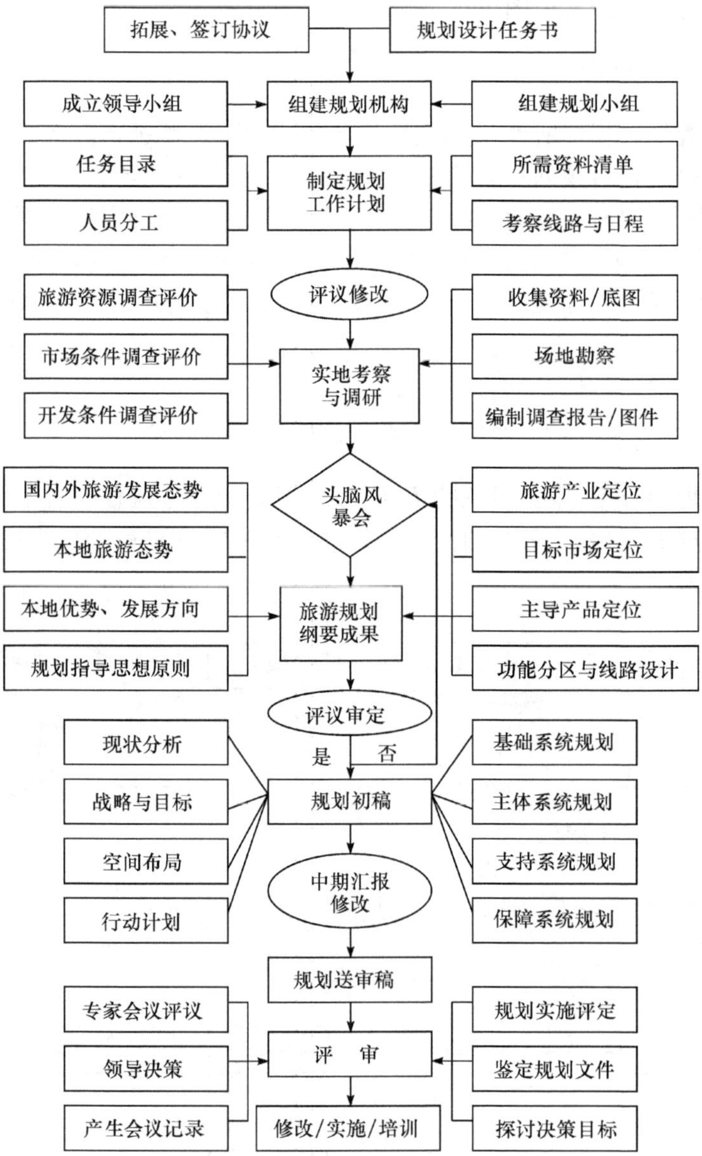

图 8.3　旅游规划技术线路框图

8.3　旅游规划管理信息系统需求分析

8.3.1　数据需求

旅游规划的目的是合理开发利用旅游资源及为游客提供更好的旅游服务，使有限的旅游资源产生更大的社会、经济、环境效益。旅游资源和旅游地的客源市场是旅游规划管理开发部门的研究重点。旅游规划管理信息系统的建立，应当具备相关旅游地基础数据，主要有以下三类。

1. 旅游资源相关数据

(1) 旅游资源：旅游地的旅游资源调查分类情况，潜在的待开发和已开发的旅游资源，旅游资源的开发潜力、开发现状和布局状况，旅游地的环境容量，旅游资源的行政隶属及其主管部门；

(2) 旅游设施及相关服务：旅行社、宾馆、饭店的分布状况、接待能力，旅游交通工具、交通路线及车站、码头、机场、停车场的布局和分布，旅游服务设施和基础设施是否配套。

2. 旅游者信息数据

旅游者信息数据库包括旅游者的年龄、性别、教育程度、收入状况、来源地、旅游目的(探亲访友、探险、会议、商务、度假、疗养、休闲健身、观光、宗教等)、旅游者获取旅游信息的方式(亲朋介绍，通过报刊、杂志、电视、广播、互联网等其他方式)、旅游者的游览方式(旅行社、团体结伴或散客)、旅游者对旅游目的地的满意程度(通过打分或划分级别)、旅游者以后是否会重游该地、一次旅游所进行的花费、旅游地给旅游者所留的印象。建立旅游者信息数据库，旅游规划人员通过了解旅游者的信息来研究当地的旅游客源市场，以便更好地开发利用和扩大客源市场，促进旅游经济的发展。

3. 其他数据

旅游地的地形地貌、水系、气候、植被、土壤、行政区划、人口、旅游企业等方面的数据资料，旅游纪念品的开发，旅游地的经济发展状况，旅游业在国民经济中的地位，旅游业产值占第三产业的比重，旅游业从业人员的数量和素质、受教育程度，政府对发展旅游业的认识和态度，与旅游发展有关的政策、法律法规是否完善。

以上三类数据按照性质可划分矢量数据、栅格数据、多媒体数据、统计数据和文本数据五大类，其结构如图 8.4 所示。

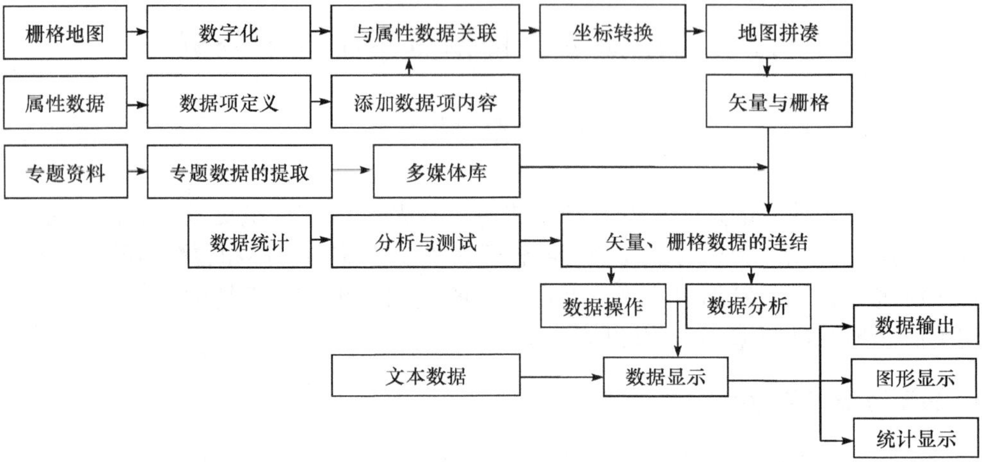

图 8.4　旅游规划信息系统数据结构(李君轶等,2002)

8.3.2　功 能 需 求

1. 基本功能

系统具有基本的查询检索、编辑、统计分析、空间分析、输入输出等功能(图 8.5)。

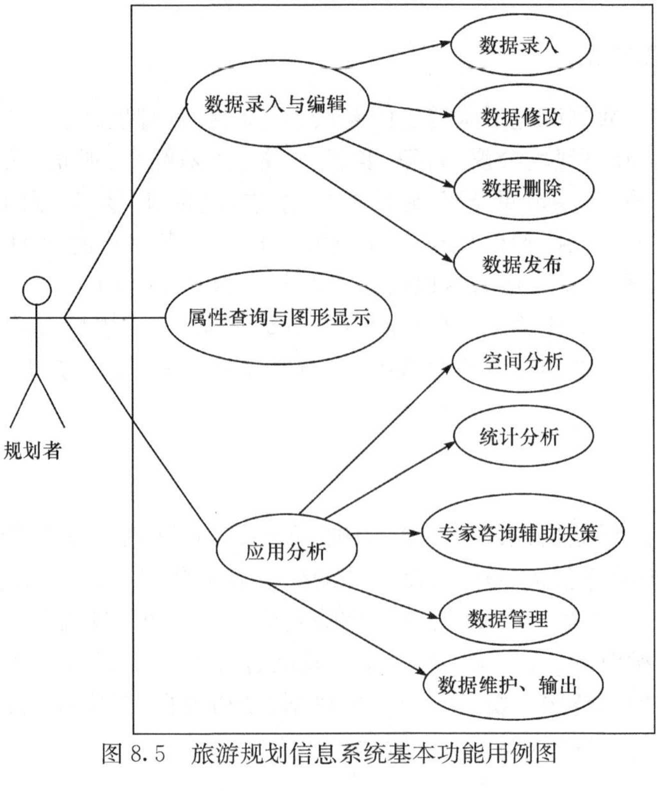

图 8.5　旅游规划信息系统基本功能用例图

可进行图形操作、数据库访问，实现图文互访，最终输出各种图件、规划方案等(图 8.6)。

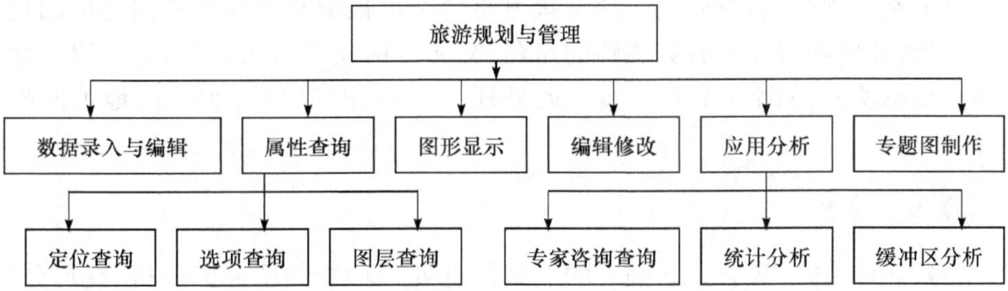

图 8.6　旅游规划信息系统功能结构(李君轶等，2002)

1）数据录入与编辑

通过资源的调查，将规划所需的资源、环境、经济、交通等信息以图表或者属性值的形式输入系统，建立旅游规划信息数据库，为接下来的规划制定和实施提供信息支持。

数据的输入是系统的主要组成部分，空间数据主要来源于地图，数字化后存储于空间数据库；属性数据主要来源于各种专题图；文本数据来源于各种报告、报表等。系统可以完成矢量数据、栅格数据、属性数据、统计数据和文本数据的输入及编辑。具体的数据编辑流程如图 8.7 所示。

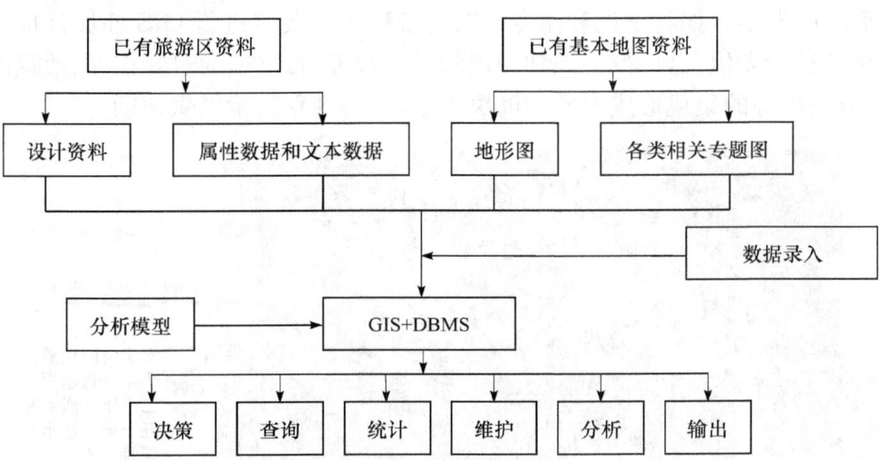

图 8.7　旅游规划信息系统数据编辑流程图(李君轶等，2002)

2）属性查询与图形显示

以道路规划为例，首先要了解现状道路情况可根据相关属性查出相应的道路有哪几条，并可获得一个有关道路的路名、交通量的文字报告，同时还可以在地图上高亮显示所查道路的空间位置。此外还可进行相互关系的查询、地址匹配查询等。

3）应用分析

（1）空间分析：基于GIS强大的空间信息处理功能如缓冲区分析、叠加分析、拓扑空间查询、空间集合分析等，系统具有分析优先发展区域、实现景点透视、优化旅游设施选址、进行最佳路径分析等功能。例如，以在一定的游览空间及时间中获得最佳的生理享受和美学感受为目标，利用GIS技术，结合旅游路线的规划原理，建立合理的数学模型，求出最佳路径，设计游览路线。

（2）统计分析：通过统计图表和专题地图，非空间信息可以以更直观的形式在地图上体现出来，使规划人员清楚地看出在数据记录中难以发现的模式与趋势，从而为决策支持提供依据。

（3）专家咨询辅助决策：GIS可以将自然过程、决策和倾向的发展结果以命令、函数和分析模拟程序作用在相关的基础数据上，模拟这些过程的发生发展，对未来的结果作出定量的趋势预测，从而预知自然过程的结果（图8.8）。对比不同决策方案的效果以及特殊倾向可能产生的后果，以助于作出最优决策，避免和预防不良后果的发生。如将土地利用专题图与各种人文要素进行GIS叠加分析，可以提取出各种所需信息，评价土地利用现状是否合理。此外，通过知识库、数据库、模型库、方法库等的集成形成专家辅助决策系统，为规划决策提供帮助。

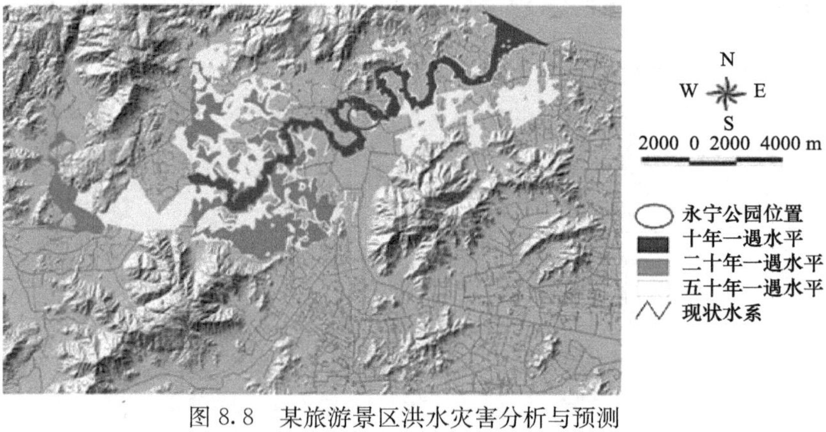

图8.8　某旅游景区洪水灾害分析与预测

4）数据管理和维护、输出

数据管理和维护包括：数据库文件的增加、删除和修改，数据库文件结构的操作（数据项的定义、增加、删除、修改等），数据库的查询检索，文本数据的显示、查询、更新。通过网络以及其他方式进行数据的及时更新，以保证结果的准确。

系统最后可输出各旅游专题图、统计图表、规划方案、多媒体演示等。由 GIS 提供地理三维坐标，以交通、水系、气候为基础资料，结合遥感影像，根据需要提取相关信息，从而快速生成最新旅游专题图。如道路交通图、景点分布图、区位分析图、旅游资源评价图、旅游功能分区与项目布局图、旅游路线图、分期建设图等（图 8.9），为旅游规划提供依据。

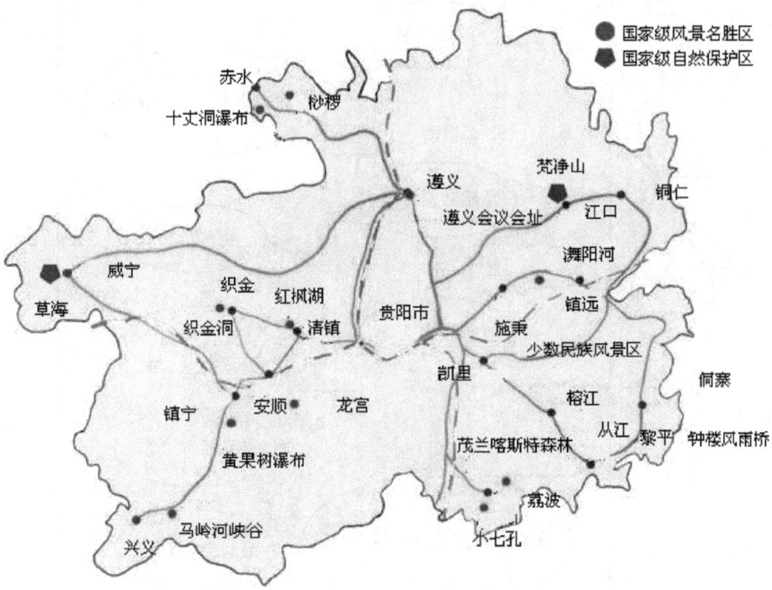

图 8.9　贵州国家风景名胜区与自然保护区示意图

2. 规划功能

系统应具备资源评价、景观设计、旅游设施选址、旅游环境规划等功能。用例图如图 8.10 所示。

1）资源评价

在旅游资源菜单中，选择相关因子，建立模型，采用分层次综合、定性定量相结合等方法，进行资源评价。

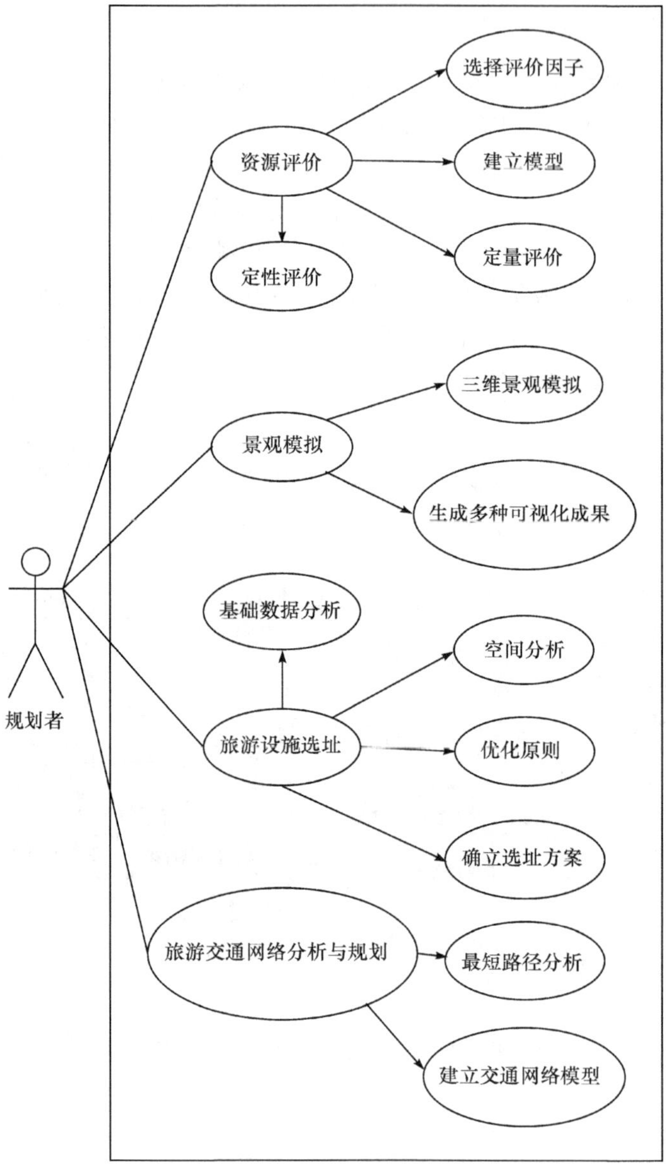

图 8.10　规划功能用例图

2）景观模拟

景观设计中，通过与 3D、CAD 等软件的链接，运用现有的航空遥感资料与矢量地形资料，进行数据处理，生成景观的三维模拟。观赏者通过视线的变换，可从多个角度，全方位的观赏旅游景观，从而确定景观样式。可采用全数字摄影测量系统、三维可视地理信息系统和城市建模与可视化系统等软件，以航空相片为基础，生成现状的高程三维模型，再利用矢量地形图生成该地区的现状多层三维模型（图 8.11）。同时，利用航空遥感资料更新快速的特点，实现基础三维数据的快速更新，并根据规划管理审批的不同阶段与不同要求，生成多种规划管理可视化成果，供旅游规划与管理使用。

图 8.11　旅游景观规划的模拟

3）旅游设施选址

在旅游设施规划中，重点是进行旅游设施选址。根据区域地理环境的特点运用 GIS 的空间分析和数据库功能，综合考虑资源配置、市场潜力、交通条件、地形特征、环境影响等因素，确定潜在市场的分布、销售和服务范围，寻找商业地域分布规律、时空变化的趋势和轨迹，在区域范围内选择最佳位置，以保证旅游饭店、餐饮设施、商场、娱乐设施等有最大的服务面（图 8.12）。

图 8.12　景区停车场选址与设计效果图

4）旅游交通网络分析与规划

在旅游规划中经济运作、项目实施必须考虑到旅游交通的问题，网络分析中的最佳路径是指在指定网络的两结点间找到一条阻抗强度最小的路径。它在旅游交通网络分析系统中占有重要地位。但最短路径不等丁最佳路径，如何为旅游者设计一条能在有限时间内获得最大审美感受的路线才是至关重要的。因此在进行旅游道路规划，建立交通网络模型，进行网络分析时，应充分考虑游客的感受、景点的美感度、交通流量以及景区容量等。

8.4 旅游规划管理信息系统设计

8.4.1 系统结构设计

根据相关研究，旅游规划管理信息系统结构可以分为 3 个层次（图 8.13）。

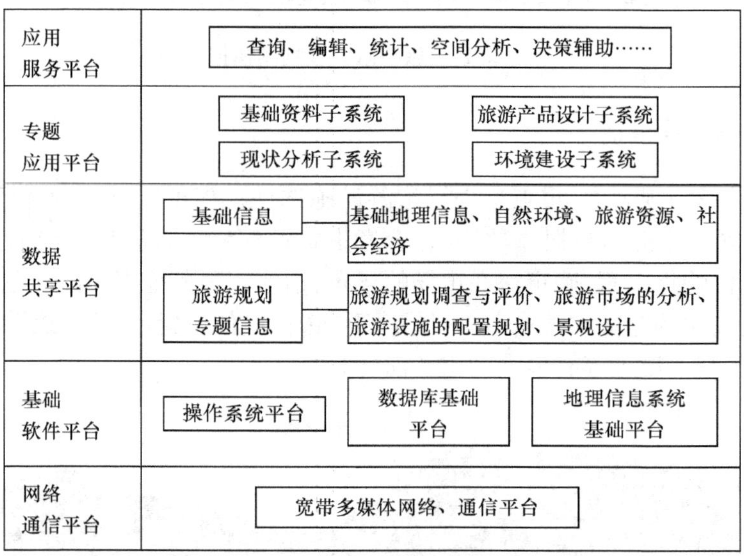

图 8.13 旅游资源规划信息系统结构层次图（刘琴等，2002）

1. 数据共享层

存储和管理旅游区基础地理、自然环境、旅游资源和社会经济等基础信息与旅游规划专题信息，是旅游规划各方面共享的基础数据平台。

2. 专题应用层

包括基础资料子系统、现状分析子系统、旅游产品设计子系统和环境建设子系统，是开展旅游规划具体业务的工作平台。

3. 应用服务层

通过对基础信息和专题信息的查询、检索和分析，为旅游规划资源评价、景观模拟、旅游设施选址、旅游交通网络与规划提供决策辅助，是旅游规划信息系统的服务平台。

8.4.2　系统模块设计

1. 专题应用子系统

旅游规划涉及大量的图文信息、社会经济信息，必须在充分了解景区旅游发展的现状、明确规划目标的情况下，研究该地的旅游发展，提出今后旅游发展的各种规划方案或政策措施，为此，把旅游规划管理信息系统分为 4 个既独立运行又相互联系的子系统（图 8.14）。

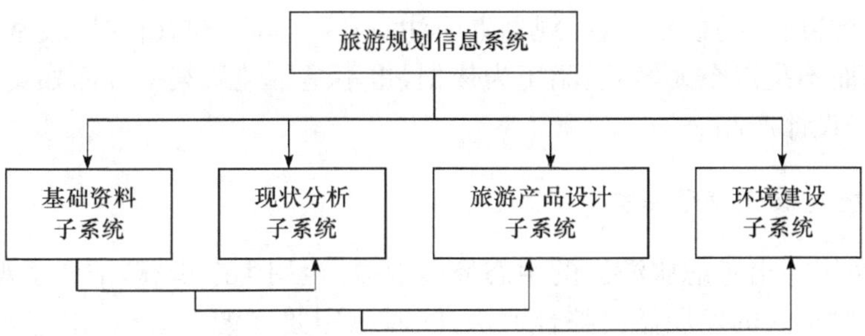

图 8.14　旅游规划信息系统子系统（刘琴等，2002）

1）基础资料子系统

该子系统的核心是规划信息数据库的建立，这也是实现数字旅游规划战略的基础。规划信息分为空间信息和属性信息。空间信息包括景区、景点的地理位置。属性信息包括规划区的基础资料，如旅游区的自然特征、社会经济情况、历史文化概况、旅游业发展现状、存在问题、比较优势、旅游资源的分布与区域地理特征、旅游市场、游客流向与即时流量、旅游景区的容量、客流量、旅游产业结构、旅游商品和产品、旅游交通现状、旅游设施状况、旅游路线、文物古迹、环境保护、市场价格、旅游节庆、交通时刻、近期天气预报等。

2）现状分析子系统

在掌握了大量基础资料的前提下，分析旅游区的旅游发展现状。重点进行旅游资源评价、市场分析与预测，资源评价即从旅游的角度，找出那些具有旅游观赏价值的旅游资源并加以分级。通过确定评价指标，将资源美感度量化，然后对各项指标分别打分，最后乘以权重，综合得出该景点的美感度。同时，借助GIS技术强大的拓扑叠加功能，能够将环境层(地形、气候、交通等)与旅游资源评价图叠加，分析景区现有的自然风景、历史文化资源价值，确定优先发展区域。决定旅游业发展的因素，并不完全取决于资源的丰度，还在于客源市场的可靠度。旅游规划离不开对客源市场的研究。规划应针对市场需求，对资源进行筛选、加工或再创造，运用数学模型来分析、预测旅游市场，确定合理的旅游市场规模，为项目经济评价提供合理、可靠、准确的数据，为规划决策提供准确的依据。例如，在分析客源市场时，引入旅游需求预测模型，分析游客的消费心理；运用数理统计、线性理论等分析历年的客流量，生成客流量曲线，从而对今后的客流量做出预测。

3）旅游产品设计子系统

根据现状分析得出的数据，可进行旅游产品设计，主要是进行景区功能分区、决定在各功能区实施的旅游项目，旅游路线布局以及旅游服务设施的配置等。这一部分是旅游规划的核心内容，规划者应注意在科学调查与研究比较基础上，以数字为依据，而不是以个人经验、阅历为依据，也不是单纯从某一方面如文化、环境或区位角度来设计产品。

4）环境建设支持子系统

该子系统突出考虑旅游区的生态环境效益，运用生态指标，结合景观生态学的有关理论，对景区的发展做出综合评价；同时测定景区游客容量，确定景区游客门槛容量，从而对游客及时引导、分散，起预警作用，以利于景区建设，并借助遥感技术，对旅游区环境进行实时监控，并对规划的实施、管理进行监督，以利于旅游业的可持续发展。

2. 数据关联子系统

数据关联子系统能够完成系统数据之间的相互关联。

1）矢量与关系数据子系统

这个系统可由现有的MapInfo、ArcGIS软件完成，利用其提供的矢量化编辑工具进行地图的屏幕跟踪数字化，建立图形数据库和属性数据库。

2）多媒体数据子系统

该子系统的栅格图像可用图像处理软件进行处理，如PhotoShop。

3）应用分析子系统

主要包括专家咨询系统，文本数据的管理和显示模块，统计数据的显示模块，专题数据提取和分析模块。

4）网络发布子系统

该子系统主要与网络连接，便于数据的网络传输和管理，以及信息的及时发布。

8.4.3　数据库与类设计

1. 类设计

根据系统的三层结构开发模式进行类设计，主要涉及表现层类、业务层类、存取层类。下面为产品设计业务类、资源评价业务类设计示例(图 8.15 和图 8.16)。

产品设计业务
+录入文档 (in 文档信息 : Object) : Boolean +读取文档 (in 文档编号 : String) : Object +查询文档 (in 查询条件 : Object) : Boolean +修改文档 (in 文档信息 : Object) : Boolean +删除文档 (in 文档编号 : String) : Boolean +制作文档 (in 地图信息 : Object) : Boolean +修改地图 (in 地图编号 : String) : Boolean +输出地图 (in 地图编号 : String) : Object +调用方法库 (in 方法编号) : Boolean +new ()

图 8.15　产品设计业务类设计

资源评价业务
+读取评价指标(in 评价者类型 : String, in 被评价对象类型 : String) : Object +储存评价结果(in 评价者编号 : String, in 被评价对象编号 : String, in 评价结果 : Object) : Boolean +评价结果筛选(in 筛选规则 : Object) : Boolean +计算方法设计(in 计算方法 : Boolean) : Boolean +计算() : Boolean +查询成绩(in 被评价对象编号 : Object, in) : Boolean

图 8.16　资源评价业务类设计

2. 数据库设计

在系统的开发设计过程中，利用数据库管理系统来组织数据。根据系统的功能划分，设计系统内部的各类数据库，数据库用于以下几个方面：

（1）旅游规划管理信息系统的管理和信息分类；

（2）用户进行数据反馈的数据存储；

（3）系统内部信息资源的管理和安排；

（4）与系统相关的其他信息。

数据库设计要求根据信息内容和系统功能确定数据库的数量、用途及其相互关系；以信息类别为基准，抽象出数据字典，进行具体定义；根据数据字典设计数据库字段；对系统的功能和信息进行分析；为系统所用的信息建立相关的数据库基表；对数据库基表内的信息资源进行维护和操作。旅游规划数据库信息的主要类型及其信息关系如图 8.17 和图 8.18 所示。

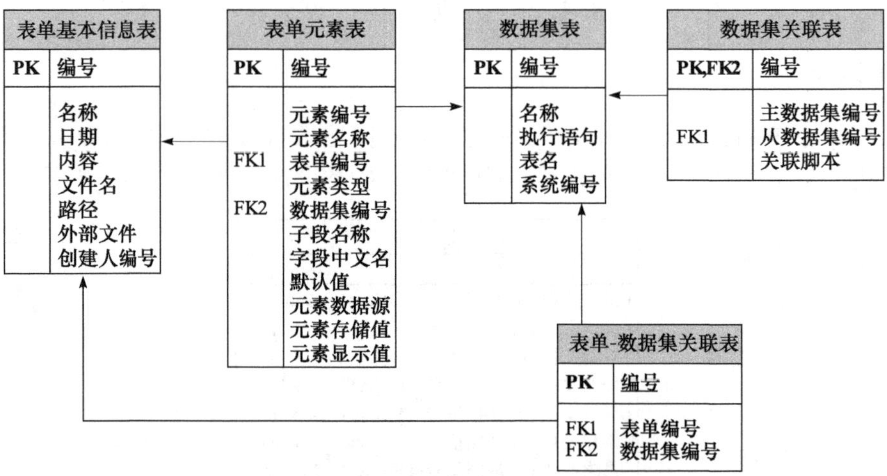

图 8.17 表单与数据集设计示例

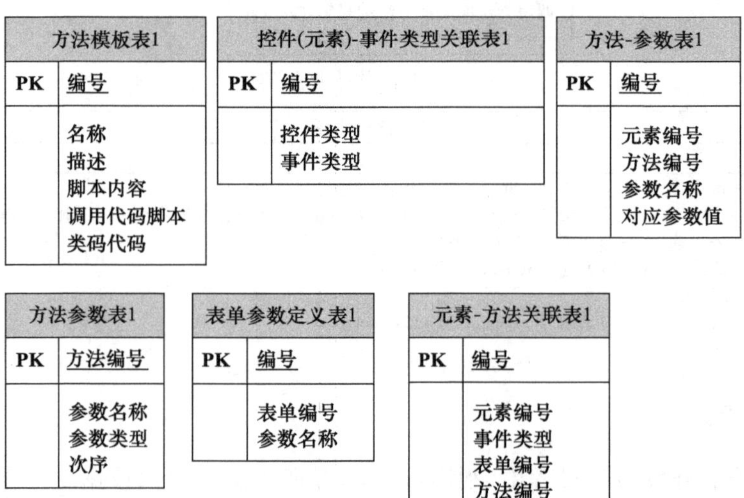

图 8.18 系统数据库设计示例

8.4.4　系统功能设计

旅游规划管理信息系统应该进行以下功能设计满足其功能需求。

1. 数据集成与更新

数据库的集成与更新相当重要，因为经济是发展的，事物是在发生变化的，录入的数据不可能一成不变，这就要实现数据的实时更新。GIS 的生命力体现之一在于其数据更新，如果软件不能对数据及时更新，它的作用就仅仅是一个电子图册，不能及时的反映实际情况。不仅要解决信息的及时更新问题，更重要的是更新后的数据与原有的数据的比较分析可以使用户得到重要信息。如用户可以将各区域每月游客量存储起来，必要时可以进行纵向比较来确定地区旅游旺季以加强协调。

2. 专题地图制作

GIS 在地图上表现数据的能力对于各类用户具有很大的吸引力。专题图一般用来显示不同要素和活动的位置，或者有关活动的属性内容，或者显示与属性相关信息。常规的专题图可以划分为点状图、线状图表、饼状图、范围图、等值区域图等。

3. 数据查询

系统中存在的数据，大多数是空间相关数据，也就是说某个数据记录包括对应某个区的地址或某个点的定位。系统中允许使用的查询方法有：定位查询、属性查询、选择查询及结构化查询语言(SQL)查询。定位查询即用户通过鼠标点击地图图层，调用函数来实时显示查询信息；属性查询即用户可以根据要求输入符合条件的要素属性来显示需求结果，提示用户一些相关信息；选择查询不仅要看到查询结果的表格清单和对话框，还要可以看到表示在地图上的查询结果，并根据用户的需求进行数据查询。比如，旅游部门想了解年接待游客人数 10 万人以上的地区，通过人机交互，符合用户需求的地区定点在地图上以不同于其他颜色或尺寸高亮显示出来，同时给出详细信息供用户参考。系统还支持多条件不同类型的复杂查询。

在此操作中，用户把地图当作查询工具，而不仅仅是数据载体。在空间查询的典范操作中，用户通过确定显示地图的空间范围来进入数据库。这时，系统将会在数据库中查找那些落于查询窗口的记录，并将符合用户要求的结果以表格的形式报道显示出来。如旅游部门想了解某一地区半径为 r 的区域内，居民点数和居民人数，可以在地图区域上以选定点为中心拖动鼠标显示半径为 r 的圆，此时，凡在圆内符合要求的要素均以不同颜色、形式或尺寸显示出来，并给出相应区域的详细表格说明(图 8.19)。

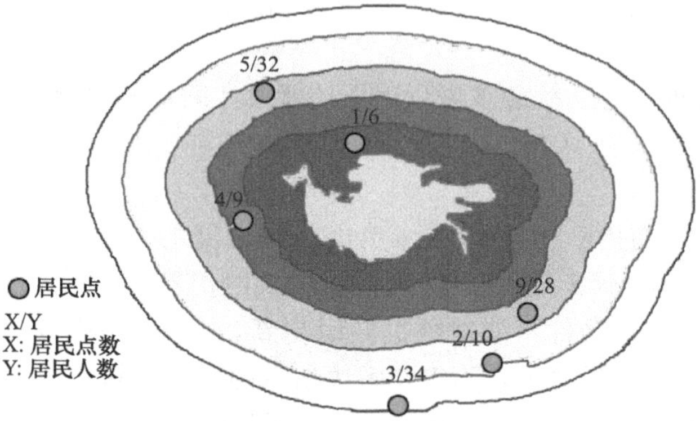

图 8.19 缓冲区查询距风景湖泊 5km 内的居民点和居住人数

4. 叠加分析

叠加分析是 GIS 的特有功能,也是 GIS 区别于其他信息系统的主要标志,它提供抽象的数据类型和对象类型叠加分析的数学模型,将同一地区、同比例尺的两组或多组图形要素进行叠加(图 8.20)。如利用区域的气候、水文、植被、交通等图形的叠加分析,分析区域旅游环境及旅游环境评价。

图 8.20 地形与植被的叠加分析

5. 缓冲区分析

缓冲区是围绕某地物要素画出的定宽地区,点的缓冲区是圆饼,线的缓冲区是多带状,多边形的缓冲区则是更大的相似多边形。缓冲区对于建立"影响地带"是必不可少的。如要建立风景优美的旅游通道,通过缓冲区分析,用户可以确定通道两边需要美化的面积以及修建旅游通道需要占用各种用地的数量等。

6. 旅游专家咨询

本系统采用目前流行的专家咨询系统，主要包括数据库、知识库、模型库和方法库。数据库主要包括区域概况、旅游信息等。知识库以知名的旅游专家为知识对象进行咨询。模型库采用目前旅游分析模型、数学模型和地理信息系统的分析方法，如旅游资源评价模型、旅游流预测模型、旅游需求预测、层次分析法、多因子模型分析等。通过方法库可以智能进行区域旅游资源评价，预测景区(景点)游客人数、最佳旅游线路选择、旅游景区环境容量测算等，为旅游规划、管理和决策服务。

进一步的功能设计就是将具体功能实现与系统操作结合起来。序列图就是用来显示对象之间的动态合作关系，强调对象之间消息发送的时间和顺序。规划系统功能中包括资源调查业务，以资源调查信息管理功能为例的序列图如图 8.21 所示。

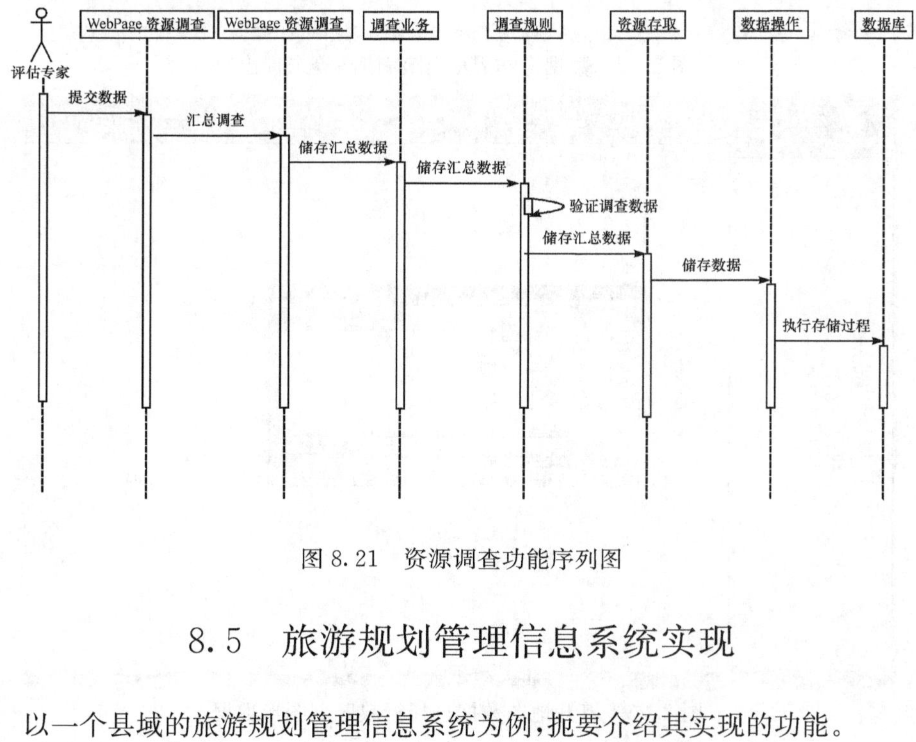

图 8.21　资源调查功能序列图

8.5　旅游规划管理信息系统实现

以一个县域的旅游规划管理信息系统为例，扼要介绍其实现的功能。

8.5.1　数 据 操 作

包括打开、关闭地图数据和打印相关内容等(图 8.22 和图 8.23)。

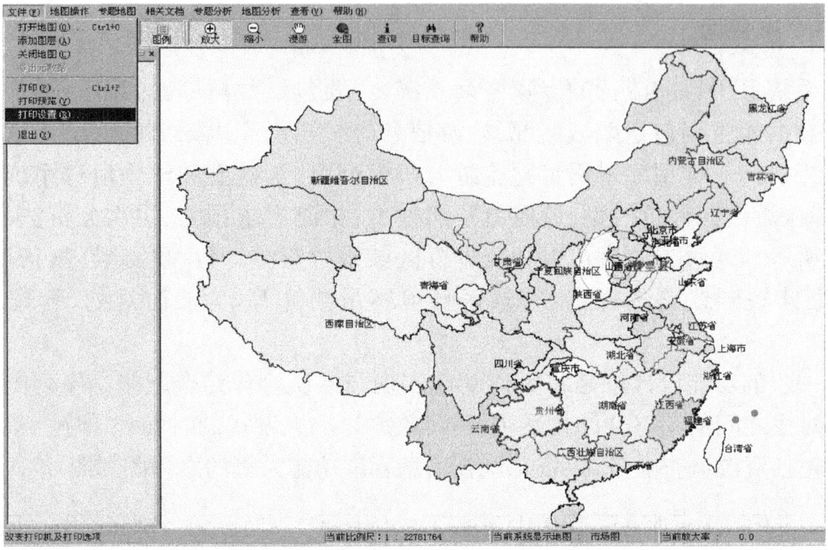

图 8.22　数据操作界面(南海诸岛等未标出)

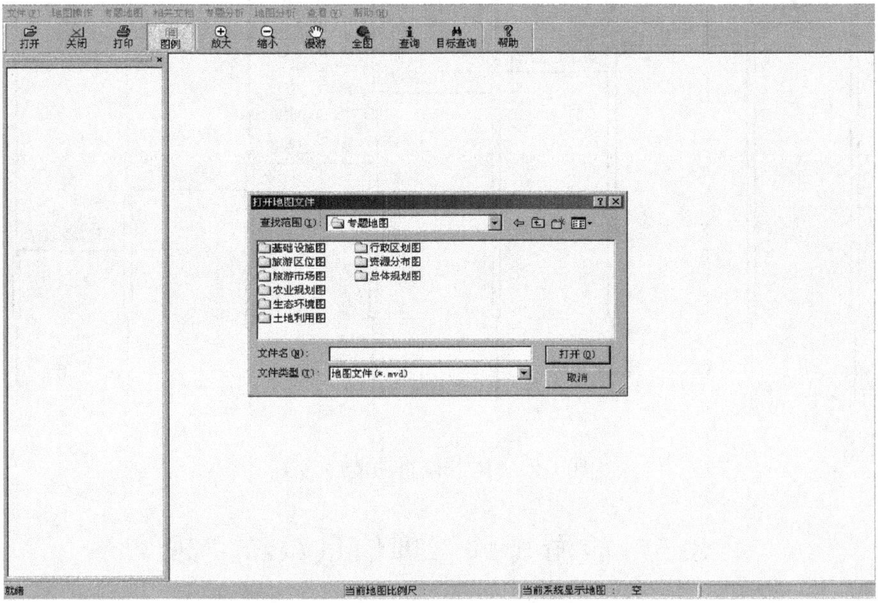

图 8.23　打开地图数据选择行政区划图形数据

8.5.2　地 图 操 作

可进行地图放大、缩小、漫游等(图 8.24),还可以实现地图查询(图 8.25)和目标查询(图 8.26)。

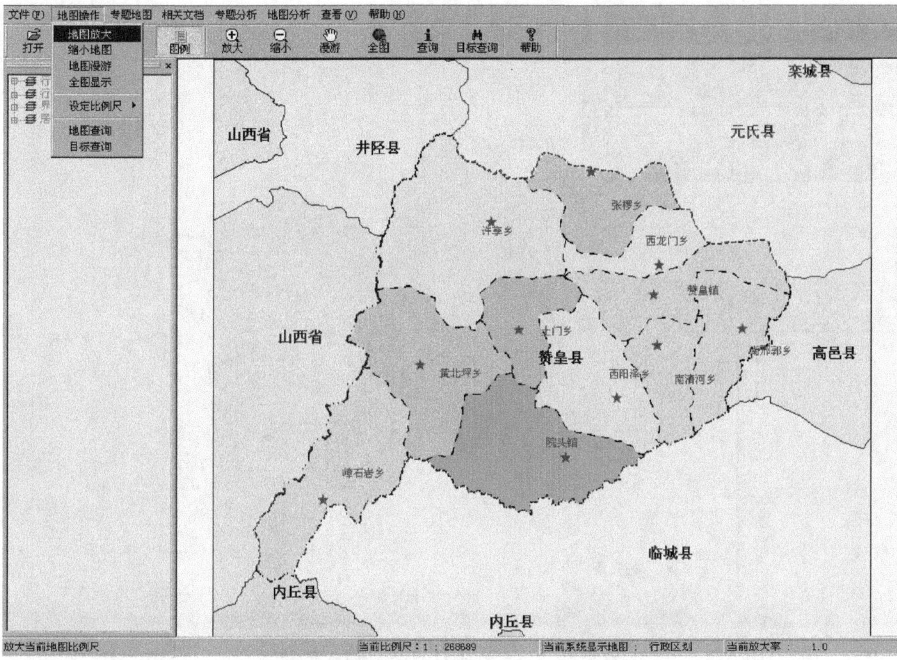

图 8.24　地图操作的相关功能

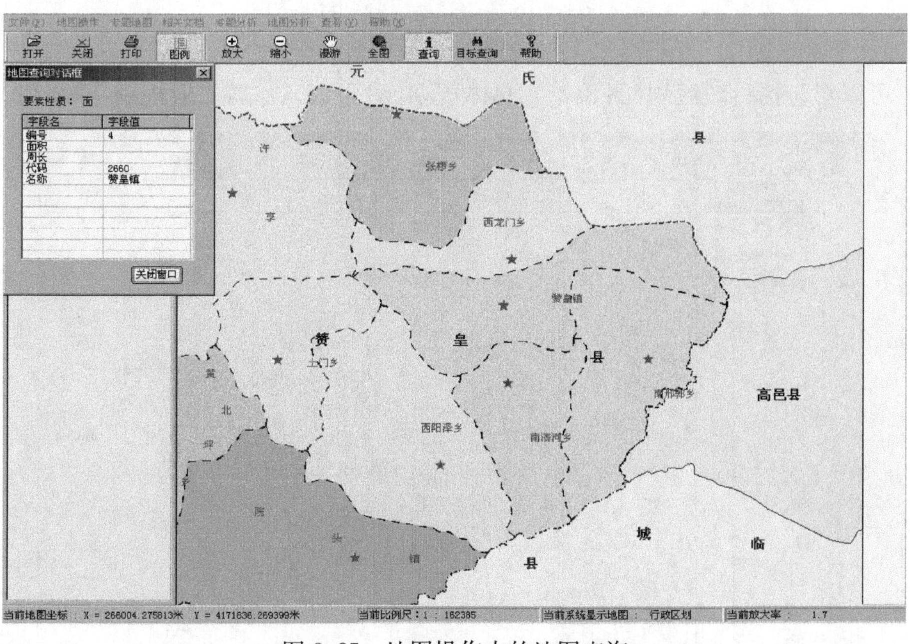

图 8.25　地图操作中的地图查询

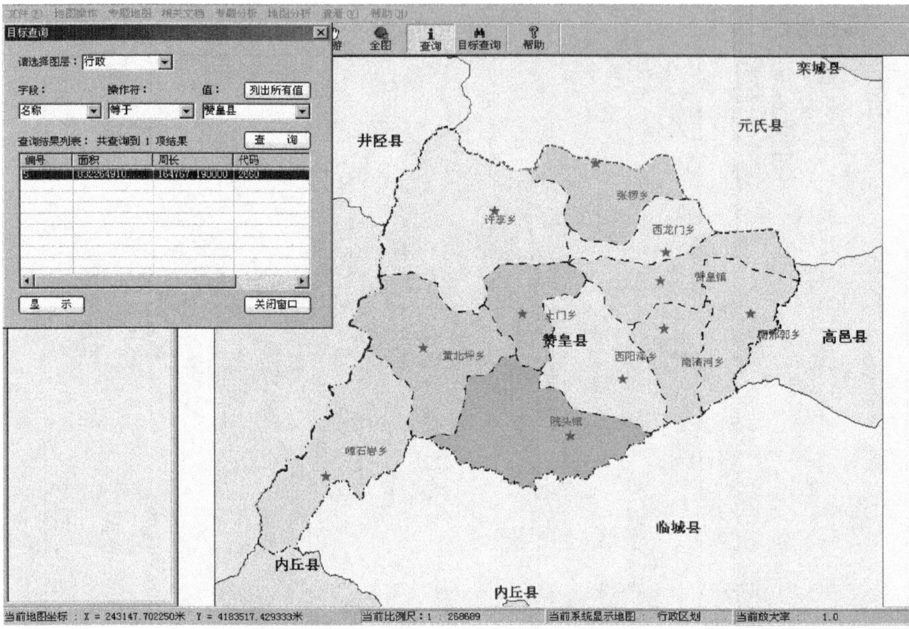

图 8.26　地图操作中的目标查询

8.5.3　专 题 制 图

可以对包括行政区划(图 8.27)、总体规划(图 8.28)、旅游农业规划(图 8.29)、

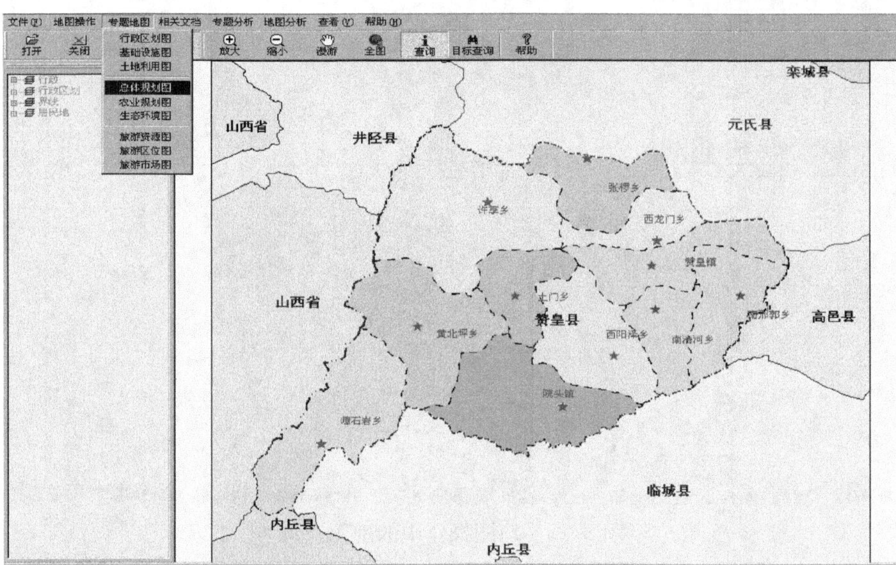

图 8.27　专题地图中的行政区划图

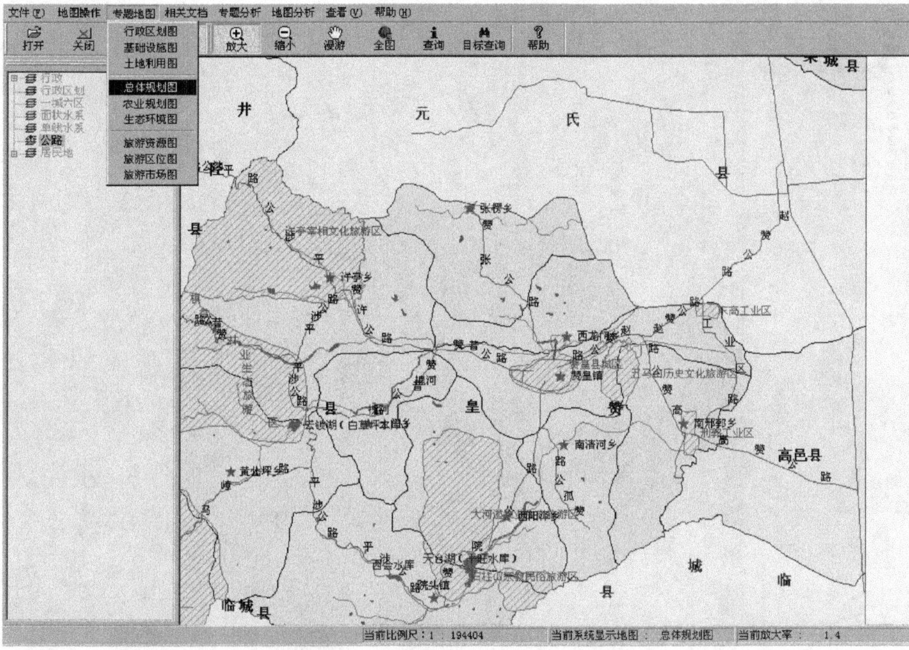

图 8.28　专题地图中的总体规划图

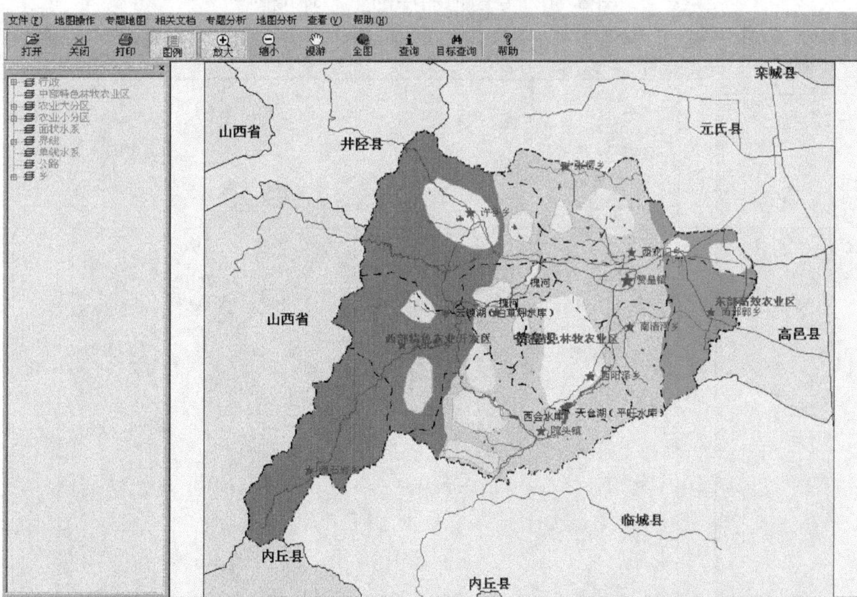

图 8.29　专题地图中的旅游农业规划图

生态环境(图 8.30)和旅游资源(图 8.31)等地图的操作,还可以有选择地开闭一些图层图例(图 8.32)、进行点、线、面的查询(图 8.33 至图 8.35)等。

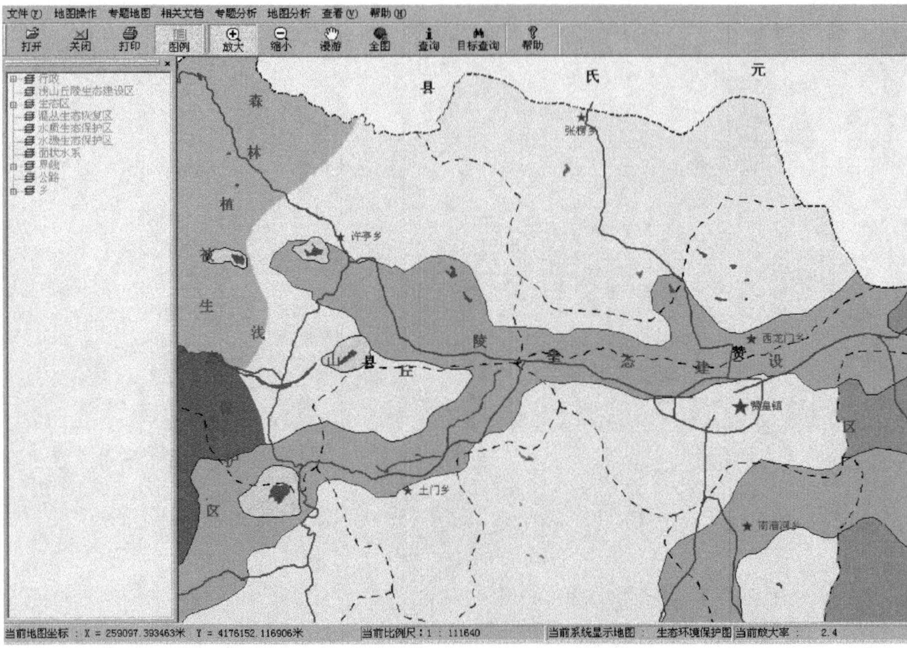

图 8.30　专题地图中的生态环境图

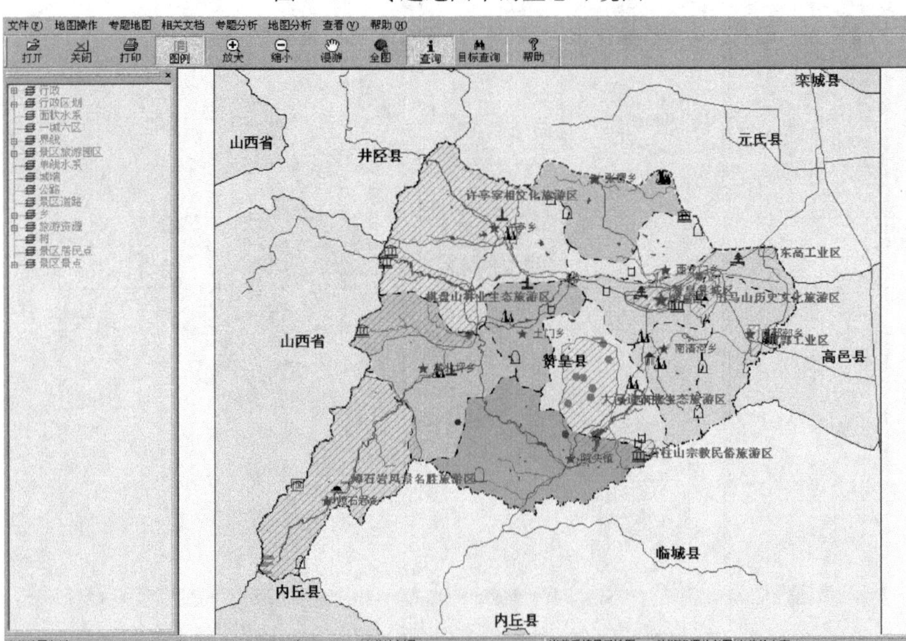

图 8.31　专题地图中的旅游资源图

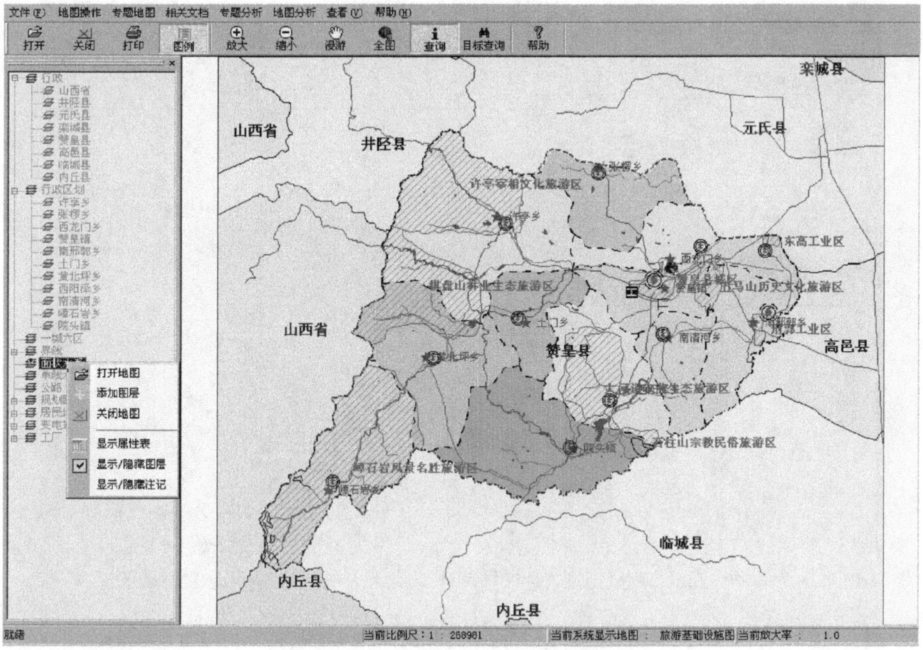

图 8.32　图层图例相关操作

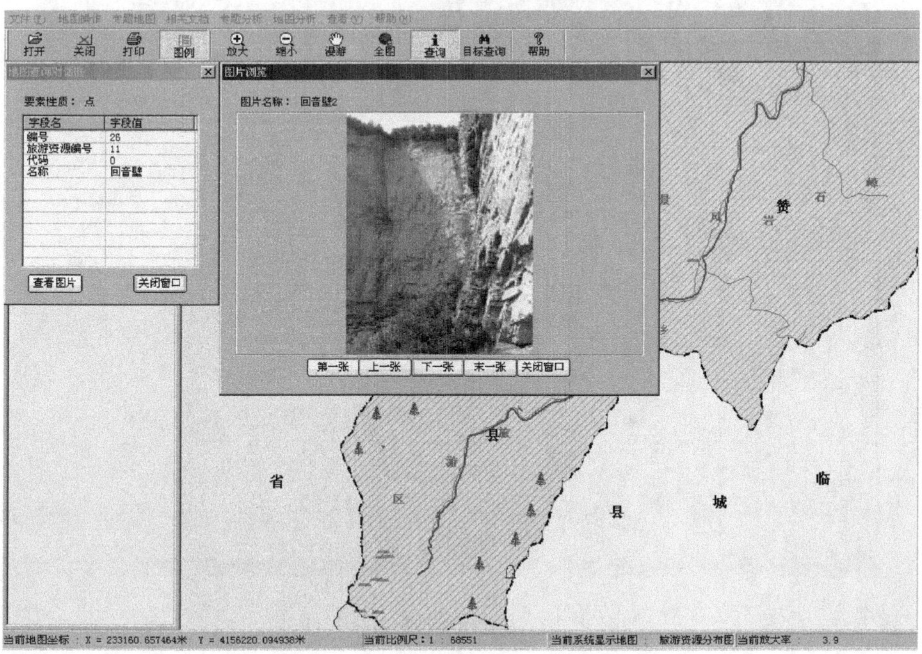

图 8.33　旅游资源查询——点

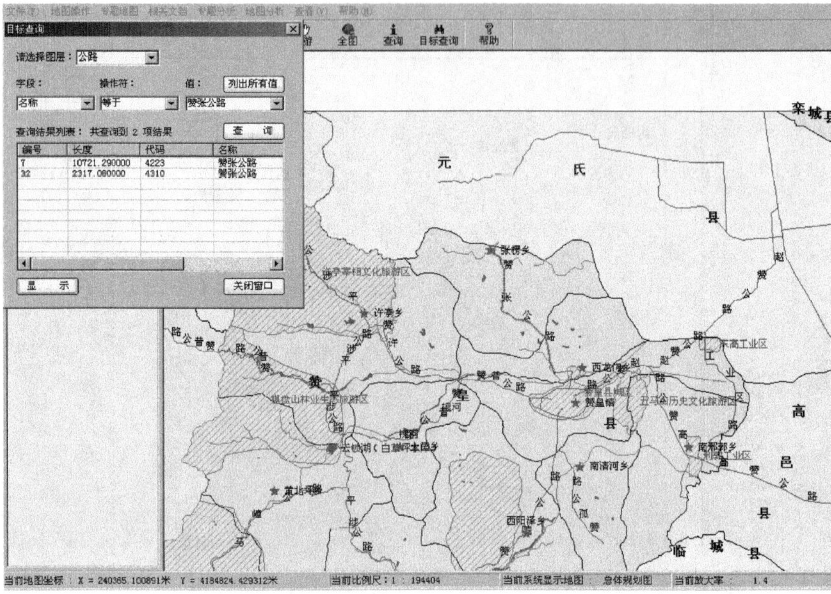

图 8.34　旅游资源查询——线

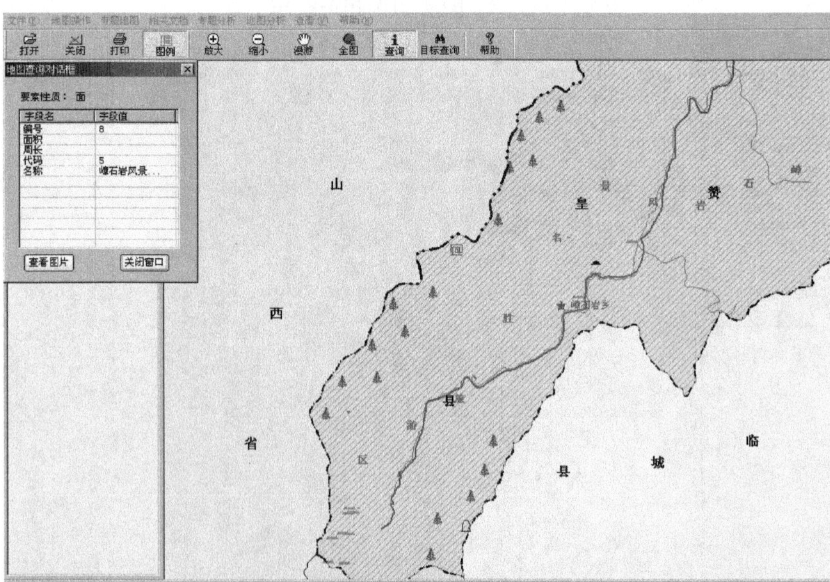

图 8.35　旅游资源查询——面

8.5.4　图文一体化管理

管理旅游规划、资源评价、市场分析、环境保护等文档与附件(图 8.36 和图 8.37)。

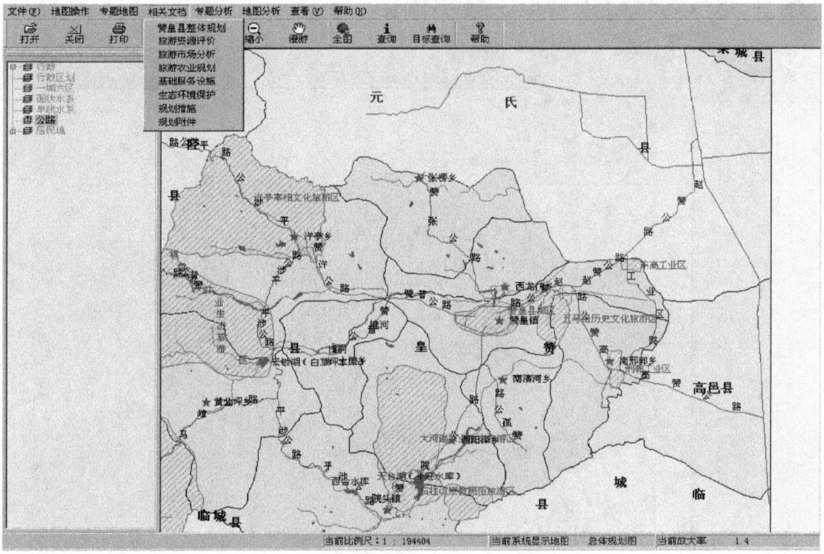

图 8.36　相关文档管理

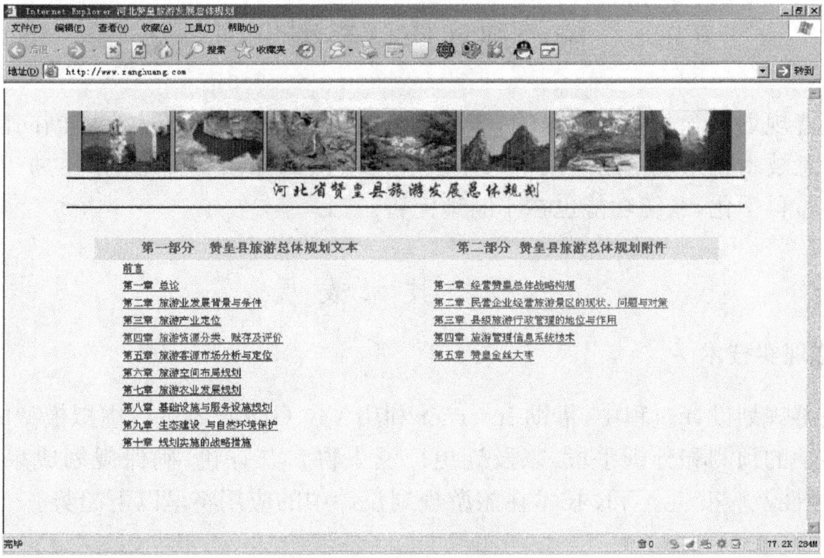

图 8.37　旅游总体规划文本目录

8.5.5　空间分析

可以对政策法规、金融环境、资源环境和第一、二、三产业等进行专题分析或地图分析(图 8.38),为旅游规划提供科学依据。

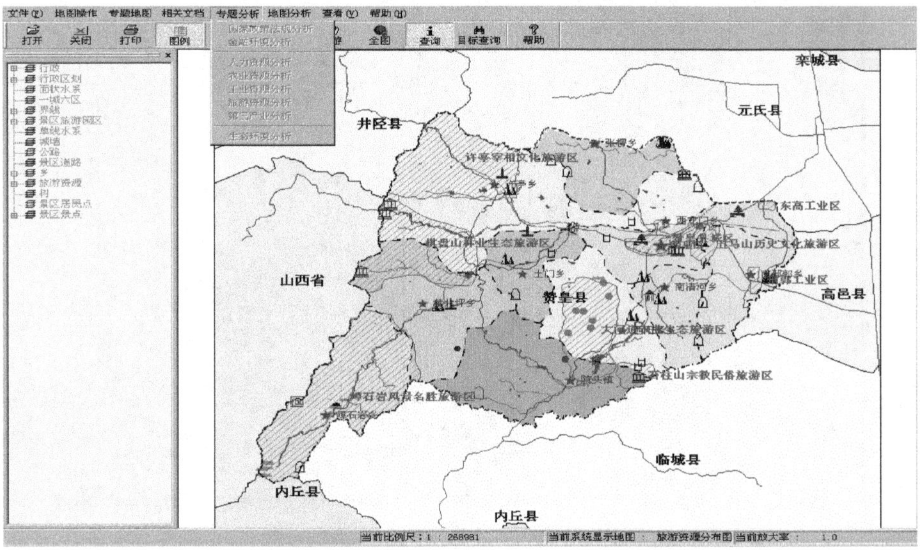

图 8.38　专题分析功能

8.6　旅游规划信息系统发展趋势

随着规划理念和信息技术的日益发展,旅游规划信息系统也在不断向前发展。新的信息技术在系统中的应用带来系统应用层次的深入和应用范围的扩大,系统设计日益科学化,系统功能也在不断地完善。

8.6.1　技术发展

1. 虚拟现实技术

旅游规划设计过程中,借助 Internet 利用 VR、GIS 技术进行虚拟模型的建立,采用科学的预测和分析手段,以及让更广泛人群参与评论,确保规划成果的合理性、可行性及应变性。VR 技术在旅游规划设计中的应用将呈以下趋势。

1）采用语音 agent 技术

在规划成果的展示时，结合 agent 技术可以适时地对用户、审批部门进行导览和解说，方便用户对规划成果的理解。

2）充分发挥和利用语音合成和识别技术

随着语音技术的进一步发展，在虚拟规划环境中实现多用户远程语音交流，更方便地进行方案评价。结合语音 agent 技术用户可以利用语音操纵虚拟环境，并与虚拟环境进行交互等。

3）远程协同设计

在实现多用户虚拟规划环境的基础上，利用现有的网络通信机制对旅游规划方案进行远程协同设计，由不同专业背景的专家参与对规划的评论和变更等处理。

4）虚拟功能将进一步扩展

由于人体动画技术、虚拟生命技术的研究不断深入，VR 技术在旅游规划设计中的功能将得到进一步的拓展和集成。如果旅游规划仅停留在目前的三维世界的静态蓝图上，手段上缺乏量化、动态的数据分析，对于景区发展的预测缺乏充分的科学依据，将对规划成果的合理性、可行性、应变性大打折扣。“时间＋空间”的四维表现即动态的表现在旅游规划中的应用并不常见，这种表现形式可感受性强，真实程度高，这种技术就是虚拟现实技术。可以充分利用 GIS 信息进行旅游地的人口、交通、环境污染等社会问题动态预测和分析，建立相应的仿真模型，利用 VR 技术实现交通流的仿真、大气污染情况、噪声影响等，将极大改进现有的旅游规划设计手段。

2. 元数据管理技术

目前地理信息系统领域较先进、较有效的研发技术是元数据（Metadata）管理技术。元数据是描述数据的数据，它是在传统的文件管理系统和关系型数据库管理系统的基础上，包含了一个面向对象的外壳，通过这个外壳，图形文件除了其本身所具有的内容外，还具有其他一系列的扩展属性，如图名、坐标、属性描述等。图形文件本身连同其扩展属性共同构成了元数据对象。

基于这一先进技术可以研发规划图形管理软件。该软件以成熟的文件管理系统为基础，以面向对象的思想为指导，充分采用元数据管理技术，实现了一定的文件管理机制。它既可以独立应用，又可以作为规划地理信息系统的核心技术模块之一集成，进行图形空间数据和属性数据的建库、辅助查询、更新和管理。

该软件同时也为地理信息系统领域的图形建库、管理提供了全新的理论基础，使各类图形的建库可以快速的自动进行，图形更新可以直接在 AutoCAD 绘图软件中实现，解决了传统地理信息系统建库繁琐、数据更新难的技术难题，为旅游规划信息化建设、旅游规划地理信息系统的建立提供一个崭新的、全面的、简捷的解决方案(图 8.39)。

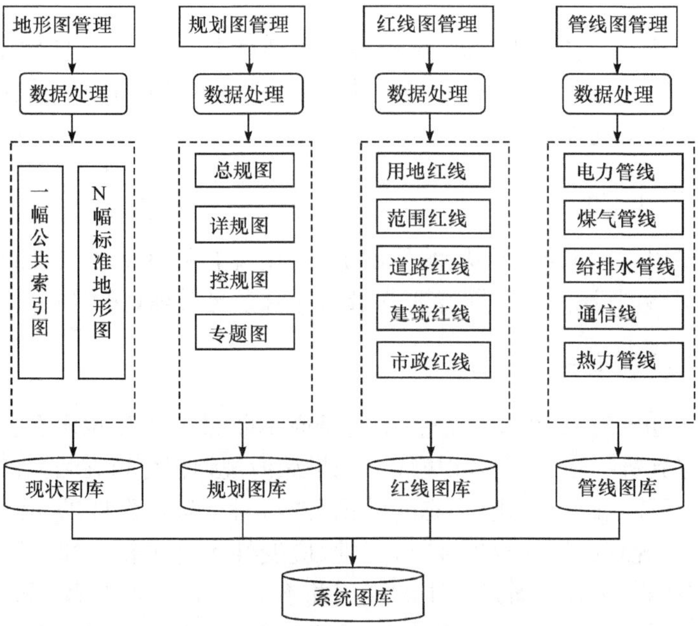

图 8.39　规划图管理系统功能框图

规划图形信息以地形图为基础，可以叠加各类规划成果图、红线图等，以满足规划办案过程中查询空间信息和属性信息的需要。地形图分类代码符合规范，分幅分层建库管理；各类规划图分类、分层管理。具有各类图形空间数据和属性数据的建库、查询、分析、维护和更新等功能。可进行图文互访、双向查询，能实现简单的拓扑分析、决策支持。能方便、快速、准确地检索各类图形和相关属性，打印输出相应图形。提供相应的办案辅助设计工具，如绘制 Word 文件模板、窗体文件模板，自动裁剪图形、自动标注坐标、自动计算面积等。

目前，我国旅游规划信息系统处于面向旅游规划管理、旅游地监测和评价分析的实际应用阶段。旅游规划设计与管理的数字化工程基本处于旅游规划信息系统与 OA 结合的阶段，在面临规划海量数据综合管理、广泛的查询需求、智能化、网络化等实际应用时，急需新的技术途径与发展。

8.6.2　功 能 扩 展

随着信息技术和网络技术的不断进步，旅游规划管理信息系统在功能上将不断拓展。

1. 旅游规划信息采集自动化

地形图、专题地图、遥感图像获取以及遥感图像自动解译等，改变以往手工操作效率低下的状况，实现信息的自动、实时获取，动态体现规划相关信息的变化，为规划的编制和修改提供更加准确的信息支撑。

2. 旅游规划信息共享化

共享则要求不同部门之间有关信息库的互联，实现信息共享，减少工作中的重复，提高信息使用效率。随着规划的进一步发展，有必要建立区域性、全国性的规划数据库，为规划者提供更加全面的信息支持。

3. 旅游规划模型库化

在 GIS 技术的支持下建立更多直观、实用的模型，以提供更多的辅助功能。目前应用的 GIS 虽然能提供叠加、网络等分析模型，但远远不能解决众多具体的旅游规划问题，如游客预测、环境容量模型等，需要规划者在实际应用中进行二次开发建模来解决。

4. 旅游规划智能化

通过建立与管理旅游知识库，模拟专家解决问题的思维过程和方法，来部分实现旅游规划的人工智能化，使规划者可以利用计算机自动完成旅游规划中的一些工作。

5. 与其他系统数据共享

旅游规划管理信息系统要考虑到社会、环境等问题，而社会上其他行业的发展建立也应当考虑旅游地、景区的规划情况。因此，旅游规划管理信息系统应当与其他系统能实现数据共享，这有利于整个社会的发展。旅游规划管理信息系统目标不仅是以计算机软硬件为支撑工具、以数字地图为基础空间数据、以规划业务所包含的空间信息和非空间信息为资源，还要利用 GIS 的数据库管理、查询、统计、空间分析和数学分析模型等规划、管理旅游提供技术支持，形成决策支持系统，而且包括以规划信息系统为基础，以社会各部门业务应用为对象，建立社会空间信息库，逐步引入其他空间信息(如地质信息等)、属性信息(如人口、社会、经济等)和分析功能(如三维分析功能、网络分析功能等)，充实信息内容，拓展应用领域，实现与城市规划、土地管理、房管、市政、交通、工商、绿化、消防和环境保护等城市信息系统之间的有机联系和数据共享。

思 考 题

1. 联系所学相关课程，分析旅游规划工作中信息管理的重要性。
2. 在GIS辅助下，旅游规划信息系统特点是什么？
3. 分析旅游规划的数据需求，绘制旅游规划信息系统的数据流程图。
4. 旅游规划信息系统应该具备哪些功能？GPS与RS在旅游规划管理信息系统中有哪些作用？
5. 现有旅游规划信息系统有何不足或缺陷？应该如何改进？
6. 从旅游产品设计系统的角度分析旅游产品与旅游项目规划设计的差异性。
7. 如何应用信息技术辅助旅游规划的功能分区？
8. 资源导向与产品导向模式下的旅游规划有何不同？如何在规划信息系统设计时体现这种差异性？

第9章 旅游电子商务系统

信息技术正深刻地影响着旅游业供给和消费过程，更新人们的旅游消费观念，并从根本上改变旅游企业的内部结构和旅游产业的分工合作方式。以网络为支撑的信息技术对旅游企业和旅游产业已经和正在产生着重大影响，例如：基于内部网(Intranet)的、只有本企业内部人员才能进入和使用的企业内部管理决策信息系统和部门间信息交换系统，如第3章已述及的饭店管理信息系统和基于外部网(Extranet)、非行业或商业伙伴企业不能进入的行业联网系统，如前已述及的全球分销系统(GDS)、电脑预订系统(CRS)及狭义的目的地营销系统等。随着互联网(Internet)的迅速扩展和广泛应用，任何个人和企业只要具备电脑和相应的软件都可以进入全球性多媒体网络系统。旅游业是全球最早和最广泛发展电子商务的行业之一。中国社会科学院等有关部门组织海内外专家完成的《旅游绿皮书》指出，网络旅游已经成为全球电子商务第一行业。据Data Monitor公司统计，2002年旅游企业占全球网上交易总额的35%，成为全球电子交易领域的榜首。

9.1 旅游电子商务概述

9.1.1 基本概念

1. 电子商务

电子商务源于英文Electronic Commerce，简写为EC。从字面理解，电子商务的主要内容包括电子方式和商贸活动两方面。电子商务自其产生以来已经给世界各国的经济带来了巨大的影响，但至今还没有一个统一的定义。目前，比较有代表性和影响力的定义包括以下五种。

(1) 联合国经济合作与发展组织(OECD)在有关的电子商务报告中对电子商务的定义为：电子商务是发生在开放网络上的包含企业之间(Business to Business，也称为BtoB或B2B)、企业和消费者之间(Business to Consumer，也称为BtoC或B2C)的商业交易。

(2) 全球信息基础设施委员会(GIIC)电子商务工作委员会报告草案中对电子商务的定义为：电子商务是运用电子通信作为手段的经济活动，通过这种方式人们可以对带有经济价值的产品和服务进行宣传、购买和结算。这种交易方式不受地理位置、资金多少或零售渠道的所有权影响。电子商务能使产品在世界范围内交易并向消费者提供多种多样的选择。

(3) 欧洲经济委员会于 1997 年 10 月在全球信息标准大会上的定义为：电子商务是各参与方之间以电子方式而不是以物理交换或直接物理接触方式完成任何形式的业务交易。这里的电子方式包括电子数据交换(electronic data interchange,EDI)、电子支付手段、电子订货系统、电子邮件、传真、网络、电子公告系统、条码、图像处理、智能卡等。

(4) HP 公司提出的电子商务定义是：通过电子化手段来完成商业贸易活动的一种方式，电子商务使我们能够以电子交易手段完成物品和服务等的交换，是商家和客户的联系纽带。

(5) IBM 公司认为：电子商务是把买方、卖方、厂商及其合作伙伴在因特网(Internet)、企业内部网(Intranet)和企业外部网(Extranet)结合起来的应用。这种应用是动态的和交互式的。

由此看来，电子商务是利用电子通信方式进行的各种商业贸易活动。它有广义和狭义之分，狭义上的电子商务业叫做电子交易，主要是指网上交易。而广义的电子商务是指利用 Web 进行的全部商业活动，包括网上交易、网上订货、付款，客户服务等，也包括利用 Internet 进行的市场调研分析、财务审核等商业活动。

2. 电子商务模式

按照交易的主体不同，一般将电子商务划分为三种基本模式：

(1) 企业—消费者间的电子商务，简称 BtoC 或 B2C(图 9.1)；

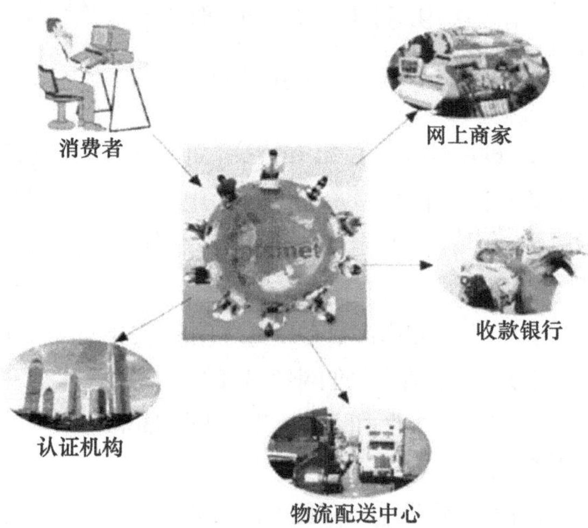

图 9.1 B2C 电子商务示意

(2) 企业—企业的电子商务，简称 BtoB 或 B2B(图 9.2)；

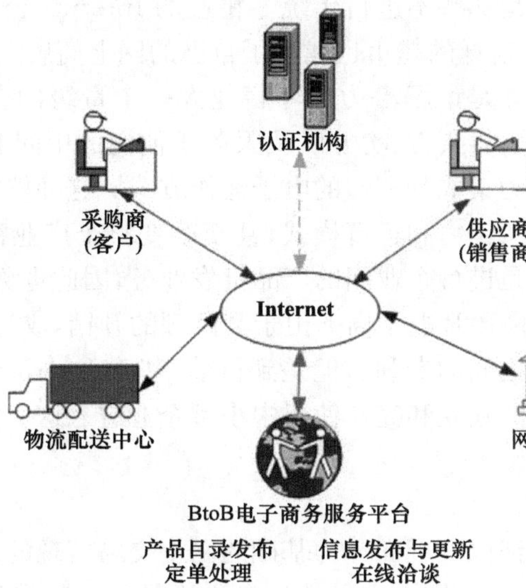

图 9.2　B2B 电子商务示意

(3) 消费者—消费者间的电子商务，简称 CtoC 或 C2C(图 9.3)。

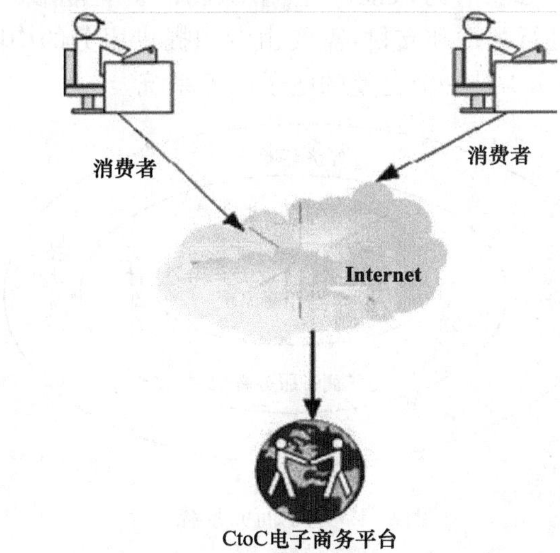

图 9.3　C2C 电子商务示意

此外，为了使企业内部信息共享以满足外部的需求，企业内部各部门之间通过互联网或局域网进行信息交换，此类经济活动也包括在广义的电子商务中。

电子商务系统的主要模式是 B2C 网上购物和 B2B 企业级电子商务。

B2C 网上购物是通过 Web 技术将产品、服务和信息销售给顾客。网上购物起源于1995年，它的先驱是那些不进行传统零售业的Internet公司，如AMAZON，但今天像WAL-MART这样的超市也建立了自己的网上商店。

B2B企业级电子商务是市场潜力比零售业大一个量级的企业级电子商务过程。B2B电子商务过程是将买方、卖方以及服务于他们的中间商（如金融机构）之间的信息交换和交易行为集成到一起的电子运作方式。这种技术的使用会从根本上改变企业的计划、生产、销售和运行模式，甚至改变整个产业社会的基本生存方式。B2B电子商务主要是进行企业间的产品批发业务，因此也称为批发电子商务。传统上，基于EDI技术的B2B电子商务由于其巨额的开销，成为一些大企业、大的银行以及大的合作伙伴之间的专利。但是到目前，基于Internet的EDI技术的出现和各种网络支付手段的建立和完善使得中小型企业进入这一领域成为现实。

3. 电子商务系统

电子商务系统是保证以电子商务为基础的网上交易实现的体系。网上交易依然遵循传统市场交易的原则，网上交易的信息沟通是通过数字化的信息渠道实现的。因此，首要条件是交易双方必须拥有相应的信息技术工具；其次，网上交易的交易双方在空间上是分离的，为保证交易双方进行等价交换，必须提供相应的货物配送和支付结算手段。此外，为保证企业、组织和消费者能够利用数字化沟通渠道，保证交易能顺利进行配送和支付，需要由专门提供服务的中间商参与，即需要电子商务服务商。图9.4是一个完整的电子商务系统。

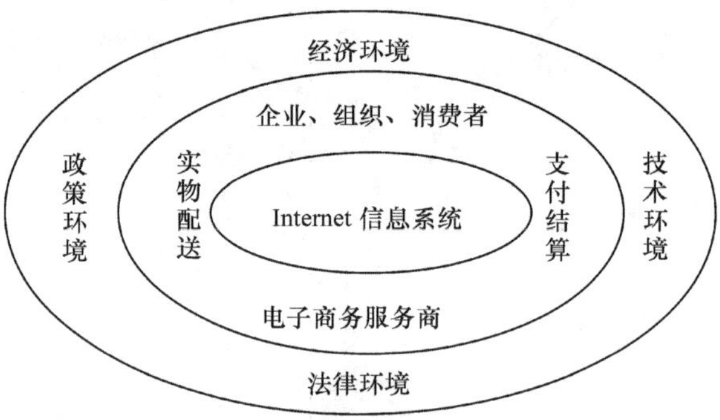

图9.4　电子商务系统

基础电子商务系统包括Internet信息系统，电子商务服务商，企业、组织与消费者，实物配送和支付结算5个方面。这5个方面有机地结合在一起，缺少任何一部分都可能影响网上交易的顺利进行。

4. 旅游电子商务

旅游电子商务是指通过先进的网络信息技术手段实现旅游商务活动多个环节

的电子化，包括通过网络发布、交流旅游基本信息和商务信息，以电子手段进行旅游宣传促销、开展旅游售前售后服务，通过网络查询、预订旅游产品并进行支付；也包括旅游企业内部流程的电子化及管理信息系统的应用等。可以从以下 3 个方面来理解旅游电子商务。

(1) 从技术基础角度来看，旅游电子商务是采用数字化电子方式进行旅游信息交换和开展旅游商务活动。旅游电子商务开始于互联网诞生之前的 EDI 时代，并随着互联网的普及而飞速发展。近年来，移动网络、多媒体终端、语音电子商务等新技术的发展不断丰富和扩展着旅游电子商务形式和应用领域。

(2) 从应用层次来看，旅游电子商务可分为两个层次：① 面向市场，以市场活动为中心，包括促成旅游交易实现的各种商业行为——网上发布旅游信息、网上公关促销，旅游市场调研和实现旅游交易的电子贸易活动——网上旅游企业洽谈、售前咨询、网上旅游交易、网上支付、售后服务等；② 利用网络重组和整合旅游企业/机构内部的经营管理活动，实现旅游企业内部电子商务，包括旅游企业建设内部网，利用计算机管理系统实现旅游企业内部管理信息化。发展到成熟阶段的旅游电子商务，是旅游企业/机构外部电子商务和内部电子商务的无缝对接，将极大地提高旅游业的运作效率。

(3) 旅游电子商务不仅仅是旅游电子交易，而且是包括应用现代网络信息技术手段进行的，有商业目的的发布、传递、交流旅游信息的活动。旅游信息服务是旅游电子商务的重要内容。如今许多旅游者在网上查询旅游信息，据此规划行程，作出旅游决策，但又在网下预订旅游产品。如果仅把旅游电子商务理解为旅游电子交易，就无法全面反映现代信息技术服务于旅游商务活动的丰富内涵和巨大影响。

5. 旅游电子商务系统

旅游电子商务系统是指以旅游企业为主导的，应用 Internet 技术和网上支付结算，拓展市场，加强旅游市场主体间的信息交流与沟通，整合旅游信息资源，实现网上交易，调整企业同消费者、企业同企业、企业内部关系，并实现内部电子化管理的商业体系。它以互联网为依托，消费者直接参与，并涉及企业运作的各个层面(产品设计、市场营销、企业管理、客户管理、资源管理、供应链管理)，旨在提高旅游市场运行效率，提高旅游服务水平。

9.1.2　旅游电子商务系统的功能

旅游电子商务系统处理的核心业务是信息流和资金流，此外，还包括旅游流和物流，它们组合在一起构成完整的旅游交易过程。

1. 信息流功能(网络营销)

旅游电子商务系统能够处理复杂的信息流程,为旅游业中的信息沟通和交易提供服务。不仅能够有序传递信息,而且能够对信息进行合理的组织、再造,实现查询功能。旅游电子商务系统的信息流可以分为基本信息流和交易信息流两大类。

基本信息流是指开放的、不受任何条件限制的、只要具备技术上的可行性、可以任选传递工具向任何地方传递的旅游信息。通常包括:

(1) 旅游者查询旅游信息,向旅游网站反馈信息,包括登记个人资料、反馈产品信息、参与市场调查等;

(2) 旅游企业在旅游专业网站或自建的网站上发布旅游地以及旅游产品的各种信息,宣传促销产品,吸引潜在旅游者;

(3) 旅游企业之间通过相互访问网站,了解产品和服务信息,寻求同行业间的合作;

(4) 旅游企业利用客户信息数据库,主动通过电子邮件等手段向潜在客户发送信息,宣传自己的产品。

交易信息流是指严格在确定范围内进行传递、不作为公开信息发布的旅游信息。旅游者预订旅游产品、旅游企业之间的电子交易都属于交易信息流。这些信息流的实现依赖于旅游电子商务系统提供的一些独特功能,包括电子商务认证、权限管理、身份识别等。

2. 资金流功能(电子支付)

旅游电子商务系统的资金流功能解决资金的网上交换,实现电子支付。旅游电子商务中的支付可以通过不同的途径实现。

旅游者可以通过网站预付,可以在接受旅游服务时向旅游企业当场支付,也可以部分预付部分现场支付。旅游企业之间传统上是通过银行转账,也可以采取与交易同步的电子支付。跨越空间实时完成的电子支付是解决旅游业中预订失信问题和旅游企业之间的账务拖欠问题的最佳选择,是未来旅游支付的趋势。

为了保证电子支付的正常进行,旅游电子商务系统必须有金融机构的参与,尤其是一些商业银行的参与。这些银行在旅游电子商务过程中不仅为网上结算提供了保证,而且能够发挥信用功能,为旅游企业的销售经营活动提供信用担保。同时银行本身的网络也有利于旅游企业的促销和销售。

9.1.3　旅游电子商务系统的应用

旅游电子商务系统的应用领域主要包括以下 4 个方面。

1. 网上预订服务

包括计算机预订系统和全球分销系统。

计算机预订系统(CRS)是一个专供旅游业内部使用的电脑预订网络,它将航空公司、饭店等旅游服务供应单位与旅行社等旅游服务销售单位联系起来,辅助旅游产品销售,并辅助这些单位进行费用结算,即银行清算计划。

全球分销系统(GDS)是新型电子商务营销网络,通常以国际性航空公司为龙头,与饭店、汽车公司、铁路公司、旅游企业等旅游相关企业共同建设,提供航班订位、定房等旅游预订服务。

2. 基于互联网的旅游信息服务

采集、整理、提供旅游信息,为旅游者的决策过程提供建议。并通过多种信息的展示,吸引潜在的旅游者,促进旅游消费。

3. 旅游产品的网络营销

包括旅游企业网上促销,网上采购等。旅游企业可以通过互联网采购产品,并向其他企业销售自己的产品。互联网的广泛应用为旅游企业提供了一个全新的信息传播媒体,也开辟了一条新的产品流通渠道。

4. 客户关系管理

客户关系管理系统(CRM)由客户数据库和电子商务智能模块组成,实现收集、整理、加工客户信息和智能客户沟通、辅助决策等功能。旅游企业通过掌握完整的客户信息,准确把握并快速响应客户的个性化需求,为客户提供便捷的购买渠道、良好的售后服务和经常性的客户关怀,达到留住老客户、吸引新客户的目的。

9.2　旅游电子商务系统需求分析

旅游电子商务系统主要包括 B2C 和 B2B 两种模式。目前,旅游业中 B2C 电子商务主要是旅游者网上购物,B2B 是旅游企业之间的电子商务。

9.2.1 数据需求分析

旅游电子商务数据需求，包括提供旅游业中日常的、开放的信息发布与咨询平台，使公共的、可公开的旅游信息能在平台上得到最充分的传播与共享，也包括处理涉及旅游交易的点对点信息沟通。如旅游机构（旅游目的地营销机构、旅游企业）在其网站上发布介绍旅游地各种情况的资料、形象宣传以及旅游产品信息；旅游者查询旅游信息，向旅游机构网站或信息中介反馈信息等。旅游电子商务的基本信息流及其交易的数据流如图 9.5 和图 9.6 所示。

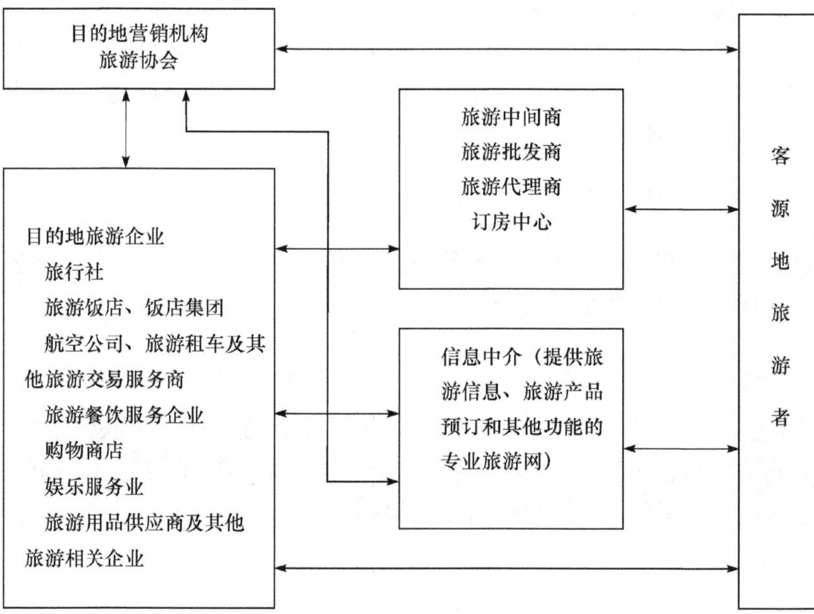

图 9.5　旅游电子商务基本信息流程图（巫宁等，2004）

从图 9.6 可知，数据主要在购买者、供应商和认证机构之间流动。B2C 电子商务模式中的购买者是旅游者，B2B 电子商务模式中的购买者是旅游企业，这里统一称为购买者。购买者与供应商之间流动的数据包括产品信息、产品价格、预订单、协议单、电子票据等，这些数据的流动需要银行支持系统、认证系统、密钥技术以及整体网络环境的支持。

旅游电子商务还包括很多复杂的数据流程，如服务跟踪、服务定制、网上拍卖、电子支付、安全认证等，这里不一一列出。

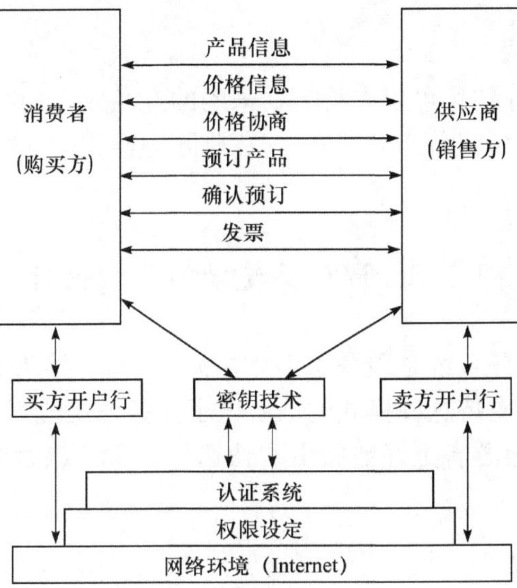

图 9.6　旅游电子商务系统交易过程数据流程图(刘军等,2001)

9.2.2　B2B 系统功能需求分析

尽管旅游电子商务系统具体到不同的旅游企业,由于不同的旅游产品和服务,系统的功能需求也会有所差别,但其中还是存在一定的共性,存在一些典型的功能需求。

1. 会员管理功能需求

所有参加交易的机构都必须先注册为会员,系统提供完善的会员管理机制。注册会员可以在网上发布旅游产品的信息以及销售、浏览和购买旅游产品。

(1) 会员身份管理。一个会员机构中只有一个机构管理员,但可以定义多个交易操作员,这些操作员可以具有不同的权限。一般成员可以分为两大类:管理员和一般会员。管理员负责分配用户角色,管理产品目录等一些日常的管理工作。

(2) 会员资料管理。包括审批交易会员及其成员的注册申请、创建新会员、注销会员资格、修改交易会员信息和删除交易会员信息。

(3) 权限控制。

2. 产品管理功能需求

交易会员可以在平台上发布自己的旅游产品信息,包括添加、修改产品信息、设置交易方式、删除产品信息、浏览查找产品信息等。

3. 订单管理功能需求

会员采购旅游产品时，可以先将需要采购的产品放入购物车，采购完毕之后进入购物车浏览所选择的旅游产品并做修改、删除等操作，修改完毕后系统能够自动生成采购订单。

9.2.3 B2C系统功能需求分析

B2C旅游电子商务系统是服务于个体旅游消费者，并为旅游企业广泛应用的一种电子商务模式。支持这种模式的旅游电子商务系统应当满足旅游者购买过程中的各种需要，帮助旅游者更好地做出购物选择。B2C旅游电子商务系统的基本需求包括。

1. 用户管理功能需求

(1) 用户注册；
(2) 注册用户信息管理。

2. 客户功能需求

(1) 提供电子目录，帮助旅游者搜索所需的旅游产品；
(2) 进行同类产品比较，帮助用户进行购买决策；
(3) 产品的评估；
(4) 购物车；
(5) 为购买的旅游产品下订单；
(6) 订单撤销和修改；
(7) 电子支付；
(8) 跟踪订单执行状态。

3. 旅游企业的功能需求

(1) 检查客户的注册信息；
(2) 处理客户的订单；
(3) 完成客户选购产品的结算、处理客户的付款；
(4) 进行电子拍卖；
(5) 发布商品信息；
(6) 发布和管理网络广告；
(7) 跟踪产品销售情况；

(8) 与银行之间建立接口；
(9) 实行客户关系管理；
(10) 售后服务。

9.3　旅游电子商务系统设计

根据一般的应用系统设计流程，本节从总体结构设计、类设计、数据库设计和功能设计 4 个方面探讨旅游电子商务系统的设计。

9.3.1　系统结构设计

1. 总体结构

参照通用的电子商务模型，可以将旅游电子商务系统划分为 5 个模块：商品检索、商品采购、订单支付、客户服务和系统管理。其结构如图 9.7 所示。

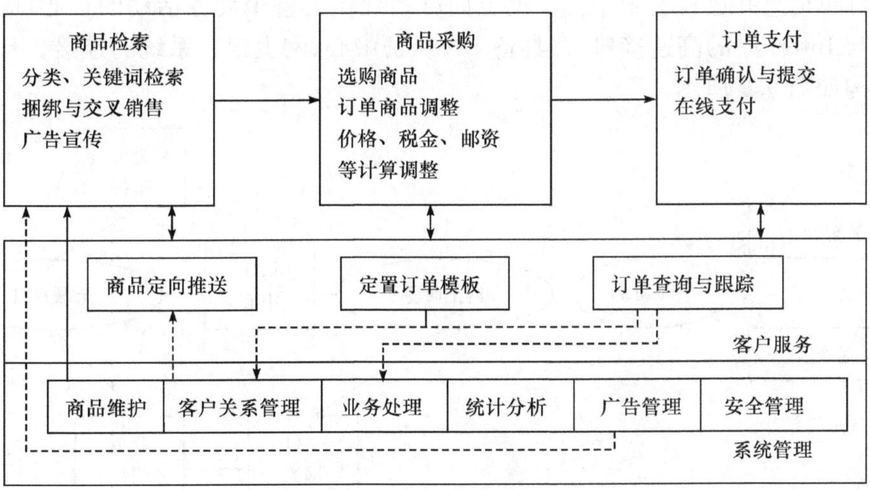

图 9.7　旅游电子商务系统总体结构

2. 网络结构

现实中的 B2B 电子商务系统一般多是由专业的信息服务提供商经营，这些网站在资金、技术上的投入以及市场策划方面均有明显优势。典型的 B2B 旅游电子商务系统网络结构如图 9.8 所示，参加 B2B 电子商务系统的旅游企业只需要在网上发布信息或者从网上查询供求及交易信息，信息传输量不大，因此选择 PSTN、ISDN、ADSL 等经济方式连接 Internet 即可。

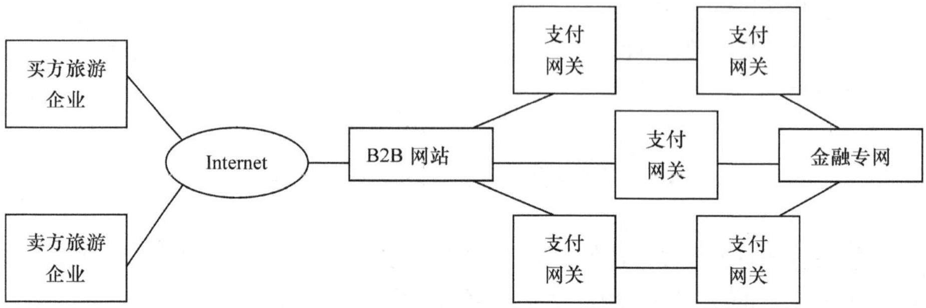

图 9.8　B2B 旅游电子商务系统网络结构

B2C 旅游电子商务系统包括旅游者、旅游企业、网上商城网站系统、认证中心、支付网关和网上银行等多个环节。旅游者一般通过 PSTN/ISDN 等接入形式登录网上商城进行购物消费。旅游企业可以通过 ISDN/ADSL 等全 VPN 方式连接网上商城,发布信息,提供旅游产品,供旅游者购买;另一方面,旅游企业从网上商城获取订单信息并进行资金结算。网上商城系统作为整个商务活动的核心,应该建设有与 Internet 的高速接口,并具备 CA 认证中心、网上银行系统的连接。具体网络结构如图 9.9 所示。

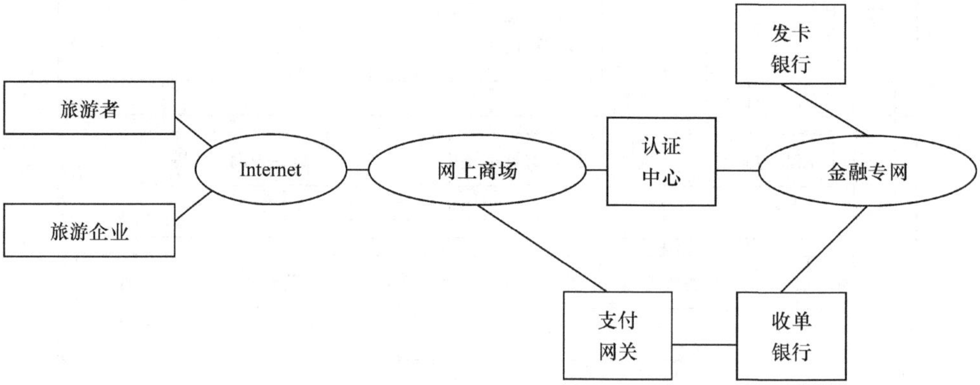

图 9.9　B2C 旅游电子商务系统网络结构

9.3.2　数据库与类设计

1. 类设计

旅游电子商务系统设计中的类也可以分成 B2B 和 B2C 两个部分进行设计,这里列举 B2B 旅游电子商务系统的旅游企业网上销售业务类和 B2C 旅游电子商务系统中的旅游者网上购买业务类两个类图(图 9.10 和图 9.11)。实际设计过程中需要根据不同的开发商和不同的需求进行相应的调整。

销售业务
+用户编号 : String +用户类型 : String
+产品信息(in 企业编号 : String, in 产品编号 : String) : Boolean +浏览需求信息(in 信息内容 : Object) : Boolean +浏览产品信息(in 信息编号 : String) : Boolean +发布信息(in 信息内容 : Object) : Boolean +修改信息(in 信息编号 : String) : Object +取消发布(in 信息编号 : String) : Boolean +审核订单(in 订单编号 : String) : Object +查询订单(in 订单编号 : String) : Boolean +反馈订单(in 订单编号 : String, in 反馈内容 : Object) : Boolean +查询需求信息(in 查询条件 : Object) : Object + new()

图 9.10　B2B 旅游电子商务系统销售业务类图

购买业务
+用户编号 : String +用户类型 : String
+查询商品信息(in 商品编号 : String) : Boolean +预定商品信息(in 商品编号 : String, in 商品数量 : Integer) : Boolean +购买商品(in 商品编号 : String) : Boolean +取消预定(in 商品编号 : String, in 商品数量 : Integer) : Boolean +确认预定(in 预定单编号 : String) : Boolean +购买商品(in 订单编号 : String) : Boolean +确认购买(in 订单编号 : String) : Boolean +new(in 用户名 : String, in 用户类型 : String) +new()

图 9.11　B2C 旅游电子商务系统购买业务类图

2. 数据库设计

B2B 旅游电子商务系统的数据库主要包括旅游企业信息、旅游产品信息、旅游交易信息等。对于 B2C 旅游电子商务系统来说，数据库结构也不复杂，只需要管理旅游产品信息、订单信息以及用户数据等内容。以 B2C 旅游电子商务系统为例，数据描述如下：

(1) 旅游产品信息。管理在网上销售的商品的基本信息，主要包括名称、价格、简介等。

(2) 订单信息。包括订单主表和订单明细表，主表记录订单的总体情况，明细表则记录订单的详细内容。

(3) 客户基本信息。管理网上购物旅游者的基本信息，如姓名、住址、电话、身份证号等。

其库表设计如图 9.12 所示。

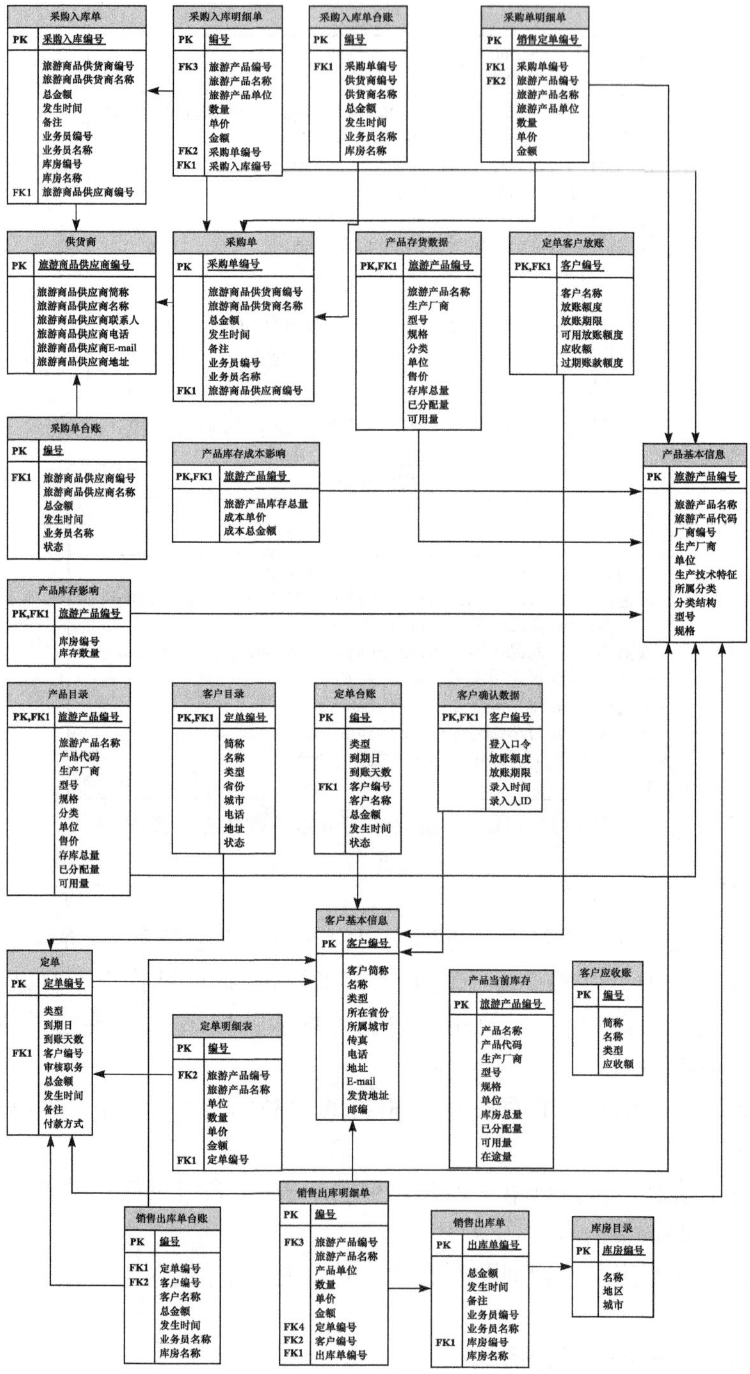

图 9.12　旅游电子商务系统库表设计

9.3.3　系统功能设计

1. B2B 旅游电子商务系统的功能设计

B2B 旅游电子商务系统的形式多样,用户的类别也较为复杂,根据前面的功能需求分析,我们将 B2B 旅游电子商务系统分成企业信息管理、产品信息管理、供求信息管理、商务信息智能检查与审核和公共服务 5 个子系统进行设计。

1) 企业信息管理子系统

(1) 注册与登录:包括旅游企业信息审核、自动生成会员编号等功能。对于需要在网上发布产品供求信息或是进行网上交易的旅游企业,必须事先注册,通过登录的方式进入系统。B2B 旅游电子商务系统的客户是旅游企业,注册时需要填写企业的真实名称、地址、营业执照等,以便企业对网上交易活动负责,防止欺诈行为。

(2) 私人信息浏览与修改:在 B2B 旅游电子商务系统中,旅游企业的私人信息包括企业基本信息、企业自身的产品信息、其他旅游企业的答复信息等。企业私人信息浏览及修改功能包括企业基本信息浏览及修改、旅游产品信息浏览及修改和私人供求信息查询。

(3) 企业综合查询:包括分类目录逐级查询、专用搜索引擎、企业列表显示、企业详细信息查询多种查询方式,以满足不同用户的查询需要。

(4) 企业服务级别的管理:新注册企业的审核、服务级别的改变、停止服务。

2) 产品信息管理子系统

(1) 产品信息发布与修改:为旅游企业提供发布商务信息的环境。作为卖方发布供应、提供合作或代理机会等信息;作为买方发布需求、寻求合作或代理机会等信息。

(2) 图片上传:为了促进旅游产品的宣传、提高产品交易的成功率,在旅游电子商务系统中,可以上传一些旅游产品的相关图片,促进产品的销售。

(3) 产品信息的浏览:这里的产品信息浏览一般都是旅游企业浏览其下属的产品。通过检索得到企业编号,用这个企业编号,检索产品信息表,得出一个产品列表,把这个产品列表显示出来,供用户操作,用户可以选择感兴趣的产品进行点击,读出这个产品存储在数据库中的详细信息,通过页面显示出来。如果产品信息中包含有多媒体信息,需要进行产品多媒体信息的显示。

3) 供求信息管理子系统

(1) 供方信息发布:包括供货、提供合作或代理机会的信息发布。企业确认发布供方信息后,插入数据库时将属性值表示为“供”的值,然后依次发布每项旅游产品的供应信息。

(2) 求方信息发布:包括求货、寻求合作或代理机会的信息的发布。企业确认发布求方信息后,插入数据库时将属性值表示为“求”的值,依次发布每项产品的需求信息。

(3) 信息查询:用于查询会员企业发布在网上的各类信息,包括旅游企业信息查询、旅游产品信息查询、供应信息查询、旅游需求信息查询等。可以分别设置供应查询栏目和需求查询栏目。具体的查询功能,可以按照分类目录逐级查询和专用搜索引擎两种模式进行设计。

(4) 答复处理:供求信息的答复功能为旅游企业提供了一个在网上环境中进行商业洽谈的机会,有助于交易的进行。发布了供求信息的企业,利用答复信息的检索功能查看供求信息的响应情况。答复信息检索由企业从自己发布的供求信息入手,根据该记录的信息编号,检索出该记录的所有答复信息,然后浏览每一条答复信息。

4) 商务信息智能检查与审核子系统

在系统管理中,对用户发布的企业信息进行监管,剔除虚假的或违反相关政策法规的信息;对过于简单、不完整、不规范的信息禁止其在网上发布,系统程序自动以 E-mail 的形式将该信息未向公众发布的原因和建议通知该用户。

(1) 信息过滤:自动进行一遍信息过滤,屏蔽不完整、不规范、不合逻辑的信息;

(2) 信息核准:在工作界面上人工审核信息的内容,通过审核的信息给予发布;

(3) 信息删除:人工审核过程中未通过的信息给予删除;

(4) E-mail 通知:程序在删除记录后自动以 E-mail 的形式通知用户原因,建议重发。

5) 公共服务子系统

(1) 发布公共信息:公共信息的发布与处理也是旅游电子商务系统的基本功能。利用系统网站向客户传递旅游新闻、旅游行情、特别路线推荐、排行榜等公共信息,将网站活动及时通知客户。同时也可以利用系统收集客户的反馈意见,开设讨论版等,以便能够及时改善对客户的服务。

(2) 网上拍卖:包括拍卖标的发布、标的审核、标的查询、网上竞买和系统仲裁等部分。

(3) 网上招标:包括标的信息发布、审核标的信息、标的查询、网上投标和系统评标。

2. B2C 旅游电子商务系统的功能设计

B2C 旅游电子商务系统是旅游企业与旅游者之间的电子商务,服务对象不同,因而与 B2B 旅游电子商务系统的功能也有所不同。

1) 旅游者信息管理子系统

(1) 登录注册功能:旅游者在进行第一次网络交易之前要进行会员登记,在会员注册页面按要求录入真实姓名、通信地址、联系电话、E-mail 地址等基本信息。注册完成后,系统会自动生成一个"会员 ID"和密码,并在网页上显示出来。顾客一定要记住自己的 ID 号和密码,为了防止密码泄密,顾客可以定期在网上修改自己的密码。

(2) 信息维护:包括客户档案管理、客户资信等级评估等。

(3) 客户交流 BBS:提供给旅游者自由交流的平台,同时也可以利用论坛进行一些旅游调查,接收信息反馈。

2) 电子交易子系统

(1) 订单管理:包括订单输入、订单修改查询、订单确认、订单状态跟踪等(图 9.13);

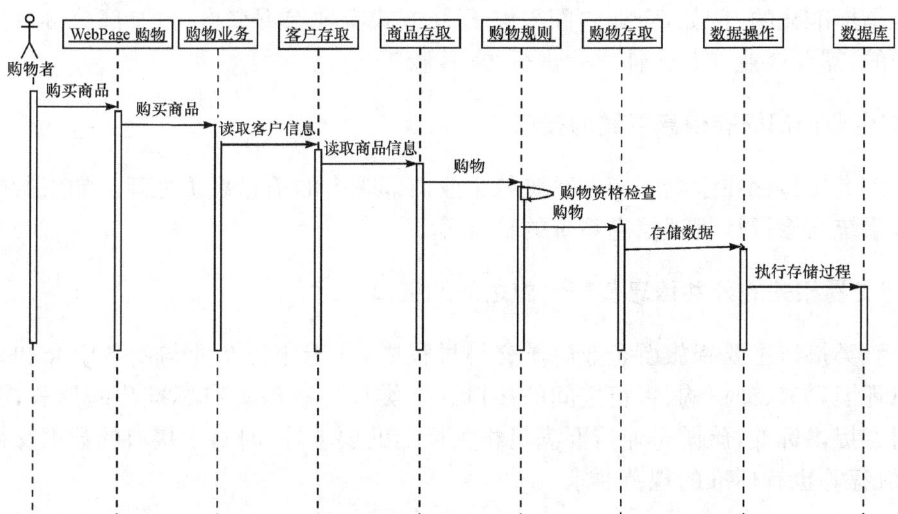

图 9.13　旅游电子商务系统网上购物序列图

(2) 商品展示:包括商品信息发布、商品信息修改、商品销售记录;

(3) 产品信息查询检索:旅游者可以按旅游产品的类别检索产品信息,也可以输入产品信息,统配检索数据库,找出所关心的商品,察看商品细节说明,了解价格、付款及送货方式、购物说明等信息;

(4) 商品库存管理;

(5) 商品导购包括购物导航。

3) 客户关系子系统

(1) 投诉管理:接收旅游者投诉,处理投诉,公布处理结果供旅游者查询;

(2) 产品销售跟踪:跟踪监督产品销售情况,维护旅游者权益;

(3) 销售统计:发布统计结果,评选热门路线、推荐产品等;

(4) 客户满意度统计;

(5) 发展关系营销。

9.3.4 系统接口设计

一般来说,旅游电子商务系统与其外部环境的接口包括以下 4 个方面。

1. 与旅游企业的合作伙伴之间的接口

该类接口主要存在于旅游企业与其商务合作、业务往来的商务伙伴之间,如航空公司、汽车公司等,目标系统将与这些企业之间发生数据交换。这类接口一部分可能是标准化的,例如,企业之间采取 EDI 方式实现票据交换,也有部分接口是不标准的,需要企业与其伙伴之间进行协商确定。

2. 与企业内部既有信息系统的接口

该类接口存在于电子商务系统与企业内部既有的信息系统之间。如旅游电子商务系统与旅行社管理信息系统的整合等。

3. 与交易相关的公共信息基础设施之间的接口

该类接口主要指旅游企业电子交易过程中,介于旅游企业与商务中介和公共信息环境,如认证机构、银行之间的接口。这类接口一般具有标准化的形式,常常由对方提供标准,旅游企业需要满足相关标准的要求,同时对于接口的数据交换时序、流程等也有标准的规范要求。

4. 其他接口

主要是旅游企业与政府或者其他机构之间的接口，如税务部门、海关部门等。

9.4　旅游电子商务系统的实现

了解和分析国内外部分知名旅游电子商务系统的实现情况将有助于我们构建新的适合于国情、省情和企业具体商情的旅游电子商务系统。

9.4.1　全球知名旅游电子商务网站 Expedia

Expedia 提供了强大的预订功能，可以自行设计自己的旅游行程，提供了丰富的旅游线路和旅游节事活动供旅客选择(图 9.14)。系统具体的功能结构可以从网站地图中窥得一斑(图 9.15)。

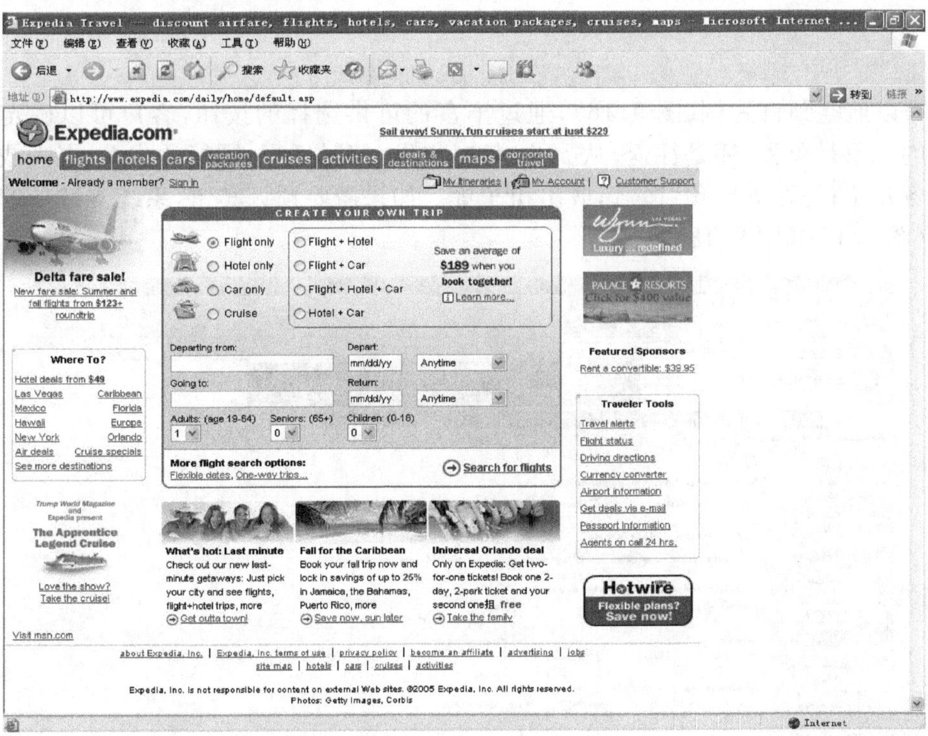

图 9.14　全球知名旅游网站 Expedia 主页

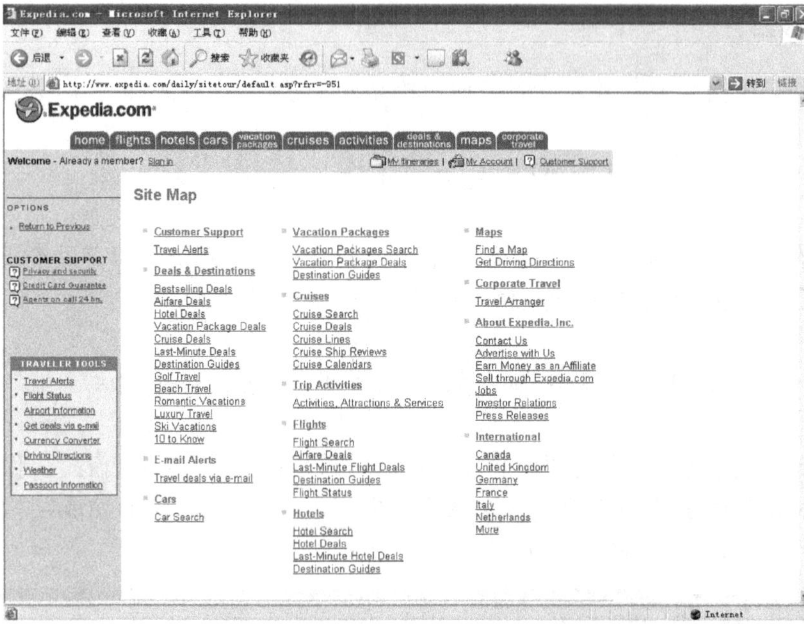

图 9.15　Expedia 的网站地图

以航空预订为例(图 9.16),通过丰富的可供选择的按钮,客户可以确定预订的机票是单程,还是往返;从哪儿、何时出发,何时返程;同行的成人、老人或小孩各几位;是否需要预订宾馆或出租车等。如果需要预订宾馆,系统支持新的预订(图 9.17 和图 9.18)。

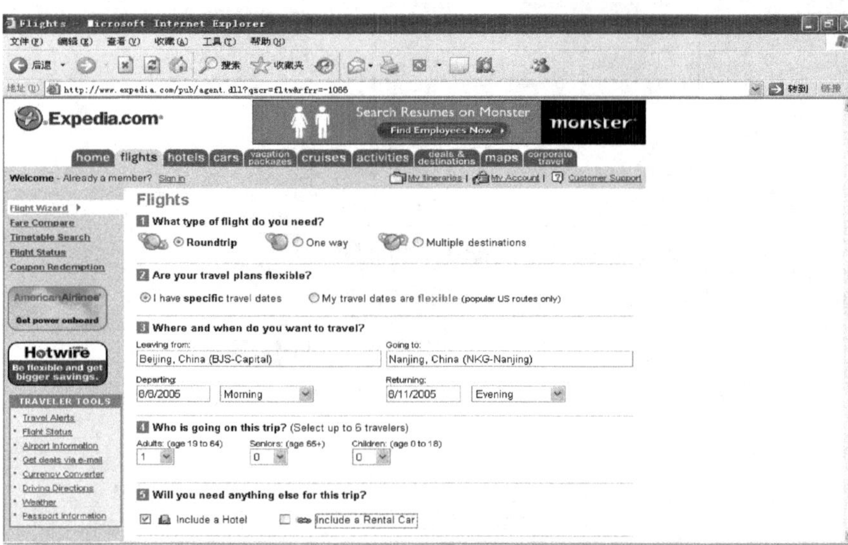

图 9.16　Expedia 航空预订页面

图 9.17　Expedia 宾馆预订页面

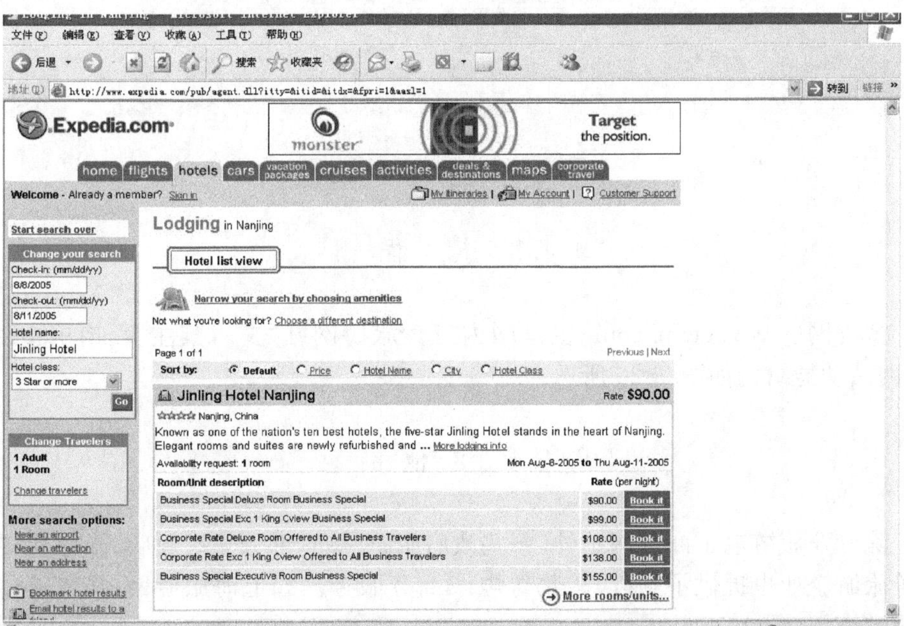

图 9.18　Expedia 宾馆预订结果显示页面

9.4.2　e 龙旅行网

e 龙旅行网站(www.elong.com)是国内三大旅游网站之一(图 9.19),系统除了具备上述的预订功能外,还提供了旅游物品网上购物打折等服务(图 9.20 和图 9.21)。

图 9.19　e 龙旅行网主页

9.4.3　携　程　网

携程网(www.ctrip.com)也是国内三大旅游网站之一,其主页如图 9.22 所示,网站功能结构如图 9.23 所示。

9.4.4　其 他 网 站

除专业旅游电子商务网站外,一些政府旅游网站,部分宾馆饭店、旅行社、目的地等旅游企业也提供了预订、购物等电子商务服务。如上海旅游网(图 9.24)、虚拟旅游商厦(图 9.25)。

网站地图 站内导航 site map － e龙旅行网 － Microsoft Internet Explorer
文件(F) 编辑(E) 查看(V) 收藏(A) 工具(T) 帮助(H)
后退 搜索 收藏夹
地址(D) http://www.elong.com/sitemap.html
转到 链接
e龙 eLong.com Travel 旅行网
电话预订：800-810-1010 或 (010)64329999
乐享完美旅程
首页 酒店 机票 度假 打折商户 社区 目的地指南 旅行工具 积分广场 English
登录 注册
网站地图 | 我的e龙 | 持卡注册 | 客户服务 | 联名卡
e龙 网站地图 eLong.com Site Map
酒店
中国酒店预订/查询
北京酒店预订/查询
上海酒店预订/查询
广州酒店预订/查询
南京酒店预订/查询
杭州酒店预订/查询
青岛酒店预订/查询
大连酒店预订/查询
国际酒店预订/查询
机票
航班/机票 查询/预订
国内航班特价机票预订
国际航班特价机票预订
机票预订客户服务
全球机场接送服务
度假 | 旅游线路查询
北京出发中国国内旅游线路
北京出发三亚旅游度假线路
北京出发云南旅游度假线路
北京出发广西旅游度假线路
北京出发出境旅游度假线路
上海出发中国旅游度假线路
上海出发三亚旅游度假线路
上海出发云南旅游度假线路
上海出发江南旅游度假线路
上海出发出境旅游度假线路
杭州出发三亚旅游度假线路
杭州出发云南旅游度假线路
杭州出发江南旅游度假线路
杭州出发东南亚旅游度假线路
目的地指南 | 景点查询
北京 上海 广州 成都 西安
重庆 三亚 厦门 苏州 大连
九寨沟 峨眉山 西藏 新疆
丽江 桂林 拉萨 黄果树 青岛
旅游新闻 风景图片
社区
旅人手记－游记.攻略.
摄影乐园－图片.摄影交流.
美食报告
驴行活动
旅行工具
天气预报
电子地图服务
全国列车时刻查询
出境旅行帮助－签证中心
出境旅行帮助－汇率换算
打折商户
北京打折商户
上海打折商户
广州打折商户
深圳打折商户
南京打折商户
武汉打折商户
成都打折商户
杭州打折商户
最新打折商户活动
申请成为e龙打折商户
会员服务
客户服务
会员登陆
新用户注册
持卡注册
e龙邮箱
e龙卡|联名卡|保险卡
关怀计划
e龙出行关怀计划
项目内容
积分奖励计划
积分广场
常见问题Q&A
网站联盟
佣金政策
酒店分销现在加盟
交友网现在加盟
加盟商登陆
代理商
代理商登陆
简介及各地联系人
English
Hotel Booking
Flights Booking
Discount Merchants
Customer Care
交友网
西祠网
关于e龙 | e龙动态 | 投资者关系 | 广告服务 | 招聘 | e龙卡 | 网站联盟 | 代理商 | 关怀计划 | 天气预报 | 邮箱 | 西祠 | 网站律师
酒店预订 | 电子地图 | 列车时刻
Copyright © 1999-2005 eLong, Inc. All Rights Reserved.
Internet

图 9.20　e 龙网站地图

图 9.21　e 龙打折商户页面

图 9.22　携程网主页

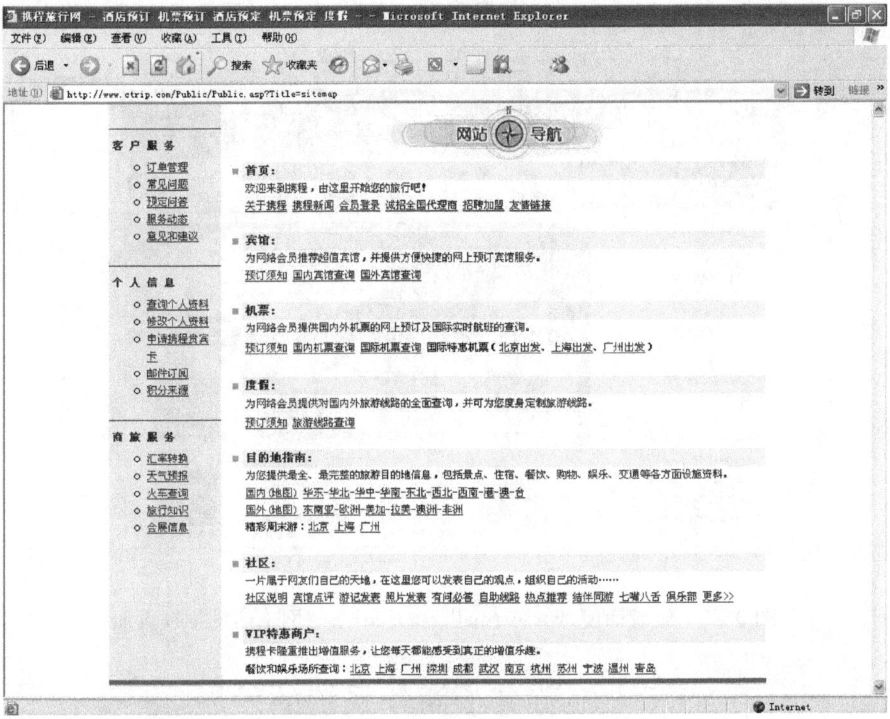

图 9.23　携程网网站地图

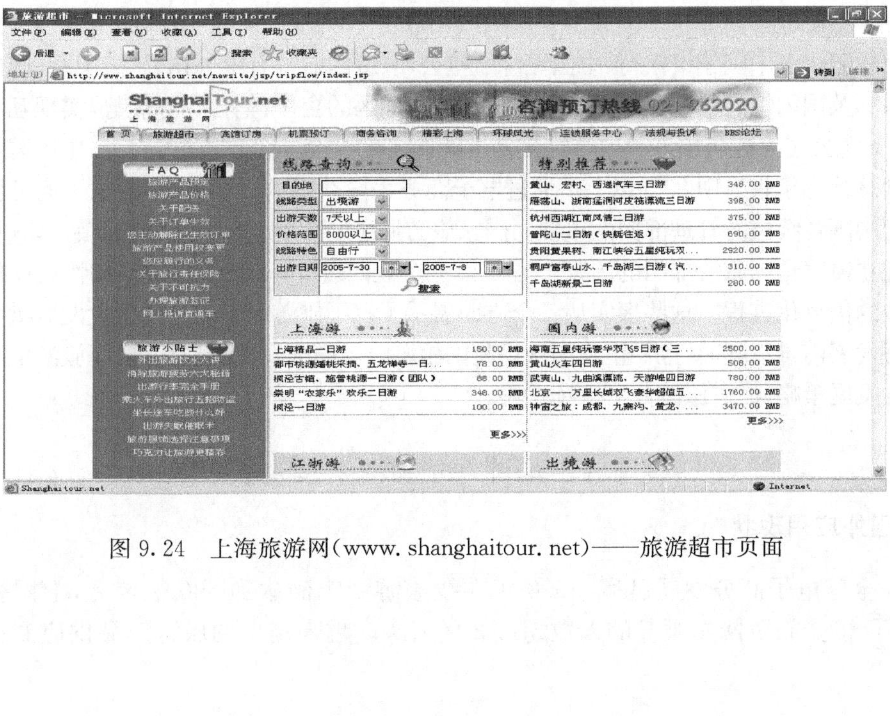

图 9.24　上海旅游网(www.shanghaitour.net)——旅游超市页面

图 9.25　旅游商厦(www.tmall.com.cn)——网上店铺推锁页面

9.5　旅游电子商务系统的发展

我国信息技术的发展和网络用户的快速增长,为旅游电子商务的发展创造了有利条件。旅游电子商务在中国旅游企业中应用取得了明显效果,如中国信用卡饭店网络销售联盟融汇中国建设银行、中国国际航空公司、厦门航空有限公司、旅游卫视、国内各大机场及国内饭店等行业资源,通过跨行业、跨地区的合作,整合资源优势,实现互动多赢。e龙公司仅饭店预订一项每月交易量就达5000万元,一年超过6亿元;中国国际旅行社总社每年收入中80%以上是通过电子商务手段获得的。同时,旅游电子商务已经引起中国各级旅游管理部门的重视。国家旅游局于2001年启动了"金旅工程",其目标为建立覆盖全国旅游部门的国家—省—市—企业四级计算机网络系统,加快我国旅游行业的信息化进程。这些事实从各个方面展示了我国旅游电子商务的巨大发展潜力和美好发展前景。同时,也要正确的认识我国旅游电子商务发展的现状,把握旅游电子商务的发展策略,促进旅游业可持续发展。

9.5.1　旅游电子商务发展现状

1. 国外应用现状

全球电子商务发展迅猛,2000年在线旅游销售额达到630亿美元,上网企业30万,接受旅游网站服务的人数超过2亿人次。越来越多的旅游产品供应商在网上建立自己的主页，尝试网上促销和产品直销。饭店预订、航空服务、汽车租赁、旅游线路等旅游产品大量出现在网上销售，其中机票业务占交易额的绝大部分(80%以上)。此外，订房交易额的增长也非常迅速，使得作为传统旅游交易中介的旅行社业面临生存空间变小的危机。

再看美国旅游市场，2001～2003 年上半年，美国旅游市场的总体收入分别下降了 8%和 4%，而网上旅游市场收入却从 186 亿美元增长到 270 亿美元，增长 45%。旅游电子商务销售渠道由直接供应商的销售向网上代理商的销售转移。一些大的门户网站已认识到旅游市场的价值。目前，全美 10 个访问量最高的网站中的 9 个已经分别与 6 家旅游在线预订网站结盟(表 9.1)。美国的旅游电子商务比较集中地体现在网上机票订购、饭店预订和汽车租赁服务等方面，同时还有各种旅游团、旅游方式的网上推销和预订。

表 9.1　美国主要门户网站月访问量与服务商

网址(www.)	排名	月访问量/人次	旅游服务商
Yahoo. com	1	26 011 000	Travelocity
AOL. com Preview	2	21 868 000	Travel
Microsoft. com	3	18 575 000	Expedia. com
Netscape. com	4	17 625 000	Travelocity
Excite. com	5	14 378 000	Preview Travel
GeoCities. com	6	14 239 000	None
Infoseek. com	7	11 469 000	Expedia. com
Lycos. com	8	10 678 000	Preview Travel
MSN. com	9	10 652 000	Expedia. com
Altavista. com	10	8 878 000	TheTrip. com

2000 年欧洲的旅游电子商务市场销售额为 29 亿美元，2002 年增长到 109 亿美元，增长 276%。根据 CNN 公布的数据，全球旅游电子商务已连续 5 年以 350%以上的速度发展，全球现有约超过 17 万家旅游企业在网上开展旅游服务，享受过旅游网站服务的游客超过 8500 万人次。世界旅游组织发布的一份报告指出，5 年内旅游电子商务将占所有旅游交易的 25%，2～3 年内旅游电子商务将占全部电子商务的一半。

2. 国内应用现状

在我国，旅游电子商务前景尤其被看好，不论是网上企业还是网下企业，纷纷涉足其中。携程旅游网、华夏旅游网、青旅在线等不胜枚举。目前全国已拥有 5000 多家具有一定资讯服务实力的旅游网站，可以提供食、住、行、游、购、娱等方面的网上资讯服务。但是电子商务的应用还主要停留在B2C表层，其他诸如企业管理、资源管理、供应链管理等深层应用，由于我国普遍低下的企业管理水平、政策环境、网络化程度不高等因素而未能有效实施。仅仅是建立了面向消费者的网上营业场所，大量的后台支持工作仍需要采取传统方式进行，被称为“亚电子商务”。这在旅游电子商务系统的实际操作过程中带来了效率低下、实时性差、运作成本高等一系列问题。大部分网络旅游公司对网下旅游产品资源的整合显得力不从心。在很大程度上，基于有效资源整合的个性化旅游产品提供也未实现。

1) 旅游网站建设初见成效

旅游网站是旅游电子商务系统的窗口。信息技术的发展和网络用户的快速增长，为旅游电子商务的发展创造了条件。截至2005年6月30日，我国上网用户人数为10 300万，全国已有11 753多个政府部门建立了网站，上网企业达到34.6万多家，网站数量达到44.9万个。2005年8月15日，用Google搜索旅游网页和网站3250万个，其中中文旅游网页和网站3120万个，旅游已经成为网上的热点主题，旅游景点的介绍、多媒体演示、旅游路线推荐等都吸引了不少网民的关注。此外，专业旅游网站也在逐渐增多，如华夏旅游网、中国旅游资讯网、携程旅行网等都是比较有代表性的专业网站。

目前国内的旅游网站大体上可分为四大类：①门户网站下设的旅游频道，如新浪、搜狐、网易等的旅游频道都涉及了旅游咨询信息的服务内容，对一些旅游景点、线路、知识等方面作简单介绍；②旅游企业自建的网站，如北京昆仑饭店、广州白天鹅宾馆、国旅总社等，设计的网页图文并茂，表现手段灵活、成本低廉，而且与访问者可以进行双向信息交流，这类网站基本具有自我宣传和发布信息的功能，但还不能提供全面的旅游服务；③专业旅游网站，如携程旅行网等，它们一般有风险投资的背景，能够以良好的个性服务和强大的交互功能迅速抢占网上的旅游市场份额，形成自己的经营特色和经营理念；④政府背景类ASP(应用服务供应商)网站，以国家“金旅工程”公共商务网——金旅雅途网为代表，它们自身不经营旅游业务，而是要构建一座“旅游电子商厦”，为旅游企业提供电子商务平台，以全面解决企业上网营销、管理的问题。

2) 旅游电子商务给饭店发展带来新的契机

饭店业已从卖方市场转变为买方市场，饭店等级结构及分布的不合理使得众多饭店卷入了降价的风潮，电子商务的出现为饭店的经营带来了新的思路。现阶段饭店运用电子商务的方式有：饭店内部管理网络化，饭店建立自己的网站，与专业旅游网站合作等。从总体来看，大多数饭店不仅拥有自己的域名和网站，直接接待旅游者的预订，而且还和一些专业网站建立合作关系，多渠道拓宽销售网络。而一些中小型饭店，采用挂靠专业旅游网站的方式比较多。绿色通道旅游服务网与全国各大城市的近 400 家饭店签订了合同或协议，凡通过绿色通道网进行预订的客人可得到相关饭店的 4～7 折优惠，通过这种方式饭店扩大了影响和销售。

3）旅行社业“社网合一”成为趋势

旅行社开展电子商务是一种必然趋势。发展电子商务可以提高旅行社的管理效率，加强旅行社业务流程的规范性，形成规模效益。散客市场日趋旺盛，也要求旅行社找到解决散客与组团矛盾的高效途径。随着中国加入 WTO，国外的旅行社和旅游电子商务公司都将进入中国旅游市场，面对这种挑战，中国的旅行社不得不开始重视发展电子商务，由传统旅行社变为适应电子商务时代的信息化旅行社，借助电子商务增加自己的竞争优势，应对日益激烈的竞争。

在旅游电子商务发展趋势下，大的旅行社集团迅速采取积极的跟进措施，纷纷建立自己的电子商务系统，开展电子商务活动，拓展市场，分得电子商务第一杯羹。一些中小旅行社也积极寻求电子商务新形势下的生存策略，利用门户网站和加入专业网站等方式，开始了网络经营之路。“社网合一”已经成为目前我国旅行社业积极应对电子商务发展的策略。中国国际旅行社总社与广东信息产业服务有限公司共同组建华夏旅游网，并与 Tom. com 公司共同搭建 Itravel 公司，整合亚太旅游市场。在中国国际旅行社总社 1999 年 1.7 亿美元的总收入中有 80%是通过电子商务的形式实现的。中国青年旅行社控股股份有限公司投资 2.9 亿元构建旅游电子商务经营体系，意欲成为一个大型的综合性的旅游批发商，完成旅游与高科技在更高层次上的融合。上海春秋国旅的预订网络既可以实现预订，还能够进行计算机内部网络传输，实现企业的集团化管理。

4）旅游目的地电子商务依附目的地营销系统，在国家的推动下迅速发展

旅游目的地是旅游业发展的重要支撑，信息技术的发展使得目的地在整个旅游产业中的战略地位更加突出，旅游目的地营销受到国内外旅游业的广泛重视，国内各旅游热点地区正在加快目的地营销系统的建设步伐，以推动旅游业的进一步发展。旅游目的地营销系统（DMS）是由政府牵头、企业参与，充分整合各旅游企业的信息资源及资金优势，借助电子网络手段，以树立旅游目的地整体形象为目的的网络营销系统。实现目的地旅游电子商务和旅游企业信息化是 DMS 的重要目标。凭借着国家大力推广旅游目的地营销系统建设，旅游目的地电子商务发展势头迅猛。

5）旅游吸引物电子商务发展参差不齐，因地而异

旅游吸引物经营不同，应用电子商务的程度各异。主题公园、海滩和度假胜地

不仅将信息放到互联网上，而且通过预订系统和全球分销系统销售产品，并且将信息技术运用到内部经营管理中。而一些中小规模的旅游吸引物经营商应用电子商务的规模则相对有限。

9.5.2 我国旅游电子商务发展面临的问题

1. 旅游电子商务发展的宏观条件薄弱，政府应积极主导

1) 电子商务发展的基本条件尚不成熟

电子商务发展一般应该具备以下 3 个基本条件：

(1) 拥有实现网络化、电子数字化的基础设施和设备。从国家的整体网络来看，要形成互联网的骨干网，也就是通常所说的信息高速公路。从电子消费者的角度来说，用户需要具备必要的信息处理设备、手段和知识，旅游电子商务才能形成足够大的市场容量。

(2) 具备运行电子商务的必要支撑条件，如安全认证、信息全过程加密、电子支付手段、物流体系、服务保障体系以及政策和法律环境等。

(3) 需求与供应链的形成。电子商务与实体经济一样，在运转的过程中必须存在一个明确的经济链条，其中包括产品和服务的供方、产品和服务的需方、中间服务供应商的共同参与。

目前，我国电子商务发展的基本条件还很不成熟，如网络基础设施薄弱，相关法律法规不完善，网上交易存在安全隐患，物流配送服务体系不够完善，社会化信息体系不够健全，电子商务人才缺乏等，这些从根本上制约着旅游电子商务的发展。

2) 应采取政府主导的积极对策

(1) 大力加强网络等基础设施的建设，积极参与国际对话，建立有利于电子商务发展的协议和规则。电子商务是世界经济全球化和科技发展的必然产物，在技术上已初步具备实施条件，只要主要贸易大国认可，银行愿意承兑电子付款，海关接受电子提单，法院承认电子签署合同，电子商务就会像 20 世纪 70 年代集装箱贸易的兴起一样，发展成为 21 世纪的主要贸易方式。在美国的推动下，国际组织和发达国家政府相继发表电子商务文件，而且从多边贸易自由化发展的趋势来看，不久将会有这方面的国际协议和规则出台。面对世界经济和贸易发展过程中出现的新问题，不能一味采取消极观望的防守态度，而应认真研究我国发展电子商务的对策，积极参与电子商务问题的国际谈判，提出有利于我国的“游戏规则”。我们应该从提高我国电子商务国际竞争力的需要出发，尽早做好技术和立法方面的工作，利用国内已有的优势，与国际接轨，并带动其他产业的发展。

(2) 加强电子商务安全技术的研究，提高电子商务的安全性和可靠性。电子商务的发展需要解决安全性和可靠性问题。病毒的感染、黑客的侵袭更使人们对计算机的安全性，特别是网络上电子商务运行的安全性产生怀疑。这种情况对电子商务的推行造成了极为不利的影响，使公众在电子商务前裹足不前。因担心安全问题而不愿使用旅游电子商务，已成为旅游电子商务发展中最大的障碍。相关部门应组织精干的安全技术研究队伍，集中力量尽快解决电子商务的安全技术问题，包括密码技术、防火墙技术、认证技术、留痕技术等，并能够随着计算机和电子商务技术的发展而不断改进这些技术。为保证网络交易的安全，应着手建立相应的国家级的安全控制中心系统。这一系统应包括国际出入口(信息海关)监控、电子交易证书授权、密钥管理、安全产品评测认证、病毒检测和防治、系统攻击与反攻击等分中心。通过各种安全控制分中心的协调作用，将电子商务交易风险降低到最小限度。

(3) 建立健全相关的法律及信息共享制度，保护电子商务的健康发展。为了在世界范围内实行电子商务，必须制订一套完整的、普遍适用的电子商务准则。这涉及电子商务合同、单证、公证签名的认证以及争端解决规则等一系列制度的改革。目前联合国贸易法委员会已制订了一套有关电子商务的法律范本，为电子商务的发展奠定了法律基础。这对保证旅游电子商务契约行为实现，树立旅游电子商务的市场信誉和完善网上交易纠纷的解决方式与手段具有重要意义。同时，要建立强大的信息中介和服务体系，实现信息资源的市场化利用，推进共享通用的公共数据库建设，为旅游等相关信息的共享和实时更新提供保证。

(4) 加强电子商务方面的人才培养。电子商务是现代化信息与商务的有机结合，需要大量的掌握现代信息技术和现代商贸理论与实务的复合型人才。政府应充分利用各种途径和手段培养、引进并合理使用好一批素质较高、层次合理、专业配套的网络、计算机及经营管理等方面的专业人才，以加快我国电子商务建设步伐。可以在市场营销、企业管理、国际贸易、贸易经济等现有专业中开设电子商务专门化方向，或开设电子商务专业，培养高素质的复合型人才，以适应社会的需要。

2. 旅游电子商务自身先天不足，迫切需要加强建设

1) 旅游网站建设有待完善，个性化定制服务薄弱

我国的旅游网站建设虽然取得了一定的成绩，出现了大量、多样化的旅游网站，但是还存在不少问题。一方面，重复建设现象比较多，宣传力度小，形象不突出，效益不高。另一方面，从各级政府到各旅游企业建立的网站，大多数内容简单，图像单一，信息发布不完整，更新不及时，对消费者缺乏回访的吸引力，顾客忠诚度低。

旅游网站多以信息公布和搜索为主，服务项目少，大多为订房、订票，很少涉及

旅游路线的设计，自助旅游安排等项目。对实现供需双方网上信息即时交换和网上交易实现等方面存在较大欠缺，不能满足消费者个性化的旅游需求，不能真正行使电子商务的作用。

旅游网站的建设应该注意：①旅游网站名称应易记、易查，方便快捷；②设计精致、界面优美，能够吸引用户注意力；③提供尽可能完善的服务信息和相关信息，不仅数量巨大，而且准确性和时效性强，组织得非常好；④要提供个性化服务，要能够根据不同的需求动态地、相对准确地提供比较全面的参考信息组合，实现旅游产品的自主性和多样性；⑤网站信息和服务的提供要有针对性，适应市场细分和不同的客源地；⑥网站建好以后，要制定宣传策略，树立品牌意识，选择合作的战略伙伴，提高服务的信誉度和美誉度。

2）网上支付、网下配送能力弱，网站经营业务的合法性还存在问题

国内很多配套的体系还不完善，作为一个网络公司不可能把所有的事情都做完。既提供网上服务，又要做好配送，还要落实网上业务，做起来是比较辛苦的。此时如果把自己看成旅行社的时候，就会发现提供机票也好，饭店也好，旅行团也好，与传统旅行社、传统的饭店预订中心、机票销售公司没有太大的差别。旅游电子商务必须提供更好的服务、更好的产品给旅游者，才能获得市场承认。经营合法性的问题始终没有得到解决。旅游网络公司或虚拟旅游企业还不算是一个旅行社，不能直接从事旅游业务，在法律和税务上如何管理。相关的旅游业务完全通过网络营销渠道实现“一站式”服务似乎不太现实，只有通过合作、连锁体系来完成。目前，旅游电子商务的支出比较大，赢利比较少，这也是现在所有网站所面临的问题。

制约我国旅游业电子商务发展缓慢的另一个重要因素就是网络支付的技术手段尚不成熟。国外电子商务发展得好，与信用卡使用的普及和全国网络化是密不可分的。如果中国信用卡使用不普及，支付手段迟迟不被社会接受，对网上电子商务发展会起很大的阻碍作用，这是绝对不能忽视的。要在中国旅游业中完全实现主要交易电子化，就必须尽快解决网上结算的问题。借鉴发达国家的经验，普及信用卡、电子现金、电子支票等电子支付方式，使网上付款变得安全、方便、快捷、高效。

3）传统观念制约，旅游电子商务尚未深入人心

从企业角度讲，电子商务目前还没有被广大旅游企业所完全接受。网上促销，网上预订，尤其是网上结算，在我国众多旅游企业来说还是件比较陌生的事，许多企业对上网促销的宣传和营销效果缺少认识和体验。即使已经参与电子商务的企业，它们在实际工作中所作的准备和相应的调整也不够完善，体现在计算机网络配

备、员工上岗培训、标准化业务流程建立等各个方面应对不足，不能适应电子商务的特点。

从消费者角度讲，传统的购物方式已在头脑中根深蒂固，成为一种习惯。人们在短时间内不可能适应面对虚拟旅游产品使用虚拟的电子货币、电子机票进行的电子商务模式。企业和消费者双方观念的滞后，制约了我国旅游电子商务的发展。

9.5.3　我国旅游企业电子商务发展的对策

1. 饭店电子商务

旅游业各分支行业中，饭店业是应用电子商务技术相对较早和较多的行业。目前大多数星级饭店都应用了管理信息系统，对饭店的前台、后台业务进行信息化管理。随着电子商务技术的迅猛发展，越来越多的饭店寻求转向互联网，为自己的饭店设计个性化的主页，把饭店的特色服务和特色产品主动地推向消费者，开展网上预订、网上营销，从而创造更好的销售机会和效益。

对于旅游饭店来说，由于饭店自身所处产业价值链位置、行业市场竞争地位、经济能力及人力资源等因素的不同，对电子商务的应用需求、投资能力及应用能力也各不相同。大型的饭店集团一般拥有独立开发的电子商务系统，而中小型饭店不具备自主建设开发电子商务系统的能力，一般是向专业的电子商务服务商购买产品或者服务。因此，饭店在应用电子商务的过程中，应根据企业自身的实际情况，确定自身合理的电子商务战略，建设有特色的、个性化的旅游电子商务。

1）网络服务与传统服务相结合

作为一种新的业务探索模式，旅游电子商务不是简单地建立网站进行宣传，而是传统旅游业务在虚拟时空中的补充，其定位应满足旅游市场的发展要求，顺应旅游战略创新的趋势。由于网络不能解决集体团队旅游服务的个性与共性问题，网络也无法达到传统服务模式所达到的一些要求，因此，网络与传统服务两者应相互辅助，优势互补，共同发展，只有这样，才能降低饭店经营成本，提高市场竞争力。

2）满足个性化需求

实践证明，营销者只有满足顾客的个性化需求，才能在现有的市场上更好地生存和发展。伴随着知识经济的发展，知识型消费者越来越多，而且将逐渐成为引导社会消费潮流的主要力量。知识型消费者的需要和欲望层次较高，自主性和参与性较强，变化也很快，他们不仅要求产品和服务不断创新，还对国际消费时尚和外来的消费文化很感兴趣。因此，旅游饭店电子商务的设计必须以强大的专业资源为基础，以市场为中心，以满足顾客的要求为宗旨，增加产品的知识含量和技术含量，适应旅游需求个性化的发展趋势。

3）树立网络管理的新理念

旅游电子商务在饭店的应用，不仅给饭店业带来一系列优势，同时也给饭店经营管理带来新的挑战。面对全球市场的客户，饭店应改变传统管理方法，树立网络管理新观念，实现硬管理和软管理相结合，并逐步过渡到软管理。硬管理指机构、组织、计划、控制等技术性、经济性管理，软管理是指通过企业文化激发员工的荣誉感、责任感和成就感，以达到员工自我管理、自我控制、自我激励的目的。日常管理中要弱化过程控制，将绩效评估作为对员工考核的重要手段，给员工以更大的时间弹性和空间自由，强化个性化管理，放松经济性强制管理，充分发挥员工的积极性和创造性。

2. 旅行社电子商务

早在1997年年底，美国就有56%的旅行社接受互联网或加入商业性网络服务。在上网的旅行社中，有42%在网上建立了自己的主页，占旅行社总量的25%。这表明，信息技术已不可阻挡地介入旅行社管理和营销。就我国而言，互联网为我国旅行社提供了一个良好的市场营销手段。一方面，可以通过互联网向网络程度普及率较高的国家和地区有力地推销我国的旅游形象和旅游产品；另一方面，国际旅行社可以通过互联网进行个体营销。中国国际旅行总社已走出第一步，其他的旅行社或旅游代理商也纷纷在国际互联网上建立自己的主页。旅行社作为中间服务商，主要职能是提供咨询服务、票务代理、设计和推销旅游产品。随着信息技术的发展，互联网的不断普及，旅游信息的流转不再受时间和空间的限制。旅游供应商和最终的旅游消费者之间能够建立起更加直接的关系，出现了许多专业的旅游电子商务网和电子旅行社，这些新型旅游中间商的产生和发展给传统的旅行社带来一定的冲击和影响。

1）电子商务对旅行社的影响和冲击

(1) 弱化了旅行社代理职能，减少了旅行社的代理佣金。旅行社的传统经济来源中，很大一部分是代理航空公司、饭店和汽车租赁公司的产品销售所获得的佣金收入。旅游电子商务的出现，使得旅游企业可以通过预订的形式在网上直接销售旅游产品，节省了由旅行社向旅游者推销和出售自己的产品而支付的佣金。在旅游业中，航空公司和饭店是应用电子商务比较早的行业，技术也相对比较成熟，他们意识到电子商务直销能够节约开支，降低产品成本，为使产品更具有竞争力，旅游企业纷纷建立自己的网站，在网上与旅游者直接进行对话式交易。在美国，1995年以来航空公司数次减少支付给旅行社的佣金，佣金的提取方式也由原来的按机票面额比例提成变为每张机票固定支付 10 美元。我国云南丽都饭店通过旅行社订房，每次花费 6～8 美元，而通过互联网，饭店每天都可以收到数百份预订请求，进行预订的花费几乎为零。佣金的减少使得部分旅行社的收入支柱遭到动摇，一些主要依靠佣金生存的旅行社数量正在迅速下降。

(2) 弱化了旅行社提供信息的职能，旅行社的旅游咨询业务将会受到网上信息检索的替代。为旅游者提供信息咨询也是旅行社的重要职能之一。因为通常旅游者和旅游地的时空差距较大，旅游者除了借助旅行社所掌握的信息外，没有更好的途径来获取有关旅游地的信息。但是互联网的出现改变了这种状况，网上的信息具体丰富而且有声有色，图文并茂，旅游者只需要输入几个关键词进行网上信息检索就可以得到详细的信息资料，并且获得直观的感受。同时，由于信息技术的双向性，旅游者可以通过电子邮件等形式及时与旅游企业联系，提出自己的要求，从而得到满意的答复。旅游电子商务使旅游企业和潜在旅游者直接通过网络这个中介完成交易，避免了复杂的中间环节，增加了信息的准确性和及时性，节约交易费用，达到旅游企业和旅游者的双赢。根据美国旅游业协会的统计，2000 年有超过 5900 万的美国人使用互联网获取目的地的旅游信息或者检索旅游产品价格，这一数字在过去的 3 年内增长了 4 倍。在这些人中，有 2500 万人确实从网上订购了旅游产品和服务，比 1997 年增长了 382%。

(3) 旅行社设计、组合并且销售旅游产品的地位受到了挑战。旅行社掌握了旅游市场上各种旅游产品要素的信息，它批量采购旅游产品要素，经过设计和组合后再以零售的方式销售给旅游者。依靠着掌握信息的优势，旅行社确立了“旅游业龙头”的地位。互联网的出现打破了旅行社这种传统的地位，网络信息资源都是共享的，旅游者可以自由去查询所需要的旅游信息，自己组合旅游产品，不必受到旅行社产品组合的限制。

2) 旅行社电子商务的发展策略

为了应对旅游电子商务给旅行社发展带来的挑战和压力，旅行社必须及时在发展策略上做出相应的调整，以适应新的发展环境。

(1) 开展旅游电子商务，现实经营与网络虚拟经营有机结合。首先在观念上不要把旅游电子商务与传统旅行社业务对立起来。应该认识到网络不过是一种介质，电子商务是一种降低产品成本，减少销售环节，提高服务质量的方法，它对于传统旅游而言并非是一种颠覆，而是一种崭新的信息手段与传统旅游业的融合、渗透的过程，网络将以它独有的优势慢慢改变旅游行业。旅行社应主动利用电子商务的优势，改变经营观念，主动利用互联网宣传自己的产品，开展网上营销。大的旅行社集团可以开发建设自己的电子商务系统，中小旅行社不必投资建设复杂的电子商务网站和系统，关键是选择最适宜而有效的策略。例如，借助电子邮件、电子商务软件与旅游者和旅游供应商之间进行及时的信息沟通和交流，借助专业的旅游电子商务平台，实现网上销售，网上拼团等。

其次，在线路的设计上，旅行社可以与旅游者实现互动，让旅游者自己设计喜爱的路线。旅行社可以根据这些潜在的需求，提供多样化的路线，制定不同的价格，迎合个性化旅游活动的主流。例如，中青旅于 2000 年 6 月开通“青旅在线”旅游电子商务网站（www. CYTSonline. com），较好地实现了传统产业与电子商务的整合，找到了一个比较现实的电子商务模式。

(2) 由单纯中间商变为特色旅游的开发商。如前所述，旅行社提供信息的职能将会逐渐被取代，旅行社要生存、发展，就要在特色旅游的开发上动脑筋，开发出一系列新奇、富有特色的旅游产品，以拓展旅行社的生存空间。例如，千方百计增加产品类型，满足旅游者个性的需要，争夺散客市场，包括为散客提供各种非综合性的有偿服务（导游服务、交通集散地接送服务、代办签证、代办交通票据和文娱票据、代客联系参观游览项目、代办旅游保险等）。把过去组装在一起出售的产品拆散销售，以方便散客的选择和购买，最大限度地满足旅游者个性方面的需要。同时，将代理服务看成是吸引客户的手段，而非赢利的支柱。

例如，新之旅国际有限公司开发推出的“量体裁衣”服务，根据客户要求，结合行程特色，利用新之旅全球 175 个城市的服务网络，为客户“度身订做”，提供有关签证、机票、饭店、接送、导游等一系列配套服务。虽然人们可以通过网络预订客房，预订交通，但个性化的、整套的一条龙服务只有旅行社才可以提供。旅行社应该由以前的代理销售票务为中心转变为以提供咨询、协助消费为中心，引导旅游者提高消费水平，提供高质量的旅游建议。

(3) 加强人性化、专业化的咨询服务及其他专业服务。旅行社的人性化服务永远是旅游电子商务的空缺，旅行社可以继续发挥情感服务这一先天优势。旅行社的旅游服务实质上就是一种与人际交往及文化氛围相关的情境服务，而这恰恰是电子商务服务中的先天缺憾。因此旅行社应大力开展情感服务，让情感服务贯穿旅游的咨询服务、促销服务、销售服务、导游服务以及对旅客的售后服务，让旅游者真正体验到宾至如归的感受。同时，旅行社要向专业化方向发展，为旅游者提供专业咨询服务，重新树立自己“行业专家”的形象。目前，国外的一些旅行社已将旅游咨询作为一种收费项目。旅行社的优势在于他们有丰富的经验，能为旅游者的旅游决策提供可行性的建议，由于这些咨询服务的价值原本是不包括在供应商提供的产品价格中的，因而收取服务费标志着旅行社专业咨询服务的商品化，变成了可供选择的无形商品之一。

(4) 建立旅行社网络联合体，实现网络化经营。根据我国“大型旅行社集团化，小型旅行社网络化”的发展趋势，不仅大型旅行社可以拥有电子商务系统，一些中小旅行社也可以加入旅行社网络联合体，共享电子商务系统，共同提供各种旅游服务，开展联合营销，共同应对日益激烈的市场竞争。

3. 旅游吸引物经营电子商务

旅游吸引物的范围很广，它们通常包括可供观赏的风景，可以参与的活动，可以追忆的经历。旅游吸引物的提供者往往是旅游景区景点、度假村、旅游区等，这些机构构成了旅游业非常重要的方面。由于旅游吸引物具有空间上的不可转移性，因此它的商业运作的成功非常依赖于信息的有效传播。在电子商务环境下，互联网就成为宣传旅游吸引物的有效工具。电子商务能够将旅游吸引物相关信息高效直观地传递给潜在旅游者，旅游者可以充分了解旅游地或者旅游活动的详细情况，感兴趣的旅游者还可以在网络上体验“虚拟旅游”，与经营者之间进行信息的交流和互动。同时，电子商务为旅游吸引物的销售提供了低成本、高效率的分销渠道。

旅游吸引物经营电子商务的实施包括以下几点策略：

1）旅游吸引物电子商务网站的设计要具有吸引力

旅游吸引物电子商务网站和主页的设计应图文并茂，生动，有吸引力，切忌简单的堆砌产品，过于直白和简单的商业目的往往会引起访问者的反感。设计者应当以用户的眼光来看网站，以确定网站采用什么样的设计、包含哪些内容。旅游吸引物网站可以通过引人入胜的信息内容和有趣的活动来吸引访问者，还可以开展各种网上活动，发放赠券或者提供一些特殊的优惠来吸引旅游者。

2）开展网上广告，推广旅游吸引物电子商务网站

旅游吸引物电子商务网站建成之后要在一些大型的门户网站上推出广告，以告知并吸引潜在的旅游者。互联网广告必须与整个广告策略相结合，通过不同的广告媒介宣传旅游吸引物的同一形象主题。同时互联网广告可以发挥自身的宣传优势，更加的个性化，与旅游者展开互动等。

3）利用信息技术创新或者改造旅游吸引物的建设和经营

在旅游吸引物的经营中应该融入信息技术，实现信息化的经营管理。旅游者的品位不断提高，要求旅游吸引物的建设中融入大量的尖端信息技术，这不仅能够为旅游者提供方便，也代表了旅游吸引物建设的发展方向。例如，电子导游、触摸屏等，通过这些可视、有声的电子媒体，旅游者可以随时查询景区地图和自己所处的方位，也可以实现交互式查询。

除了以上策略之外，旅游吸引物经营者还应该积极推行电子票务，避免旅游者到了目的地却要排队购票的麻烦，从而树立旅游吸引物经营者方便、高效、优质服务的良好形象。

思　考　题

1. 什么是旅游电子商务系统？它有哪些功能？
2. 旅游电子商务的模式有哪些？你认为哪种模式的商务前景最好？为什么？
3. 请结合第 3 章内容，谈谈旅游电子商务环境下，饭店管理信息系统如何更好的发挥作用？
4. 电子商务给旅行社带来哪些挑战？旅行社应该如何应对？
5. 搜集相关资料，分析国内旅游电子商务发展面临的法律问题。
6. 尝试设计一套评价旅游电子商务网站优劣的指标体系。
7. 如何在一个虚拟的数字博物馆网站上实现电子交易的功能？
8. 设计在旅游电子商务网站上实现个人旅游计划制订、自动生成和优化的解决方案。
9. 如何理解旅游产业与电子商务具有天然适应性？

第10章　旅游电子政务系统

电子政务(e-governance)兴起于20世纪90年代。1998年,美国政府先后出台"政府纸张消除法案"和"重塑政府计划",要求各部门呈交的表格必须使用电子方式,在5年内实现无纸化工作,联邦政府的所有工作和服务都将以信息网络为基础。到目前为止,美国的政府网站建设已相当完善和成熟,建立了超过2500个州政府互联网站。英国的电子政务建设提出,到2008年要全面实现信息化和数字化的"直接政府"。

中国电子政务起步要晚一些。1999年1月22日,由中国电信和国家经贸委经济信息中心联合40多个部、委、办、局的信息主管部门共同倡议发起的政府上网工程宣布正式启动,其目标是在2000年实现80%以上的部委和各级政府部门上网。2002年8月国家信息化领导小组发布了"关于我国电子政务建设指导意见",我国各级政府围绕着"两网(政务内网和政务外网)一站(政府门户网站)、四库(人口、法人单位、空间地理和自然资源、宏观经济等4个基础数据库)、十二金(办公业务资源系统等十二个业务系统)"的发展重点,有序地展开电子政务建设。从目前的情况来看,全国各地无论是政府机构,还是社会公众对电子政务的关注程度更高了,对它的认识更深入了,要求发展电子政务的热情也比过去更为高涨。

10.1　旅游电子政务系统概述

10.1.1　电子政务的概念

关于电子政务的定义,目前有多种多样的提法,如政府办公自动化、电子政府、政府信息化、数字政府等。这些提法从不同的角度揭示了电子政务的概念与特征。在中国"十五"科技攻关计划中,对电子政务的定义包括两个方面的内容:一是内部网络化办公,实现内部信息共享、内部资源整合和内部决策支持;二是对外提供公共服务,只要是当前政府应该做的事情,电子政务都应该涵盖,如网上工商、网上税务、网上社保等。可见,电子政务的实质是政府利用信息技术,更好地履行政府职能,提高政府办公效率,提高政府决策的透明度,加强廉政建设和监督,更有效的实现政府管理,更好地为社会和公众提供服务。简单地说,电子政务就是利用信息技术和网络技术,突破时空限制,创新政府职能,优化政府办公模式,以更好地为公众服务,从而实现政府与公众之间的协调关系。

10.1.2 电子政务的发展阶段

电子政务的发展也经历了由起步到功能不断完善的 4 个阶段(图 10.1)。

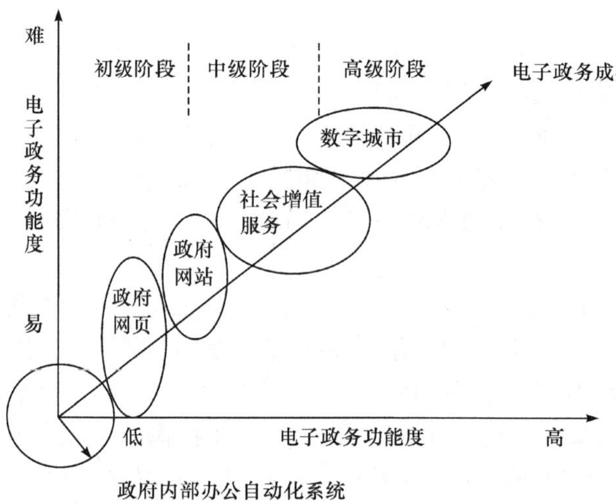

图 10.1 电子政务的发展阶段

1. 起步阶段——政府内部办公自动化系统

从严格意义上讲,办公自动化系统与电子政务有着本质的区别。但是从电子政务的整个发展过程来看,建立成熟、完善的政府内部办公自动化系统是必不可少的。办公自动化系统是电子政务发展的基础,它使电子政务具备了基本的信息网络基础设施条件,同时也使电子政务的业务应用具备了基本的人力资源基础。

2. 初级阶段——发布政府网页、建立政府网站

在这个阶段政府机构通过网站发布与政府有关的各种静态信息,如法规、指南、手册、组织机构、联络方法等,同时还向用户提供某种形式的服务,如用户可以从网站下载政府制定的表格等。

3. 中级阶段——通过电子政务网站从事各种互动业务以及提供政府信息服务、网络采购等各种增值业务

一个典型的例子是,用户可以在网上取得报税表并在网上填报,然后,从网上将报税表发送至国税局;而政府也可以根据需要,随时就某个非政治性的议题(如公共工程项目)在网上征求居民的意见,使居民参与政府的公共管理和决策。

4. 高级阶段——社会信息化的基本完成与数字城市的实现

在这个阶段，数字鸿沟已经基本消除，网络成为人们日常生活的重要组成部分，政府可数字化的内容完全通过网络进行，人们真正做到了足不出户即可完成与政府管理有关的各种业务内容。在由电子政务、电子商务和社区信息化所组成的(数字城市)信息化社会中，电子政务只是其中的辅助部分。电子商务和社区信息化成为网络社会的主流，电子政务成为服务于网络社会的手段。仍然援引电子税务的例子，国税局在网上收到企业或居民的报税表并审阅后，可以向报税人寄回退税支票，或者在网上完成划账，将企业或居民的退税所得直接汇入企业或居民的账户，这样，居民或企业在网上就完成了整个报税过程的事务处理。

10.1.3 旅游电子政务的模式

参照一般电子政务系统模式，完整的旅游电子政务系统应当是下述四类模式的有机结合：

1. 政府部门内部的电子政务(E2E)

政府部门内部的电子政务就是通常所说的政府部门办公自动化。通常包括：电子政策法规、电子公文流转、电子财务管理、电子办公、电子培训和公务员业绩评估。

2. 政府之间的电子政务(G2G)

政府之间的电子政务是上下级政府、不同地方政府、不同政府部门之间的电子政务，通过计算机网络实现信息共享和实时通信。主要包括：电子公文流转、电子财务管理、电子统计。

3. 政府与旅游企业之间的电子政务(G2B)

政府与旅游企业之间的电子政务实质上是政府向旅游企事业单位提供的各种公共服务。包括：电子采购与招标、电子证照办理、信息咨询服务和中小旅游企业服务。

4. 政府与公众之间的电子政务(G2C)

政府与公众之间的电子政务是指政府通过电子网络系统为公众提供的各种服务。包括：旅游教育培训服务、旅游就业服务、旅游投诉服务、公众信息服务、电子证件服务等。

10.1.4　旅游电子政务系统建设的意义

发展旅游电子政务是实现旅游政府部门的核心价值观向“以公民为中心”、“以需求为导向”转变的重要体现，对推进政务公开、廉政、透明、高效和信息共享等具有重要意义。

公开、廉政：通过网络，将旅游管理部门的机构、职能、工作流程及旅游政策、法规等信息传递给公众，做到政务公开；提升公众及网络的监督机制，促进政府廉政建设。

透明、高效：信息传递不受时间、空间的制约，提高了政府工作效率；信息透明度的增强，使社会公众对政府的监督更加容易，更加全面。

信息共享：通过政府部门之间，政府与企业、公众之间交互式的信息传递，达到真正意义上的共享。

10.2　旅游电子政务系统业务分析

旅游电子政务系统业务内容非常广泛，从服务对象来看，旅游电子政务系统的业务分析可以分为政府部门内部、政府之间、政府对企业、政府对公众 4 个部分。

10.2.1　政府部门内部的旅游电子政务业务

1. 公文收发业务

主要完成收文和发文所涉及的一系列操作，如公文上报、登记、转发、领导审核、承办单位办理、归档、文字复审、领导签发、文书印发等。

2. 文档管理业务

文档管理系统是政府部门内部电子政务系统的重要组成部分。它收录了各级单位下发的多种文件及本单位发布的文件。文档管理要及时、准确，能够重复引用，并支持全文搜索和查询功能。

3. 人事管理业务

管理政府部门内部人事档案，为人事招聘、培训和管理提供依据。

4. 公共信息业务

公共信息系统完成上报信息收集、采编、网上发布等工作，由电子公告牌、电子论坛、电子刊物、电子留言板和通信录服务等子系统组成。

5. 会议管理业务

会议管理系统提供建立会议议题库功能，便于会议起草部门方便地查询、组织会议议题，确保议题尽快得到处理；提供领导审核会议议题的功能；提供会议安排、通知、纪要编辑功能；可以对归档库中的内容按指定的方式进行查询和统计。

6. 领导日程安排业务

领导日程安排系统的主要目的是辅助安排领导的活动日程表，并通过计算机网络供本单位内部人员进行查询，以便安排本部门的相应工作。

7. 个人办公室业务

包括收发电子邮件、查看事务、安排日程等。

10.2.2 政府间的旅游电子政务业务

政府间的电子政务是指上下级政府、不同地方政府、不同政府旅游管理部门之间的电子政务。政府间的电子政务主要包括以下内容：

1. 旅游电子法规政策

它对所有政府部门和工作人员提供相关的现行有效的各项旅游法规、规章、行政命令和政策规范，使所有政府机关和工作人员真正做到有法可依、有法必依。

2. 电子公文业务

在保证信息安全的前提下，在政府上下级部门之间传送有关的政府公文，如报告、请示、批复、公告、通知、通报等，使旅游政务信息在各级政府部门之间和政府内部快捷地流转，提高政府公文处理速度。

3. 电子财政管理业务

它向各级国家权力机关、审计部门和相关机构提供分级、分部门的每年政府财政预算及其执行情况，包括从明细到汇总的财政收入、开支、拨款数据以及相关的文字说明和图表，便于有关领导和部门及时掌握和监控财政状况。

4. 电子培训业务

为政府工作人员提供各种综合性和专业性的网络教育课程，加强对员工与信息技术有关的专业培训，员工可以通过网络随时随地注册参加培训、接受培训、参加考试等。

5. 业绩评价业务

按照设定的任务目标、工作标准和完成情况，对各级旅游管理部门业绩进行科学的测量和评估。

10.2.3 政府对旅游企业的电子政务业务

政府对旅游企业的电子政务是指政府通过电子网络系统进行电子采购与招标，精简管理业务流程，快捷迅速地为旅游企业提供各种信息服务。政府对旅游企业的电子政务主要包括以下内容：

1. 信息咨询服务

政府将拥有的各种数据库信息对企业开放，方便企业利用，如法律、法规、规章和政策数据库、政府经济白皮书、国际贸易统计资料等信息。

2. 电子证照办理业务

旅游企业通过互联网申请办理各种证件和执照，缩短办证周期，减轻企业负担，如企业营业执照的申请、受理、审核、发放、年检，登记项目变更、核销，执照审批事项的办理。

3. 电子采购与招标业务

通过网络公布政府采购与招标信息，为旅游企业特别是中小旅游企业参与政府采购提供必要的帮助。向它们提供政府采购的有关政策和程序，降低企业的交易成本，节约政府采购支出。

4. 中小旅游企业电子服务

政府利用宏观管理优势和集合优势，为提高中小旅游企业竞争力和知名度提供各种帮助，包括为中小旅游企业提供统一的政府网站入口，帮助中小企业同电子商务供应商争取有利的电子商务应用解决方案等。

10.2.4 政府对公众的旅游电子政务业务

政府对公众的电子政务是指政府通过网络系统为公众提供的各种服务。主要包括以下内容：

1. 旅游教育培训服务

建立教育平台，为旅游教育机构提供教育资源，提供信息技术能力的教育和培训，适应信息时代的要求。

2. 就业服务

通过互联网向公众提供工作机会和旅游就业培训，促进就业。如网上人才市场或劳动市场，提供相关的工作职位缺口和求职信息；为求职者提供相关的就业培训、就业形势分析、就业方向指导等服务。

3. 公众信息服务

使公众能够方便、容易地连入政府政策、法规、规章和信息数据库；接受、处理公众的投诉，并通过网络查询投诉处理情况；通过在线评论和意见反馈了解公众对政府工作的意见，改进政府工作等。

10.3 旅游电子政务系统需求分析

10.3.1 数据需求分析

由于旅游电子政务是与办公自动化紧密相连的，这里仅以电子政务中公文收发处理为例，分析其数据需求。

公文处理是指公文的起草、审批、收发、管理、整理立卷、归档等一系列相互关联，衔接有序的工作。公文处理可以分为发文处理和收文处理。

1. 发文处理的流程与数据需求

(1) 业务负责人参照发文类公文模板，起草发文；

(2) 起草好的发文交主管负责人审核，审核后交起草人，由起草人根据审核意见进行修改后重新交主管审核，此过程可能反复多次；

(3) 主管领导审核后，交文秘处进行审查，检查行文方式是否妥当，是否符合行文规则和拟制公文的有关要求，公文格式是否符合规定；

(4) 文秘审查通过后，交主管领导签发；

(5) 文秘处复核签发稿，检查审批、签发手续是否完备是否统一、规范等；

(6) 复核无误后返回业务负责人，交收发室；

(7) 收发室对发文进行编号、登记，然后印发，档案室归档；

(8) 归档后的发文可以提供给相关业务人员查看。

发文处理的数据需求和流程如图 10.2 所示。

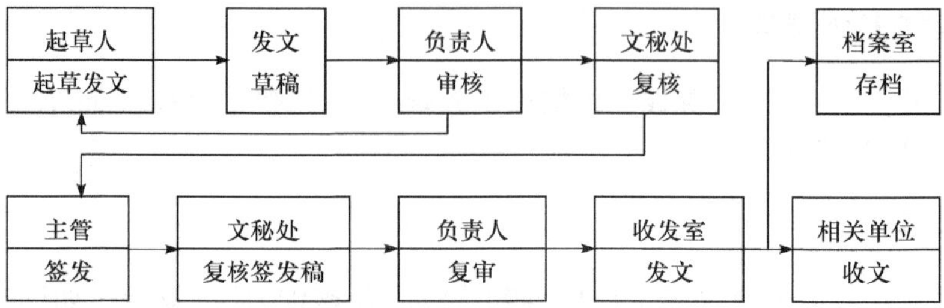

图 10.2　发文处理的数据需求和流程

2. 收文处理流程与数据需求

(1) 收发室收文登记后交秘书处。

(2) 秘书处审核收文内容，确认是否应由本机关办理，是否符合行文规则，内容是否符合国家法律、法规及其他有关规定，涉及其他部门或地区职权的事项是否协商、会签，文种使用、公文格式是否规范。

(3) 秘书处审核符合规定的公文，提出拟办意见，送主管负责人批示后，交有关部门办理，需要两个以上部门办理的事务要明确主办部门。对紧急公文，明确办理时限。

(4) 承办部门收到交办的公文后，紧急公文按时限要求办理，确有困难的，应当及时予以说明。对不属于本单位职权范围或者不宜本单位办理的，应当及时退回交办的文秘部门并说明理由。

(5) 公文办理中遇到有涉及其他部门职权的事项，主办部门应当主动与有关部门协商，如有分歧，主办部门负责人要出面协调，如仍不能取得一致，可以报请上级机关协调或裁定。

(6) 承办部门要将办理结果通报主管负责人。

(7) 送负责人批示或者交有关部门办理的公文，文秘部门负责催办，紧急公文跟踪催办，重要公文重复催办，一般公文定期催办。

收文处理的数据需求和流程如图 10.3 所示。

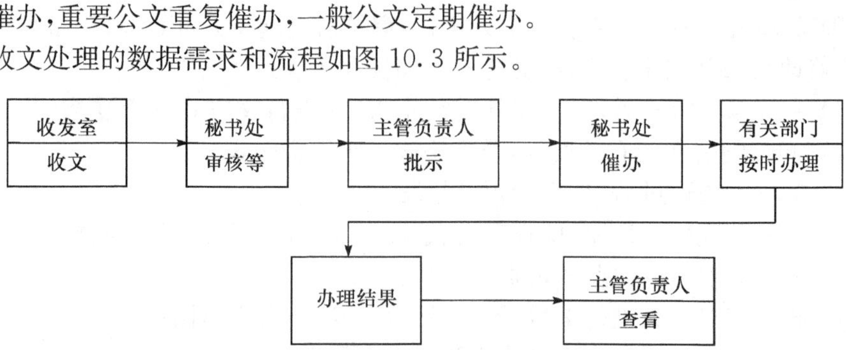

图 10.3　收文处理的数据需求和流程

10.3.2　功能需求分析

旅游电子政务系统的实质是政府利用信息技术更好地履行政府职能，提高办公效率和政府决策的透明度，加强廉政建设和监督机制，更有效和更好地为社会和公众提供服务。从政务内部(图 10.4)和外部(图 10.5)管理的角度来看，旅游电子政务系统应具备以下基本功能：

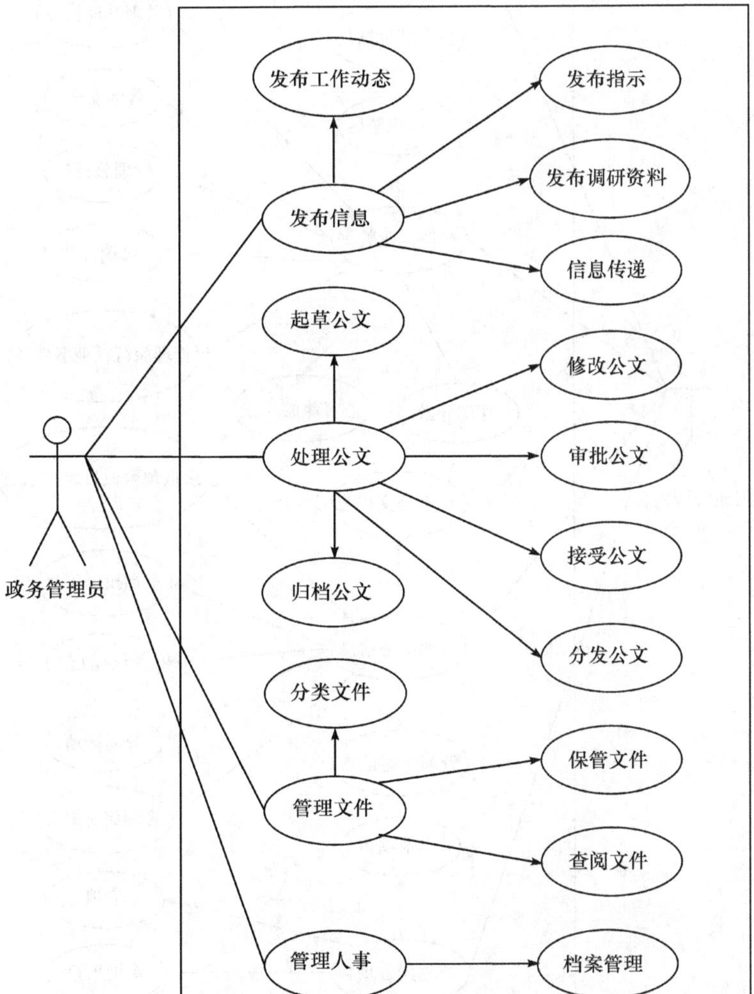

图 10.4　旅游电子政务系统内部管理用例图

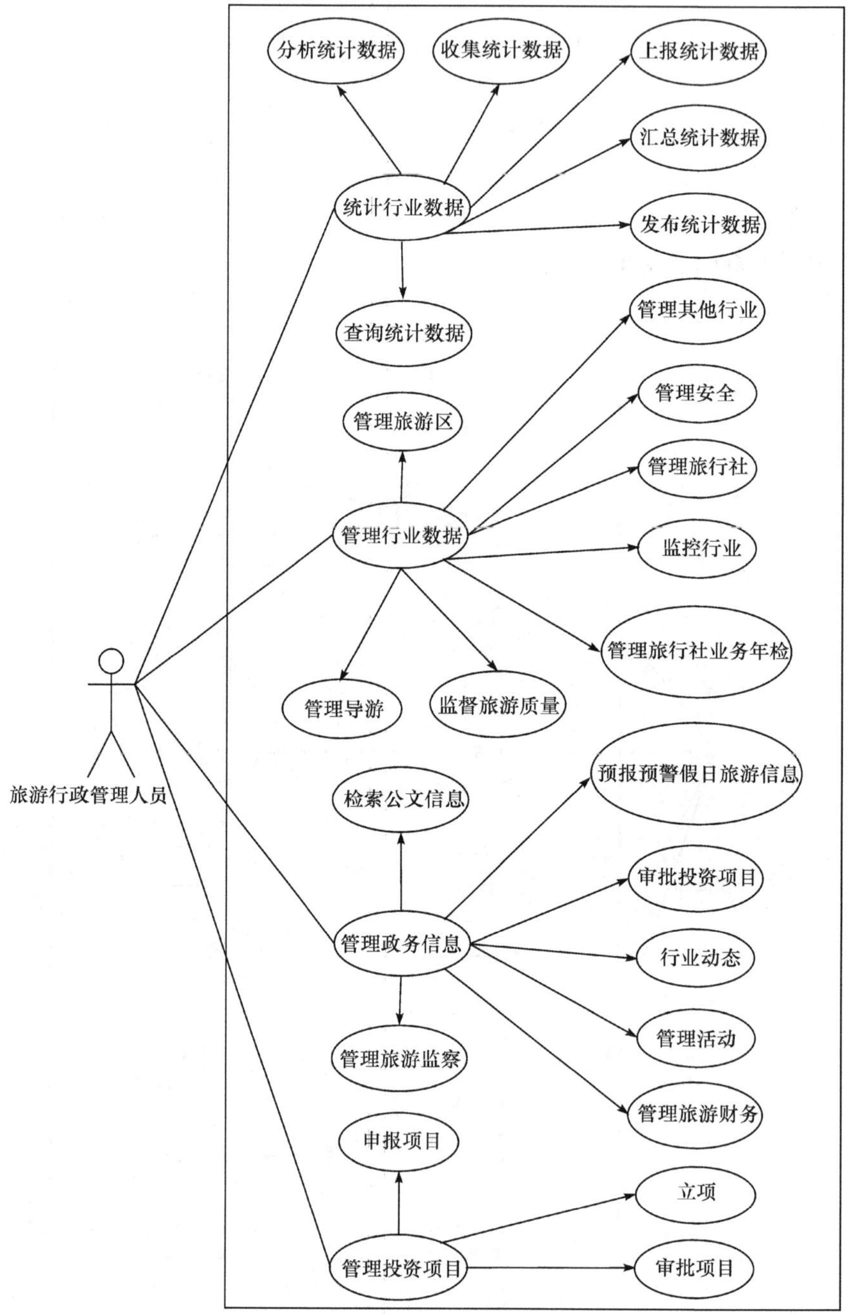

图 10.5　旅游电子政务系统外部管理用例图

1. 网上信息发布

从网上发布公共信息，及时满足公众需求，并能提供一些参考信息，这是电子政务系统应提供的基本功能之一。

2. 部门内部办公自动化

实现政府部门办公自动化是电子政务的基础，但这绝不是简单地将传统的办公模式照搬到网上，而必须对政府业务进行重组。政府部门内部办公自动化实现以后，公文的传输、审核、审批、下传都将在网上进行。

3. 各部门资源共享并协同工作

建立各部门资源共享平台，实现多部门网上联合办公。在企业和居民看来，整个政府是一个高效、便捷的大部门，办事程序统一入口、统一出口，信息资源可以供全社会共享，推动社会和经济的发展。

4. 网上交互式办公

在有安全认证保证的前提下，企业信息申报、注册申请以及旅游者证照办理、行业管理和统计、投资项目管理等相关事宜，都可以在网上进行，这样不仅节约时间、提高效率，并且使政务透明化，有助于政府的高效廉洁。网上交互式办公还包括政府的网上咨询等。

10.4　旅游电子政务系统设计

10.4.1　系统结构设计

根据国家标准管理委员会、国务院信息化工作办公室颁布的《电子政务标准指南》，电子政务的总体框架由网络基础设施层、应用支撑层、应用层和公众服务层组成，信息安全与管理贯穿于各个层面中(图 10.6)。

旅游电子政务系统的总体结构分成 3 个层次，即系统层、统一应用平台层和应用层。其中统一应用平台在旅游电子政务系统总体框架中起着关键的应用支撑框架作用，是旅游电子政务系统中的关键环节。

1. 系统层

系统层由系统硬件平台和系统软件平台组成，其中硬件平台包括网络、服务器和存储平台等，软件平台包括操作系统、数据库和文件目录服务管理等。

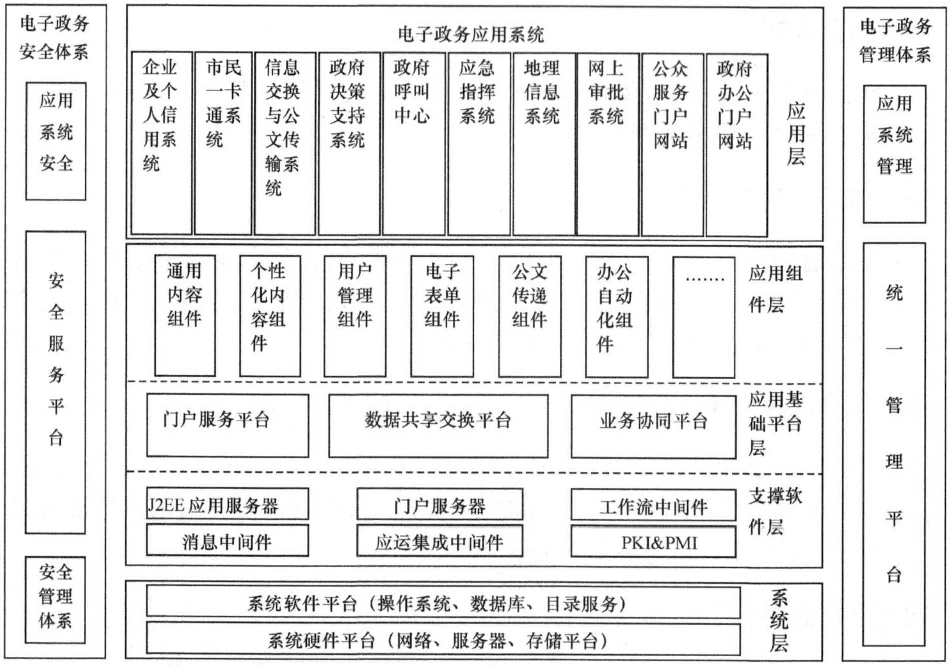

图 10.6　电子政务系统总体框架图(据中国电子政务网：www.e-gov.org.cn)

2. 统一应用平台层

作为系统应用的底层平台，提供应用构建框架和底层通用服务，该平台层又可以细分为 3 个层次。

(1) 支撑软件层：由多种中间件系统组成的支撑层，包括 J2EE 应用服务器、门户服务器、工作流中间件、消息中间件、应用集成中间件等；

(2) 应用基础平台层：以一种或多种中间件为基础，针对应用系统所需的一些底层通用功能进行封装后形成的更加切合旅游电子政务系统需求的软件层；

(3) 应用组件层：是对应用系统的一些特定的共性功能进行抽象后，以软件组件形式提供的应用组件。

3. 应用层

以应用基础组件为基础，向旅游电子政务系统的最终用户提供业务处理功能的各类应用系统。

旅游电子政务系统还需要建立起完备的系统管理维护体系和安全体系，从各方面保证系统的安全性。其中一个重要的环节就是要建立起安全平台，为各种应用提供安全基础服务。

10.4.2　数据库设计

旅游电子政务系统要建立一个集中、分散、异构、可扩充、可集成、有统一数据模型、有多种角度视图的、可交换的和安全可靠的数据库，它将成为旅游管理部门各种业务系统以及与政府部门之间协同工作的数据中心。图 10.7 和图 10.8 是旅游电子政务系统数据库设计中的库表示例。

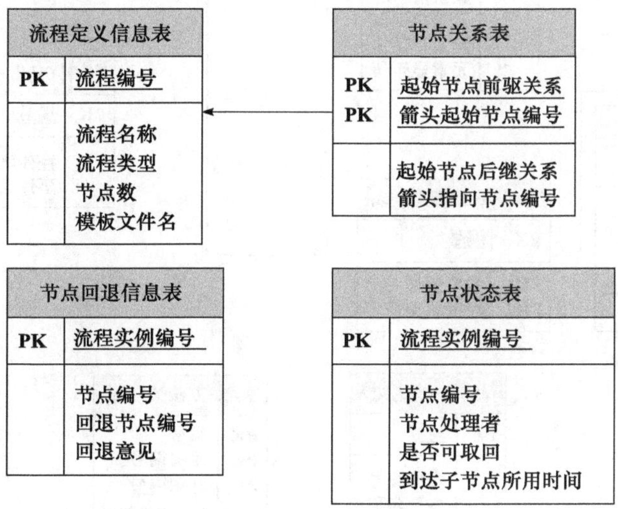

图 10.7　旅游电子政务系统流程管理库表设计

10.4.3　系统功能设计

旅游电子政务系统有内网、外网和业务网之分，三者在功能上有很大差异。

1. 旅游电子政务内网

旅游电子政务内网是电子政务的核心和基础之一，按照我国有关规定和要求，政务内网平台是省级以上政府的办公业务网络，主要为领导决策和指挥提供信息支持和技术服务，并承担公文、应急、值班、邮件、会议等办公业务。政务内网是涉密网，政务内网与外网之间要物理隔离，政务外网与互联网之间要逻辑隔离。

1）旅游电子政务内网平台

内部办公业务网简称“内网”，是政府的内部网络系统，主要用于政府机关内部公文、信息处理和政府系统内部信息传输和共享，包括文件收发、公文管理、会议管

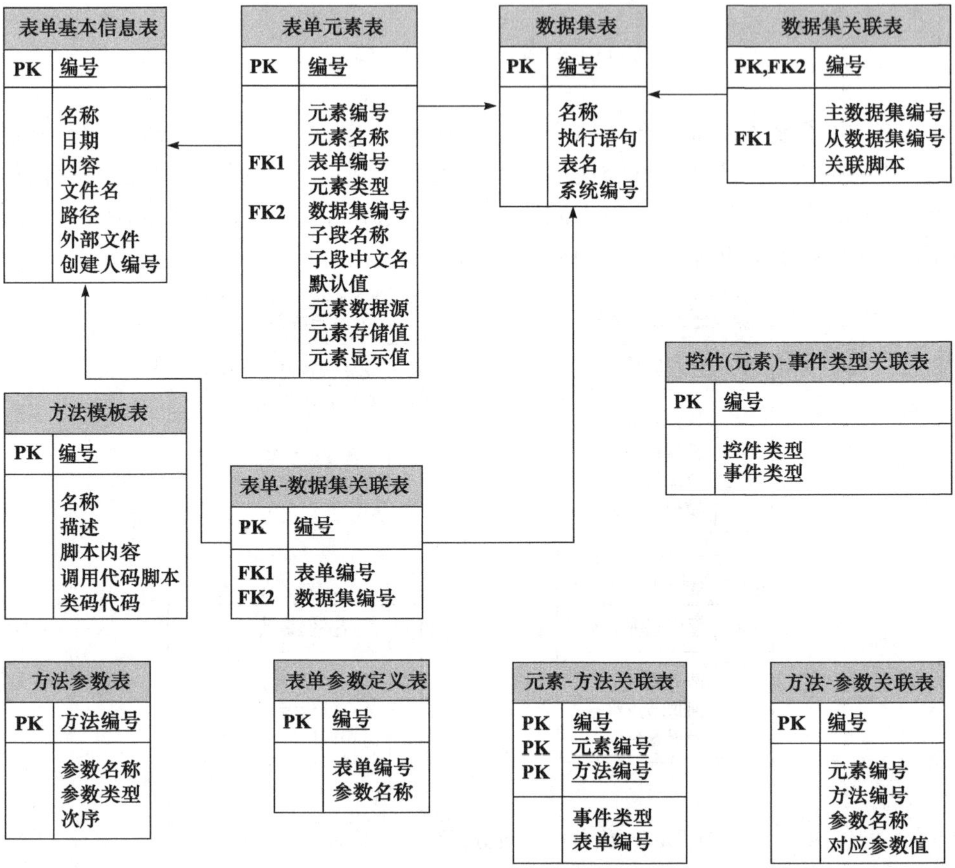

图 10.8　旅游电子政务系统库表设计

理、档案管理、领导日程安排、公共信息服务和多媒体应用系统等。"内网"可以使政府内部活动与管理进入网络运行处理状态，实现政府文件、信息处理的无纸化和办公电子化、自动化、网络化，从而有效提高政府和部门间的信息传递能力、理事反应能力与应急指挥能力。也正是如此，"内网"成为电子政务网络平台结构系统中最关键的部分。需要指出，"内网"具有一定的政府"私密性"及内部性，其构建必须具备高起点、高性能等特点和稳定性、可管理性、安全性等功能。例如，要统一建设专用信息网络及交换平台且要与因特网实现物理隔离，应使用统一的办公自动化系统传送电子文档信息以安全实现互联互通；必须支持集成的多服务器系统与数据均衡负载以提高网络的稳定性；必须运用电子身份认证技术、网络数据库技术和先进的备份、防病毒等手段，建立严格的安全保密管理机制，以真正有效实现政府信息在政府机构内的分级共享。

2) 旅游电子政务内网平台的主要功能

(1) 办公自动化：内部办公自动化系统是信息化建设的基础，主要包括文件、信息、会议、督查、档案、值班、领导批示等办公业务应用，同时实现内部电子邮件的畅通，并与其他单位、部门实现互联互通。从网络的性质来看，办公自动化应定位于内部网；从办公的性质来看，办公自动化应定位于数字化办公；从信息化建设的角度来看，办公自动化应是信息化建设的基础。旅游行业的办公自动化系统要求将旅游机构内部日常管理和旅游业务结合起来，提供充分的资源共享、协作服务以及数据加工，并对数据进行集中管理、分布操作，为面向外部的业务管理系统提供充分的集成能力。图 10.9 是旅游电子政务系统公文流转序列图。

(2) 数字化办公：数字化办公既不同于传统的办公自动化，也不同于管理信息系统的建设，而是要将几乎所有的办公业务都在网络环境下实现。它的构建思路是自上而下的，即首先把整个内部网看成是一个整体，这个整体的对象是网上所有用户，它必须有一个基础，这个基础就是内网平台。内网平台负责所有用户对象的管理，负责所有网络资源的管理、网络资源的分层授权、网络资源的开放和提供常用的网络服务，如邮件、论坛、导航、检索和公告等。在平台的基础上连接各种应用业务如旅行社管理信息系统、饭店管理信息系统等，用户通过统一的浏览器界面入网，网络根据用户的权限提供相应的信息、功能和服务，使用户在网络环境下办公。

(3) 电子邮件：电子邮件仍是目前政务内网平台的主要应用之一。电子政务要求电子邮件系统具有一定的稳定性、可靠性、安全性和可扩展性，同时还要具有高度的可管理性、开放性和标准性，以适应旅游电子政务系统的现实需要和未来发展。

(4) 多媒体应用：政务内网平台中的多媒体应用主要包括视频点播、数据广播(网络电视)、多媒体数据库、网络视频会议等。旅游管理部门可以把培训资料、宣传材料制作成多媒体，存放到多媒体点播系统数据库中，供系统内部员工随时查看，自主学习国家有关法令法规，接受技术培训。

(5) 决策支持应用：电子政务内网的决策支持应用主要是旅游管理部门在业务系统的基础上进行数据分析和挖掘，为领导决策提供服务(图 10.10)。它是一个基于计算机的支持系统，服务于处理半结构化问题的决策制定者。决策支持系统从数据库中找出必要的数据，并利用数学模型的功能，为用户生成所需信息。

2. 旅游电子政务外网

旅游电子政务外网平台就是旅游公众信息网，简称“外网”。它是旅游管理机构面向社会公众开放和提供服务的综合类门户网站，其主要功能是在互联网上发布政府相关部门需公布的信息。“外网”功能多种多样，且图文并茂，具有可视性、可读性、实时性。“外网”实际就是政府的网上对外服务平台和窗口，通过一套完善

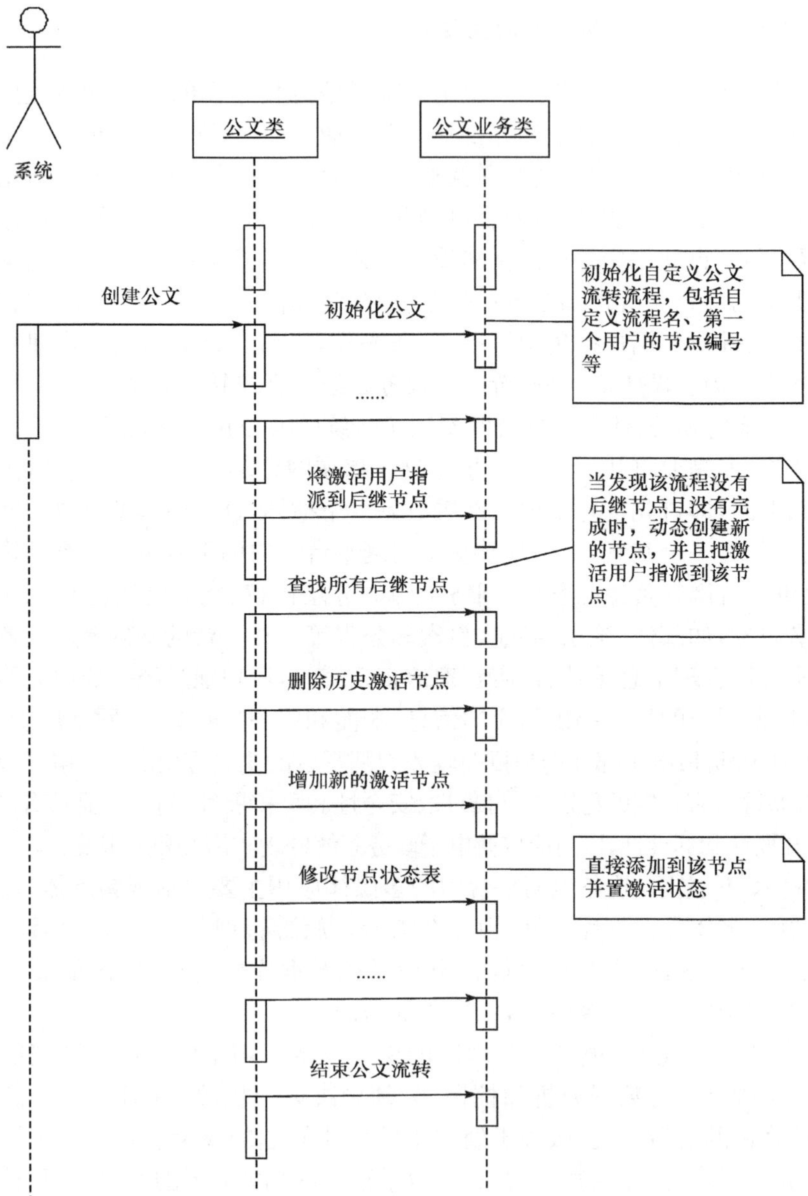

图 10.9　旅游电子政务系统公文流转序列图

规范的信息发布机制，积极地向社会提供大量可公开的旅游信息。它扩大了政府对外宣传渠道，提高了政府工作的透明度，促进了机关政务公开，而且树立了政府网上形象。

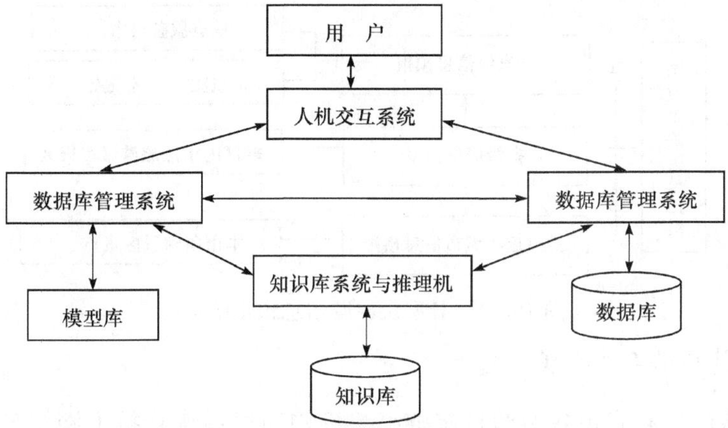

图 10.10　决策支持系统结构图

3. 旅游业务管理系统(即业务网)

旅游业务管理系统的主要目标是建立一个旅游系统内部信息上传下达的渠道和功能完善的业务管理平台,实现各项业务处理的自动化,提高工作效率,使旅游业的行业管理工作上一个台阶。旅游部门的业务过程包括政务信息管理、决策支持、景区景点管理、饭店管理、旅行社管理、客户关系管理等诸多方面。设计时要根据实际的业务情况规划建设业务管理系统,并与办公系统、信息发布系统进行有机的数据整合。旅游业务系统需要发展的重点业务项目见表 10.1。

表 10.1　旅游业务管理系统重点发展业务项目

主要业务系统	重点业务项目
旅游行业统计系统	统计报表数据的收集、上报、汇总、发布、查询、分析
行业管理系统	出国游实时监控子系统、旅行社业务年检管理子系统、旅游质量监督管理信息子系统,导游管理信息子系统、饭店管理信息子系统、旅行社管理信息子系统、旅游区(点)管理信息子系统、其他行业管理子系统(含旅游车船、商务、教育等)、安全管理信息子系统
信息管理系统	公文信息检索系统、假日旅游预报预警系统、市场促销信息子系统、旅游招商引资项目库,行业动态子系统、优秀旅游城市活动信息子系统、旅游财务信息(含报价/外汇管理)子系统、旅游监察管理信息子系统
投资项目管理系统	申报、立项、审批

这里以全国黄金周假日旅游预报系统为例,简要介绍其工作流程和功能设计。旅游信息预报制度在我国建立和实施尚属于起步阶段,一般从黄金周正式开始前的七天开始预报信息。目前,全国已经建立起国家、省(自治区、直辖市)和重点旅游城市及景区分层次的三级统计与预报体系(图 10.11)。

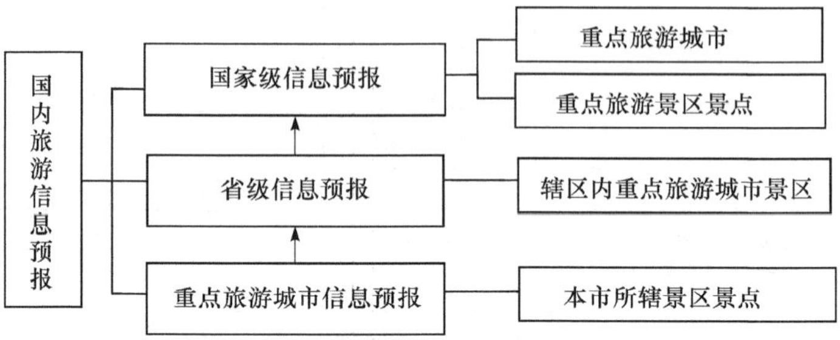

图 10.11　分层次旅游信息预报结构图

1）统计预报工作流程

国家旅游局和省市各级假日旅游组织机构通过系统直接上网实现数据填报、数据传送、网上审核、网上汇总、网上统计分析和网上发布的操作，因此，系统的工作流程可归纳为信息上报、信息汇总统计和信息发布三阶段。

(1) 信息上报：信息从各个信息源通过网上填报传送到相应层次的旅游信息预报子系统；

(2) 信息汇总统计：各层次预报子系统通过对上报信息的访问，依照本层次信息预报目标和内容，进行信息汇总、统计、分析和管理；

(3) 信息发布：网上信息发布是重要、快捷的方式之一，还可以借助电视、报纸、广播等多种媒体发布本层次旅游预报信息。

2）系统功能设计

各层次旅游信息预报系统的功能基本一致，主要包括数据采样、数据收集、网络汇总、统计对比、排序、数据发布等多项功能，实现对旅游相关信息的网上填报、在线动态统计预报与分析(图 10.12)。

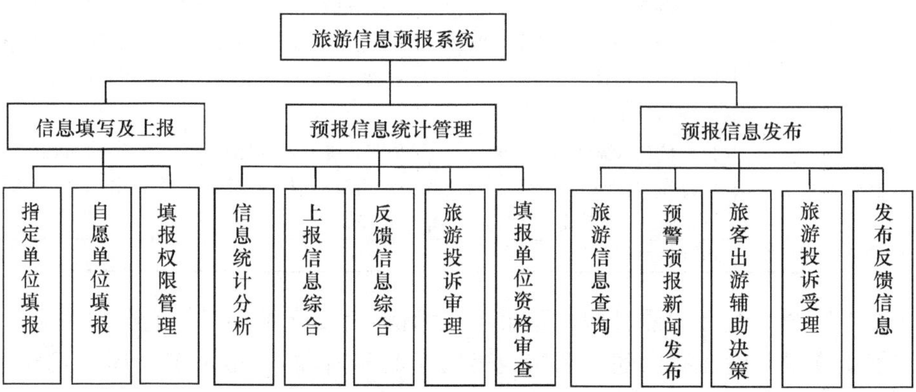

图 10.12　旅游信息预报功能模块

(1) 信息填写及上报:主要包括数据填报权限管理、数据填写、数据上报等功能。数据填报中设置指定填报单位和自愿填报单位。指定填报单位可根据预报信息来源确定,并分配给特定的用户。自愿填报单位需要经过资格审查,多指旅游企业、旅游经营者,以及部分小规模的景区或旅游城市。

(2) 预报信息统计管理:各层次旅游信息预报主管部门通过网络接收本层次需要的数据,进行统计分析,以满足本级层次信息管理和发布的需要,同时为上级管理部门提供经综合过的信息和数据。主要功能包括信息统计分析、上报信息综合、反馈信息综合。此外,还可以包括部分在线用户需求的处理,如旅游投诉案例审理、填报单位资格审查等。

(3) 预报信息发布:主要通过 Internet 发布面向公众的信息,主要功能包括旅游信息查询、预警预报新闻发布、游客出游辅助决策、旅游投诉受理、发布反馈信息等。

10.5　旅游电子政务系统的实现

旅游电子政务系统主要面向旅游管理机构,为下属省、地、市、县、区旅游局服务,以旅游行业管理软件、旅游办公自动化系统和旅游企业应用服务软件为主要内容,是区域旅游资源和资讯的检索中心,是旅游项目招商引资中心,是旅游政策、法规宣传和发布中心,也是旅游行业管理系统软件的操作中心。这里分别以国家旅游局、北京旅游局和上海旅游局为例介绍现阶段旅游电子政务系统实现的主要功能。

10.5.1　国家旅游局政务网

中国旅游网(www. cnta. com)设置了旅游新闻、服务动态、神州风采、旅游企业、宣传交流、法规文献等子系统(图 10.13),此外还设有专门的国家旅游局业务管理网(图 10.14)。

在旅游企业子系统中提供了旅游饭店(图 10.15)、旅行社(图 10.16)、购物场所和定点餐饮(图 10.17)等信息的综合查询和推介功能。

10.5.2　北京旅游信息网

北京旅游信息网(www. bjta. gov. cn)电子政务系统包括旅游局简介、行政许可、政策法规、服务导航、政务公告、信息快递、旅游资料和畅游北京等子系统(图 10.18 和图 10.19)。

图 10.13　中国旅游网网站地图

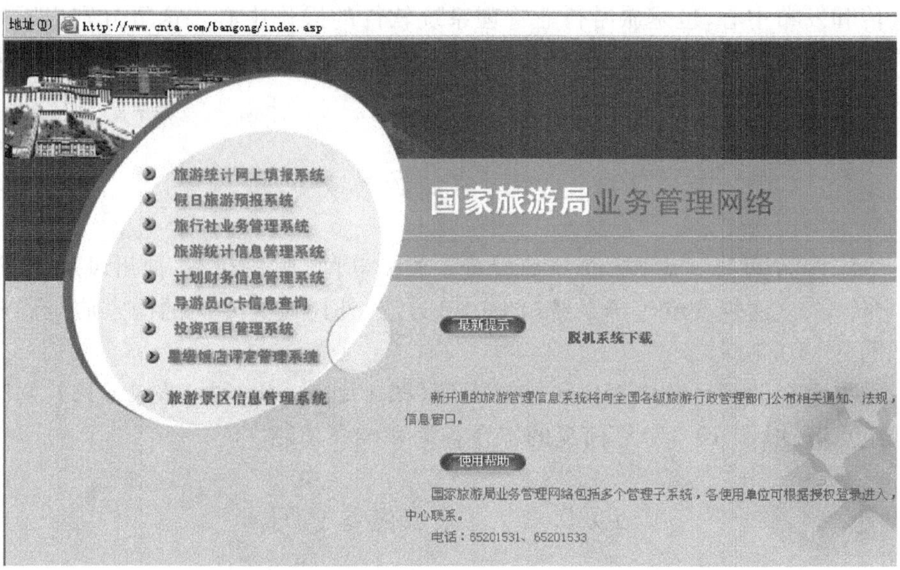

图 10.14　国家旅游局业务管理网主页面

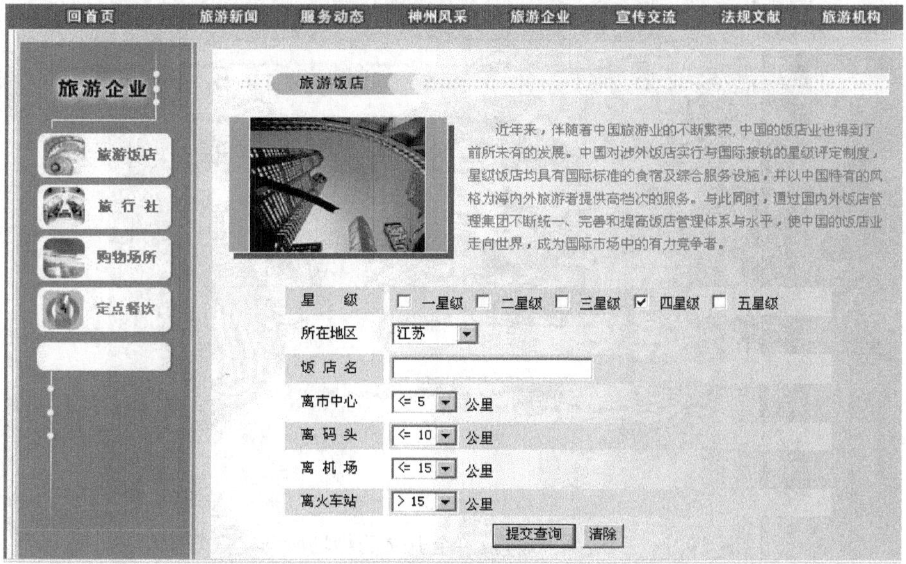

图 10.15　中国旅游网旅游企业之旅游饭店

图 10.16　中国旅游网旅游企业之旅行社

图 10.17　中国旅游网旅游企业之购物场所和定点餐饮

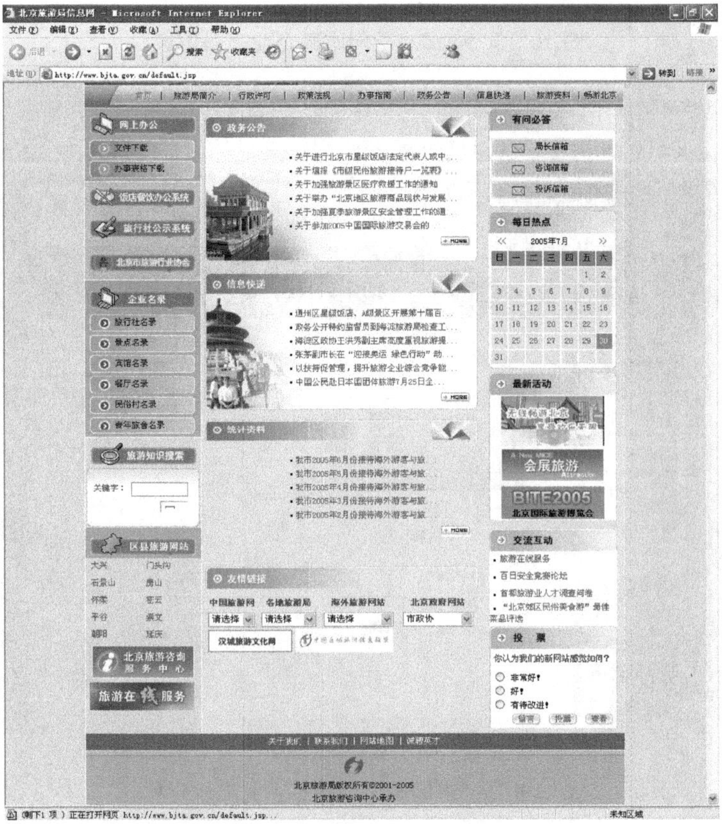

图 10.18　北京旅游网电子政务系统主页

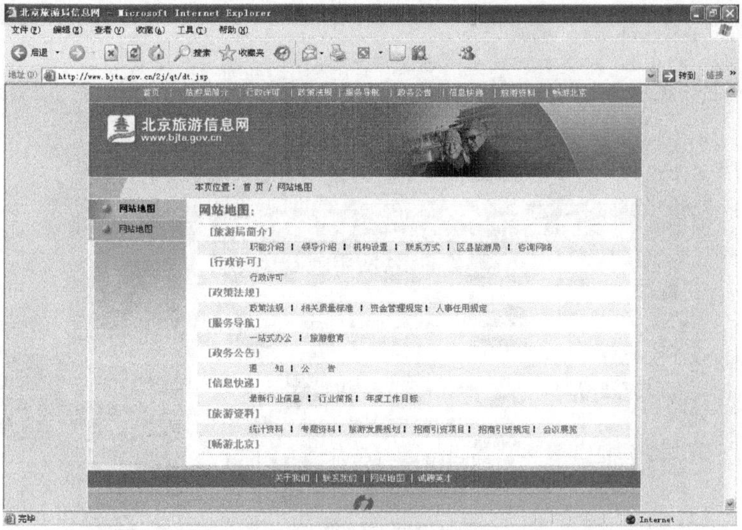

图 10.19　北京旅游信息网电子政务网站地图

10.5.3　上海旅游信息网

上海旅游信息网(lyw. sh. gov. cn)系统包括机构职能、政务公开、政策法规、行业管理、投资招商、节庆会展、网上办事、网上投资和网上咨询等子系统(图 10.20 和图 10.21)。

图 10.20　上海旅游网行业管理页面

图 10.21　上海旅游网电子政务系统主页

10.6　旅游电子政务系统的发展

旅游电子政务是“金旅工程”的核心内容之一。在政府主导下，在“金旅工程”推动下，各省市旅游部门积极开展电子政务建设，已经形成了一定的旅游电子政务建设规模。各地区旅游电子政务网站相继开通，逐渐实现旅游办公网络化、政务信息和行业管理系统化。但我国旅游信息化的整体水平不高，网络尚未完全普及，而且旅游电子政务又涉及政府管理体制和管理模式等问题。因此，旅游电子政务还有待进一步的发展和完善。

10.6.1 旅游电子政务发展存在的问题

1. 旅游信息化基础薄弱

许多旅游政府部门，尤其是一些地方管理部门，办公设备仍然比较陈旧落后，无法满足旅游电子政务信息化的要求。另外，不少旅游政府部门的网络设施基本上处于空白状况，即便已经实现政务上网的部门也仅仅提供简单的页面发布，内容只限于部门介绍、职能简介等，仅仅是起到静态信息发布的作用，缺乏网上办公能力，离网络化管理、自动化办公的目标还有很大差距。

2. 中央政府主导推动，地方政府缺乏积极性

我国旅游电子政务从倡导到推动是由自上而下式被动发展。地方政府往往出于资金、技术、投入等方面的顾虑而缺乏相应的主动性和积极性。发展过程中缺乏长期发展的总体规划，不可避免地出现许多地方和部门电子政务发展的盲目性和短期化效应。电子政务的初期发展依赖于硬件投入，投入的成本过高而实际的经济和社会效益的回报周期过长，这种"高门槛性"更要求各级政府制定合理的电子政务发展规划。

3. 发展不平衡，存在地区差异性

由于各省市的经济条件和信息化水平不同，所以旅游电子政务的发展水平也各有差异。发达地区的旅游电子政务发展比较迅速，已经出现了良性发展的态势，北京、上海和大连等地区由于具有先天的资源、人才和技术优势，基本上过渡到电子政务的成熟阶段，并且已经开始利用网络技术的优势迅速获取信息资源、提供旅游信息服务。而一些经济欠发达地区，由于网络技术普及有限，资金、人才的短缺制约了发展，致使旅游电子政务发展缓慢、停滞不前。

总而言之，我国的旅游电子政务建设还处在初级阶段，虽然有中央政府的大力支持和推动，但是一些省市、地方政府在意识上还没有完全了解和接受旅游电子政务；虽然凭借着"金旅工程"的东风，旅游电子政务有了一定的发展，但是距离办公网络化、政务公开化、决策科学化的目标还有很长的一段路要走。

10.6.2 旅游电子政务系统的发展战略

1. 发挥政府的统一和协调作用

从国外的情况看,无论是中央政府各部门、还是地方政府,在电子政务的发展中均以政府的业务流为主线,逐个实现政府业务流的信息化,从而通过信息化来实现政府的重构。

以政府的业务流为主线就是要根据轻重缓急,将政府职能中的业务流逐渐地计算机化和网络化,既满足政府急需,又有利于政府的职能转变和组织重构。

2. 以公众为中心,强化政府服务理念

信息技术带来的最大影响之一就是缩短了服务提供者与接受者之间的距离。未来的政府更加强调的是民众的政府,各国政府将利用信息技术增强民众对政府政务的参与程度,及时获悉民众所需。以民众需求为导向,把未来的政府建设成以公众为中心的"电子政府"。

公众电子服务是电子政务的核心。电子政务的开展实质上是利用信息技术对传统政府服务方式和内容进行改造和创新,政府信息化的目标是为了更好地给公众和社会提供政府服务。世界各国政府正积极应用互联网为民众提供在线服务,例如,在线预约、线上发证、在线报税、在线缴款、在线申办等。民众将利用浏览器自助上网,获取政府信息及服务。政府也要加大自动化服务设施建设的投入,为民众提供获取政府服务的多元化渠道。

3. 以规范化和标准化的方式发展旅游电子政务

国内外信息化的实践证明,信息化建设必须有标准化的支持,尤其是要发挥标准化的导向作用,以确保技术上的协调一致和整体效能的实现。规范化和标准化是旅游电子政务建设的基础性工作,是与其他电子政务间实现互通互联、信息共享、业务协同的前提。首先是建设的数据标准、技术标准及安全标准应遵循统一的规范;其次是要重视旅游电子政务应用系统的规范化和标准化。另外,要实现旅游电子政务的标准化,关键还在于旅游管理部门的业务过程的规范化,每个政府主管部门都要确定本部门相关业务的标准和规范,共同推进旅游电子政务系统的全面、协调与可持续发展。

思 考 题

1. 结合图 10.1 电子政务发展历程,分析我国电子政务的发展趋势。
2. 比较国内旅游电子政务系统的异同,分析一个完整的旅游电子政务系统应该包括哪些功能模块？

3. 查阅相关资料，分析全国黄金周假日旅游预报系统中旅游信息预报的内容和来源。
4. 我国“金旅工程”中远期目标是否已经实现？其“三网一库”的含义是什么？
5. 应用搜索引擎，查询图10.6中PMI和PKI两个缩写短语的含义，并讨论它们在电子政务系统中的作用。
6. 走访当地旅游局，搜集相关资料，分析全国星级饭店评定管理系统和旅行社业务管理系统的工作流程和功能设计。
7. 结合走访和调研，评价本地区旅游电子政务发展的水平，并分析制约旅游电子政务系统发展和应用的关键因素是什么？
8. 目前我国旅游电子政务建设中存在哪些问题？如何解决这些问题？
9. 试分析旅游电子政务系统的数据需求。
10. 旅游电子政务的实施对于旅游企业有哪些影响？

主要参考文献

保继刚,楚义芳. 1999. 旅游地理学(修订版). 北京:高等教育出版社

曹桂发,傅俏梅,傅肃性等. 1997. 城市交通信息系统的设计研制——以北京市的系统开发为例. 系统工程理论与实践,(1):104~109

查良松. 2002. 旅游管理信息系统. 北京:高等教育出版社

陈锋仪,王莉霞. 2004. 旅行社经营与管理案例分析. 天津:南开大学出版社

陈硕,冯学钢. 2005. 城市旅游信息化建设初探——以杭州市旅游信息化建设为例. 华东经济管理,19(3):8~11

邸德海. 2000. 旅游管理信息系统. 天津:南开大学出版社

高静,肖江南. 2004. 我国旅游目的地营销系统运营存在的问题及对策. 社会科学家,(3):90~92

关宏志,任军,刘兰辉. 2001. 旅游交通规划的基础框架. 北京规划建设,(6):32~35

郭鲁芳. 2003. 关于我国旅行社信息化建设的思考. 旅游科学,(3):17~20

郭秀娥. 1999. Internet与我国旅游业. 地域研究与开发,18(3):80~82

何小菁. 2003. 美、加、英三国电子政务发展概要及其启示. 情报杂志,(10):95~96

胡云. 2004. 我国旅游业的信息化建设与发展. 城市问题,(2):50~52

黄梯云,李一军. 2002. 管理信息系统导论. 第三版. 北京:机械工业出版社

蒋泰,罗翌陈. 1998. 饭店多媒体信息咨询系统. 广西师范大学学报(哲学社会科学版),(S3):372~375

金江军,潘懋. 2003. 电子政务导论. 北京:北京大学出版社

孔融融,谢祥. 2002. 电子商务发展现状及我国应采取的对策. 中国煤炭经济学院学报,16(1):25~28

李宏. 2003. 论信息技术在旅游业中应用. 北京第二外国语学院学报,(3):17~23

李娟. 2005. 区域旅游交通需求预测研究. 铁道运输与经济,27(4):77~79

李君轶,马耀峰. 2002. 基于GIS的区域旅游规划与管理信息系统设计. 陕西师范大学学报(自然科学版),30(2):115~120

李瑞敏,陆化普,史其信. 2005. 综合交通信息平台发展状况与趋势研究. 公路交通科技,22(4):90~94

林南枝. 2000. 旅游市场学. 天津:南开大学出版社

刘建华,李江风. 2004. 计算机系统辅助环境下的旅游信息预报制度实施. 华中师范大学学报(自然科学版),38(2):245~247

刘军,季常煦,曾洁琼. 2001. 电子商务系统的规划与设计. 北京:人民邮电出版社

刘琴,沙润,孙斐. 2002. 旅游规划信息系统的研建. 地理学与国土研究,18(3):30~33

刘绍华. 2004. 旅游目的地营销系统的竞争优势. 哈尔滨师范大学自然科学学报,20(3):107~112

刘盛华. 2004. 我国电子政务发展现状及对策. 社会主义研究,(3):101~102

刘双良. 2004. 信息时代与政府管理模式创新——中美电子政务比较研究. 湖北省社会主义学院学报,(3):91~93

刘颂,许世远. 2000. GIS在旅游管理和开发中的应用. 曲阜师范大学学报,26(2):91~93

马丽珠,颜亮,刘静艳. 2003. 我国GDS系统的发展现状及其对策分析. 旅游科学,(3):33~36

马润洪. 1995. 旅游信息管理. 北京:中国旅游出版社

宋毓,卫海燕. 2005. 基于WebGIS的西安市旅游资源信息系统设计. 干旱区资源与环境,19(2):159~162

孙有望,李云清. 1999. 论旅游交通与交通旅游. 上海铁道大学学报,20(10):65~69

谭林. 2001. 网络旅游的系统分析. 北京第二外国语学院学报,(1):51~55

唐俊雅,伍世代. 2002. 旅游管理信息化探析. 福建师范大学学报(自然科学版),18(3):98～92
田丹,高飞. 2000. 浅析我国旅游业信息化的必然趋势及对策. 财经问题研究,(9):80～81
王建军,郑进军. 2004. 旅游资源调查和评价信息系统的开发. 旅游学刊,19(1):57～60
王少华,郎富平. 2005. 移动GIS相关技术在旅游业中的应用前景. 云南师范大学学报,37(4):131～135
王涛春,陈军,张学杰等. 2004. 基于GPS和PDA的电子导游系统的关键技术. 计算机应用,24(12):247～250
王耀球,万晓. 2004. 网络营销. 北京:清华大学出版社
王毅. 2003. 我国旅游交通发展评述. 综合运输,(9):56～59
巫宁,杨路明. 2003. 旅游电子商务理论与实务. 北京:中国旅游出版社
巫宁,杨路明. 2004. 旅游电子商务. 北京:旅游教育出版社
吴刚,陈兰芳,许岩石. 2003. 旅游交通发展的目标研究. 综合运输,(4):36～37
向萍译. 2001. 旅游营销学. 北京:中国旅游出版社
谢彦君,陈才,谢中田. 1999. 旅游学概论. 大连:东北财经大学出版社
徐东文. 2002. 旅行社管理. 武汉:武汉大学出版社
薛华成. 2003. 管理信息系统. 第四版. 北京:清华大学出版社
薛亮,马海州,曾永年等. 2002. 青海旅游资源信息系统设计. 盐湖研究,10(2):47～53
严蔚敏,吴伟民. 2002. 数据结构(C语言版). 北京:清华大学出版社
杨春宇. 2002. 中国旅游业电子商务发展前景初探,贵州师范大学学报(自然科学版),20(1):49～52
杨路明,巫宁. 2003. 电子商务与旅游业的全球分销系统的发展. 合肥工业大学学报(自然科学版),26(S1):714～718
杨晓光. 2000. 中国交通信息系统基本框架体系研究. 公路交通科技,17(15):50～55
杨兆升,保丽霞,朱国华. 2005. 深圳市综合交通信息平台系统分析与设计. 公路交通科技,22(2):100～103
詹志明,刘爱荣,杨瑞霞等. 2000. 旅游资源空间信息系统总体设计框架构想. 地域研究与开发,19(3):77～80
张驰,何唯. 2003. 地理信息系统技术在旅游资源管理信息系统开发中的应用. 西南农业学报,16(1):122～125
张丰焰. 2002. 现代智能交通系统及其发展趋势. 现代交通管理,(1):11～12
张建东. 2003. 浅析我国旅游业电子商务的发展. 广西经贸,(6):40～41
张金城. 2001. 管理信息系统. 北京:北京大学出版社
张静. 2003. 中国旅游电子商务物质与功能要素发展的评述. 河北师范大学学报(自然科学版),27(4):418～421
张卫钢,戴明,刘军. 2004. 中国城市交通信息系统体系结构的研究. 交通标准化,(5):38～42
张宇,姜双林. 2002. 城市交通信息系统结构方案研究. 黑龙江交通科技,(6):85～86
赵彦华,胡于进,李成刚. 2003. 智能管理信息系统研究综述. 黄河水利职业技术学院学报,(2):91～93
赵中华,贾志宏,张蕾. 2005. 国内旅游交通研究十年综述. 桂林旅游高等专科学校学报,16(2):61～64
周春林,石高俊. 1999. 面向游客的旅游信息系统研究. 地域研究与开发,18(3):77～79
左冰. 2001. 旅游竞争优势战略:旅游的新战略观. 经济问题探索,(7):106～108
David M Kroenke. 2004. 数据库原理. 丁炎炎,余波译. 北京:清华大学出版社
Gary K Vallen, Jerome J Vallen et al. 2002. 现代饭店管理技巧——从入住到结账. 北京:旅游教育出版社
Michael L Kasavana,John J Cahill et al. 2001. 饭店业计算机系统. 北京:北京大学出版社